Franz von Kutschera

Vernunft und Glaube

Franz von Kutschera

Vernunft und Glaube

Walter de Gruyter · Berlin · New York
1990

CIP-Titelaufnahme der Deutschen Bibliothek

Kutschera, Franz von:
Vernunft und Glaube / Franz von Kutschera. — Berlin ; New York : de Gruyter, 1990
ISBN 3-11-012287-1

Printed in Germany
Satz und Druck: Arthur Collignon GmbH, Berlin
Buchbinderische Verarbeitung: Lüderitz & Bauer GmbH, Berlin

Inhalt

Vorwort

„Vernunft und Glaube“ ist ein Standardtitel für religionsphilosophische Untersuchungen, in denen es um die Frage geht, ob sich religiöser Glaube vernünftig rechtfertigen läßt. Für viele ist diese Frage bereits negativ entschieden – in Bezug auf theistische Religionen mit dem Scheitern der Beweisversuche für die Existenz Gottes. Sie setzen dabei jedoch in der Regel eine Konzeption von Glauben als einem Fürwahrhalten bestimmter Doktrinen voraus. Andere haben diese Konzeption zurecht kritisiert, ersetzen sie aber durch eine fideistische, nach der Glauben keiner rationalen Stütze bedarf und immun ist gegenüber rationalen Einwänden. Auch diese Vorstellung ist zu eng: Glaube ist eine Haltung, zu der wesentlich auch Annahmen gehören. Er ist daher grundsätzlich nicht indifferent gegenüber vernünftigen Erwägungen über deren Wahrheit. Immunität gegenüber außerreligiösen Tatsachen ist zudem nur um den Preis einer Irrelevanz des Glaubens für das Leben zu haben. In dieser Arbeit soll versucht werden, eine positive Antwort auf die Rechtfertigungsfrage zu begründen. Dabei geht es nicht um eine Apologie für einen bestimmten Glauben, sondern lediglich um die Möglichkeit einer rationalen Rechtfertigung religiösen Glaubens überhaupt. Im Verlauf der Erörterungen wird deutlich werden, warum Philosophie nicht mehr leisten kann. Der Antwort liegt eine Konzeption des Glaubens zugrunde, die sich zwar heute in der Theologie weithin durchgesetzt hat, dem traditionellen Selbstverständnis mancher Religionen jedoch nicht entspricht. Es soll hier aber jedenfalls nicht versucht werden, das Problem durch Elimination des Problematischen zu lösen und lediglich eine Rechtfertigungsmöglichkeit für reduktionistisch interpretierte Religionen aufzuweisen, die sich nicht auf Transzendentes beziehen.

Die Arbeit gliedert sich in vier Kapitel: Im ersten geht es – nach einem einleitenden Abschnitt zum Verhältnis von Religionsphilosophie, Religionswissenschaft und Theologie – um Probleme, die sich bei der Konzeption des Glaubens als Fürwahrhalten von religiösen, d. h. auf eine transzendente Wirklichkeit bezogenen Aussagen ergeben, wobei deren Relevanz in ihrem wörtlichen Sinn gesehen wird. Die Begründung eines solchen Glaubens kann nur in Argumenten für die Wahrheit seiner Doktrinen bestehen, und die scheitert schon deswegen, weil eine transzendente Wirklichkeit eben auch epistemologisch transzendent ist. Ein für das folgende wichtiges Resultat der Erörterungen im letzten Abschnitt dieses Kapitels ist die Einsicht, daß die Bedeutsamkeit religiöser Aussagen häufig nicht auf der Ebene ihres wörtlichen Inhalts, sondern auf jener ihres Gehalts liegt. Im zweiten Kapitel geht es um – in einem weiten Sinn des Wortes – fideistische Konzeptionen des Glaubens. Hier stellt sich das Problem einer rationalen Rechtfertigung nicht, aber diese Konzeptionen des Glaubens erweisen sich als zu eng. Im letzten Abschnitt wird ein erster Schritt zur Bestimmung jenes Glaubensbegriffs getan, auf den sich das Rechtfertigungsmodell bezieht. Im dritten Kapitel wird dieser Begriff entfaltet, indem die Quellen religiöser Anschauungen und die Dimensionen von Religionen verdeutlicht werden. Im ersten Abschnitt des vierten Kapitels wird dann die Möglichkeit einer Rechtfertigung eines religiösen Glaubens begründet. Das Rechtfertigungskriterium ist kurz gesagt die Bewährung des Glaubens im eigenen Leben. In den restlichen Abschnitten werden einige der wichtigsten Probleme diskutiert, denen die Bewährungsfrage begegnet.

In ihren Grundzügen entspricht die Antwort, die im folgenden auf die Frage nach dem Verhältnis von Glaube und Vernunft gegeben wird, jener von Kant. Mit ihm bin ich der Ansicht, daß sich Annahmen über eine transzendente Wirklichkeit theoretisch weder begründen noch widerlegen lassen (vgl. insbesondere die Abschnitte 1.2 und 1.4). Mit ihrer Unwiderlegbarkeit kann sich der Glaubende nicht zufriedengeben, denn zur Rechtfertigung seiner Haltung braucht er positive Gründe. Kants entscheidender Beitrag liegt im Hinweis auf die Möglichkeit einer praktischen Legitimierung des Glaubens. Dem entspricht im folgenden der Übergang von der Frage nach einer theoretisch-rationalen zu einer praktisch-rationalen Begründung religiösen Glaubens (vgl. 2.4 und 4.1). Vom Ansatz Kants unterscheidet sich der hier entwickelte vor allem in folgenden Punkten: Während sein praktisches Argument vom Faktum unserer Verpflichtung durch ein objektives Sittengesetz ausgeht, dessen Geltung nach seiner Meinung jedermann kraft seiner Vernunft evident ist, sehe ich in der Anerkennung objektiver Pflichten und Werte eine Entscheidung, die nicht nur Sache der Vernunft, sondern des ganzen Menschen ist (vgl. 2.4). Dadurch erhält die Begründung religiöser Annahmen gegenüber Kant ein deutlich subjektiveres Moment (vgl. 4.1). Für Kant besteht Glaube ferner in einem Fürwahrhalten von Sätzen; ich verstehe ihn als Haltung, die neben doxastischen wesentlich auch emotionale und voluntative Komponenten umfaßt (vgl. 2.4 und 3.4). Für Kant sind religiöse Aussagen endlich theoretische (metaphysische) Aussagen, hier wird ihre Signifikanz hingegen vor allem in ihrem Gehalt gesehen: in der Art und Weise, wie sie die Wirklichkeit, von der sie reden, dem Erleben nahebringen (vgl. 1.4). Daraus ergibt sich, deutlicher als bei Kant, daß sie unsere theoretische Erkenntnis nicht erweitern.

Ich danke meinen Mitarbeiterinnen und Mitarbeitern Frau Ute Klipp, Frau Brigitte Weininger, Herrn Dr. Uwe Meixner und Herrn Ulrich Krämer für vielfältige Hilfe bei der Arbeit an diesem Buch. Dank schulde ich auch dem Verlag Walter de Gruyter und insbesondere Herrn Professor Wenzel für verständnisvolles Entgegenkommen und gute Zusammenarbeit.

September 1989 Franz von Kutschera

1 Rationale Theologie

1.1 Religionswissenschaft, Theologie und Religionsphilosophie

Mit Religionen, religiösen Aussagen und Phänomenen befassen sich drei wissenschaftliche Disziplinen: Religionswissenschaft, Theologie und Religionsphilosophie. Die *Religionswissenschaft* untersucht in ihrem historischen Teil (als Religionsgeschichte) Entwicklung, Inhalte und Erscheinungsformen der einzelnen Religionen sowie die Einflüsse verschiedener Religionen aufeinander. In ihrem systematischen Teil geht es um generelle religiöse Phänomene und ihre Zusammenhänge, um das Wesen von Religion im allgemeinen und Typen von Religionen, religiöser Erfahrungen und Praktiken.[1] Ferner wird die Frage diskutiert, ob es allgemeine Gesetze oder Tendenzen für die Entwicklung von Religionen gibt. Zur systematischen Religionswissenschaft zählen endlich Theorien über das Entstehen religiöser Anschauungen und über deren Abhängigkeit von psychischen, sozialen und ökonomischen Bedingungen. Religionspsychologie, die sich mit der psychologischen Seite des religiösen Lebens und Erlebens und deren Bedingungen befaßt, und Religionssoziologie, die gesellschaftliche Faktoren der Entwicklung von Religionen, ihre Wechselbeziehungen mit sozialen Lebensformen und die Struktur religiöser Gemeinschaften und Institutionen untersucht, kann man als Teildisziplinen der systematischen Religionswissenschaft ansehen, wenn sie auch organisatorisch der Psychologie bzw. Soziologie zugehören.

[1] Für systematische Religionswissenschaft wird auch oft der Titel „Religionsphänomenologie" verwendet, vgl. z. B. Widengren (1969) und van der Leeuw (1933).

Religionswissenschaft ist eine historische und empirische Disziplin. Sie beschreibt und erklärt religiöse Anschauungen, läßt aber die Frage offen, ob sie richtig sind. Sie untersucht die Annahmen, Verhaltensnormen und Handlungsweisen der Mitglieder einer Religionsgemeinschaft, fällt aber keine Urteile darüber, ob sie tatsächlich wahr, bzw. moralisch richtig oder sinnvoll sind. Sie beschränkt sich also auf deskriptive Aussagen über religiöse Phänomene und macht selbst keine religiösen Aussagen.

Eine *Theologie* ist immer Theologie einer bestimmten Religion. So gibt es nur eine Religionswissenschaft, aber viele Theologien. Nach heutigem Verständnis ist Theologie keine Lehre von Gott (den Göttern oder dem Göttlichen), wie die Bezeichnung vermuten ließe, sondern Glaubenslehre[2]: Ihre Aufgabe ist es, die Glaubensinhalte der betreffenden Religion zu erhellen und zu entfalten. Dabei muß sie freilich auch Aussagen über die Gegenstände des Glaubens machen, insbesondere also über Gott. Das muß nicht mit wissenschaftlichen oder philosophischen Begriffen geschehen – man kann religiöse Ansichten z. B. auch durch Bilder, Parabeln oder Geschichten verdeutlichen –, im engeren Sinn des Wortes ist Theologie aber eine Wissenschaft, die sich um eine begriffliche Klärung und Bestimmung von Glaubensinhalten bemüht und dabei wissenschaftliche Methoden verwendet. Wissenschaftliche Theologie ist vor allem eine Erscheinung innerhalb des Christentums. Da dieses sich im europäischen Kulturkreis entfaltet hat, in dem weltanschauliche Reflexionen sich in Philosophie und Wissenschaften vollzogen, war die Auseinandersetzung mit ihnen für seine Verbreitung notwendig. Auch wissenschaftliche Theologie – wir reden im folgenden einfach von „Theologie" und haben dabei zunächst wie auch später meist nur die systematische Theologie im Auge – ist aber weder eine philosophische Disziplin noch eine Wissenschaft im üblichen Sinn, denn ihr fehlt ein wesentliches Merkmal wissenschaft-

[2] Das Wort „Theologie" kommt zuerst in Platons *Staat* (379a) vor und hat bei ihm wie bei Aristoteles den Sinn einer Lehre von den Göttern. Bei Thomas von Aquin wird sie bereits eindeutig als Glaubenswissenschaft bestimmt, denn eine Wissenschaft von Gott kann es nach christlichem Gottesverständnis nicht geben.

lichen und philosophischen Denkens: Die kritische Haltung bzgl. ihrer Voraussetzungen und die ausschließliche Orientierung an vernünftigen Argumenten.[3] Der Theologe beschreibt, erläutert und systematisiert nicht nur wie der Religionswissenschaftler die Glaubensinhalte der betreffenden Religion, sondern er spricht selbst als Anhänger dieses Glaubens; er vertritt ihn und redet nicht nur darüber, was andere glauben; er macht also religiöse Aussagen. Deren Grundlage bilden neben Erfahrungstatsachen und rationalen Argumenten geoffenbarte Wahrheiten. Die einzelnen christlichen Theologien beurteilen zwar die Frage, in welchem Umfang religiöse Überzeugungen vernünftiger Rechtfertigung zugänglich sind, sehr unterschiedlich, aber sie sind sich doch zumeist darin einig, daß der christliche Glaube in zentralen Punkten auf Offenbarungen beruht, deren Wahrheit sich auf rein rationalem Weg nicht erweisen läßt. Theologie argumentiert also zwar rational, aber nur von gewissen dogmatischen Grundüberzeugungen her: Sie ist *fides quaerens intellectum* (Anselm), *scientia subalternata fidei* (Thomas). Sie anerkennt Vernunft als Erkenntnisquelle auch in religiösen Fragen, sieht sie aber nicht als hinreichend an, sondern nimmt daneben Offenbarung als zusätzliche Erkenntnisquelle an. Vernunft- und Glaubensgründe können in Konflikt miteinander geraten. In solchen Fällen haben dann für den Theologen grundsätzlich diese das größere Gewicht. Für ihn kann ein solcher Konflikt allerdings immer nur vorläufig bestehen, denn Wahrheiten können sich nicht widersprechen. Vernünftige Einsichten widerlegen daher nie den Glauben, es kann nur sein, daß die gegenwärtig verfügbaren Vernunftgründe für Annahmen sprechen, die im Widerspruch zu geoffenbarten Wahrheiten stehen. So zumindest die Theorie. Die tatsächlichen Verhältnisse sind freilich komplexer: Wissenschaftliche Einsichten haben die Theologie in vielen Fällen dazu bewogen, die Ansprüche des Glaubens zu beschränken – man denke etwa an das heliozentrische System und die Evolutionstheorie.

[3] Die Kritik am Wissenschaftscharakter der Theologie beginnt schon bei Duns Scotus und Wilhelm von Ockham und fällt zusammen mit der Emanzipation der Philosophie aus ihrer Anbindung an die Theologie im Mittelalter. Nun wurde zwischen natürlicher Theologie, die sich auf rationale Aspekte stützt und Teil der Philosophie ist, und der „heiligen Doktrin" unterschieden, die von Offenbarungen ausgeht.

Das wurde von seiten der Theologie nicht so gedeutet, daß wissenschaftliche Erkenntnisse Offenbarungsaussagen außer Kraft gesetzt hätten, sondern daß bisherige Interpretationen dieser Aussagen zu weitgehend waren. Diese Auskunft ist aber problematisch, denn eine Aussage hat nur bei einer bestimmten Interpretation einen bestimmten Inhalt und Wahrheitswert, stellt also nur in ihr eine bestimmte „Wahrheit" dar; ändert man die Interpretation, so ändern sich auch die Glaubensinhalte, selbst wenn man am Wortlaut der Sätze festhält.[4]

Theologie ist also in dem Sinn dogmatisch, daß sie fundamentale Glaubensüberzeugungen von der Forderung rationaler Begründung ausnimmt, sie ohne hinreichende rationale Gründe akzeptiert und ihren Argumentationen zugrundelegt.[5] Sie versucht zwar auch, die Zuverlässigkeit von Offenbarungstraditionen durch rationale Argumente zu belegen und will teilweise die Entscheidung für den Glauben als vernünftige Entscheidung ausweisen, dabei kann es aber, wenn Offenbarung eine unabhängige Erkenntnisquelle sein soll, nur um den Nachweis gehen, daß Glaube der Vernunft nicht widerspricht. Die Bezeichnung der (systematischen) Theologie als „dogmatisch" trifft im üblichen Sinn des Wortes nur auf die traditionelle Theologie zu, um die es uns in diesem Kapitel vor allem geht. Angesichts solcher Schriften wie z. B. jenen von M. Bultmann oder H. Küngs Büchern (1974) und (1978) wird sie problematisch, da in ihnen auch die kirchlichen Lehren durchaus kritisch reflektiert werden und sie sich nicht auf Offenbarungen als inspirierte Aussagen der Bibel berufen. Auch sie bekennen sich aber zu Anschauungen, die durch wissenschaftliche oder philosophische Gründe nicht hinreichend legitimiert sind. Solche Theologien kann man also nur mehr in einem weiteren Sinn als „dogmatisch" bezeichnen. Generell ist zu betonen, daß Aussagen über *die* Theologie problematisch sind: Die Mannigfaltigkeit der Theologien ist nicht nur in ihrem Inhalt, sondern auch

[4] Ein Satz kann zwar bei verschiedenen Interpretationen wahr sein, aber mit „Glaubenswahrheiten" meint man wahre Propositionen, nicht Sätze unbestimmten Inhalts.

[5] „Dogmatisch", „kritisch" und „rational" sind wertbesetzte Wörter. Von diesen wertenden Konnotationen wollen wir hier aber absehen. Die Wörter sind in unserem Zusammenhang rein beschreibend gemeint.

im Stil ihrer Argumentation nicht kleiner als die der Philosophien. Wenn wir also „die" Theologie „der" Philosophie gegenüberstellen, so beziehen wir uns auf typische Unterschiede; in den Einzelfällen verschwimmen die Differenzen oft.

Dogmatische Theologie fällt nicht mit der Dogmatik als Teil der systematischen Theologie zusammen; das Adjektiv „dogmatisch" bezieht sich nicht auf den Gegenstand, sondern auf die Prämissen der Untersuchungen. Auch in der Theologie gibt es systematische und historische Teildisziplinen.[6] Die historische Theologie befaßt sich mit den Texten und dem theologischen Gehalt der biblischen Schriften, mit Kirchen-, Dogmen- und Theologiegeschichte und arbeitet wie die Geschichtswissenschaft mit der historisch-kritischen Methode. Sie bewegt sich im Bereich deskriptiver Aussagen und steht daher der historischen Religionswissenschaft nahe.[7] Das Kernstück der systematischen Theologie ist die Dogmatik, die Lehre von den Glaubensinhalten. Zur systematischen Theologie gehören daneben auch die Moraltheologie als Sittenlehre auf christlicher Grundlage sowie die Fundamentaltheologie (früher „Apologetik"). Diese ist der philosophisch-rationale Teil der systematischen Theologie. In ihr werden die rational erkennbaren Grundlagen und Inhalte des Glaubens (die *praeambula fidei*) ohne dogmatische Voraussetzungen entwickelt. Die Glaubensinhalte der christlichen Religion beschränken sich ja nicht auf den Kernbereich geoffenbarter Wahrheiten, die nur im Glauben angenommen, nicht aber rational begründet werden können. Zu den *praeambula fidei* gehören insbesondere Argumente für die Existenz

[6] Von der praktischen Theologie, die sich mit Glaubensvermittlung, Liturgie und Kirchenrecht befaßt, sehen wir hier ab.

[7] Auch historisch-theologische Untersuchungen sind freilich nicht immer frei von dogmatischen Voraussetzungen. Die Glaubensüberzeugungen oder die kirchlichen Bindungen der Forscher geraten gelegentlich in Konflikt mit wissenschaftlichen Ergebnissen. So hat z. B. die katholische Bibelkritik aufgrund einer Entscheidung der päpstlichen Bibelkommission von 1906 noch lange an der traditionellen Auffassung von Mose als Autor des Pentateuch festgehalten, obwohl das wissenschaftlich nicht mehr haltbar war. Erst eine Enzyklika Pius' XII von 1943 erlaubte es den katholischen Theologen, in dieser Frage ihren wissenschaftlichen Überzeugungen zu folgen.

und die Attribute Gottes. Die Fundamentaltheologie ist also eine *rationale* oder *natürliche Theologie*. Ihre Bedeutung und Reichweite war immer umstritten und ist es auch heute. In der katholischen Tradition, in der die Möglichkeit einer rationalen Rechtfertigung der Glaubensentscheidung sehr viel stärker betont wird als in der protestantischen, spielt sie eine erheblich größere Rolle als in dieser. Auch in der katholischen Theologie hat man aber die *praeambula fidei* nie als rationales Fundament verstanden, auf dem der Glaube steht *und mit dem er fällt*, hat also Vernunft nie als letzten Maßstab des zu Glaubenden angesehen. Man hat vernünftige Argumente akzeptiert, wo sie den Glauben stützten, aber abgelehnt, wo sie gegen ihn sprachen.

Thema der *Religionsphilosophie* sind Wesen und Formen von Religionen, religiösen Aussagen, Erfahrungen und Praktiken. Damit überschneidet sie sich mit der systematischen Religionswissenschaft. Ziel religionsphilosophischer Untersuchungen ist aber nicht nur die Beschreibung religiöser Phänomene und das Verständnis ihrer Eigenart und Ursprünge. Philosophie interessiert sich für Religionen nicht nur wegen deren großer historischer Bedeutung innerhalb der verschiedenen Kulturen, für Gesellschaft, Politik, Weltanschauung und Kunst, sondern unter systematischem Aspekt für ihre aktuelle Relevanz. Ihr geht es vor allem um die Frage nach der Berechtigung religiösen Glaubens. In philosophischer Sicht fällt Berechtigung dabei mit Vernünftigkeit zusammen. Die zentrale Frage der Religionsphilosophie ist also: Läßt sich religiöser Glaube mit vernünftigen Argumenten rechtfertigen? Mit dieser Frage geht sie entscheidend über die Religionswissenschaft hinaus und überschneidet sich mit der systematischen Theologie. Da das, was als vernünftige Rechtfertigung gelten kann, für verschiedene Bereiche verschieden ist – in der Mathematik ist eine Berufung auf Erfahrung z. B. nicht legitim, wohl aber in den empirischen Wissenschaften, in theoretischen Fragen kann man sich nicht auf Wertungen beziehen, in praktischen ist das hingegen notwendig –, kommt es für die Beantwortung dieser Frage wesentlich darauf an, die spezifische Natur religiösen Glaubens zu erfassen.

Diesen zentralen Teil der Religionsphilosophie kann man als *Religionskritik* bezeichnen. Das Wort „Kritik" ist dabei nicht so zu verstehen, daß es von vornherein ein negatives Ergebnis dieser Untersuchungen impliziert, sondern so, daß es in ihr nicht um die eigenständige Entwicklung religiöser Aussagen geht. Religionskritik begründet keine eigenen, positiven religiösen Ansichten, sondern setzt sich mit jenen historisch gegebener Religionen auseinander. Traditionell gibt es neben der Religionskritik als zweiten Teil der Religionsphilosophie die *philosophische* (*rationale* oder *natürliche*) *Theologie*. Sie ist der Versuch, mit philosophischen Mitteln ein System positiver religiöser Aussagen über Existenz und Attribute Gottes, über sein Verhältnis zur Welt und zu den Menschen zu entwickeln. Eine solche Theologie ist in der Regel Teil einer Metaphysik. Da ein derartiges Unterfangen heute als wenig erfolgversprechend erscheint — wir werden das in den folgenden Abschnitten dieses Kapitels begründen —, beschränkt sich Religionsphilosophie gegenwärtig vor allem auf Religionskritik.

Das zentrale Anliegen der Religionsphilosophie ist also ein tieferes Verständnis religiöser Phänomene und eine Prüfung des Geltungsanspruchs religiöser Aussagen. Ihrem Titel nach gehören alle Religionen und alle religiösen Phänomene zu ihrem Gegenstandsbereich. Tatsächlich bilden jedoch seit der Aufklärung die zentralen Doktrinen des christlichen Theismus ihr Hauptthema. Das hat vor allem zwei Gründe: Erstens war das Christentum bis in unser Jahrhundert hinein praktisch die einzige Religion, mit der die Philosophen in ihrer Umwelt konfrontiert waren und von der sie fundierte Kenntnisse hatten. Zweitens hat nur das Christentum eine Theologie entwickelt, die Glaubensinhalte mit philosophischen Begriffen formuliert und philosophisch argumentiert, also eine Theologie, die zu einer philosophischen Auseinandersetzung auffordert. Der christliche Theismus ist nicht nur Hauptthema der neuzeitlichen Religionskritik, auch die philosophische Theologie verstand sich seit der Aufklärung als „Religion innerhalb der Grenzen der bloßen Vernunft“ und dabei steht „Religion“ für „christliche Religion“, so daß es um den Versuch einer rationalen Rekonstruktion — wenn auch in der Regel mit erheblichen Einschränkungen und Modifikationen — des christlichen Theismus ging. Auch wir werden uns hier vor allem auf den christlichen Glauben beziehen. Heute werden in der Religionsphilosophie zwar zunehmend auch andere Religionen diskutiert, aber diese Entwicklung steckt noch in den Anfängen. So wichtig es ist, nicht nur eine einzige Religion zur Grundlage von Aussagen über Religionen im allgemeinen zu machen, so schwierig ist es, Fundiertes über Religionen fremder Kulturen zu sagen, denn dazu bedarf es der Vertrautheit mit dem Leben, das von der Religion geprägt ist, nicht nur der Kenntnis ihrer Schriften.

Religionsphilosophie überschneidet sich mit Theologie im Feld der rationalen Theologie, die jedoch heute – zumindest in ihrer traditionellen Form einer Begründung von religiösen Doktrinen – wie gesagt kaum mehr eine Rolle spielt. Auch die Religionskritik hat aber eine Fülle von Themen mit der Theologie gemein. In der Art und Weise, wie beide Glaubensfragen diskutieren, besteht jedoch ein grundsätzlicher Unterschied, auf den schon hingewiesen wurde: Theologie ist dogmatisch, Philosophie kritisch, Theologie geht von Offenbarung aus, die für sie eine eigenständige, ja die primäre religiöse Erkenntnisquelle ist, Philosophie stützt sich allein auf rationale Argumente, Theologie fragt nach dem Inhalt der Offenbarungen, nach ihren theoretischen wie praktischen Implikationen, Philosophie nach vernünftigen Gründen für den Glauben. Es ist nun wichtig zu sehen, daß diese unterschiedlichen Ansätze nicht nur disziplinär bedingt sind, sondern daß sie sich auch aus gegensätzlichen Glaubensidealen ergeben, die ihren Grund wiederum in gegensätzlichen Formen menschlichen Selbstverständnisses haben. Im Insistieren der Philosophie auf Einsicht drückt sich ein Selbstverständnis aus, das die geistige Freiheit und Selbstbestimmung des Menschen betont. Am besten läßt sich das im ethischen Feld verdeutlichen. Der Konzeption des Moralischen liegt schon die Idee der Autonomie zugrunde: Moralische Normen verpflichten uns in Freiheit. Moralisch handelt nur, wer frei und aus eigener Einsicht handelt; nicht, wer gegebene sittliche Verhaltensregeln befolgt, sondern wer sie befolgt, weil er sie als richtig erkennt und anerkennt. Moralische Pflichten stehen daher unter der Bedingung ihrer Einsehbarkeit: Jemand hat dann, aber auch nur dann die Pflicht, etwas zu tun, wenn es ihm einsichtig ist, daß er es tun soll, d. h. wenn er das einsieht oder es doch bei entsprechendem Bemühen einsehen könnte. Wenn hier von „Autonomie" die Rede ist, so heißt das also nicht, daß wir selbst festlegen, was richtig und gut ist, daß wir uns selbst Gesetze des Verhaltens geben – sonst wäre die Rede von ihrer Erkenntnis verfehlt –, sondern es bedeutet, daß es zwar objektive Normen gibt, daß sie sich aber an freie Personen richten, so daß ihr verpfichtender Charakter an ihre Einsichtigkeit gebunden ist. Für Kant, der diese

Konzeption des Moralischen am prägnantesten formuliert hat, ist es ein moralisches Grundgesetz, daß man verpflichtet ist, sich zu vergewissern, daß das, was man tun will, richtig ist.[8] Für ihn fällt das mit der Forderung zusammen, gewissenhaft zu handeln. Gewissenhaft, und damit moralisch richtig, ist daher immer nur ein Handeln aufgrund eigener Einsicht. Das Ideal der Autonomie spielt aber auch im Feld theoretischer Erkenntnis eine wichtige Rolle. Die Handlungen, um die es hier geht, sind Urteile und an die Stelle des moralischen Verhaltens tritt hier das rationale. Es gibt allgemeine Kriterien der Rationalität, aber sie sind zugleich Normen für die eigene Urteilsbildung. Mein Urteil ist nicht schon dann rational, wenn es objektiv richtig ist, sondern nur dann, wenn ich es aufgrund eigener Einsicht fälle. Auch die Normen der Rationalität verpflichten uns in diesem Sinn in Freiheit: Jemand hat dann, aber auch nur dann die Pflicht, eine Aussage als wahr anzunehmen, wenn sie ihm selbst einsichtig ist. Das Autonomieideal beruht nicht auf einem naiven Vertrauen in die eigene Einsichtsfähigkeit, oder allgemein: in menschliche Vernunft. Ein Bekenntnis zu ihm kann sich durchaus mit dem Bewußtsein verbinden, daß die Reichweite unseres Verstandes beschränkt ist und daß auch sorgfältig geprüfte Annahmen falsch sein können. Trotzdem erscheint für dieses Ideal das Insistieren auf Einsicht als unverzichtbar, denn in ihm drückt sich das Selbstverständnis als freie Person aus.

Diesem Ideal steht die Konzeption einer radikalen Abhängigkeit und Unselbständigkeit des Menschen gegenüber. Von ihr aus erscheint das Autonomieideal als Illusion, in der die Situation des Menschen völlig verkannt wird: Er ist das Produkt natürlicher, sozialer und kultureller Gegebenheiten. Der Erfolg seines Handelns liegt nicht in seiner Hand, sondern ist von äußeren Umständen abhängig. Der Ursprung seines Verhaltens, Denkens, Empfindens und seiner Zielsetzungen liegt zum großen Teil nicht in seiner eigenen Freiheit, sondern in seinen Erbanlagen oder, wie seine Sprache, in der Gemeinschaft, in der er lebt. Entscheidend für diese heteronome Konzeption der Menschen ist aber, daß der einzelne nicht nur faktisch ein unselbständiger Teil einer ihn weit übergreifenden Wirklichkeit ist, sondern ihr gegenüber auch keine

[8] Vgl. dazu Kant *Die Religion innerhalb der Grenzen der bloßen Vernunft* (RGV), B 287ff.

unverliehenen Rechte hat. Unsere Vorstellungen von dem, was wahr und moralisch richtig ist, sind als solche letztlich irrelevant; Maß des Wahren und Guten ist allein das Wirkliche. Was aber wahr und richtig ist, können wir aus unserem begrenzten Horizont heraus nicht zuverlässig beurteilen. Unsere Einsichtsfähigkeit begrenzt nicht unsere Pflicht, das objektiv Richtige zu tun und das objektiv Wahre anzuerkennen. Berufungen auf das eigene Gewissen und die eigene Vernunft haben kein Gewicht gegenüber dem, was ist und gilt. Die angemessene Haltung des Menschen ist also, seine Abhängigkeit anzuerkennen, sich als Teil einer größeren Wirklichkeit zu sehen und sich ihr ein- und unterzuordnen.

Diese zwei Typen menschlichen Selbstverständnisses betonen gegensätzliche Aspekte, aber Aspekte, die auch die jeweils andere Position anerkennen muß; sie unterscheiden sich also in deren Gewichtung. Wird die Autonomie betont, so können doch weder die vielfältigen Abhängigkeiten geleugnet werden, noch die Grenzen unserer Einsichtsfähigkeit. Die Objektivität von Wahrheit und Werten wird anerkannt, denn Einsicht zielt ja auf Erkenntnis dessen, was ist. Wird umgekehrt die Heteronomie des Menschen betont, so muß doch zugleich ein gewisses Maß an Freiheit anerkannt werden. Die Heteronomiekonzeption besteht ja nicht einfach in einem Determinismus, sondern verbindet sich mit einem Ethos; ein Ethos kann sich aber nur an freie Wesen richten. Ferner kann man nicht behaupten, objektive Wahrheit und Richtigkeit ließen sich als solche zum Maßstab unserer Überzeugungen oder unseres Handelns machen, denn wir können uns nur nach dem richten, was wir jeweils (nach bestem Wissen und Gewissen) für wahr oder richtig halten. Der Gegensatz zwischen beiden Konzeptionen besteht vor allem darin, daß Freiheit einmal als objektiver Wert begriffen wird, als Recht, Würde und Aufgabe, das anderemal aber nicht. Die Gefahr der Autonomiekonzeption liegt darin, daß Freiheit nur als Recht, nicht aber als Verpflichtung und Verantwortung gesehen wird, und die eigene Vernunft als Maß aller Dinge. Die Gefahr der Heteronomiekonzeption besteht darin, daß sie zu einem Ethos des Freiheitsverzichts wird und übersieht, daß Freiheit ebenso Bedingung unserer Existenz ist wie Abhängigkeit.

Dem Autonomieideal entspricht nun ein Ideal religiösen Glaubens: eines Glaubens, der auf eigener Einsicht und freier Anerkennung beruht. Auch in religiösen Fragen haben wir danach das Recht, ja die Pflicht, selbst zu prüfen, was glaubwürdig und was richtig ist. Die Bedingung des Glaubens als freier und verantwortlicher Zustimmung ist somit Einsicht. Für ein heteronomes Selbstverständnis ist hingegen gerade in religiösen Fragen das Insistieren auf eigener Einsicht grundsätzlich verfehlt, denn für ihre Beantwortung ist unsere Vernunft grundsätzlich unzulänglich. Die letzte Quelle religiöser Erkenntnis kann daher nur eine Offenbarung sein, in der sich „Wahrheit selbst bezeugt“.[9]

Man kann sicher nicht sagen, daß jede Theologie von einer heteronomen Konzeption des Menschen ausgehe — zumal in der zugespitzten Form, in der wir sie oben umrissen haben — und jede Religionsphilosophie von einer autonomen. Typischerweise besteht aber diese Korrespondenz. Religiöses Bewußtsein wird zwar oft als Bewußtsein der radikalen Abhängigkeit des Menschen von Gott beschrieben (F. Schleiermacher), prinzipiell läßt sich religiöser Glaube jedoch nicht auf ein heteronomes Selbstverständnis beschränken. Andernfalls wäre mit der philosophischen Betrachtung von Religion schon ein negatives Ergebnis vorweg genommen: Mit dem Insistieren auf Einsicht würde eine religiöse Haltung, der es in wichtigen Lebensfragen nicht auf Einsicht ankommt, schon als verfehlt erscheinen. Wir haben demgegenüber betont, daß es auch für ein autonomes Selbstverständnis ein ihm entsprechendes Ideal religiösen Glaubens gibt. Daher ist Philosophie nicht schon als solche und von ihrem Ansatz her religionsfeindlich. Der Hinweis auf die Hintergründe theologischer Berufung auf Offenbarung und philosophischer Orientierung an eigener Einsicht zeigt auch, daß rationale Kritik an theologischen Aussagen nicht einfach als sachfremd und oberflächlich bezeichnet werden kann. Die Differenzen zwischen Theologie und Philosophie sind freilich im Abstrakt-Prinzipiellen deutlicher als im konkreten Detail. So ist es z. B. in vielen Fällen durchaus rational, den Aussagen anderer zu vertrauen und auf ihr Zeugnis hin Annahmen zu machen, die man selbst nicht kontrol-

[9] Zum Begriff der Offenbarung vgl. 2.1. Manche Theologen wie M. Luther und K. Barth reden auch von einer radikalen Korruption der Vernunft durch die Erbsünde — Luther spricht von der „Hure Vernunft“. Dann muß man sich freilich konsequenterweise aus der wissenschaftlichen Theologie verabschieden.

lieren kann; das, was wir zu wissen glauben, stützt sich zum größten Teil auf Aussagen anderer. Umgekehrt versucht auch die Theologie die Glaubwürdigkeit der Offenbarungstradition mit rationalen Argumenten zu belegen. Man kann ferner nicht behaupten, Philosophie unterscheide sich von dogmatischer Theologie durch ihre Voraussetzungslosigkeit. Wer nichts voraussetzt, kann auch nichts begründen. Philosophie ist aber jedenfalls in dem Sinn kritisch, daß sie sich grundsätzlich offen hält gegenüber Rückfragen nach der Berechtigung ihrer Voraussetzungen. Auch in der Theologie wird die Glaubensentscheidung endlich meist weder bloß dogmatisch gerechtfertigt — das wäre offenbar ein Zirkel —, noch als ein schlechthin unbegründbarer „Sprung" verstanden, sondern man sucht sie durch rationale Argumente zu stützen, wenn diese auch nicht als hinreichend angesehen werden. Gerade eine wissenschaftliche Theologie muß ja der Vernunft ihr Recht geben; sie muß soweit wie möglich rational argumentieren und sich rationalen Argumenten stellen.

Das Verhältnis von Theologie und Philosophie ist auch in historischer Sicht komplex und spannungsreich. Nach der *Dreiphasenlehre* von A. Comte, die W. Dilthey übernommen hat, ist Religion als Träger der Weltanschauung im Laufe der geschichtlichen Entwicklung (die Comte als geistigen Fortschritt verstand) durch Philosophie abgelöst worden und diese wiederum durch Wissenschaft. Diese These entspricht einer verbreiteten Vorstellung. Tatsächlich ist Philosophie aus mythisch-religiösen Spekulationen entstanden[10] und die Wissenschaften haben sich größtenteils aus philosophischen Untersuchungen entwickelt. Philosophie hat sich immer, wenn auch mit unterschiedlichem Nachdruck, mit weltanschaulichen Fragen befaßt wie „Woher kommen wir?", „Wohin gehen wir?", „Welche Stellung hat der Mensch im Universum?", „Was ist der Sinn menschlichen Lebens und menschlicher Geschichte?", also mit Fragen, auf die auch die Religionen Antworten anbieten. Die Wissenschaften befassen sich zwar nicht direkt mit weltanschaulichen Problemen, aber ihre Aussagen über Mensch und Natur haben doch weltanschauliche Konse-

[10] Vgl. dazu z. B. Hölscher (1968).

quenzen.[11] Es besteht also eine Konkurrenz zwischen Religion, Philosophie und Wissenschaften auf weltanschaulichem Gebiet, und heute liegt die Vorherrschaft zweifellos bei den Wissenschaften. Die These von der Ablösung der Religion durch Philosophie ist jedoch falsch: Im allgemeinen Bewußtsein, auch dem der gebildeten Schichten, hat Philosophie die Religion nie völlig verdrängt. Die große griechische Philosophie endete mit der mittleren Stoa um ca. 50 v. Chr. – Plotins Metaphysik ist mehr Bild als Theorie. Das Scheitern ihrer Entwürfe umfassender Weltbilder wurde zum Argument gegen sie. Die rationale Philosophie hielt sich nur noch in der Skepsis, die schon um 250 v. Chr. die Akademie beherrschte. Es war im wesentlichen die Erkenntnis, daß sich auf streng rationalem Weg wenig zu den zentralen weltanschaulich-existentiellen Fragen sagen läßt, die eine erneute Zuwendung zur Religion bewirkte. Im Neupythagoreismus und Neuplatonismus machten sich antirationale Strömungen breit und eine Welle neuer Religiosität überschwemmte auch die Philosophie, so daß es nun hieß, Religion sei die wahre Philosophie.[12] Von ihr erwartete man sich jetzt wieder die Antwort auf die zentralen Lebensfragen. Auch die neuzeitliche Aufklärung hat Religion nicht obsolet gemacht und ihre Versuche, Religion auf Philosophie zu reduzieren, sind gescheitert, da Religion, wie wir noch sehen werden, etwas grundsätzlich anderes ist als Metaphysik und Ethik.

Aus Gründen, von denen bereits die Rede war, hat das Christentum für die Formulierung seiner Glaubensinhalte schon sehr früh auf phi-

[11] Vgl. dazu 4.2.

[12] Asklepios sagt: „Simplici enim mente et anima divinitatem colere eiusque facta venerari, agere etiam Dei voluntati gratias ... haec est nulla animi importuna curiositate violata philosophia." („Mit schlichtem Verstand und Gefühl die Göttlichkeit und ihre Taten verehren, Gott mit dem Willen zu danken das ist eine durch keine unpassende Neugier getrübte Philosophie", zit. in Zeller (1963),III,2,S. 252). Diese Identifizierung von wahrer Philosophie mit Religion vertritt noch Johannes Scotus Eriugeneia, der daher auch sagen konnte, keiner käme in den Himmel außer durch Philosophie. Wenn Hegel von der Identität von Religion und Philosophie spricht (WS 16, S. 28), so in anderem Sinn: Er legt dabei die dem Deutschen Idealismus spezifische Idee der Philosophie als „Wissenschaft vom Absoluten" zugrunde.

losophische Begriffe und Theorien zurückgegriffen und eine Theologie *more philosophico* entwickelt, wenn auch unter Einbeziehung dogmatischer Voraussetzungen. Das Ziel war, die Glaubensinhalte mit philosophisch-wissenschaftlichen Konzeptionen zu interpretieren und, wo möglich, zu begründen, um Glauben und Vernunft zu verbinden — *fidem, si poteris, rationemque conjunge*, sagt Boethius. Dabei mußte die Theologie aber letztlich, trotz aller Vermittlungsformeln wie *Intellige, ut credas; crede, ut intelligas* (Augustin), doch immer auf Offenbarung als letzter Grundlage des Glaubens bestehen, auf seiner Irreduzibilität auf vernünftige Einsichten, auf dem Primat des Glaubens, Philosophie hingegen auf dem der Einsicht. Aus philosophischer Sicht stellt aber nicht nur der dogmatische Charakter zentraler theologischer Aussagen und die Berufung auf Offenbarung ein Problem dar. Schon das rationale Fundament der Theologie — insbesondere die Argumente für die Existenz Gottes — erweist sich als fragwürdig. Schwierigkeiten ergeben sich auch bzgl. theologischer Begriffsbildungen und des Sinns von Aussagen über Gott. Die Spannungen zwischen philosophischem und theologischem Denken wurden zunächst dadurch verdeckt, daß die Philosophie des Neuplatonismus, derer sich die Theologie bis ins hohe Mittelalter vorwiegend bediente, selbst schon stark religiös gefärbt und nicht konsequent an rationalen Kriterien orientiert war. Schon im Mittelalter gab es aber Konflikte zwischen Dialektikern und Antidialektikern. So lehnte z. B. Petrus Damianus die Anwendung der Logik auf theologische Fragen ab, während Berengar von Tours sagte, Anwendung der Dialektik sei Anwendung von Vernunft, und wer sich nicht der Vernunft bediene, gebe seine höchste Würde als Mensch auf, denn nur in seiner Vernunft wurde er nach dem Bilde Gottes erschaffen.[13] Mit der Emanzipation der Philosophie aus der Theologie am Ausgang der Scholastik wurden dann die grundsätzlichen Unterschiede beider Disziplinen deutlich. Francis Bacon, einer der ersten Exponenten des unbedingten, optimistischen Vernunftvertrauens der Aufklärung, meinte noch: „A little philosophy inclineth men's minds to atheism,

[13] Vgl. MacDonald in (1930), S. 303. — Ähnlich äußert sich gelegentlich auch Augustin und Anselm meinte, da wir im rationalen Verstand Gott am ähnlichsten seien, könnten wir Gott durch ihn erkennen (*Monologion*,66).

but depth in philosophy bringeth men's minds about to religion", aber diese Ansicht ist seit dem 19. Jahrhundert fraglich geworden. Heute erscheint zudem das Projekt einer Theologie nach den Maßstäben von Philosophie und Wissenschaften als problematisch und es stellt sich die grundsätzliche Frage, ob sich religiöse Anschauungen angemessen durch begrifflich eindeutige Aussagen wiedergeben lassen. Die Problematik einer an der Philosophie orientierten Theologie zeigt sich auch im Blick auf die Genese christlicher Theologie. Die Begriffe und Argumente, die sie aus der Philosophie übernahm, entstammen ganz anderen Gedankenkreisen und geistigen Traditionen als die religiösen Anschauungen, die damit erhellt werden sollten. Den Hintergrund der Verkündigung Jesu bildet die jüdische Religion, nicht die geistige Welt des Hellenismus. Begriffe beziehen ihren Sinn aus dem Kontext, aus Theorien, in denen sie gebraucht werden. Sie sind „theoriebeladen", so daß man mit ihrer Verwendung in einem neuen Kontext oft auch unbemerkt ihren theoretischen Hintergrund übernimmt. Neben diesem indirekten Einfluß der Philosophie auf die Theologie gibt es auch eine direkte Einwirkung philosophischer Ideen. So hat insbesondere der Neuplatonismus die Theologie bis ins hohe Mittelalter hinein stark geprägt, danach der Aristotelismus. Die Bezeichnung der Philosophie als „Magd der Theologie" ist immer ein frommer Selbstbetrug gewesen: Die „Magd" hat von Anfang an einen erheblichen Einfluß auf die Herrin ausgeübt, und dieser Einfluß war nicht immer segensreich, zumal die Theologie oft nicht die jeweils beste verfügbare Philosophie in Dienst nahm und sich philosophischem Fortschritt nicht offenhielt. Mit philosophischen Formulierungen von Glaubensaussagen hat sie teilweise auch die dahinter stehende Metaphysik kanonisiert.[14] Grundsätzlich ist der Versuch einer Klärung und Systematisierung von Glaubensinhalten mit philosophischen Mitteln zwar durchaus legitim, man muß sich dabei aber der Verschiedenartigkeit religiösen und philosophischen Redens bewußt sein und der Grenzen begrifflicher Interpretierbarkeit religiöser Aussagen. Man muß sich ferner darüber klar sein, daß man sich mit

[14] Hartshorne sagt in (1962),S. 8: „Historically, theologians have always been steeped in some philosophy, and they seem always to have read elements of this philosophy into their „revelation" before reading them out again as revealed truths".

diesem Versuch philosophischer Kritik aussetzt und sich ihr gegenüber offen zu halten hat. Wer philosophische Ansprüche stellt, muß sich auch philosophischen Einwänden stellen. Die großartige Synthese von Theologie und Philosophie in den Summen von Thomas von Aquin ist eine Sache der Vergangenheit. Die aristotelische Philosophie, die dieser Synthese zugrunde liegt, ist überholt und damit auch die auf ihr beruhende thomistische Theologie. Es gibt zwar Versuche einer Synthese von Theologie mit moderneren Philosophien, die aber meist wenig überzeugend sind, weil dabei entweder die Philosophie ihre Grenzen überschreitet und mehr sagt, als sie rational begründen kann, oder die Theologie die Glaubensaussagen so deutet, daß sie sich allein auf die Erfahrungswirklichkeit beziehen. Solange man von der großen Teilen der Religionsphilosophie wie der Theologie gemeinsamen Voraussetzungen ausgeht, es gehe bei der Rechtfertigung religiösen Glaubens primär um die Rechtfertigung — und das heißt dann: um die Begründung — von Doktrinen, bleibt es bei einer grundsätzlichen Differenz zwischen Philosophie, die auf den Bereich dessen beschränkt bleiben muß, was sich präzise sagen und vernünftig begründen läßt, und der Theologie, die von einer transzendenten Wirklichkeit redet, die jenseits der Reichweite der normalen Sprache und rationaler Argumente liegt. Wir werden diese Voraussetzung im folgenden kritisieren und zeigen, daß Glaube weder allein noch primär im Fürwahrhalten von Sätzen besteht, sondern eine Lebenshaltung ist. Von daher wird sich dann auch die Aufgabe seiner vernünftigen Rechtfertigung ganz anders darstellen als eine Begründung von Annahmen. Die beiden ersten Kapitel sollen diese Überlegungen vorbereiten. Im ersten geht es um die Problematik einer rationalen Begründung religiöser Doktrinen am Beispiel des Theismus, im zweiten um jene einer Immunisierung religiösen Glaubens gegenüber rationaler Kritik.

1.2 Gottesbeweise

In diesem und dem folgenden Kapitel erörtern wir Argumente gegen die Vereinbarkeit von Glauben und Vernunft. Unter ihnen lassen sich solche mit offensiver und solche mit defensiver Zielsetzung unterscheiden. Die ersteren wollen mit der Unvereinbarkeit von Vernunft und Glaube zeigen, daß religiöser Glaube — meist speziell: der christliche Theismus — rational nicht haltbar ist. Das Ziel ihrer Kritik ist die rationale Theologie, ihre Begründungen und ihre Begriffsbildungen. Die defensiven Argumente akzeptieren diese Kritik, wollen aber nachweisen, daß das Projekt einer rationalen Theologie von vornherein verfehlt ist, weil religiöser Glaube seiner Natur nach kein Gegenstand rationaler Rechtfertigung oder Kritik sein kann; es sind also Argumente für fideistische Konzeptionen in einem weiten Sinne des Wortes. In diesem Kapitel erörtern wir zunächst die Hauptargumente gegen die rationale Theologie. Dabei lassen sich wiederum drei Gruppen unterscheiden: Die der ersten Gruppe richten sich gegen die traditionellen Gottesbeweise und wollen darüber hinaus plausibel machen, daß die Existenz Gottes nicht beweisbar ist. Ihr Fazit ist also: Es gibt keine rationale Begründung des Glaubens, weil schon dessen grundlegende Annahme, die Existenz Gottes, nicht beweisbar ist. Die Argumente der zweiten Gruppe wollen zeigen, daß die Existenz Gottes nicht nur unbeweisbar, sondern widerlegbar ist. Ein noch weiter gehendes Ziel haben endlich die der dritten Gruppe, die religiösen Aussagen überhaupt jeden kognitiven Sinn und damit Wahrheits- wie Falschheitsfähigkeit bestreiten.

Die Kritik an den Argumenten für die Existenz Gottes ist ebenso alt wie diese Argumente selbst. Galten sie in der Philosophie seit Hume und Kant weithin als widerlegt, so hat sich die Diskussion in den letzten Jahrzehnten wieder belebt, als man begann, die Hilfsmittel der modernen Logik zu ihrer Rekonstruktion und Kritik einzusetzen. In neuen Versionen fanden sie neue Anhänger, aber die Erörterungen haben letztlich doch bestätigt, daß sie nicht schlüssig sind. Wir können uns daher auf eine kurze Diskussion der wichtigsten Beweisformen beschränken.[1] Eine heutigen Präzisionsansprüchen genügende Analyse mancher Argumente und Einwände ist nur mit

[1] Eine einführende Übersicht über die Gottesbeweise gibt Hick in (1970). Eine Sammlung wichtiger Texte enthält Hick (1964). Zu den thomistischen Argumenten vgl. Kenny (1969). Für einen Versuch der Rehabilitierung der Gottesbeweise vgl. z. B. Swinburne (1979) und Dore (1984), für eine Kritik daran Mackie (1982).

Mitteln der modernen Logik möglich. Da ich deren Kenntnis hier nicht voraussetzen will, gebe ich einige logische Rekonstruktionen, die mir nützlich erscheinen, im Anhang an.

1) *Der ontologische Gottesbeweis*

Dieser Beweis stammt von Anselm von Canterbury.[2] Bei ihm sieht er so aus:

a) Gott ist etwas, zu dem nichts Größeres gedacht werden kann.
b) Ein solches Wesen ist denkbar (existiert im Denken).
c) Würde es nicht realiter existieren, sondern nur im Denken,so wäre etwas Größeres denkbar; es wäre also nicht Gott.
d) Also existiert es realiter.

Dieser Beweis läßt verschiedene Deutungen zu, die im Anhang 1A angegeben werden. Hier beschränken wir uns auf jene Interpretation, die vom Text her am nächsten liegt. Danach ist (a) eine Bestimmung des Gottesbegriffs. Sie findet sich schon bei Augustin und geht auf Seneca zurück.[3] Es handelt sich also um eine Definition, die man heute meist so formuliert: „(Ein) Gott ist ein (maximal) vollkommenes Wesen", denn das Wort „größer" ist bei Anselm im Sinn eines Wertbegriffs, eben als „vollkommener" zu verstehen. In (b) bedeutet

[2] *Proslogion*, Kap. II (Eine Verstärkung findet sich in Kap. III, vgl. dazu den Anhang 1B). Zum Text vgl. Schmitt (1946), I,S. 101f. oder M. J. Charlesworth (1965). Bekannt ist auch die Formulierung von Descartes in den *Meditationes de prima philosophia* V . Aus der Fülle der modernen Literatur seien nur erwähnt Hick und McGill (1968), R. M. Adams (1971) und Barnes (1972). In Plantinga (1968) sind die wichtigsten Texte zum Beweis vereint, von Anselm bis zur Gegenwart. — Eine Vorform des ontologischen Gottesbeweises findet sich schon bei dem Stoiker Zenon von Kition: (Ein) Gott ist, was anbetungswürdig ist; was nicht existiert, ist nicht anbetungswürdig; also existiert Gott (vgl. Sextus Empiricus *Adversus Mathematicos* IX, 133).

[3] Seneca sagt (*Naturales questiones* I, Vorwort): „Quid et Deus? mens universi. Quid est Deus? quod vides totum et quod non vides totum. Sic demum magnitudo illi sua redditur, qua nihil maius cogitari potest, si solus est omnia". Hier ist der stoische Ursprung dieser Konzeption deutlich.

„denkbar" soviel wie „möglich".[4] Man kann aber (b) sowohl im Sinne von „Es ist möglich, daß es eine solche Entität gibt" verstehen wie im Sinn von „Es gibt ein mögliches Objekt, auf das der Begriff zutrifft". Normalerweise interpretiert man (b) in der ersten Weise, aus Gründen, die unten deutlich werden, entscheiden wir uns hier aber für die zweite. Anselms Argument für (b) lautet: Wir verstehen den Ausdruck „etwas, zu dem nichts Größeres gedacht werden kann", und damit existiert so etwas im Verstand. (c) wird damit begründet, daß Existenz ein Vollkommenheitsmerkmal ist: Ein existierendes Objekt ist (*ceteris paribus*) vollkommener als ein nichtexistierendes. Da ein mögliches Wesen auch als real vorstellbar ist, kann also ein nur mögliches, aber nicht reales Wesen kein Gott im Sinne von (a) sein. Daß es nur einen einzigen Gott gibt, wäre gesondert zu zeigen. Dazu könnte man die These Anselms in *Proslogion*, Kap. VI verwenden, daß Vollkommenheit Allmacht impliziert, und beweisen, daß es nicht mehrere allmächtige Wesen geben kann.[5] In *Proslogion*,II geht es aber zunächst allein um die Existenz *eines* Gottes.

Zur Kritik des Arguments ist zu sagen:

(1) Die Definition (a) ist fragwürdig, denn eine Aussage „*a* ist vollkommener als *b*" bezieht sich normalerweise auf einen bestimmten Wertaspekt *F* und bedeutet dann soviel wie „*a* ist bzgl. *F* vollkommener als *b*", also z. B. „*a* ist gerechter (mächtiger, intelligenter) als *b*". Nun kann *a* bzgl. mancher Aspekte vollkommener sein als *b*, bzgl. anderer aber weniger vollkommen. Dann ergibt sich eine Unvergleichbarkeit von *a* und *b* bzgl. des Begriffs „vollkommener". Es könnte also viele Objekte geben, zu denen es einfach deswegen nichts Größeres gibt, weil sie mit anderen unvergleichbar sind. Damit (a)

[4] Barnes bestreitet das in (1972), S. 23, aber damit wird „denkbar" zu einem rein psychologischen Prädikat. Denkbar oder vorstellbar ist etwas immer für jemanden und verschiedene Leute können sich Verschiedenes vorstellen. Bei Anselm fehlt aber die Bezugnahme auf bestimmte Personen, und das Argument wäre wegen der Fragwürdigkeit des psychologischen Elements in der Definition und den Prämissen von vornherein unplausibel. Es soll zudem ein apriorischer Beweis sein, Annahmen über Vorstellungsfähigkeiten sind aber empirisch.

[5] Vgl. dazu auch die Ausführungen von Anselm im *Monologion*, 5 und 7.

überhaupt als Definition des Gottesbegriffs adäquat ist, muß man daher die Vergleichbarkeit aller Objekte bzgl. der Relation „vollkommener“ (bzw. „weniger vollkommen“ und „gleich vollkommen“) fordern und die ist nicht erkärt.[6] Für einen unkörperlichen und ewigen Gott kommen ferner viele Vollkommenheiten nicht infrage wie z. B. körperliche Schönheit und Kraft, Gesundheit, Schärfe der Sinne etc. Es ist aber unklar, welche Wertaspekte angemessen sind — das werden die späteren Erörterungen noch zeigen. Jedenfalls wäre es zirkulär, in (a) maximale Vollkommenheit bzgl. aller Wertaspekte zu fordern, die für einen Gott infrage kommen; man könnte allenfalls auf jene Vollkommenheitsmerkmale Bezug nehmen, die für ein unkörperliches Wesen infrage kommen.[7]

(2) Setzen wir einmal die Verständlichkeit des definierenden Prädikats in (a) voraus, so folgt aus ihr nicht die Existenz eines möglichen Objekts, auf das es zutrifft. Darauf hat schon der Mönch Gaunilo in seiner Kritik des Beweises von Anselm zurecht hingewiesen und darin liegt der entscheidende Fehler des Arguments.[8] Auch das Prädikat „viereckiger Kreis“ ist verständlich, ohne daß es ein mögliches Objekt gibt, auf das es zutrifft, und die Frage, ob es ein vollkommenstes Wesen gibt oder ob nicht zu jedem Wesen mit

[6] Ihre Erklärung würde eine Verwendung metrischer Wertbegriffe und die Gewichtung der einzelnen Wertaspekte erfordern, die aber nicht einmal ansatzweise definiert sind.

[7] Plantinga hat daher einmal vorgeschlagen, Gott nicht als vollkommenes Wesen zu definieren, sondern durch einige spezifische Attribute wie Allwissenheit, Allmacht und Güte. Für Anselm lag der Wert seines Beweises aber gerade darin, daß er die Existenz eines Gottes belegte, der seinem Begriff nach alle Attribute hat, die wir ihm auch sonst zuschreiben: für ihn implizierte Vollkommenheit Allwissenheit, Allmacht, Güte und eine unübersehbare Fülle sonstiger Werteigenschaften (vgl. *Proslogion*, V ff.) Wir werden unten an der Version des Beweises von Leibniz sehen, daß die Ersetzung von „vollkommen“ durch einen wohldefinierten Begriff das Argument zwar akzeptabler macht, aber allenfalls zu einem Existenzbeweis für eine Entität führt, die man kaum als „Gott“ ansprechen kann.

[8] Die Einwände von Gaunilo und die Erwiderungen von Anselm findet man z. B. in Charlesworth (1965).

vorzüglichen Eigenschaften ein noch vollkommeneres denkbar ist, ist keineswegs trivial.[9] Aus der Tatsache, daß ein Prädikat verständlich, also sinnvoll ist, folgt nur die Existenz eines Begriffs, den es ausdrückt. Es wäre also zumindest zu zeigen, daß dieser Begriff nicht aus analytischen Gründen leer ist. Das würde aber nur die Aussage ergeben: „Es ist möglich, daß es einen Gott gibt", nicht aber: „Es gibt ein mögliches Objekt, das (tatsächlich) ein Gott ist". Von der ersteren Aussage kommt man aber ohne wiederum fragwürdige Zusatzannahmen, von denen zudem bei Anselm keine Rede ist, nicht zur Konklusion.[10]

[9] Noch Thomas übernimmt freilich den platonischen Gedanken, wo es ein Besseres gebe, müsse es auch ein Bestes geben, da sich das Bessere durch die größere Nähe zum Besten bestimme (vgl. dazu seinen 4.Weg). Ist F der Aspekt, unter dem die verschiedenen Objekte verglichen werden, so kommt nach der Ideenlehre Platons der F-Idee (der F-heit) das F-sein im höchsten Grade zu. Wir sehen aber heute den Begriff F-sein nicht als Objekt an, dem selbst die Eigenschaft F zukommt – der Begriff ‚Mensch' ist selbst kein Mensch.

[10] Vgl. Anhang 1AII. Auch Leibniz hat darauf hingewiesen, daß die Prämisse (b) – er versteht sie im ersteren Sinn – bei Anselm nicht begründet ist, und meinte, Anselm habe nur die Aussage: „Wenn (b), dann (d)" bewiesen (vgl. *Nouveaux Essais sur l'entendement humain* (NE) IV, Kap. X, § 7 und W I, S. 25f, 43f und 292, sowie *Discours de Metaphysique* (DM), § 23). Er hat sich bemüht, (b) durch den Nachweis der Konsistenz des Begriffes der Vollkommenheit zu begründen. In *Quod ens perfectissimum existit* (WG VII,S. 261f.) argumentiert er so: Merkmale der Vollkommenheit sind nur einfache, positive und unbeschränkte Begriffe: Die sind unabhängig von einander, können sich also nicht widersprechen. (Als einfach sind sie unanalysierbar, als positiv schließen sie einander nicht aus, als unbeschränkt (beschränkt wäre z. B. ‚Groß, aber nicht größer als 2m') enthalten sie keine negativen Bestimmungen mit demselben Begriff.) Die Ausdrücke „positiv", „einfach" und „unbeschränkt" bleiben jedoch ganz unklar. Logisch gesehen ist jene Rekonstruktion des ontologischen Beweises von Leibniz am überzeugendsten, in der er Gott einfach als ein notwendigerweise existierendes Wesen definiert. Wir gehen darauf unten ein. Eine formale Lösung dieses Problems findet sich erst im Beweis von K. Gödel, vgl. Anhang 1D.

(3) Nach der Begründung von (c) ist Existenz ein Vollkommenheitsmerkmal. Das ist problematisch, denn es ist nicht einzusehen, wieso ein lebender Achill vollkommener sein sollte als der fiktive bei Homer oder ein realer Mörder vollkommener als ein fiktiver. Kant hat behauptet, Existenz sei kein Wesensmerkmal, ein realer Mensch und ein bloß vorgestellter seien wesensgleich.[11] Da (c) für Anselm analytisch wahr sein soll und daraus folgt, daß (jeder) Gott existiert, wird aber Existenz zum Wesensmerkmal Gottes erklärt. Das ist jedoch kein entscheidender Mangel des Beweises. Logisch gesehen jedenfalls ist Existenz eine durchaus respektable Eigenschaft und ein nützlicher Begriff.

Gaunilo hat den Beweis Anselms dadurch *ad absurdum* geführt, daß er nach demselben Schema die Existenz einer vollkommenen Insel nachwies. Er sagte: Eine in jeder Hinsicht vollkommene (schöne, fruchtbare, klimatisch bevorzugte etc.) Insel ist denkbar, existiert also *in intellectu*. Würde sie nicht tatsächlich existieren, so wäre sie nicht vollkommen. Also existiert sie. Dieses Argument ist zweifellos ebenso korrekt wie das von Anselm.

Leibniz hat eine Version des ontologischen Beweises angegeben, die auf den fragwürdigen Begriff maximaler Vollkommenheit verzichtet und ihn durch den Begriff notwendiger Existenz ersetzt. Sein Argument lautet so:[12]

a′) Ein Gott ist ein notwendigerweise existierendes Wesen.
b′) Es ist möglich, daß es ein solches Wesen gibt.
c′) Also gibt es einen Gott.

Hier folgt tatsächlich (c’) modallogisch aus (a’) und (b’), aber (b’) wird nicht korrekt begründet. Leibniz schließt fälschlich aus der Tatsache,

[11] Vgl. Kant *Kritik der reinen Vernunft* (KrV) B 624ff. Derselbe Gedanke findet sich schon bei Aristoteles (*Analytica posteriora*, 92b13f.), der meint, Existenz könne deswegen kein Wesensmerkmal sein, da es auf alles zutrifft, was es gibt. Vgl. zur Diskussion auch Barnes (1972), Kap. 3.

[12] Vgl. z. B. Leibniz *Monadologie*, § 45; vgl. a. WG IV, 406 und WG III, 443. N. Rescher bezeichnet eine etwas andere Version dieses Beweises in (1967),Kap. 5 als „Modalitätsargument“. Für eine formale Rekonstruktion vgl. den Anhang 1C.

daß aus einem Satz *A* (hier: „Es gibt ein notwendigerweise existierendes Wesen") logisch kein Widerspruch folgt, auf die logische Wahrheit von „Es ist (analytisch) möglich, daß *A*". Er zeigt also im Effekt, wie er selbst das Anselm vorgeworfen hatte, nur: Wenn (b') gilt, so gilt auch (c'). Selbst wenn sein Beweis korrekt wäre, würde er ferner zu wenig begründen: Es kann viele notwendigerweise existierende Objekte geben. Geht man z. B. von einer mengentheoretischen Sprache aus, so kann man sagen, alle Mengen existierten notwendigerweise; man wird sie aber kaum als „Götter" bezeichnen wollen.

Der ontologische Gottesbeweis ist also nicht haltbar: Die Existenz Gottes ist keine logische Tautologie und keine analytische Wahrheit. Es erübrigt sich daher, auf Rettungsversuche für das Argument einzugehen, die alte logische Fehler durch neue ersetzen.

2) *Das kosmologische Argument*

Es gibt eine ganze Familie kosmologischer Argumente. In den Grundgedanken gehen sie auf Platon und Aristoteles zurück. Die heutige Diskussion bezieht sich meist auf die Formulierungen bei Thomas von Aquin.[13] Die entscheidenden Kritiken stammen von Hume und Kant. Am wichtigsten sind die Beweise für die Existenz eines ersten Bewegers, einer Erstursache und eines notwendigen Wesens. Diese Beweise sind dann noch zu ergänzen durch einen Nachweis, daß ein solches Wesen zugleich die übrigen traditionellen Attribute des theistischen Gottes hat, aber davon wollen wir hier absehen. Bei Thomas sind die ersten drei der „Fünf Wege" Versionen des kosmologischen Arguments. Wir erörtern hier nur die beiden letzteren, da der Beweis eines ersten Bewegers dem der Erstursache weitgehend entspricht.[14]

[13] Vgl. Platon *Gesetze* X (893b ff); Aristoteles *Physik* VIII und *Metaphysik* XII,6–7; Thomas *Summa contra gentiles* (SCG) I, 13, sowie *Summa theologiae* (ST) Ia,2,3 (vgl. dazu a. Seidl (1982) und Kenny (1969).); Leibniz *Monadologie*, §§ 37ff.; *Theodicee* I, § 7; *Principes de la Nature et de la Grace fondés en Raison* (PNG) § 8. — Zur Darstellung kosmologischer Argumente vgl. D. R. Burrill (1967) und W. L. Craig (1980), zur Kritik Mackie (1982), Kap. 5.

[14] Das Wort *motio* bei Thomas entspricht dem Wort *kinesis* bei Aristoteles, bezeichnet also nicht nur Bewegung, sondern allgemein Veränderung.

A) *Gott als Erstursache*

a) Es gibt Dinge, deren Existenz verursacht ist.

b) Ursache der Existenz eines Objekts ist immer ein von ihm verschiedenes existierendes Objekt.

c) Jede Kette von Ursachen für die Existenz eines Objekts a_1 (also jede Folge $\ldots,a_3,a_2,a_1$ von Objekten, so daß a_n Ursache der Existenz von a_{n-1} ist $(n>1)$), ist endlich.

d) Also gibt es ein Objekt, das die Existenz von anderen bewirkt, dessen Existenz aber nicht von einem anderen bewirkt wird, und eine solche Entität nennen wir „Gott".

Nach traditionellem Verständnis sind Ursachen immer Objekte. Heute sagen wir nicht, ein *Objekt* bewirke ein anderes oder es bewirke das Entstehen oder die Veränderung eines anderen, sondern wir sehen Ursachen wie Wirkungen als *Ereignisse* an. Hier geht es um Ursachen für die Existenz von Objekten. Da man nicht sagen kann, die bloße Existenz eines Objekts bewirke die Existenz eines anderen — ein Tischler bewirkt z. B. nicht schon durch seine Existenz die Existenz eines Tisches, sondern nur durch seine Arbeit —, müssen wir die Aussage „*a* ist Ursache der Existenz von *b*" bei Thomas verstehen im Sinn von „Es gibt eine Aktivität oder Veränderung von *a*, die bewirkt, daß *b* entsteht." Nicht Gott kann danach als Erstursache bezeichnet werden, sondern nur ein Handeln Gottes. Im übrigen ließe sich dann der Gedankengang des Beweises so formulieren:

a′) Es gibt Ereignisse, die eine Ursache haben.

b′) Eine Ursache ist immer von ihrer Wirkung verschieden.

c′) Jede Kette der Ursachen eines Ereignisses E_1 (also jede Folge $\ldots,E_3,E_2,E_1$, so daß E_n Ursache von E_{n-1} ist $(n>1)$), ist endlich.

d′) Also gibt es eine Erstursache, dh. eine Ursache, die nicht Wirkung ist.

Die Prämisse (a') ist unproblematisch. Es handelt sich hier um eine Erfahrungstatsache, so daß der kosmologische Beweis im Gegensatz zum ontologischen die Existenz Gottes nicht als analytische, sondern als empirische Wahrheit begründet. Auch (b') ist unproblematisch. (b') drückt die Irreflexivität der Ursache-Wirkungsbeziehung aus: Da die Ursache der Wirkung vorhergeht oder jedenfalls früher beginnt als diese, kann kein Ereignis Ursache seiner selbst sein. Wenn man unter „Ursachen" hinreichende Bedingungen für das Eintreten der Wirkung versteht, ist die Ursache-Wirkungs-Relation auch transitiv:

X ist Ursache von *Z*, falls *X* Ursache eines Ereignisses *Y* ist, das seinerseits Ursache von *Z* ist. Aus der Annahme, jedes Ereignis habe eine Ursache, würde sich nun mit der Irreflexivität und Transitivität der UrsacheWirkungsrelation ergeben, daß jede Ursachenkette unendlich ist.[15] Die kritische Prämisse (c') besagt, daß das nicht der Fall sein kann. Das Argument von Thomas für (c') ist: Gäbe es keine erste Ursache, so auch keine zweite, also auch keine dritte usf., also gar keine Ursachen, im Widerspruch zu (a). Das ist nun offenbar falsch: Unter den unendlich vielen ganzen Zahlen (...,−2,−1,0,+1,+2,...) gibt es auch keine erste, also keine zweite usf., aber daraus folgt nicht, daß es keine ganzen Zahlen gibt. Bei Aristoteles ergibt sich (c') aus der Annahme, daß die Wirkung mit der Ursache verschwindet, so daß alle (mittelbaren) Ursachen solange bestehen müssen wie die Wirkung anhält. Die Annahme einer unendlichen Ursachenkette ergäbe also eine aktual unendliche Menge von Ereignissen, und für Aristoteles gibt es kein aktual Unendliches.[16] Ein ähnlicher Gedanke wird auch bei Thomas angedeutet, wenn er zwischen essentiellen und akzidentellen Ursachenketten unterscheidet und sagt, bei jenen sei für den Fall, daß *a* (die Existenz von) *b* bewirkt und *b* (jene von) *c*, *a* zugleich Ursache der kausalen Wirksamkeit von *b*. Das wird mit dem Beispiel der Hand illustriert, die einen Stock bewegt und mit ihm einen Stein. Der Beweis würde dann aber nur besagen: Es gibt essentielle Erstursachen. Die könnten aber akzidentell bewirkt sein.

[15] Ist E_1 ein Ereignis, so gibt es dafür nach dieser Annahme — wir nennen sie (A) — eine Ursache E_2. Wegen der Irreflexivität ist E_1 von E_2 verschieden. Zu E_2 gibt es nach (A) eine Ursache E_3. Wegen der Irreflexivität ist E_3 von E_2 verschieden; wegen der Transitivität ist E_3 Ursache von E_1, wegen der Irreflexivität ist E_3 also auch von E_1 verschieden. Zu E_3 gibt es nach (A) eine Ursache E_4, die wegen der Irreflexivität und Transitivität wieder von E_3,E_2 und E_1 verschieden ist, usf.

[16] In Abwandlung dieses Gedankens könnte man auch sagen: Jedes (natürliche) Ereignis dauert nur eine endliche Zeit, in einer unendlichen Ursachenkette müßten Ereignisse aber unendlich lange dauern. — Auch dieses Argument ist jedoch nicht haltbar, da es keinen endlichen Zeitabstand zu geben braucht, so daß eine Ursache immer mindestens in diesem Abstand vor ihrer unmittelbaren Wirkung einsetzt.

Das Argument ist also nicht brauchbar. Aus ihm folgt insbesondere nicht, daß alles was geschieht, *dieselbe* Erstursache hat. Es kann also viele Erstursachen geben, die man dann nicht alle als „göttlich" bezeichnen wird.

B) *Gott als ens necessarium*

a) Es existiert etwas.
b) Alles, was existiert, existiert kontingenterweise oder notwendigerweise.
c) Alles, was kontingenterweise existiert, ist einmal entstanden.
d) Alles, was entsteht, entsteht durch etwas, was schon existiert.
e) Wenn alles kontingenterweise existieren würde, so hätte es also einen Zeitpunkt gegeben, in dem noch nichts existierte.
f) Dann hätte aber nach (d) auch nichts entstehen können.
g) Also gibt es etwas, das notwendigerweise existiert, und das nennen wir „Gott".[17]

Die Prämisse (a) ist unproblematisch. Das gilt auf den ersten Blick auch für (b), denn ein Sachverhalt ist kontingent genau dann, wenn es sowohl möglich ist, daß er besteht, als auch, daß er nicht besteht. Ist er nicht kontingent so ist es also unmöglich, daß er besteht, oder es ist unmöglich, daß er nicht besteht (d. h. es ist notwendig, daß er besteht). Besteht er tatsächlich, so entfällt aber die erste dieser beiden Alternativen.[18] Die Prämisse (c) wird damit begründet, daß kontingente Sachverhalte möglicherweise nicht bestehen und daß aus dem

[17] Thomas zeigt (mit dem Argument, das schon unter (A) verwendet wurde) auch noch, daß es unter den notwendigerweise existierenden Dingen eine Erstursache geben muß, die dann als „Gott" bezeichnet wird. Für das normale Verständnis von „notwendigerweise existieren" ist das überflüssig, weil das Notwendige keine Ursache erfordert, aber er faßt den Ausdruck hier so auf, daß er sich auf Dinge bezieht, die nicht den natürlichen Prozessen des Werdens und Vergehens unterworfen sind. Vgl. dazu unten.

[18] Der Satz „Der Sachverhalt p besteht kontingenterweise" kann bedeuten „Es ist kontingent, *ob* p besteht" (d. h. „p ist kontingent") oder „Es ist kontingent, *daß* p besteht" (d. h. „p ist kontingent und p besteht tatsächlich". Im Beweis ist der Satz „Das Objekt a existiert kontingenterweise" im letzteren Sinn zu verstehen.

Bestehen eines Sachverhalts und der Möglichkeit seines Nichtbestehens folge, daß er in der Vergangenheit einmal nicht bestanden habe. Das letztere ergibt sich aber aus keiner der üblichen Erklärungen des Begriffs der Möglichkeit: weder aus der, möglich sei, was nicht analytisch falsch ist, noch aus der, möglich sei, was einmal war, ist oder einmal sein wird (Diodor). Man kann nun kontingente Existenz nicht als Entstandensein definieren, denn sonst würde die notwendige Existenz eines Objekts wegen (b) nur besagen, daß es bisher immer existiert hat. Da daraus nicht folgt, daß es auch in Zukunft immer existieren wird, könnte man Gott kaum zureichend durch die Notwendigkeit seiner Existenz charakterisieren. Am besten deutet man wohl „notwendigerweise existieren" als „immer existieren" und begründet (c) und (b) mit der (allerdings problematischen) Annahme, daß das, was nicht immer existiert, entweder nie existiert oder sowohl einen Anfang als auch ein Ende hat, also nur während einer endlichen Zeitspanne existiert. (d) besagt dann, daß alles Entstandene eine Ursache für sein Entstehen hat, die als schon vorher existierendes Objekt aufgefaßt wird. Diese Prämisse setzt den Satz vom zureichenden Grund voraus, zumindest in der speziellen Form: Alles, was entsteht, hat eine Ursache seines Entstehens. (e) folgt nun aber nicht aus (d) und darin liegt der entscheidende Einwand gegen das Argument: Aus „Für alle entstandenen Objekte gibt es einen Zeitpunkt, in dem sie noch nicht existierten" folgt nicht „Es gibt einen Zeitpunkt, in dem alle entstandenen Objekte noch nicht existierten". (e) würde nur dann gelten, wenn die Menge aller bis jetzt entstandenen Objekte endlich wäre. Dafür fehlt aber jedes Argument. (f) ist ebenso plausibel wie (d): Gibt es in einem Zeitpunkt *t* keine Objekte, so auch keine Ursachen für das Entstehen von Objekten nach *t*; nach dem Satz vom zureichenden Grund gibt es dann aber auch nach *t* keine Objekte.

Mit (e) wird also der Beweis unhaltbar. Aus den Prämissen (a) bis (d) folgt nur, daß schon immer etwas existiert hat, aber nicht, daß es etwas gibt, das schon immer existiert hat (und daher nach dem Gedanken, der (c) zugrunde liegt, auch immer existieren wird). Darauf hat schon Leibniz hingewiesen.[19] Dessen kosmologisches

[19] Vgl. Leibniz NE IV, Kap. X, § 6.

Argument sieht so aus: Daß diese, unsere Welt und nicht eine andere mögliche Welt existiert, ist nicht notwendig, muß also nach dem Prinzip vom zureichenden Grund, das er als eines der grundlegenden Vernunftprinzipien ansah[20], eine Ursache haben. Diese Ursache kann nicht unserer Welt angehören, erst recht nicht einer unrealisierten anderen möglichen Welt, sie muß also eine extramundane oder supranaturale Ursache sein, und die nennen wir „Gott", da die Realisierung einer von vielen möglichen Welten ein Akt der Schöpfung ist.[21] In ähnlicher Weise argumentiert S. Clarke in (1738)[22]: Es sei *M* faktisch, nicht kraft Definition, die Menge aller Objekte, die einmal entstanden sind. Das Entstehen jedes einzelnen Objekts aus *M* kann zwar eine Ursache in *M* haben (auch für Clarke sind Ursachen Objekte), aber in *M* gibt es keine Ursache dafür, daß genau die Objekte aus der Menge *M* entstanden sind; andernfalls gäbe es ja ein Objekt, das sein eigenes Entstehen bewirkt, also existiert, bevor es existiert. Da es nicht notwendig ist, daß genau die Objekte aus *M* existieren, muß es dafür nach dem Prinzip vom zureichenden Grunde eine Ursache geben. Da sie nicht zu *M* gehört, also nicht entstanden und damit nicht verursacht ist, muß sie, wiederum nach dem Satz vom zureichenden Grund, notwendigerweise existieren.

Gegen das Argument von Clarke hat man oft eingewendet, eine Erklärung dafür, daß genau die Objekte aus *M* entstanden sind, sei schon damit gegeben, daß man für jedes Objekt aus *M* erklären kann, warum es entstanden ist. Das ist aber offenbar falsch: Aus „Für jedes Objekt *x* aus *M* gibt es eine Erklärung für das Entstehen von *x*" folgt nicht „Es gibt eine Erklärung für die Tatsache, daß alle (oder genau die) Objekte aus *M* entstanden sind". Das Problem der Argumente von Leibniz und Clarke liegt vielmehr darin, daß sie ein ganz unklares Prinzip vom zureichenden Grund verwenden. Das Kausalprinzip „Jedes Ereignis hat eine Ursache" hat einen klaren Sinn, es gilt allerdings nur in einer deterministischen Welt, nicht aber falls es menschliche Freiheit gibt oder (wie man in der Physik annimmt) irreduzibel statistische Gesetze. Ein Grund dafür, daß eine

[20] Vgl. z. B. Leibniz *Monadologie*, §§ 31f. und *Theodicee* I, § 44.

[21] Vgl. Leibniz WG VII, 303.

[22] Vgl. dazu auch die Analyse seines Beweises in Rowe (1975).

bestimmte Welt realisiert wird, ist jedoch keine Ursache, denn Ursachen sind zeitlich lokalisierte Ereignisse in der Welt und sie sind Bedingungen, aus denen die Wirkung sich mithilfe von kausalen Naturgesetzen ergibt, die in der betreffenden Welt gelten; mit ihnen läßt sich der Vorgang der Realisierung dieser Welt also nicht erklären. Gründe, die keine Ursachen sind, sind z. B. Absichten. Eine Absicht hat jemand zu einer bestimmten Zeit und sie ist der Grund dafür, daß er etwas tut. Auch diese Gründe sind also zeitliche Ereignisse und sie sind zudem kontingent. Sagt man aber z. B., *A* sei ein Grund für *B*, wenn *A* notwendigerweise *B* impliziert, während *B* nicht notwendigerweise *A* impliziert – die letztere Bedingung ist erforderlich, um eine irreflexive Relation des Begründens zu erhalten, die ausschließt, daß etwas Grund von sich selbst ist –, so nimmt dieser Begriff zwar nicht auf Zeitliches Bezug, aber Notwendiges kann danach nicht Grund von etwas sein, da ein notwendiger Sachverhalt *A* von jedem anderen notwendigerweise impliziert wird. Es geht im kosmologischen Argument aber gerade um notwendige Gründe – ist die Existenz oder der Schöpfungsakt Gottes nicht notwendig, so muß es nach dem Prinzip vom zureichenden Grund dafür wiederum einen Grund geben.[23] Eine Definition der Relation '*A* ist Grund für *B*', die auf supranaturale Tatsachen oder Wesen anwendbar wäre und nach der es notwendige Gründe geben könnte, ist also nicht in Sicht.

Motivation und Attraktivität des kosmologischen Arguments werden erst deutlich, wenn man das Argument (B) in ein epistemisches umformt: Die Erklärung kontingenter Fakten durch andere kontingente Fakten ist insofern unbefriedigend, als sie immer weitere Warum-Fragen offenläßt. Die Kette dieser Fragen kommt erst dann zu einem Abschluß, wenn man auf Gründe stößt, von denen sich einsehen läßt, daß sie notwendigerweise gelten, daß es sich so und so verhalten muß und daß daraus das Bestehen des fraglichen Sach-

[23] Bei Leibniz ist der Akt der Schöpfung frei. Da aber Gott essentiell gut ist, kann er nur die beste aller möglichen Welten erschaffen. Das Handeln Gottes ist also determiniert und Freiheit wird im Sinn von Spinoza und Hobbes so verstanden, daß jeder frei handelt, wenn er das tut, was im Einklang mit seinen Präferenzen steht.

verhalts folgt. Das ist nun zwar ein altes Erkenntnisideal, das sich schon bei Platon und Aristoteles findet, aber nichts garantiert uns, daß es realisierbar ist, insbesondere daß alles Erkärungsbedürftige sich durch Notwendiges erklären läßt. Das ist in der Tat höchst unplausibel, denn wir nehmen an, daß es kontingente Tatsachen gibt — davon gehen ja auch die Argumente von Thomas aus. Was aber aus Notwendigem folgt, ist selbst notwendig, so daß das, was tatsächlich kontingent ist, sich eben nicht mit Notwendigem erklären läßt. Leibniz, der das Ideal notwendiger Erkenntnis am radikalsten vertrat, sah konsequenterweise alle Sätze als analytisch an.[24] Für Kant war Notwendigkeit nur als Notwendigkeit für unser Denken feststellbar, nicht aber als Seinsnotwendigkeit[25]. Zum Abschluß seiner Kritik des kosmologischen Arguments sagt er: „Das Ideal des höchsten Wesens ist ... nichts anderes, als ein *regulatives Prinzip* der Vernunft, alle Verbindung in der Welt so anzusehen, *als ob* sie aus einer allgenügsamen notwendigen Ursache entspränge, um darauf die Regel einer systematischen und nach allgemeinen Gesetzen notwendigen Einheit in der Erklärung derselben zu gründen, und ist nicht die Behauptung einer an sich notwendigen Existenz".[26]

3) *Das teleologische Argument*

Dieses Argument geht auf Sokrates zurück.[27] Aus der Finalität oder Zweckmäßigkeit in der Natur wird auf einen intelligenten Schöpfer

[24] Leibniz unterschied zwischen analytischer Wahrheit und Notwendigkeit: Nur beweisbare analytische Wahrheiten gelten notwendigerweise, und ein Satz kann analytisch gelten, ohne daß sich diese Geltung in endlich vielen Schritten beweisen, also für endliche Intellekte wie den menschlichen erkennen ließe.

[25] Das heißt erstens: Aus der Notwendigkeit eines Sachverhalts für unser Denken folgt nicht, daß er an sich notwendig gilt. Zweitens will Kant damit aber auch ausdrücken, daß wir nicht die Notwendigkeit der Existenz eines Objekts erkennen können.

[26] Kant KrV, B 647.

[27] Vgl. Xenophon *Memorabilia* 1.4 und 4.3. Vgl. auch Aristoteles Fr. 1476a34—b11 (Nr. 10 in V. Rose: *Aristoteles qui ferebantur librorum fragmenta* (1886), Stuttgart 1967,S. 27f.; nach Sextus Empiricus Adv. dogm 3,20—22)

oder Lenker der Welt geschlossen.[28] Wir beziehen uns zunächst wieder auf die Formulierung des Arguments bei Thomas.[29] Sie lautet:

a) In der Welt gibt es ein finales Verhalten, das weder zufällig noch intelligent ist.
b) Was nicht selbst über Intelligenz verfügt, verhält sich nur unter der Leitung eines intelligenten Wesens final.
c) Es gibt also eine Intelligenz, die alle Naturdinge auf ein Ziel hinordnet, und die nennen wir „Gott".

Zu (a) sagt Thomas, es gebe Körper, die sich immer oder meistens auf dieselbe Weise verhalten und damit das bewirken, was das Beste ist, ohne daß wir ihnen Intelligenz zuschreiben könnten. Ihr Verhalten ist also nicht zufällig, sondern gesetzmäßig (wenn auch eventuell nur im statistischen Sinn). Das Ziel oder der Endzustand *(finis)* ist dabei ein unter irgendwelchen Aspekten optimaler Zustand. (b) enthält den entscheidenden Fehler, der sich aus der Doppeldeutigkeit des Wortes *finis* oder „Ziel" ergibt: Ein Ziel ist erstens etwas, das bewußt angestrebt wird, worauf sich eine Absicht richtet; in diesem Sinn sprechen wir von Zielen von Handlungen. Ziele in diesem Sinn hat nur ein intelligentes Wesen, nur es verhält sich zielstrebig. Ein Ziel ist zweitens aber auch einfach ein Zustand, auf dessen Realisierung hin ein Prozeß verläuft. Es gibt in der Physik nicht nur kausale Gesetze, nach denen sich die späteren Zustände aus früheren ergeben, sondern auch finale Gesetze, die besagen, daß ein Prozeß so verläuft, daß ein gewisser Zustand erreicht oder erhalten wird. Dazu gehören z. B. die Extremalprinzipien in der Mechanik und der geometrischen Optik.

und die ausführliche Darstellung stoischer Argumente (vielleicht nach Panaitios oder Poseidonios) in Cicero *De natura deorum*, II. Zu modernen Darstellungen vgl. z. B. McPherson (1972) und (als Verteidigungsversuch) Swinburne (1968), (1972) und (1979), Kap. 8.

[28] Das Wort „Schöpfer" ist hier lediglich im Sinn eines Demiurgen, eines Gestalters der Welt gemeint. Eine *creatio ex nihilo* kann das Argument in keinem Fall belegen.

[29] Vgl. Thomas ST Ia,2,3 (die Formulierung in SCG I,13 ist weniger klar) und dazu wieder Kenny (1969). Zum Begriff der Teleologie vgl. a. Kutschera (1981), 2.3.

Aus der Existenz eines final gesetzmäßigen Verhaltens, selbst wenn es auf die Erreichung oder Erhaltung eines Zustandes gerichtet ist, der relativ oder absolut gesehen wertvoll ist, folgt also nicht, daß es ein intelligentes Wesen gibt, das dieses Verhalten steuert oder das betreffende System so eingerichtet hat, daß es diesen Zustand realisiert oder erhält. Bei menschlichen Handlungen oder Produkten wie z. B. einem Heizungssystem mit einem Thermostaten ist das so, beim Lichtstrahl, der durch verschieden dichte Medien jenen Weg nimmt, auf dem er am schnellsten an den Endpunkt gelangt, nehmen wir das nicht an. Finalität in diesem zweiten Sinn schließt insbesondere eine kausale Erklärbarkeit der Vorgänge nicht aus. Die vielfältige Finalität im Bereich des Lebendigen wird z. B. in der Evolutionstheorie kausal erklärt, und die finalen Gesetze der Mechanik lassen sich in kausale umformen. Dem Schluß von einer Finalität im zweiten Sinn auf eine solche im ersten Sinn liegt häufig auch der Gedanke zugrunde, ein noch nicht realisierter Endzustand könne nicht den gegenwärtigen Verlauf eines Prozesses bewirken, er könne nur als vorgestellter Zustand das Handeln eines intelligenten Wesens bestimmen. Ein Endzustand ist natürlich keine Ursache, eine finale Erklärung ist keine kausale, aber ein vorgestellter Zustand ist auch nicht Ursache des Handelns, sondern die gegenwärtigen Präferenzen und Annahmen der Person sind Gründe dafür, daß sie diesen Zustand aktiv anstrebt. Finalität ist also nicht immer absichtliche und damit intelligente Zielstrebigkeit. Versteht man das Wort „Ziel“ aber nur im ersteren Sinn (als angestrebten Zustand), so kann man (a) nicht behaupten, ohne schon vorauszusetzen, daß es tatsächlich eine Intelligenz gibt, deren Handeln das fragliche Verhalten bewirkt.[30]

[30] Man wird Thomas zwar nicht einfach eine Verwechslung der beiden Bedeutungen von „Finalität“ zuschreiben können, da er sie gelegentlich unterscheidet (so im Beispiel des Schützen, der den Pfeil auf ein Ziel lenkt), bei einer systematischen Unterscheidung wäre jedoch der Schluß von Finalität im zweiten auf jenen im ersten Sinn zu beweisen, was Thomas nicht tut. Er mag ihn für unmittelbar einsichtig gehalten haben, aber damit setzt er schon voraus, was zu beweisen ist. – Analoges wie für das Wort „Finalität“ gilt für „Zweckmäßigkeit“. Von „Zweckmäßig-

Der zweite Fehler des Arguments liegt im Schritt von (a) und (b) zu (c): Selbst wenn man annimmt, alle finalen Vorgänge in der Natur, die kein zielstrebiges, intelligentes Verhalten darstellen, hätten einen intelligenten Urheber, folgt daraus nicht, daß sie alle denselben Urheber haben. Um (c) zu erhalten müßte gezeigt werden: Die Natur als Ganzes verhält sich final, nicht nur Teile von ihr. Ein Gesamtziel des Universums wird aber von Thomas nicht angegeben. Man könnte nur den Leibnizschen Gedanken von der besten aller möglichen Welten evolutionstheoretisch umdeuten und sagen: Die Entwicklung der Welt verläuft in Richtung auf einen optimalen Zustand hin oder so, daß dabei insgesamt ein Maximum an Wert realisiert wird. Wie aber Leibniz in seiner *Theodicee* betont, ist es uns völlig unmöglich, den Gesamtwert der Welt zu beurteilen. Die Behauptung, unsere Welt sei die beste aller möglichen Welten, ergibt sich bei ihm nicht aus einer Betrachtung dieser Welt, sondern aus der Annahme, daß

keit" reden wir erstens dort, wo eine Handlung oder das Produkt einer Handlung der Verwirklichung einer Absicht dient. Zweckmäßigkeit in diesem Sinn gibt es also nur im Bereich absichtlicher Handlungen und ihrer Produkte. Von „Zweckmäßigkeit" sprechen wir zweitens aber auch, wenn ein Objekt oder ein Mechanismus eine Funktion für etwas hat. Was eine Funktion für etwas hat, ist aber nicht immer eine Handlung oder das Produkt einer Handlung. Die Entstehung der Ozonschicht, welche die Erdatmosphäre umgibt und die Funktion hat, das Leben auf der Erde vor schädlicher ultravioletter Strahlung zu schützen, läßt sich rein physikalisch, ohne Rekurs auf einen Demiurgen erklären. Man kann aus der Funktionalität natürlicher Phänomene also nicht auf ihre Zweckmäßigkeit im ersten Sinn schließen, auf einen intelligenten Urheber. — N. Kemp Smith hat in (1931), S. 214 folgendes Argument gegen den teleologischen Beweis vorgebracht: Natürliche Dinge entwickeln und erhalten sich selbst, als natürliche Dinge sind sie *eo ipso* keine Werke. Damit wird nun der Fehler des teleologischen Arguments (was final ist, ist absichtlich) umgekehrt: Versteht man das Wort „natürlich" so, daß das, was ein intelligenter Urheber gestaltet oder organisiert, nie natürlich ist, so wäre nun zu zeigen, daß die Dinge (z. B. Pflanzen und Tiere), die wir normalerweise „natürlich" nennen, auch in diesem Sinn „natürlich" sind, also keine Produkte eines Demiurgen. Aus der Tatsache allein, daß sie im normalen Sinn natürlich sind, folgt ebensowenig, daß sie keine Produkte eines Demiurgen sind als daß sie das sind.

ein allgütiger und allmächtiger Gott nur die beste Welt realisiert haben kann; diese Annahme kann man aber im teleologischen Argument nicht voraussetzen. Die partiellen Finalitäten und Zweckmäßigkeiten, die wir in der Natur beobachten sind ferner immer relativ und stehen auch oft im Widerstreit. Was für Grippeviren zweckmäßig ist, ist für den Menschen nicht zweckmäßig. Viele Zweckmäßigkeiten im Kleinen ergeben also noch keine universelle Zweckmäßigkeit der Dinge und Vorgänge für ein großes Ganzes, und die müßte man wohl nachweisen, um das Universum als Werk eines Schöpfers ansehen zu können.

In einem zweiten Typ des teleologischen Arguments soll der Schluß von der beobachtbaren Finalität oder Funktionalität in der Welt auf einen Demiurgen durch einen *Analogieschluß* gerechtfertigt werden: Aus der Ähnlichkeit mancher Phänomene in der Welt (oder auch der Welt insgesamt) mit menschlichen Artefakten wird auf einen entsprechenden Urheber geschlossen. In dieser Form vor allem ist das Argument seit dem 17. und 18. Jahrhundert diskutiert worden[31] und auf sie zielen auch die bekanntesten Kritiken, jene von Hume und Kant. In Humes *Dialogues Concerning Natural Religion* sagt Philo: „Look round the world: Contemplate the whole and every part of it: You will find it to be nothing but one great machine, subdivided into an infinite number of lesser machines, which again admit of subdivisions, to a degree beyond what human senses and faculties can trace and explain. All these various machines, and even their most minute parts, are adjusted to each other with an accuracy, which ravishes into admiration all men, who have ever contemplated them. The curious adapting of means to ends, throughout all nature, resembles exactly, though it much exceeds, the productions of human contrivance; of human design, thought, wisdom, and intelligence. Since therefore the effects resemble each other, we are led to infer,

[31] Vgl. z. B. W. Paley (1802), Hume DNR, Kant KrV, B648ff., und Leibniz NE IV, Kap. X, § 11; W II, 66 und 237. Leibniz sieht die prästabilierte Harmonie der Monaden und die finale Form der Grundgesetze der Mechanik — der Physik seiner Zeit — als eindrucksvollste Argumente für die Existenz eines Demiurgen an.

by all the rules of analogy, that the causes also resemble; and that the Author of nature is somewhat similar to the mind of man; though possessed of much larger faculties, proportioned to the grandeur of the work, which he has executed. By this argument a posteriori, and by this argument alone, we do prove at once the existence of a Deity, and his similarity to human mind and intelligence."[32]

Berühmt ist auch der Uhrenvergleich von William Paley. Wenn wir irgendwo in freier Natur eine Uhr finden, meint er, so schließen wir aus der Zweckmäßigkeit ihrer Konstruktion auf einen intelligenten Urheber: „This mechanism being observed ... the inference, we think, is inevitable, that the watch must have had a maker; that there must have existed, at some time, and at some place or other, an artificer or artificers, who formed it for the purpose which we find it actually to answer; who comprehended its construction, and designed its use. ... Every indication of contrivance, every manifestation of design, which existed in the watch, exists in the works of nature; with the difference, on the side of nature, of being greater and more, and that in a degree which exceeds all computation. I mean, that the contrivances of nature surpass the contrivances of art, in the complexity, subtilty, and curiosity, of the mechanism; and still more, if possible, do they go beyond them in number and variety; yet, in a multitude of cases, are not less evidently contrivances, not less evidently accommodated to their end, or suited to their office, than are the most perfect productions of human ingenuity".[33]

Der Haupteinwand gegen diese zweite Form des teleologischen Arguments besteht im Hinweis, daß es kein zugleich allgemeingültiges und informatives Schema für Analogieschlüsse gibt. In seiner einfachsten Form sieht es so aus: Zwei Gegenstände *a* und *b* haben eine Reihe von Eigenschaften $F_1,\ldots,F_n$ gemeinsam; nun stellen wir fest, daß *a* auch die Eigenschaft *G* hat, „also" hat auch *b* die Eigenschaft *G*. Übertragen auf Ursachen: Die Ursache (der Grund) dafür, daß ein Objekt *a* die Eigenschaften $F_1,\ldots,F_n$ hat, sei, daß ein anderes Objekt *b* die Eigenschaft *G* hat. Nun hat auch *c* die Eigenschaften $F_1,\ldots,F_n$. „Also" muß die Ursache dafür ein Objekt *d* sein,

[32] Hume DNR, S. 161f.

[33] W. Paley (1802), S. 3f und 19.

das ebenfalls die Eigenschaft *G* hat. Offenbar sind aber nicht alle Schlüsse nach diesen beiden Schemata gültig: Aus der Tatsache, daß ein Mensch mit einem Huhn viele Eigenschaften gemeinsam hat (beide sind Lebewesen, Wirbeltiere, gehen auf zwei Beinen usf.) folgt nicht, daß mit dem Menschen auch das Huhn intelligent ist. Und haben die Personen *a* und *b* Fieber und ist das Fieber von *a* durch eine Blinddarmentzündung verursacht, so folgt nicht, daß auch das Fieber von *b* durch eine Blinddarmentzündung bewirkt ist. Gleichartige Wirkungen haben nicht immer gleichartige Ursachen. Fordert man hingegen nur, daß es eine Eigenschaft *G* gibt, die beiden verursachenden Objekten *b* und *d* gemeinsam ist, so ist das zweite Schlußschema zwar gültig, aber uninformativ, denn eine solche Eigenschaft *G* ist z. B. die, (durch einen Zustand oder ein Verhalten) zu bewirken, daß der Sachverhalt eintritt, daß etwas die Eigenschaften $F_1,\ldots,F_n$ hat. Die Aussage „Daß *c* die Eigenschaften $F_1,\ldots,F_n$ hat, ist bewirkt durch eine Ursache, die bewirkt, daß etwas diese Eigenschaften hat" ist zwar sicher richtig, aber auch trivial. Auch ein Analogieschlußschema, das aus ähnlichen Wirkungen ähnliche Ursachen folgert, ist uninformativ, da alles allem anderen in irgendeiner Weise ähnlich ist.[34] Eine *Analogiebetrachtung* kann nicht mehr sein als eine

[34] R. Swinburne gibt in (1968), S. 205 folgendes Schema für „Analogieschlüsse" an: „*A*s are caused by *B*s. *A**s are similar to *A*s. Therefore — given that there is no more satisfactory explanation of the existence of *A**s — they are produced by *B**s similar to *B*s. *B**s are postulated to be similar in all respects to *B*s except in so far as shown otherwise, viz. except in so far as the dissimilarities between *A*s and *A**s force us to postulate a difference". Swinburne meint, solche Schlüsse seien wissenschaftlich durchaus respektabel. Er will das durch folgendes Beispiel belegen: Gewisse Druckphänomene (*A*s) auf die Wände von Behältern werden durch Stöße von Billiardkugeln (*B*s) hervorgerufen. Ähnliche Druckphänomene (*A**s) treten an den Wänden von Behältern auf, die keine Billiardkugeln, sondern Gase enthalten. Da wir keine bessere Erklärung dafür haben, liegt die Annahme nahe, daß Gase aus Partikeln (*B**s) bestehen, die Billiardkugeln ähnlich sind, außer in gewisser Hinsicht wie z. B. in ihrer Größe. Auch hier, meint Swinburne, schließen wir von Sichtbarem auf Unsichtbares. — Die Annahme von *B**s liefert aber erstens noch keine Erklärung der *A**s, dazu benötigt man vielmehr Gesetze, mit

heuristische Überlegung, die eine mögliche Ursache, bzw. einen möglichen Grund einer Tatsache angibt. Eine tatsächliche Erklärung liegt aber erst dann vor, wenn gezeigt wird, daß die in der möglichen Erklärung angenommenen Bedingungen wirklich bestehen und daß es Naturgesetze gibt, nach denen daraus das zu erklärende Phänomen folgt. Kann man das aber zeigen, so ist der Hinweis auf Analogien der Erklärung zu jenen ähnlicher Ereignisse überflüssig.[35] Paleys Erklärung der Existenz der Uhr ist plausibel, da wir wissen, daß es Menschen gibt, die Uhren herstellen, während das zufällige Entstehen einer Uhr ohne menschliches Zutun höchst unwahrscheinlich ist. Seine Erklärung der Funktionalität in der Welt durch einen Demiurgen wäre hingegen nur dann plausibel, wenn man dessen Existenz und Möglichkeit, als unkörperliches Wesen die physikalische Welt zu gestalten oder zu lenken, wahrscheinlich machen und ihm in plausibler Weise eine Absicht zuschreiben könnte, deren Verwirklichung die Funktionalität dient. Zudem müßten all diese Annahmen wahrscheinlicher sein als die alternativer Erklärungen desselben Faktums. Für den Fall der Funktionalität bieten aber Evolutionstheorie und Kosmologie einfachere Erklärungen an.[36] Auch wenn eine Annahme

denen aus dieser Annahme das Vorkommen der *A**s ableitbar ist, wie die Gesetze der Mechanik im Beispiel Swinburnes. Welche Unähnlichkeiten zwischen den *A*s und den *A**s sollen uns zweitens dazu „zwingen", welche Unähnlichkeiten zwischen den *B*s und den *B**s anzunehmen?

[35] Swinburne bezeichnet die Forderung, die aufgrund einer Analogiebetrachtung angenommene Bedingung als mögliche Ursache bzgl. bestimter Gesetze auszuweisen, in (1972), S. 200f. als (eine Form der) *completist fallacy*. Er meint, man könne eine Explosion damit erklären, daß eine Bombe gezündet worden sei, ohne zu wissen, wie Bomben funktionieren, also ohne die Gesetze zu kennen, die in einer vollständigen Erklärung anzuführen wären. Das ist zwar richtig, aber man muß dabei doch voraussetzen, daß die Zündung von Bomben (in der Regel) eine Explosion bewirkt. Wo das infrage steht, bleibt auch offen, ob die Zündung einer Bombe eine mögliche Ursache der Explosion ist. Ein Ereignis *A* ist nur dann eine mögliche Ursache von *B*, wenn es Kausalgesetze gibt, nach denen *B* aus *A* (und evtl. weiteren Tatsachen) folgt.

[36] Charles Darwin schreibt in seiner Autobiographie (hg. von N. Barlow, London 1958, S. 87): „The old argument of design in nature, as given by

den einzigen Erklärungsgrund eines Ereignisses darstellt, der sich gegenwärtig anbietet, ist sie nur dann akzeptabel, wenn sie nicht aufgrund anderer Überlegungen zu unwahrscheinlich ist. Der einzige verfügbare Erklärungsgrund ist nicht die einzig mögliche Ursache.

Hume hat mehrere Einwände gegen den Analogieschluß von der intelligenten menschlichen Tätigkeit als Ursache zweckmäßiger Artefakte auf die Tätigkeit eines Demiurgen als Ursache der Zweckmäßigkeit in der Natur vorgebracht.[37] Da sie sich zum Teil mit den schon angeführten decken, wollen wir abschließend nur noch auf einen eingehen: Angesichts der Übel in der Welt, sagt Hume, könnte man nach dem Schema des teleologischen Arguments auch auf einen unfähigen oder gar bösen Demiurgen schließen. Im gleichen Sinn schreibt John Stuart Mill: „If there are any marks at all of special design in creation, one of the things most evidently designed is that a large proportion of all animals should pass their existence in tormenting and devouring other animals. ... If a tenth part of the pains which have been expended in finding benevolent adaptations in all nature, had been employed in collecting evidence to blacken the character of the Creator, what scope for comment would not have been found in the entire existence of the lower animals, divided, with scarcely an exception, into devourers and devoured, and a prey to a thousand ills from which they are denied the faculties necessary for protecting themselves! If we are not obliged to believe the animal creation to be the work of a demon, it is because we need not suppose it to have been made by a Being of infinite power".[38]

Wir haben schon betont, daß man nicht aus dem Vorkommen einzelner finaler Systeme, sondern nur aus einer durchgängigen Ordnung in der Natur auf einen Demiurgen schließen könnte. Dabei hat man sich oft auf die generelle Gültigkeit der physikalischen Grundgesetze in der gesamten Natur bezogen: Die Natur ist kein Chaos

Paley, which formerly seemed to me so conclusive, fails, now that the law of natural selection has been discovered. We can no longer argue that, for instance, the beautiful hinge of a bivalve shell must have been made by an intelligent being, like the hinge of a door by man".

[37] Vgl. Hume DNR, Teil 10 und 11.

[38] Mill (1874),S. 58.

und zerfällt nicht in heterogene, unzusammenhängige Bereiche, sondern wird von einer einheitlichen gesetzmäßigen Ordnung durchwaltet. Man könnte nun sagen: Daß solche Naturgesetze gelten, läßt sich nicht mit ihnen, also insbesondere nicht kausal erklären; die einzig denkbare Erklärung dafür ist die Annahme eines Schöpfers.[39] Nun haben wir aber erstens keine Garantie dafür, daß sich alle Fakten erklären lassen. Der Satz vom zureichenden Grund hat, wie wir oben sahen, sofern er über das hier nicht anwendbare Kausalprinzip hinausgeht, keinen klaren Sinn. Zweitens wäre im Sinn eines teleologischen Arguments ein Zweck der Naturgesetze aufzuweisen, der sich schwerlich spezifizieren läßt.

Ungeachtet seiner Unschlüssigkeit hat das teleologische Argument immer eine gewisse Anziehungskraft ausgeübt, und zwar auch auf Philosophen, die seine Mängel klar erkannt haben. So sagt Kant: „Dieser Beweis verdient jederzeit mit Achtung genannt zu werden. Er ist der älteste, klarste und der gemeinen Menschenvernunft am meisten angemessene".[40] Ebenso wie jene des kosmologischen Arguments wird die Attraktivität des teleologischen deutlicher, wenn man es in ein epistemisches umformt: Wir verstehen eine Handlung, wenn wir die Absicht, das Ziel erkennen, das der Handelnde damit verfolgt.[41] Begreifen wir sein Ziel als wertvoll und seine Handlung im Blick darauf als zweckdienlich, so ist für uns die Frage, warum er die Handlung vollzogen hat, beantwortet. Sie erscheint uns dann als objektiv sinnvoll und es bleiben insofern keine weiteren Fragen nach dem Grund seines Tuns offen. Entsprechendes gilt für Handlungsprodukte. Nun besteht offenbar eine Verbindung zwischen Zweckmäßigkeit und Werthaftigkeit. Das Zweckmäßige (in jedem der beiden angegebenen Bedeutungen) ist immer zu etwas nützlich,

[39] Vgl. dazu z. B. Swinburne (1979), Kap. 8.

[40] Vgl. Kant KrV, B651.

[41] Allgemeiner: Wir verstehen eine Handlung einer Person (als rational), wenn wir ihre Präferenzen und ihre Annahmen über die Umstände kennen, die für die Resultate der verschiedenen Alternativen, die ihr in der fraglichen Situation offenstehen, relevant sind, und wenn sie eine Handlung wählt, bei der der zu erwartende Nutzen (relativ zu diesen Präferenzen und Annahmen) maximal ist.

hat also jedenfalls einen relativen Wert. Gibt es nun in der Natur nicht nur solche relativen Werte, sondern auch intrinsische wie z. B. Schönheit, und überwiegen die positiven Werte oder ist unsere Welt, wie Leibniz das annahm, sogar die beste aller möglichen Welten, so würde die Annahme eines Schöpfers der Welt ein befriedigendes Verständnis dieses ihres Charakters ermöglichen. Das ist aber natürlich kein Gottesbeweis: Erstens kann man aus dem intrinsischen Wert einer Sache nicht darauf schließen, daß sie Produkt absichtlicher Gestaltung ist. Zweitens wird die Annahme eines Schöpfergottes nur dann durch die Wertfülle in der Welt hinreichend wahrscheinlich gemacht, wenn sie keine zu geringe apriori-Wahrscheinlichkeit hat, und drittens gibt es, wie Hume und Mill betonten, eben auch vielfältige Übel in der Welt.[42]

Neben den hier erwähnten Argumenten für die Existenz Gottes gibt es eine Reihe anderer, die jedoch nicht die gleiche Bedeutung haben. So besagt z. B. der Schluß aus der Übereinstimmung der Völker (*e consensu gentium*)[43], daß der Glaube an Götter, soweit wir in der Geschichte zurückblicken können, eine universelle Erscheinung ist; was die Mehrheit der Menschen glaubt bzw. glaubte, muß aber eine reale Grundlage haben. — Nun hat jedoch die Mehrheit der Menschen auch geglaubt, daß die Erde das Zentrum unseres Planetensystems ist, ohne daß das für uns ein Anlaß wäre, das ebenfalls anzunehmen — auch Mehrheiten können sich irren. Wenn man der Mehrheit jedenfalls in religiösen Dingen vertrauen will, müßte man im übrigen

[42] Platon hat im *Phaidon*, 97b-d ein Prinzip zur Erklärung von Fakten mit Werten erwähnt. Danach sind die Dinge so, wie sie sind, weil es besser ist, daß sie so sind. Das Prinzip wäre also „Ist ein Zustand *p* besser als *nicht-p*, so besteht *p*". Nach unseren Wertmaßstäben gilt das sicher nicht, im Effekt kann man also damit nur von bekannten Tatsachen auf eine unbekannte Wertordnung schließen, was das Prinzip für Erklärungen von Fakten unbrauchbar macht. Hinter diesem Gedanken steht entweder die Vorstellung von der Welt als bester aller möglichen Welten oder von einer Art kreativer Potenz des Guten (wonach es eine Tendenz hat, sich durchzusetzen) oder die eines guten Schöpfers oder Demiurgen.

[43] Es wurde schon von den Stoikern verwendet. Für andere Gottesbeweise und ihre Kritik vgl. a. Mackie (1982).

Polytheist sein, denn der Monotheismus ist historisch gesehen nicht die vorherrschende Religionsform. Auf einige weitere Argumente für die Existenz Gottes gehen wir später ein: auf das moralische Argument Kants in der *Kritik der praktischen Vernunft* in 3.3 (Kant hat es freilich ausdrücklich nicht als Beweis für die Existenz Gottes verstanden, sondern als Legitimation eines Postulates praktischer Vernunft), auf Argumente, die sich auf religiöse Erfahrungen stützen ebenfalls in 3.3, auf solche, die sich auf Wunder beziehen in 2.1 und auf jene, welche die Existenz Gottes ähnlich begründen wollen wie die Annahme theoretischer Konstrukte in den Wissenschaften in 1.4.[44] Das Fazit unserer Diskussion der Argumente für die Existenz Gottes ist also: Es gibt zumindest gegenwärtig keinen brauchbaren rationalen Gottesbeweis. Die vorgeschlagenen Argumente sind nicht schlüssig oder die Gottesbegriffe, die sie zugrundelegen (das *ens necessarium*, der erste Beweger) sind so weit, daß die Argumente die Existenz des personalen Gottes des Theismus nicht belegen können. Dessen Konzeption Gottes als eines transzendenten Wesens steht zudem der Möglichkeit von Gottesbeweisen entgegen. Kant sagt in diesem Sinn zu den Argumenten, die von empirischen Tatsachen ausgehen: „Würde das höchste Wesen in dieser Kette der [empirischen] Bedingungen stehen, so würde es selbst ein Glied der Reihe derselben sein, und, ebenso, wie die niederen Glieder, denen es vorgesetzt ist, noch fernere Untersuchung wegen seines noch höheren Grundes erfordern. Will man es dagegen von dieser Kette trennen, und, als ein bloß

[44] R. Swinburne formuliert seine Argumente für die Existenz Gottes – diese Hypothese sei h – in (1979) so, daß er zunächst mehrere empirische Tatsachen e anführt, für die er behauptet, sie bestätigten h, es gelte also jeweils $w(h,e) > w(h)$: die Wahrscheinlichkeit von h aufgrund von e ist größer als die apriori-Wahrscheinlichkeit von h. Er behauptet dann, es sei $w(h,E) > 1/2$, wo E die Konjunktion dieser empirischen Tatsachen ist. Er spezifiziert aber den verwendeten Wahrscheinlichkeitsbegriff nicht und gibt nur ganz vage Gründe für diese Aussagen an; von einem Beweis kann keine Rede sein. Für einen Atheisten ist im übrigen die subjektive Wahrscheinlichkeit $w(h)=0$, also auch $w(h,e)=0$, und da die angeführten empirischen Tatsachen allgemein bekannt und unbestritten sind, gilt auch $w(e)=1$, d. h. $w(h,e)=w(h)$, so daß eine positive Bestätigung der Hypothese ausgeschlossen ist.

intelligibles Wesen, nicht in der Reihe der Natursachen mitbegreifen: welche Brücke kann die Vernunft alsdann wohl schlagen, um zu demselben zu gelangen, da alle Gesetze des Überganges von Wirkungen zu Ursachen, ja alle Synthesis und Erweiterung unserer Erkenntnis überhaupt auf nichts anderes, als mögliche Erfahrung, mithin bloß auf Gegenstände der Sinnenwelt gestellt sind und nur in Ansehung ihrer eine Bedeutung haben können."[45] Das erste Ergebnis zum Thema „Vernunft und Glaube" ist also, daß sich der für den Theismus zentrale Satz von der Existenz Gottes und damit der Theismus insgesamt rational nicht schlüssig begründen läßt.

1.3 Attribute Gottes

Aus der Unhaltbarkeit der vorliegenden Argumente für die Existenz Gottes, ja aus der Unmöglichkeit einer rationalen Begründung seiner Existenz, folgt natürlich nicht, daß Gott nicht existiert. Wir wenden uns nun Überlegungen zu, die das zeigen sollen. Sie wollen nachweisen, daß der theistische Gottesbegriff leer ist, weil entweder schon einzelne seiner Merkmale für sich nicht erfüllbar sind, weil mehrere seiner Merkmale miteinander unverträglich sind[1] oder weil die Annahme, es gebe einen Gott, der die Eigenschaften hat, die ihm der Theismus zuschreibt, empirischen Tatsachen widerspricht. Ebenso wie im Fall der Gottesbeweise kann man also apriorische und aposteriorische Argumente für die Nichtexistenz Gottes unterscheiden. Statt als Beweise, daß es keinen Gott gibt, der bestimmte Attribute hat, lassen sich die Überlegungen zum Teil aber auch entweder als Argumente gegen die Aufnahme gewisser Attribute in den Gottesbegriff auffassen, oder als Argumente gegen bestimmte Präzisierungen traditioneller Attribute Gottes. Beispiele für den ersten Fall, also für Argumente gegen die Existenz Gottes, sind z. B. J. N. Findlays (apriorisches) Argument in (1948), zum Gottesbegriff müsse in jedem

[45] Kant KrV, B649f.

[1] Wir sagen, zwei (einstellige) Begriffe seien miteinander unverträglich, wenn analytisch gilt, daß kein Objekt beide zugleich erfüllen kann.

Fall das Merkmal notwendiger Existenz gehören — kein kontingenterweise existierendes Wesen könne „Gott" genannt werden —, es gebe aber aus logischen Gründen keine notwendigerweise existierenden Entitäten.[2] Ein weiteres Beispiel — vgl. den Punkt (5) unten — ist das (aposteriorische) Argument, wegen der Unverträglichkeit von Allmacht, Allwissenheit und Güte Gottes mit dem Übel in der Welt und der Unverzichtbarkeit dieser drei Attribute für den Gottesbegriff gebe es keinen Gott. Ein Beispiel für den zweiten Fall ist der Hinweis auf die Unverträglichkeit von Freiheit und essentieller Güte Gottes (vgl. (2)) und eines für den dritten Fall ist die Kritik von P. T. Geach an Präzisierungen des Begriffs der Allmacht Gottes (vgl.(1)).

Es gibt nun verschiedene theistische Gottesbegriffe. Nach allen ist ein Gott eine Person, die unkörperlich, ewig, allwissend, allmächtig, vollkommen gut und Schöpfer der Welt ist. Oft werden aber auch zusätzliche Merkmale in den Gottesbegriff aufgenommen. Ein Beweis der Nichtexistenz Gottes muß sich immer auf einen bestimmten Gottesbegriff beziehen, in der Regel auch auf bestimmte Präzisierungen seiner Merkmale. Da die Meinungen darüber divergieren, welche Merkmale in den theistischen Gottesbegriff aufzunehmen sind und wie sie zu präzisieren sind, sind also die Chancen eines allgemein relevanten Beweises für die Nichtexistenz eines theistischen Gottes von vornherein nicht gut. Unsere Erörterung dieser Beweisversuche soll aber auch dazu dienen, die Überlegungen des folgenden Abschnitts vorzubereiten, in dem es um den Sinn religiöser Aussagen geht.

1) *Allmacht*

Im Alten Testament (AT) finden sich viele Aussagen über die überragende Macht Gottes. So heißt es in Hiob 42,2: „Ich erkenne, daß Du alles vermagst, und nichts, was Du Dir vorgenommen, ist Dir zu schwer". Gott ist unbeschränkter Herr über die Natur, die mensch-

[2] Auf dieses Argument gehen wir hier nicht weiter ein, denn wir haben schon bei der Diskussion des ontologischen Gottesbeweises betont, daß notwendige Existenz ein logisch respektables Attribut ist, das auch keineswegs aus logischen Gründen leer ist.

liche Geschichte, das Leben des einzelnen; keine irdische Macht vermag ihm zu widerstehen. Ein Titel Gottes ist „Allherrscher". Der Gedanke der überragenden Macht Gottes findet sich auch in der griechischen Philosophie, etwa bei Xenophanes, der sagt, Gott erschüttere ohne Mühe alles mit seines Geistes Kraft (Fr. B25). Diese religiöse Vorstellung einer überragenden Machtfülle in Gott muß nun in der rationalen Theologie in einen hinreichend präzisen Begriff umgesetzt werden. In ihr spricht man von der „Allmacht" (*omnipotentia*) Gottes. Ein erster Vorschlag zur Erklärung dieses Begriffs lautet[3]:

a) Die Person x ist allmächtig genau dann, wenn x alles tun kann, was x will.

Diese Bestimmung findet sich bei Augustin. Wie schon Thomas betont hat, ist dieser Begriff aber zu schwach, da danach auch ein Diogenes, der seine Wünsche auf das begrenzt, was er erreichen kann, allmächtig wäre.[4] Ein sehr viel stärkerer Begriff der Allmacht ergibt sich, wenn man sagt, sie bedeute, alles tun zu können, oder:

b) x ist allmächtig genau dann, wenn für jeden Sachverhalt p gilt: x kann bewirken, daß p besteht.

Eine solche absolute Allmacht haben z. B. Tertullian und Descartes Gott zugeschrieben. Schon in der Antike hat man aber die Schwierigkeiten gesehen, die sich mit dieser Annahme verbinden.[5] Das erste viel diskutierte Problem ist, ob Gott auch kontradiktorische Sachverhalte bewirken kann. Mit einer Fähigkeit, zu bewirken, daß es (am selben Ort zur selben Zeit) zugleich regnet und nicht regnet oder daß $2 \times 2 = 5$ ist, läßt sich aber kein vernünftiger Sinn verbinden. Daher bestimmt man den Begriff der Allmacht meist so:

c) x ist allmächtig genau dann, wenn für jeden (im analytischen Sinn) kontingenten Sachverhalt p gilt: x kann bewirken, daß p besteht.[6]

[3] Vgl. zum folgenden Geach (1973) und Kenny (1979), Kap. VII-IX.

[4] Vgl. dazu Thomas *De potentia* 1,7.

[5] Vgl. z. B. Plinius d.Ä. *Naturalis historia*, Buch 2, V 27.

[6] Meist setzt man „möglich" für „kontingent", so z. B. Thomas in ST Ia,25,3. Es macht aber wenig Sinn, von einem Sachverhalt, der ohnehin notwendigerweise besteht, zu sagen, jemand bewirke ihn. Gegen das

Auch gegen diese Definition hat man eine Reihe von Einwänden vorgebracht, die allerdings nicht alle berechtigt sind:

(A) Wie die Überlegungen zum ontologischen Gottesbeweis zeigen, ist die Existenz Gottes kein logisch wahrer oder falscher Sachverhalt; der Sachverhalt, daß Gott nicht existiert, ist also kontingent. Das ist aber nichts, was Gott bewirken könnte, wenn Ewigkeit eines seiner essentiellen Attribute ist, d. h. der Eigenschaften, die er notwendigerweise hat. Entsprechendes gilt für die anderen essentiellen Attribute Gottes. – Dagegen ist zu sagen: Der Einwand schließt fälschlich aus der logischen auf die analytische Kontingenz. Da der Gottesbegriff durch essentielle Merkmale bestimmt wird, ist auch die Eigenschaft, ein Gott zu sein, eine essentielle Eigenschaft. Die Existenz eines Gottes ist also nicht analytisch kontingent. Ebenso ist es, wenn x ein Gott ist, analytisch notwendig, daß x die essentiellen Eigenschaften eines Gottes hat. Es ist dann also nicht analytisch kontingent, daß x nicht existiert (nicht allmächtig, nicht allwissend ist etc.). Dieser Einwand gegen (c) ist also nicht stichhaltig.

Argument, Gott könne nicht den Gesetzen von Logik und Mathematik unterliegen, da es sonst eine von ihm unabhängige ewige Realität gebe, meinte Thomas, diese Gesetze seien zwar von Gottes Willen unabhängig, nicht aber von seinem Wesen. Für ihn sind ewige Wahrheiten Ideen Gottes. Das hatte schon Augustin in Anlehnung an neuplatonische Gedanken behauptet. (Er hat darauf in *De libero arbitrio* 2,12ff auch einen Gottesbeweis gestützt: Wahrheiten sind Erkenntnisse, ewige Wahrheiten also Erkenntnisse eines ewigen Geistes. (Vgl. dazu auch Leibniz WG VI,115 und VII,311.) Für Descartes fiel hingegen Wissen und Wollen Gottes zusammen; mathematische und logische Gesetze waren ihm Vorschriften, die Gott erlassen hat (vgl. z. B. Adam und Tannery, Correspondance I, S. 149 sowie die Erwiderung auf Gassendi in den *Meditationes de prima philosophia* (MP). Das Problem der Freiheit Gottes in der mathematischen Gesetzgebung hat noch im letzten Jahrhundert im Zusammenhang mit der Diskussion nichteuklidischer Geometrien eine große Rolle gespielt. – Schreibt man Gott Allmacht im Sinne von (c) zu, so bedeutet das nicht, daß Gott den Gesetzen von Logik und Mathematik „unterliegt". Die Geltung dieser Gesetze müssen wir vielmehr voraussetzen, um über das, was ein allmächtiges Wesen bewirken kann, sinnvoll und konsistent reden zu können.

(B) Kann Gott einen Stein erschaffen, der so schwer ist, daß er ihn nicht heben kann? Kann er das nicht, so gibt es einen kontingenten Sachverhalt (den, daß ein Stein existiert, den er nicht heben kann), den Gott nicht bewirken kann. Kann er es, so ist es möglich, daß er es tut, und dann gibt es wieder einen kontingenten Sachverhalt (daß er den Stein hebt), den er nicht bewirken kann. In beiden Fällen ist er also im Sinne von (c) nicht allmächtig.[7] – Auch dieser Einwand ist aber nicht schlüssig. Denn ist Gott im Sinn von (c) essentiell allmächtig, so ist der Sachverhalt, daß ein Stein existiert, den er nicht heben kann, nicht kontingent, sondern analytisch unmöglich.[8]

(C) Schlüssig ist hingegen das Argument von A. Plantinga in (1965): Für viele kontingente Sachverhalte *p* (z. B. moralische Übel) nehmen wir an, daß es möglich ist, daß sie bestehen, ohne daß Gott bewirkt, daß sie bestehen, obwohl ihm das möglich wäre. Dann ist also der Sachverhalt '*p* und Gott bewirkt nicht, daß *p*' kontingent. Gott müßte ihn also nach (c) bewirken können. Das ist aber ausgeschlossen, da er ihn dann zugleich bewirken und nicht bewirken würde. Diese Überlegung zeigt zugleich: Gilt (c),so gilt für alle kontingenten Sachverhalte *p* notwendigerweise: Besteht *p*, so bewirkt Gott, daß *p* besteht.[9] Das ist aber im Blick auf moralische Übel kaum akzeptabel. Plantinga ersetzt die Definition (c) durch

d) *x* ist allmächtig genau dann, wenn für alle Sachverhalte *p*, für die '*x* bewirkt, daß *p*' möglich ist, gilt: *x* kann bewirken, daß *p* besteht.[10]

Würde nun gelten: *x* kann bewirken, daß *p*, falls es möglich ist, daß *x* bewirkt, daß *p*, so wäre nach (d) offenbar jedermann allmächtig. Man muß also neben der analytischen Möglichkeit eine „reale" Möglichkeit annehmen. Die letztere wird man aber wohl nur erklären können als Möglichkeit relativ zum jeweiligen Zustand der Welt. Es wäre also in (d) „*x* kann bewirken, daß *p* besteht" zu verstehen im

[7] So argumentieren z. B. Mackie in (1955) und Geach in (1973).

[8] Vgl. dazu auch Kenny (1979), S. 94f.

[9] Vgl. dazu den Anhang 2A.

[10] Aus der Möglichkeit von ‚*x* bewirkt, daß *p*' folgt die Kontingenz von *p*, da aus ‚*x* bewirkt, daß *p*' sowohl *p* wie ‚*p* ist nicht notwendig' folgt.

Sinn von „Unter den gegebenen Umständen ist es möglich, daß *x* bewirkt, daß *p* besteht". Auch bei dieser Lesart ist aber (d) nicht haltbar:

(D) Es ist sowohl analytisch möglich, daß Frl. X nie ihre Unschuld verliert, als auch, daß Gott das bewirkt. Hat sie sie aber bereits verloren, so ist das nicht mehr real möglich, und auch Gott kann das nicht bewirken, weil er dazu die Vergangenheit ändern müßte.[11] Ersetzt man aber in (d) die analytische Möglichkeit durch eine reale, dh. zeit- und weltabhängige Möglichkeit, nach der *nicht-p* im Zeitpunkt *t* in der Welt *w* nicht möglich ist, wenn *p* bereits aufgrund dessen wahr ist, was in *w* bis hin zu *t* passiert ist, so erhält man die Definition:

e) *x* ist allmächtig in der Welt *w* genau dann, wenn für alle Sachverhalte *p* und alle Zeitpunkte *t* gilt: Ist '*x* bewirkt, daß *p*' in *w* und *t* möglich, so kann *x* in *w* und *t* bewirken, daß *p* besteht.

Man könnte dann auch setzen:

e') *x* ist allmächtig genau dann, wenn *x* in allen Welten allmächtig ist.

Da diese Möglichkeit eine reale Möglichkeit ist, wird man aber annehmen: (*) *x* kann in *w* und *t* bewirken, daß *p*, wenn es in *w* und *t* möglich ist, daß *x* in *t* bewirkt, daß *p*. Dann aber ist wiederum jedermann allmächtig. Will man die Annahme (*) nicht machen, so bleibt noch folgender Einwand: Da im Zeitpunkt *t* nicht mehr alles möglich ist,was vorher möglich war, ändern sich die Wirkungsmöglichkeiten Gottes in der Zeit. Das Attribut der Allmacht nach (e) steht so in Konflikt mit dem Attribut der Unveränderlichkeit, das man Gott in vielen Versionen des Theismus zuschreibt. Endlich ist noch folgendes Argument zu erwähnen:

(E) Gottes Allmacht ist mit menschlicher Freiheit unverträglich. Kann die Person *a* (in einem bestimmten Zeitpunkt) *F* tun oder unterlassen, ist also das *F*-Tun oder *F*-Unterlassen von *a* eine freie Handlung, so ist der Sachverhalt, daß *a* die Handlung *F* vollzieht, kontingent, aber Gott kann nicht bewirken, daß *a F* tut. Würde Gott das bewirken, so könnte *a* eben *F* nicht unterlassen, würde also nicht

[11] Dieses Beispiel diskutiert Thomas in ST Ia,25,4.

frei handeln; man kann nicht bewirken, daß ein anderer frei (von sich aus) etwas tut. Gibt es also menschliche Handlungsfreiheit, so kann Gott nicht allmächtig im Sinne von (c) sein. Dieses Argument bringt gegenüber dem unter (C) besprochenen Einwand Plantingas gegen die Definition (c) aber nichts Neues und wird zunächst mit dem Übergang zu (d) beseitigt: Der Sachverhalt, daß Gott bewirkt, daß *a* *F* als freie Handlung vollzieht, ist nicht kontingent, sondern analytisch unmöglich. Gott kann entweder *a* die Freiheit geben, *F* zu tun oder zu unterlassen, oder er kann bewirken, daß *a* *F* tut bzw. unterläßt, *a* also diese Freiheit nicht geben. Beides zugleich kann er nicht tun.

Die Suche nach einer brauchbaren Explikation des Begriffs der Allmacht ist bisher ohne Ergebnis geblieben. „Bewirken" ist ein Prädikat, das seinem normalen Sinn nach wesentlich zeitbezogen ist und nur für Agenten *in* einer Welt erklärt ist, denn das, was jemand im Zeitpunkt *t* in einer Welt *w* bewirken kann, hängt davon ab, was sich in *w* bis hin zu *t* ereignet hat. Da die Ursache immer früher ist als die Wirkung, kann man nicht Vergangenes bewirken, sondern nur Künftiges. Faßt man Gott als Agenten in der Welt auf, so hängt also das, was er in einem Zeitpunkt in ihr bewirken kann, von den gegebenen Umständen ab, von dem, was in dieser Welt zu diesem Zeitpunkt überhaupt möglich ist und von den Wirkensmöglichkeiten anderer Agenten zum gleichen Zeitpunkt. Als Agent in der Welt mag also Gott verglichen mit anderen Agenten überaus mächtig sein, aber seine Macht ist durchaus bedingt und begrenzt, so daß die Rede von einer „Allmacht" fragwürdig ist. Man kann die Grenzen dieser Macht auch nicht allgemein abstecken, sie hängen von den jeweiligen Umständen ab, also von der Welt und dem Zeitpunkt. Daher hat der Versuch einer generellen Bestimmung der Allmacht auch zu einem Begriff geführt, der auf alle Agenten in der Welt zutrifft.

Man kann nun aber Gott auch als Person auffassen, die keiner Welt angehört, als extramundanen Gott. Dann kann freilich der Sinn des Wortes „Bewirken" nicht der normale sein; sein Bewirken ist kein Vorgang in der Welt. Man kann also nur sehr vage davon reden, daß Gott es „dahin bringt", daß etwas der Fall ist. Der Kürze wegen wollen wir statt dessen den Ausdruck „Bewirken*" verwenden. Ein allmächtiger extramundaner Gott könnte im Sinne von Leibniz jede mögliche Welt realisieren und damit auch jeden möglichen innerweltlichen Sachverhalt. Dem Einwand von Plantinga (vgl. (C)) entgeht man nun einfach mit dem Hinweis, daß das Tun und Unterlassen Gottes kein Sachverhalt in einer Welt ist, ebensowenig wie Gott ein Objekt in einer Welt ist. Der Begriff der Allmacht wird also nur erklärt bzgl. der Vorgänge und Zustände in einer Welt, nicht aber bzgl. der supranaturalen Realität, der Gott angehört.[12] Ebenso entfällt das Problem, daß Gott als Agent *in* der Welt nicht Schöpfer der Welt sein kann. Man kann dann also bei der Bestimmung der Allmacht nach (c) bleiben. Das Bewirken* Gottes ist kein Vorgang in der (weltlichen) Zeit, seine Macht ändert sich also auch nicht in ihr. Er kann auch — von unserem Standpunkt in der Welt aus gesehen — vergangene Ereignisse bewirken*, denn mit der Realisierung einer Welt bewirkt* er alles, was in ihr passiert, passiert ist und passieren wird. Diese Konzeption widerspricht auch nicht der Annahme menschlicher Freiheit. Gibt es in einer Welt w einen Agenten x, der in t F tun und unterlassen kann, so gilt in w — im Sinne der innerweltlichen, zeitabhängigen Möglichkeit, daß es x in t möglich ist, F zu tun und zu unterlassen. Tut x F, so werden wir also diese Handlung als frei ansehen, auch wenn Gott jene Welt realisiert, in der x tatsächlich F tut. Gott kann auch nichtdeterministische Welten realisieren (d. h. Welten, in denen es Zeitpunkte gibt, wo eine andere künftige Entwicklung möglich ist), und daß er die Handlung F von x bewirkt*, d. h. es dazu bringt, daß x F tut, ist damit verträglich, daß x diese Handlung frei vollzieht und mit ihr etwas bewirkt.[13]

Dieser Ansatz ist aber nicht so befriedigend, wie es auf den ersten Blick scheint. Erstens können wir auch bei den Prädikaten „realisie-

[12] Man kann auch sagen: Sätze wie „Gott bewirkt*, daß p" oder „Gott kann bewirken*, daß p" gehören einer anderen Sprache an, wie jene, die Sachverhalte in einer Welt ausdrücken, wobei zu diesen auch Sachverhalte zählen, die etwas als möglich oder notwendig im Sinne zeit— und weltabhängiger Modalitäten charakterisieren.

[13] Zum Begriff der möglichen Welten und der zeitabhängigen Möglichkeit vgl. Kutschera (1986).— Thomas meinte, Gott wirke allein durch seinen unveränderlichen Willen. Er will also z. B. zeitlos (oder immer), daß im Zeitpunkt t das Ereignis E eintritt, und das bewirkt* dann, daß E in t tatsächlich eintritt (vgl. z. B. SCG II,35. Damit vertritt er eine ähnliche Auffassung, wie wir sie hier skizzieren.

ren" oder „bewirken*", so abstrakt wir sie auch verstehen mögen, kaum von ihren zeitlichen Implikationen absehen. Denn wenn Gott eine Welt realisiert *hat*, so kann er *danach* keine andere realisieren; er beschränkt also zumindest durch sein eigenes Tun seine künftigen Möglichkeiten. Es müßte also jedenfalls so etwas wie eine quasizeitliche Ordnung supranaturaler Ereignisse geben. Zweitens erweist die Verträglichkeit von „Gott bewirkt*, daß ein innerweltlicher Agent x im Zeitpunkt t F tut" (durch Wahl einer Welt, in der das gilt) mit „Das F-tun von x in t ist eine freie Handlung", das Bewirken* als weitgehend irrelevant. Nehmen wir an, die möglichen Welten seien die möglichen Verläufe einer Schachpartie. Wir würden dann sagen, der reale Verlauf der Partie (also die reale Welt), werde durch die Züge der Spieler determiniert, durch ihre Wahl von Zügen in den aufeinanderfolgenden Situationen der Partie. Wir würden hingegen nicht sagen, der reale Verlauf der Partie determiniere die Züge der Spieler, sondern nur, er impliziere sie. Ebensowenig ist das Bewirken* Gottes ein Determinieren. Die Auszeichnung einer nichtdeterministischen Welt als der realen Welt ist keine Determination allen Geschehens in ihr. Man kann höchstens sagen, daß Gott jene Tatsachen determiniert, die in der Welt von Anfang an — oder wenn sie keinen Anfang hat: von jedem Zeitpunkt aus betrachtet schon immer — notwendig waren, also z. B. die Naturgesetze. Diese Macht entspricht dann aber eher der eines deistischen Gottes, der die Welt erschafft und sie sich dann selbst überläßt. Die Fähigkeit zur Intervention in der Welt kann man Gott nur zusprechen, wenn man ihn auch als Agenten *in* der Welt ansieht — und als solcher ist er, wie wir sahen, in keinem allgemein präzisierbaren Sinn allmächtig.

Das Ergebnis ist also nach wie vor: Es ist keine brauchbare Präzisierung des Begriffs der Allmacht in Sicht.[14] Und die ist auch nicht zu erwarten, solange man Gott sowohl als überweltlichen wie

[14] Die Undefinierbarkeit des Begriffs der Allmacht hat La Croix in (1977) mit Argumenten behauptet, an denen Mavrodes in (1977) zurecht Kritik geübt hat. Dessen Definitionsvorschlag ist aber auch nicht brauchbar; vgl. dazu B. Reichenbach (1980). Diese drei Aufsätze zeichnen sich nicht gerade durch Klarheit aus, so daß es sich erübrigt, näher darauf einzugehen.

als innerweltlichen Agenten versteht. Ein Argument, daß es keinen allmächtigen Gott gibt, müßte sich hingegen auf eine bestimmte Explikation des Begriffs der Allmacht wie z. B. (c) beziehen, würde also nur besagen: Es gibt keinen im Sinne von (c) allmächtigen Gott, und das ist noch keine Widerlegung des Theismus.

2) *Moralische Perfektion und Freiheit*

Zu den zentralen Merkmalen des theistischen Gottesbegriffs gehören Freiheit und Güte. Freiheit wird auch im Begriff der Allmacht vorausgesetzt. Gewarnt durch die Schwierigkeiten, die sich bei den Versuchen einer Explikation dieses Begriffs ergaben, wollen wir nur annehmen, daß Gott erstens über eine gewisse Handlungsfreiheit verfügt, d. h. jedenfalls häufig (in vielen Situationen) Handlungsalternativen hat, und zweitens auch über Willensfreiheit verfügt, also seine Präferenzen zumindest in gewissem Umfang selbst bestimmen kann. Ohne Willensfreiheit gibt es keine echte Freiheit, denn die Präferenzen bestimmen — zusammen mit den Erwartungen, die aber für Gott im Blick auf seine Allwissenheit keine Rolle spielen — unser (rationales) Handeln. Können wir sie nicht beeinflussen, so bleibt uns nur die Möglichkeit zu tun, was wir wollen; was wir wollen ist uns aber vorgegeben und damit steht unser (rationales) Verhalten nicht in unserer Kontrolle. Handlungsfreiheit und Willensfreiheit in diesem schwachen Sinn nehmen wir auch für uns selbst in Anspruch.[15] Selbst bei einer so schwachen Annahme über die göttliche Freiheit ergibt sich nun ein Konflikt mit der Forderung, moralische Perfektion sei eine *essentielle* Eigenschaft Gottes. Denn die besagt:

a) Es ist analytisch notwendig, daß Gott immer die — oder wenn es mehrere gibt: eine — moralisch optimale Handlungsalternative wählt.

Gott verfügt danach nur in solchen Fällen über Handlungsfreiheit, in denen es zwei oder mehr optimale Alternativen gibt. Noch problematischer ist es, daß Gott mit (a) jede Willensfreiheit abgesprochen wird; er wäre keine freie Person, sondern ein moralisch perfekter Automat. Denn nehmen wir wie üblich an, daß Gott keinem Zwang

[15] Zum Freiheitsbegriff vgl. Kutschera (1982), 6.4.

unterliegt und immer rational, d. h. im Einklang mit seinen Präferenzen handelt – instinktive Reaktionen und starke Affekte, die ein vernünftiges Handeln verhindern, kommen ja für ihn nicht in Betracht –, so gilt analytisch, daß er will, was er tut, so daß er nach (a) auch notwendigerweise das jeweils Beste will, also notwendigerweise moralisch perfekte Präferenzen hat. Gott hätte also keine Möglichkeit, seine Präferenzen zu ändern und sie selbst zu bestimmen.[16] Gott ist aber nur dann „gut" zu nennen, wenn er zwar *tatsächlich* das Gute will und tut, es aber nicht notwendigerweise will oder tut. Notwendigkeit impliziert zwar keinen Zwang, aber wer notwendigerweise etwas tut, ist dabei nicht frei, also kein moralischer Agent. Von einer Notwendigkeit guten Handelns kann also bei Gott nicht die Rede sein. Man kann nur in jenem Sinn von Gott sagen, er könne nicht anders als gut handeln, indem wir von einem zutiefst wahrheitsliebenden Menschen sagen, er könne nicht lügen: Er kann es in dem Sinn nicht, als es seinen Prinzipien, denen er sich in Freiheit verpflichtet weiß, widersprechen würde, aber das heißt nicht, daß er nicht die Fähigkeit hätte zu lügen oder von Natur aus immer wahrhaftig wäre. Die Rede von der Güte Gottes setzt also seine Freiheit voraus, auch nicht gut handeln zu können. Daraus folgt zwar, daß die Aussage „Gott ist gut" kontingent ist, aber „kontingent" bedeutet nicht soviel wie „zufällig". Tut oder will ein Mensch Gutes, so tut oder will er das nicht zufällig, sondern er hat dafür Gründe. Ein Vertrauen auf Gott ist nur sinnvoll, wenn er nicht ohnehin seiner Natur nach gut und gerecht handeln muß.

[16] Oft wird statt (a) auch direkt behauptet, Gott wolle notwendigerweise immer das Beste. – Das Problem der Vereinbarkeit von Freiheit und essentieller moralischer Perfektion Gottes spielte im Mittelalter eine große Rolle. Abaelard folgerte aus der essentiellen Güte Gottes, daß er in der Vergangenheit nicht anders hätte handeln können als er gehandelt hat, und wurde dafür von der Kirche verurteilt. Seine Folgerung ist aber mit der Einschränkung korrekt, daß Gott nur bei gleichguten Alternativen anders hätte handeln können. Ebenso konnte Gott nach Leibniz nur die beste aller möglichen Welten erschaffen. Thomas meinte hingegen, Gott hätte eine bessere Welt erschaffen können (vgl. ST Ia, 25,6).

Man könnte nun einwenden: Ein Wesen, das nicht vollkommen gut wäre, würden wir nicht „Gott" nennen; es könnte nicht, wie das zum Begriff Gottes gehört, höchster Verehrung würdig sein. Immer gut zu handeln und das Beste zu wollen ist also ein notwendiges und damit essentielles Merkmal des Gottesbegriffs. Darauf ist zu erwidern: Nach unseren Überlegungen kann erstens Verehrung nur einer Person gelten, die in Freiheit das Gute tut. Zweitens sind Merkmale, die das charakterliche Wesen einer Person bestimmen, keine essentiellen Eigenschaften. Da eine Person sich in ihrem Charakter jedenfalls zum Teil selbst bestimmt, ist ihr charakterliches Wesen keine Essenz. Daher paßt auch die personale Gottesvorstellung schlecht zur aristotelischen Essenzenmetaphysik.

Man kann auch das Gute nicht als das definieren, was Gott tut oder will, denn sonst wäre gut, was immer er wollte oder täte, d. h. die Aussage, daß Gott gut ist, wäre uninformativ. Wenn Güte zudem ein definierendes Merkmal des Gottesbegriffs sein soll, wäre das Definitionspaar auch zirkulär.[17] Andererseits scheint die Vorstellung, es gebe eine von Gott unabhängige Wertordnung, nach der er sich in seinem Verhalten richtet, nicht mit der traditionellen Ansicht verträglich, Gott sei Ursprung alles Wirklichen. Wie vertragen sich also die Aussagen: „Das Gute existiert nicht unabhängig vom Willen Gottes" und „Es ist nicht einfach das, was er will" miteinander? Zunächst ist die Rede von „dem Guten" zweideutig: Versteht man darunter die Eigenschaft, gut zu sein, so ist es nichts, was eine selbständige Existenz hätte, zumindest nicht im gleichen Sinn wie Gott als Person; die Frage einer Unabhängigkeit von Gott stellt sich dann also nicht.[18] Versteht man darunter hingegen Gegenstände oder Ereignisse, die gut sind, also Güter, so existieren sie nicht unabhängig von Gott als Urheber aller Dinge. Ferner ist der Satz „Gott richtet

[17] Vgl. dazu auch C. B. Martin (1955), S. 219. Dieser Gedanke findet sich schon bei Platon (*Euthyphron*, 10f.).

[18] Bei Platon stehen anstelle der Eigenschaften und Begriffe Ideen als objektive, gegenständliche Entitäten. Sie wurden später subjektiv gedeutet: Unsere Begriffe als menschliche „Gedanken", die Eigenschaften, die in der Welt vorkommen, als göttliche „Gedanken". Auch die Idee des Guten ist dann als göttlicher „Gedanke" von Gott abhängig.

sich in seinem Handeln nach einer Wertordnung" insofern schief, als man annehmen wird, daß er aus sich heraus Gutes tut, ohne sich dabei an vorgegebenen Kriterien orientieren zu müssen. Man kann mit Kant sagen: Normalerweise setzt die Aussage, jemand sei etwas geboten oder er solle etwas tun, voraus, daß er es nicht schon aus eigenem Antrieb tun will; für eine vollkommen gute Person gibt es also keine moralischen Forderungen, denen sie ihren eigenen Willen unterordnen müßte.[19] Man kann also zwar nicht definieren „Gut ist, was immer Gott will", aber daraus folgt weder, daß das Gute in einem relevanten Sinn von Gott ontologisch unabhängig wäre, noch daß für Gott moralische Gebote gelten.

3) *Impassivität und Liebe*

Der Gedanke einer Impassivität Gottes entstammt der griechischen Religion. Zu ihrer Vorstellung von den Göttern gehörte deren Seligkeit in sich selbst, ihre Freiheit von Not, Mühe, Sorge und Leid. Dieses Ideal vererbte sich auf die Philosophie. Nach Aristoteles ist der Nous reine Aktivität, also jedes Leidens unfähig. Von der Philosophie wurde es dann in die christliche Theologie übernommen. Auch hier zeigt sich also das Phänomen, daß die Theologie philosophische Bestimmungen, die sich auf eine völlig andere Gottesvorstellung bezogen, zunächst vielleicht als Ehren- und Hoheitstitel, dann aber durchaus im wörtlichen Sinn als Attribute ihres Gottes übernahm. Nun ist die christliche Botschaft eine Botschaft von der Liebe Gottes zu den Menschen. Wer liebt, ist aber nicht selig in sich selbst, er setzt sich selbst dem Leid aus, das den Geliebten betrifft, und er leidet unter dessen Abwendung von ihm. Wer also eine Impassivität Gottes annimmt, muß den Kern des christlichen Evangeliums leugnen, wenn er nicht jeden Anspruch auf Konsistenz seines Redens aufgeben will, und wer von der Liebe Gottes spricht, kann nicht von seiner Impassivität reden.[20] Impassivität ist aber auch kein zentrales Merkmal des theistischen Gottesbegriffs.

[19] Vgl. dazu Kant *Grundlegung zur Metaphysik der Sitten*, BA 37f. Auf das Problem einer theologischen Fundierung der Moral gehen wir in 3.3 ein.

[20] Der Ausweg, Gott leide nur in der menschlichen Gestalt Jesu, ist ange-

4) *Allwissenheit und menschliche Freiheit*

Schon Augustin und Boethius haben das Problem der Vereinbarkeit von göttlicher Allwissenheit und menschlicher Freiheit diskutiert und seitdem ist es in der Theologie umstritten.[21] Den Begriff der Allwissenheit wird man so bestimmen:

a) Eine Person x ist allwissend genau dann, wenn für alle Tatsachen p gilt: x weiß, daß p.

Das Problem ergibt sich, wenn man von einem Begriff des Wissens ausgeht, nach dem jemand nur dann wissen kann, daß p, wenn er dafür Gründe angeben kann. Es liegt nun nahe zu sagen, daß diese Gründe nur bekannte Gesetze sein können und bekannte Umstände; bekannte Umstände sind aber jene, die bereits eingetreten sind. In einem Zeitpunkt t kann man also nur wissen, daß in der Zukunft ein Ereignis E eintreten wird, wenn das aufgrund von in t bereits gegebenen Umständen aus bekannten Naturgesetzen folgt. Es ist dann aber nicht möglich, in t zu wissen, daß E eintreten wird, wenn E ein zufälliges Ereignis ist oder eine freie Handlung.[22] Gott kann danach nicht wissen, was freie Agenten in der Zukunft tun werden, und da Allwissenheit nach (a) ein Vorauswissen alles Künftigen impliziert, gibt es Allwissenheit nur für eine deterministische Welt. Gibt es also menschliche Freiheit, so ist Gott nicht allwissend.

Gegen dieses Argument ist einzuwenden, daß es einen Wissensbegriff voraussetzt, den man auf Gott nicht anwenden kann. Nach Meinung der Theologen ist das Wissen Gottes nicht diskursiv, son-

sichts der Aussagen im AT kaum haltbar. Man kann auch nicht sagen, Christus leide nur als Mensch, nicht aber als Gott. Leiden ist eine Sache von Personen, nicht von Naturen.

[21] Vgl. Augustin *De libero arbitrio*, III (bes. 4–14) und Boethius *De consolatione philosophiae*, V,3ff. Das Problem wurde aber vermutlich schon in der Stoa erörtert. Vgl. dazu auch Kenny (1979), Teil I. Zur Vorstellung des Wissens Gottes im AT und NT gehört insbesondere, daß Gott die Zukunft kennt, die uns verborgenen Kräfte der Natur und die geheimsten Gedanken der Menschen. Vgl. z. B. Ps 139 und Mt 19,28 und Hebr 4,13.

[22] 736Vgl. dazu die Überlegungen von Aristoteles in *De interpretatione*, 9 und dazu Kutschera (1986a). Vgl. auch die Diskusssion dieses Problems durch Thomas in *De veritate* 2,12 und ST Ia,14,13 und dazu Prior (1962).

dern intuitiv, also kein begründetes Wissen. Daher muß man von einem allgemeineren Begriff des Wissens ausgehen, nach dem gilt: x weiß in t, daß p, genau dann, wenn x in t davon überzeugt ist, daß p, und p tatsächlich gilt. Wissen in diesem Sinn setzt nicht voraus, daß das Gewußte bereits determiniert ist.[23] Damit besteht also keine Unverträglichkeit zwischen der Allwissenheit Gottes und menschlicher Freiheit – sofern man nicht wieder Gottes einzelne Überzeugungen zu essentiellen Eigenschaften erkärt. Denn dann sind diese Überzeugungen notwendig und da sich Gott nach (a) unmöglich irren kann, gelten dann auch alle Sachverhalte, von deren Bestehen er überzeugt ist, notwendigerweise. Gott kann zwar essentiell allwissend sein, d. h. es kann notwendigerweise für alle Tatsachen gelten, daß Gott von ihnen weiß, er kann aber nicht alles, was er weiß, notwendigerweise wissen. Sonst müßte er, wie Hartshorne betont hat, auch in allen Welten dasselbe wissen, was unmöglich ist, da in verschiedenen Welten Verschiedenes gilt.[24]

Nun hat schon Thomas die Frage erörtert, ob die Allwissenheit Gottes mit seiner Unveränderlichkeit verträglich sei. Sie wird auch in der modernen Literatur diskutiert. So hat N. Kretzmann in (1966) behauptet, ein unveränderlicher Gott könne nicht wissen, wie spät es sei oder welcher Wochentag sei. Das Argument ist, kurz gesagt, ein unveränderliches Wesen könne von Sachverhalten, die durch Sätze mit zeitlichen Indexausdrücken wie „jetzt" oder „heute" beschrieben werden, nicht wissen, daß sie bestehen. Man könne nur freitags wissen, daß heute Freitag ist, nicht aber an anderen Wochentagen, und man könne nur um 12 Uhr 15 wissen, daß es jetzt 12 Uhr 15 ist. Daher ändere sich ein solches Wissen ständig, so daß ein unveränderliches Wesen dieses Wissen nicht haben könne. Nun hat aber schon H. Castaneda in (1967) auf einen Fehler dieses Arguments hingewiesen: Ein Satz mit zeitlichen Indexausdrücken wie „Heute ist Freitag" drückt als solcher keinen bestimmten Sachverhalt aus; das gilt nur für eine Äußerung des Satzes in einem bestimmten Zeitpunkt:

[23] Zu den verschiedenen Wissensbegriffen vgl. Kutschera (1981), Kap. 1.

[24] Vgl. Hartshorne (1962),S. 37. Auf das Argument von N. Pike gegen die Verträglichkeit von göttlicher Allwissenheit und menschlicher Freiheit gehen wir im Anhang 2B ein.

Wird der Satz an einem Freitag geäußert, so daß sich „heute" auf diesen Freitag bezieht, so ist er wahr, sonst falsch. Derselbe Sachverhalt wird aber ausgedrückt durch jenen Satz, der aus „Heute ist Freitag" durch Ersetzung von „heute" durch einen Namen für das Datum der Äußerung entsteht. Dieser Satz ist ein „ewiger Satz", d. h. sein Wahrheitswert hängt nicht von den Umständen seiner Äußerung ab. Es ist aber unbestritten, daß ein unveränderliches Wesen von allen wahren ewigen Sätzen wissen kann, daß sie wahr sind. Wenn es weiß, daß der 3.3.1987 ein Freitag ist, weiß es nicht weniger als jemand, der weiß, daß die am 3.3.1987 getane Äußerung „Heute ist Freitag" wahr ist.[25]

5) *Allmacht, Allwissenheit, Güte und das Übel in der Welt*

Schon die Sophisten haben so argumentiert: Weiß Gott nichts vom Übel in der Welt, so ist er nicht allwissend. Weiß er davon, kann es aber nicht verhindern, so ist er nicht allmächtig. Weiß er davon und könnte es verhindern, tut das aber nicht, so ist er nicht gut. Dieses Argument wird auch heute noch vielfach als Argument gegen die Existenz eines allwissenden, allmächtigen und guten Gottes verwendet oder — falls Allwissenheit, Allmacht und Güte als definierende Merkmale des Gottesbegriffs angesehen werden — als Argument gegen die Existenz Gottes überhaupt.[26] Es ist aber nicht schlüssig. Ein bekannter Einwand

[25] Vgl. auch das Beispiel von D. Lewis in (1979), wo ein allwissender Gott nicht weiß, wer er ist. Eine exakte Diskussion des Problems erfordert freilich eine Logik, die den Bezug von Indexausdrücken und Pronomina in Glaubenskontexten festlegt. Dazu gibt es bisher keine befriedigende Lösung. Da die Menge der Welten, die ein allwissendes Wesen für möglicherweise real hält, nur die reale Welt enthält, wird man aber annehmen, daß der Bezug von Indexausdrücken und Pronomina im Kontext von Aussagen über das, was es glaubt, mit dem außerhalb solcher Kontexte zusammenfällt. Dann gilt aber die Ersetzbarkeit von Äußerungen mit Indexausdrücken durch ewige Sätze auch in diesen Glaubenskontexten.

[26] Vgl. Thrasymachos Fr. B8. In ausführlicher Form findet sich das Argument bei Epikur (Lactanz *De ira dei*, c 13,20f.). Vgl. dazu auch Augustin *Confessiones* VII,5, Thomas ST Ia,2,3 und in der modernen Literatur z. B. Flew (1955), Mackie (1955) und (1982), Kap. 9, und Pike (1964).

von Plantinga gegen das Argument bezieht sich auf menschliche Freiheit[27]: Diese Freiheit stellt einen hohen Wert dar, die Kosten dafür sind aber die moralischen Übel, d. h. das Schlechte, was Menschen durch Mißbrauch ihrer Freiheit bewirken. Mit der Erschaffung freier Menschen hat Gott seiner Macht insofern Schranken gesetzt, als er ihnen nicht Freiheit geben und zugleich bewirken kann, daß sie nichts Schlechtes tun. Das ist nun allerdings bestritten worden. So meint z. B. A. Flew in (1955), Freiheit sei mit einer Determination des Verhaltens verträglich. Dabei verwendet er aber den Freiheitsbegriff von Hobbes und Spinoza: Der Mensch handelt frei, falls er im Sinne seiner Präferenzen handelt, auch wenn diese nicht in seiner Kontrolle stehen; er ist also frei, wenn er keinem Zwang unterliegt. Diesen Freiheitsbegriff hat aber schon Kant treffend kritisiert. Wir haben schon oben gesagt: Wenn wir unsere Präferenzen nicht beeinflussen können und sie unser Handeln bestimmen, so können wir auch unser Handeln nicht kontrollieren. Interessanter ist die Kritik von J. L. Mackie und N. Pike: Ist Gott allwissend, so weiß er von jedem (möglichen) Menschen, wie er sich im Laufe seines Lebens verhalten würde. Könnte er also nicht nur solche Menschen erschaffen, die nichts Schlechtes tun oder bei denen jedenfalls das Positive, das sie tun, das Negative überwiegt? Und könnte er nicht eine Welt erschaffen, in der alle dort existierenden Menschen in jeder Situation, in der sie frei handeln können, tatsächlich gut handeln?[28] Die

[27] Das ist die sog. *free will defense*. Vgl. dazu Plantinga (1965).

[28] Vgl. dazu Mackie (1955) und (1982), Kap. 9, Plantinga (1967), Kap. 6 und (1974), Kap. 9, die Kritik von Pike in (1979), sowie die Diskussion von Adams in (1977). Hier wurde die Diskussion des 16. Jahrhunderts um die *scientia media* der Jesuiten Luis de Molina und Francisco Suarez wieder aufgenommen, die Frage, ob Gott wissen kann, welche (irrealen) Konditionalsätze wahr sind, ob er also z. B. wissen kann, daß ein bestimmter Mensch, falls er ihn erschaffen würde, in einer gewissen Situation (frei) so und so handeln würde. Die Ablehnung dieser *scientia media* durch Adams beruht auf der Nichtunterscheidung von Wahrsein und Gewußtwerden-können und einer zu engen Auslegung des letzteren Begriffs, ist also unhaltbar. Ist Gott allwissend, so wird man ihm auch die Kenntnis zuschreiben müssen, welche irrealen Konditionalsätze wahr und welche falsch sind. Das gilt freilich nur für solche Konditionalsätze, die tatsächlich einen wohlbestimmten Wahrheitswert haben. Die Wahrheitsbedingungen

Verhinderung einer Zeugung oder Geburt würde aber einen gewissen Eingriff in die Freiheit der Eltern bedeuten, und wir haben auch schon bei der Diskussion des Begriffs der Allmacht gesehen, daß Gott nicht den gesamten Verlauf von Welten determinieren kann, in denen es freie Agenten gibt. Er kann also auch nicht beliebige mögliche Welten in dem Sinn erschaffen, daß damit festgelegt ist, was in ihnen geschieht.

Das Argument von Plantinga betrifft nur die moralischen Übel[29]. Es läßt sich aber so verallgemeinern: Es ist möglich, daß es ein Ziel gibt, das sich nur mit dieser Welt erreichen läßt und das so wertvoll ist, daß es alles Übel in der Welt überwiegt. Gibt es aber ein solches Ziel, so ist das Übel in der Welt mit der Annahme der Allmacht, Allwissenheit und Güte Gottes verträglich. Also ist die Implikation vom Übel auf die Falschheit dieser Annahme nicht notwendigerweise wahr, sie stellt also keinen logisch gültigen Schluß dar.[30] Anders ausgedrückt: Um zeigen zu können, daß unsere Welt nicht die beste aller möglichen Welten ist, müßten wir erstens über adäquate Wertmaßstäbe verfügen und zweitens die Gesamtsumme der Werte aller Dinge, Zustände und

für irreale Konditionalsätze sind aber notorisch unklar, speziell für ungewöhnliche Antezedensbedingungen. Aus diesem Grunde wird man selbst einem Allwissenden nur eine recht beschränkte *scientia media* zuschreiben können.

[29] Man hat freilich auch physische Übel als notwendige Bedingungen moralischer Werte erklärt nach dem gerade angeführten Gedanken: Ohne Widrigkeiten wie Krankheiten und Not keine Tugenden wie Tapferkeit, Mut, Ausdauer, Mitleid und Hilfsbereitschaft. Mackie hat demgegenüber in (1955) betont, daß solche Widrigkeiten auch Voraussetzungen moralischer Mängel wie Feigheit, Schwäche, Mitleidlosigkeit, mangelnder Hilfsbereitschaft sind. Will man diese wiederum als Voraussetzung für höhere moralische Tugenden wie Vergebung etc. erklären, so wiederholt sich der Einwand auf dieser Ebene. Physische (wie moralische) Übel lassen sich also nicht dadurch rechtfertigen, daß es ohne sie gewisse Tugenden nicht gäbe, aber in einer Welt ohne Übel gäbe es jedenfalls eine wichtige Dimension des moralisch Guten nicht, das Handeln auch gegen eigene Interessen. – Es gibt auch in der neueren Literatur Versuche, physische Übel als moralische Übel anzusehen, und sie auf Taten böser Dämonen zurückzuführen. Darauf einzugehen lohnt sich aber kaum.

[30] Vgl. dazu Plantinga (1974),S. 165.

Ereignisse in allen möglichen Welten – über deren gesamte zeitliche Erstreckung hin – ermitteln können; dazu fehlen uns aber offenbar alle Voraussetzungen.[31] Daher bleibt die Frage offen, ob das tatsächliche Übel – das physische wie das moralische – einen Sinn hat.[32] Es ist allerdings problematisch, Gott zu unterstellen, daß er das Leid der Kreatur als Mittel für höhere Zwecke einplant. Schweres Leid, wie der schmerzvolle Tod eines Kindes, kann kaum als Mittel zu irgendwelchen Zwecken moralisch gerechtfertigt werden. Daher leugnen solche Rechtfertigungsversuche im Effekt die moralische Perfektion Gottes, die sie gerade verteidigen wollten.[33] Wer an einen guten, allmächtigen und allwissenden Gott glaubt, ist daher letztlich auf das Vertrauen angewiesen, daß Gott auch dem Leiden Sinn zu geben vermag. Er sieht zudem menschliches Leid nicht als unaufhebbar und unüberwindbar an, wenn er an ein ewiges Leben glaubt. Für ihn sehen wir jetzt nur einen Ausschnitt menschlicher Existenz, aufgrund dessen sich Sinn und Wert des Ganzen nicht definitiv beurteilen lassen. Daher ist für ihn auch das Theodiceeproblem nicht beantwortbar.

Für A. Flew verliert die Aussage, Gott sei gut, jeden Sinn, wenn sie mit dem Leiden in der Welt verträglich sein soll. Er stellt daher an die Theisten die Frage, ob es denn überhaupt etwas gebe, das noch gegen ihre Behauptung spreche, Gott sei gut. Darauf hat I. Crombie so geantwortet: „Does anything count against the assertion that God is merciful? Yes, suffering. Does anything count decisively against it? No, we reply, because it is true. Could anything count decisively against it?

[31] Das betont auch Leibniz in der *Theodicee* (z. B. I,10;19; III,242). Für ihn ergibt sich die These, daß Gott die beste aller möglichen Welten erschaffen hat, allein aus der essentiellen Güte Gottes.

[32] Unbrauchbar ist jedenfalls das Argument, das Übel sei notwendig als Gegensatz zum Guten. Wie Mackie in (1955) betont, gilt das nur für einen komparativen Wertbegriff: Schlechter ist etwas immer nur bzgl. eines anderen, besseren. Richtig ist nur: Wäre alles gut, so würden wir den Begriff ‚gut' vermutlich nicht verwenden, da sich mit ihm keine Unterscheidungen machen ließen. Verfehlt ist auch das Argument von Phillips in (1965), Kap. 5, Gott bewirke nichts, also insbesondere nicht die physischen Übel; das sei eine falsche anthropomorphe Gottesvorstellung. Kann Gott nichts bewirken, so ist er eben nicht allmächtig.

[33] Vgl. dazu auch Phillips (1965),S. 92ff.

Yes, suffering which was utterly, eternally and irredeemably pointless. Can we then design a crucial experiment? No, because we can never see all of the picture".[34] Die Begegnung mit schwerem Leid wird freilich für viele zum entscheidenden Grund, nicht oder nicht mehr an Gott zu glauben. Hier geht es jedoch nicht um die Theodiceefrage als existentielles Problem, sondern nur um die akademische Frage der rationalen Theologie, ob eine logische Unverträglichkeit zwischen dem Übel in der Welt und der Annahme der Allmacht, Allwissenheit und Güte Gottes besteht, und die haben wir negativ beantwortet.

Alle in diesem Abschnitt besprochenen Argumente sind, wie wir gesehen haben, keine Beweise für die Nichtexistenz Gottes. Sofern sie überhaupt stichhaltig sind, zeigen sie nur die Unverträglichkeit gewisser traditioneller theistischer Attribute Gottes oder die Unhaltbarkeit gewisser Präzisierungen solcher Attribute. Sie lassen dem Theisten so die Möglichkeit, seinen Gottesbegriff oder dessen einzelne Merkmale entsprechend zu modifizieren. Die Erörterungen haben aber auch die Schwierigkeiten einer Umsetzung der theistischen Gottesvorstellung in einen hinreichend präzisen Gottesbegriff deutlich gemacht und damit zugleich die Schwierigkeiten einer rationalen Theologie, die einen solchen Gottesbegriff benötigt. Unser zweites Ergebnis zum Thema „Vernunft und Glaube" ist also, daß sich die Existenz Gottes, und damit die zentrale Behauptung des theistischen Glaubens, rein rational nicht schlüssig widerlegen läßt.

1.4 Aussagen über Gott

In diesem Abschnitt wollen wir Argumente diskutieren, nach denen Aussagen über Gott keinen kognitiven Sinn haben, also keine sinnvollen Behauptungen darstellen. Aus diesem Grund sind sie dann auch weder beweisbar, noch widerlegbar. Dabei sind zwei Thesen zu unterscheiden: „Sätze über Gott sind als Behauptungen gemeint,

[34] Crombie in seinem Beitrag zu „Theology and falsification" in Flew und MacIntyre (1955), S. 124.

haben aber keinen Sinn“ und „Sie sind zwar sinnvoll, aber keine Behauptungen.“ Wir gehen hier nur auf Argumente für die erste These ein, nichtkognitive Deutungen religiöser Aussagen (also Interpretationen, nach denen sie z. B. Ausdruck von Einstellungen des Sprechers oder Appelle an den Hörer sind) bilden das Thema des Abschnitts 2.2. Bei den Argumenten zur ersten These lassen sich zwei Versionen unterscheiden: In der ersten gehen sie von der Nichtüberprüfbarkeit von Aussagen über Gott aus, in der zweiten von der Transzendenz Gottes.

Die Argumente der ersten Gruppe beziehen sich auf irgendeine Form des empiristischen Sinnkriteriums, wonach eine (nichtanalytische) Aussage A nur dann einen kognitiven Sinn hat, wenn sie verifizierbar, bzw. falsifizierbar oder jedenfalls positiv oder negativ bestätigungsfähig ist, wenn es also – in der liberalsten Fassung – etwas gibt, was für oder gegen die Wahrheit von A spricht. Man subsumiert diese Kriterien auch oft unter den Titel „Verifikationsprinzip“, obwohl sie in der Regel nicht die Verifizierbarkeit von A verlangen. Als Überprüfungsinstanzen, d. h. als Sätze, die A verifizieren, bzw. falsifizieren oder positiv oder negativ bestätigen können, werden dabei nur empirische Sätze zugelassen, die man prinzipiell durch Beobachtung (mit hinreichender Sicherheit) entscheiden kann. Da bei der Überprüfung des kognitiven Sinns religiöser Aussagen eine neutrale Basis gefordert wird, werden Aussagen über religiöse Erfahrungen in der Regel ausgeschlossen.[1] Es wird dann behauptet, daß nichtreligiöse Aussagen weder Aussagen über Gott implizieren

[1] Gelegentlich wird gesagt, auch Aussagen über religiöse Erfahrung könnten zwar eine Basis für die Überprüfung von Aussagen über Gott bilden, aber nur dann, wenn sie sich auf das in der Erfahrung (unmittelbar) Gegebene beschränken, was dann meist in bestimmten Gefühlen gesehen wird. „Dies ist rot“ wird also als Überprüfungsinstanz zugelassen, nicht nur „Ich habe jetzt eine Rotempfindung“, aber bei Aussagen über religiöse Erfahrungen soll das anders sein. Da jedoch in den meisten Argumenten von religiösen Erfahrungen abgesehen wird, wollen wir hier darauf nicht näher eingehen, zumal wir auf religiöse Erfahrung in 3.3 noch ausführlicher zu sprechen kommen.

noch sie bestätigen, so daß nach dem vorausgesetzten Sinnkriterium diese letzten Aussagen keinen kognitiven Sinn haben.[2]

Das bekannteste Argument dieser Art ist das von A. Flew. Er geht davon aus, daß ein Satz nur dann kognitiven Sinn hat, wenn es etwas gibt, was gegen ihn spricht, wenn er also – in einem weiten Sinn des Wortes – prinzipiell falsifizierbar ist. Daher wird sein Argument auch als „Falsifizierbarkeitsargument" bezeichnet. Flew meint nun, ein Theist leugne gerade, daß sich Aussagen über Gott falsifizieren lassen. Wo immer man auf etwas hinweise, was einer Aussage über Gott widerspreche, modifiziere der Theist diese Aussage, bis sie zum Schluß jeden sachlichen Gehalt verliert. So sterben nach Flew religiöse Aussagen den „Tod der 1000 Qualifikationen". Bekannt ist seine Parabel vom Gärtner[3]: Zwei Forscher stoßen im Urwald auf eine Lichtung, auf der viele Blumen, aber auch viel Unkraut wächst – ein Bild für das Gute und das Übel in der Welt. Der eine sagt, es müsse einen Gärtner geben, der dieses Stück Land pflegt, der andere bezweifelt das. Um die Frage zu entscheiden, bauen sie ihre Zelte auf und halten Wache, bekommen aber nie einen Gärtner zu Gesicht. Der erste Forscher meint nun, es müsse ein unsichtbarer Gärtner sein. Man baut also elektrische Zäune und schafft Bluthunde an, aber nichts deutet auf einen Eindringling hin. Trotzdem bleibt er bei seiner These. Er nimmt nun einen körperlosen Gärtner an, der immun ist gegen elektrische Schocks und keinen Geruch hat, den Bluthunde entdecken könnten. Der Skeptiker verzweifelt. Wodurch, fragt er, unterscheidet sich diese Hypothese des unsichtbaren, körperlosen, in jeder Hinsicht ungreifbaren Gärtners noch von der gar keines Gärtners?

Als Karikatur theologischer Rückzugsgefechte ist diese Parabel sicherlich treffend. Hier geht es aber nicht darum, wie Theologen auf Konflikte ihrer Aussagen mit Erfahrungsdaten reagieren und ob

[2] Ein solches Argument gegen den kognitiven Sinn religiöser Aussagen findet sich schon bei Ayer in (1936). Zur Problematik dieser Argumentationen vgl. die (mit Ausnahme des 6.Kapitels) gute und ausführliche Darstellung und Kritik von Heimbeck in (1969).

[3] Vgl. Flews Beitrag zum Symposium *Theology and Falsification*, in Flew und MacIntyre (1955), S. 96.

sie sich darin von anderen Wissenschaftlern unterscheiden, die ebenfalls ihre Hypothesen häufig aufgrund widersprechender Daten modifizieren müssen[4], sondern um den Inhalt religiöser Behauptungen. Flew übersieht, daß es unter den Aussagen über Gott durchaus solche gibt, die auch in seinem Sinn eindeutig falsifizierbar sind. Die Behauptungen „Gott hat Israel aus Ägypten herausgeführt" und „Gott hat Jesus am dritten Tage nach seinem Tod am Kreuz auferweckt" implizieren z. B., daß israelische Stämme (zur Zeit des Mose) in Ägypten saßen und daß Jesus am Kreuz gestorben ist. Das sind prinzipiell widerlegbare historische Behauptungen. Flew müßte also selbst seine These „qualifizieren" und sagen: Religiöse Aussagen wollen mehr behaupten als das, was sie an historischen oder naturwissenschaftlichen Aussagen implizieren, und diese weitergehenden Behauptungen sind nicht falsifizierbar. Das ist aber trivial, denn damit werden gerade jene Implikationen ausgeschlossen, die Flew als Falsifikationsinstanzen zuläßt; er würde dann also monieren, daß die nicht falsifizierbaren Elemente theologischer Aussagen nicht falsifizierbar sind.

Allgemein ist gegen jene Argumente, die sich auf ein empiristisches Sinnkriterium stützen, folgendes zu sagen: Es gibt erstens kein solches Sinnkriterium, das mit religiösen und metaphysischen Aussagen nicht zugleich eindeutig kognitiv sinnvolle Sätze (z. B. aus den Naturwissenschaften) ausschließen würde.[5] Zweitens ist es fragwürdig, als Überprüfungsinstanzen nur Sätze nichtreligiösen Inhalts zuzulas-

[4] Auch physikalische Theorien sind immer wieder modifiziert worden, von einem „Tod der 1000 Qualifikationen" kann man hier aber nicht sprechen, weil der Gehalt der Theorien angesichts widersprechender Erfahrungen nicht einfach reduziert wurde, sondern sich vielmehr im Laufe der Zeit wesentlich erweitert hat.

[5] Vgl. dazu z. B. Hempel (1965), S. 98ff, Stegmüller (1970), 1.Teilband, Kap. III oder Kutschera (1972), 3.4. Sieht man nur auf das Flewsche Kriterium: „Ein Satz *A* ist nur dann kognitiv sinnvoll, wenn es Gründe geben kann, die gegen *A* sprechen", so ist es plausibel, schließt aber nichts aus: „Gott existiert" ist dann kognitiv sinnvoll, weil die Nichtexistenz Gottes gegen seine Existenz sprechen würde. Es kommt auf die Ergänzungen an, die Flew hinzufügt und nach denen diese Gründe empirische, durch Beobachtungen feststellbare Gründe sein müssen.

sen. Denn damit wird — weil die verwendeten Bestätigungsrelationen meist von der Art sind, daß sie es nur erlauben, durch Aussagen einen Satz zu bestätigen, in dem keine anderen Vokabeln vorkommen als in ihnen — die Frage präjudiziert. Nach demselben Schema könnte man auch alle Sätze über die Außenwelt als kognitiv sinnlos erklären, weil keine Sätze über die Außenwelt als Überprüfungsinstanzen zugelassen werden, sondern nur Sätze über eigene Empfindungen. Drittens ist Überprüfbarkeit keine notwendige Bedingung dafür, daß ein Satz kognitive Bedeutung hat. Wir wissen z. B. nicht, wie wir die Große Fermatsche Vermutung überprüfen (d. h. beweisen oder widerlegen) sollen, ohne daß man sagen könnte, sie sei kognitiv sinnlos. W. Alston hat darauf hingewiesen, daß auch formal-ontologische Aussagen wie „Eigenschaften existieren unabhängig von ihren Instanzen“ oder „Es gibt aktual unendliche Mengen“ nicht empirisch überprüfbar sind.[6]

Ein Einwand gegen Argumente der Unüberprüfbarkeit religiöser Aussagen ist auch der Hinweis, daß nicht zu erwarten ist, daß sich isolierte Aussagen über Gott wie z. B. „Gott existiert“ überprüfen lassen. Sie sind Teil eines Systems von Aussagen, das sich nur als Ganzes testen läßt. Ebenso läßt sich der Satz „Es gibt Neutrinos“ nicht für sich überprüfen, sondern nur die Quantenmechanik als Ganze. Dieser Hinweis ist insofern wichtig als er zeigt, daß auch Aussagen über Gott, die für sich genommen keine prüfbaren Konsequenzen haben, im Zusammenhang mit anderen falsifizierbar sein können. Dieser Einwand gibt uns Gelegenheit, in Ergänzung der Ausführungen in 1.2 auf ein Argument für die Existenz Gottes hinzuweisen, nach dem zwar diese Annahme nicht beweisbar, aber doch durch den Erklärungswert des Systems theologischer Aussagen gerechtfertigt ist, zu dem sie gehört, ähnlich wie die Aussage „Es gibt Neutrinos“ durch den Erklärungswert der Quantentheorie. Wenn man nun aber den Erklärungswert einer Theologie an den empirischen Tatsachen mißt, die sie erklärt oder voraussagt, so ist der gering, und alle diese Tatsachen lassen sich auch einfacher, d. h.

[6] Vgl. dazu Alston (1964), S. 62—83. Heute werden denn auch Verifikationsprinzipien meist nicht als Sinnkriterien anerkannt. Eine Ausnahme bildet Nielsen (1971).

mit naturwissenschaftlichen oder historischen Mitteln erklären. Selbst wenn man also z. B. in einer detaillierteren Weise als im teleologischen Argument mit der Annahme eines guten Schöpfergottes das Vorkommen von Zweckmäßigkeit in der Natur erklären könnte, so wäre das angesichts der evolutionstheoretischen Erklärungsalternative noch kein Argument für die Existenz Gottes. Eine Ausnahme würden nur Wunder bilden, die sich nach der üblichen Definition nicht in rein natürlicher Weise erklären lassen. Wir werden aber in 2.1 sehen, daß Wunder keine bloß empirischen Phänomene sind.

Mehr Gewicht als die Unüberprüfbarkeitsargumente haben die Argumente der zweiten Gruppe für die kognitive Sinnlosigkeit von Aussagen über Gott. Sie gehen von dessen Transzendenz aus, die ein zentrales Merkmal des theistischen Gottesbegriffs ist. Die Rede von Transzendenz setzt im üblichen Verständnis eine Aufteilung der Gesamtwirklichkeit in zwei Bereiche völlig unterschiedlicher Art voraus: Die immanente (diesseitige) Wirklichkeit ist jene, die uns prinzipiell durch Erfahrung zugänglich ist, die Welt, die Natur, der Bereich des Physischen wie Psychischen, das, was in Raum und Zeit besteht, endlich und vergänglich ist und den Naturgesetzen unterliegt. Der transzendente (jenseitige) Bereich wird negativ bestimmt als nichtimmanent, nicht der äußeren oder inneren Erfahrung zugänglich, außerhalb von Raum und Zeit, unendlich und unvergänglich. Man unterscheidet oft verschiedene Aspekte der Transzendenz Gottes: Im Sinn *metaphysischer Transzendenz* ist er kein Wesen, das der Welt angehört, der raum-zeitlichen Wirklichkeit; er unterliegt nicht deren Gesetzen. Er ist ein extramundanes, oder wegen seiner Macht über die Welt besser: ein supramundanes Wesen. Er ist ungeworden, unvergänglich, unveränderlich und von allem anderen Realen unabhängig. Im Sinn *epistemologischer Transzendenz* ist Gott ein Wesen, das menschlicher Erkenntnis nicht (oder allenfalls in schwachen Annäherungen) zugänglich ist. Er ist weder erfahrbar — es sei denn in ekstatischer, mystischer Form, deren Gehalt aber nicht beschreibbar ist — noch läßt sich sein Wesen begrifflich zureichend bestimmen. Unter Wertaspekten, also im Sinn einer, wie man sagen könnte, *timetischen Transzendenz*, läßt sich Gott nicht mit menschlichen (beschränkten, relativen) Wertmaßstäben beurteilen; er ist nicht nur gut, sondern heilig, ein *ens perfectissimum*. Der Begriff *theologischer Trans-*

zendenz endlich hebt auf die absolute Freiheit Gottes von der Welt und ihren Gesetzen ab, auf seine Unabhängigkeit von ihr. All diese Begriffe sind recht unscharf, aber das ist nicht unser Problem, sondern das der Theologie. Unter religiösem Aspekt ist die Unterscheidung von transzendenter und immanenter Realität eine Abtrennung der Sphäre des Göttlichen von der Welt, mit der wir es in unserer Erfahrung zu tun haben. Damit wird diese Welt zugleich entgöttlicht. Diese Trennung gab es z. B. im mythischen Denken der Griechen nicht. Die Welt hatte dort, ähnlich wie noch im Pantheismus, selbst religiösen Charakter, das Göttliche war eine Dimension einer ungeschiedenen Gesamtwirklichkeit. Die Entrückung des Göttlichen in die Transzendenz in der griechischen Philosophie ist ein ambivalenter Vorgang: Sie ergab sich einerseits aus dem Versuch, den Gottesbegriff zu läutern, insbesondere durch die Ablehnung aller anthropomorphen Gottesvorstellungen, andererseits aber auch aus dem Bestreben, die Unabhängigkeit des Menschen und seiner Welt von den Göttern zu sichern.

Transzendenz ist ein philosophischer Begriff, der als solcher weder im AT noch im Neuen Testament (NT) vorkommt. Es gibt dort jedoch Vorstellungen, die ihm entsprechen. Gott erscheint als Schöpfer und Herr der Welt, ihr gegenüber frei und unabhängig. Es finden sich zwar viele anthropomorph gefärbte Aussagen über ihn wie z. B. Gen 8,21, wo es heißt: „Der Herr roch den beruhigenden Duft [des Brandopfers Noahs], und der Herr sprach bei sich: Ich will die Erde wegen der Menschen nicht noch einmal verfluchen ...“, aber Gott erscheint vom Menschen her gesehen doch zugleich immer als der ganz Andere (R. Otto). Das alttestamentliche Bildverbot bezog sich nicht nur auf die Herstellung von Kultbildern, sondern es war auch ein Verbot, über Gott, sein Wollen und Tun zu spekulieren und menschliche Maßstäbe auf ihn anzuwenden. In der griechischen Philosophie wandte sich zuerst Xenophanes gegen anthropomorphe Gottesvorstellungen und sah Gott als ein rein geistiges Wesen an.[7] Platon betont die grundsätzliche Verschiedenheit des Geistigen insgesamt vom Körperlichen. Auch bei Aristoteles wird die Transzendenz des Nous vor allem metaphysisch verstanden. Am schärfsten

[7] Vgl. Xenophanes Fr. B24 und 25.

ist die Idee der Transzendenz Gottes (des Einen) gegenüber der Welt bei Plotin ausgeprägt. Er versteht sie nicht nur metaphysisch, sondern auch epistemologisch, nicht aber theologisch: Das Eine ist keine Person, kein Schöpfer der Welt, nicht ihr gegenüber frei, sondern Teil der ewigen Hierarchie der Gesamtwirklichkeit.

Schon die Sophisten und in präziserer Form dann Karneades haben auf die Problematik dieser Entrückung Gottes (oder der Götter) in die Transzendenz und der damit verbundenen zunehmenden Abstraktheit der Gottesvorstellung hingewiesen:[8] Die (empirischen) Terme unserer Sprache beziehen sich auf das, was uns durch Erfahrung zugänglich ist; nur dafür sind sie definiert. Unsere Sprache ist also eine Sprache für die Beschreibung der Welt; über etwas Transzendentes, das prinzipiell nicht erfahrbar ist und völlig verschiedenartig von dem sein soll, womit wir es in der Erfahrung zu tun haben, können wir daher nicht sinnvoll reden. Es ist Anthropomorphismus, Gott Tugenden zuzuschreiben, denn zur Tugend gehört, daß man das als richtig Erkannte auch gegen Widerstände und unter Gefahren durchsetzt, die es für Gott nicht gibt. Es ist Anthropomorphismus, Gott Gefühle wie Liebe zu den Menschen und Empfindungen wie Abscheu vor bösen Taten zuzuschreiben, denn Gefühle und Empfindungen gehören zur sensitiven Natur und Gott ist reiner Geist; Gefühle sind passiv und Gott ist reine Aktivität. Es ist Anthropomorphismus zu sagen, Gott nehme etwas wahr, denn er hat keine Sinne. Diese Argumentation entspricht also schon dem Grundsatz Kants, daß unsere Begriffe sich nur auf den Bereich des Erfahrbaren anwenden lassen. Sie spielt auch in der modernen Religionsphilosophie eine große Rolle. Es ist Anthropomorphismus, sagt man, Gott als Person zu bezeichnen, denn der Begriff der Person ist zunächst nur für Menschen definiert, und wie schon J. Locke gegenüber Descartes dargelegt hat, gehört zur Person wesentlich auch die körperliche Natur; ohne Bezugnahme auf körperliche Identität gibt es z. B. keine brauchbaren Kriterien für personale Identität. Auf ein unkörperliches Wesen läßt sich der Begriff also nicht anwenden.[9]

[8] Vgl. dazu Sextus Empiricus *Grundzüge des Pyrrhonismus*, Buch III und *Adversus Mathematicos* IX und X.

[9] Vgl. dazu auch Kutschera (1981), 7.5.

Ebensowenig wie man aus dem Begriff des Pferdes durch Abstraktion einen Begriff ‚unkörperliches Pferd' gewinnen kann, weil alle Merkmale des Begriffs sich auf Physisches beziehen, mit der Negation der Körperlichkeit also entfallen, kann man aus dem normalen Personbegriff einen brauchbaren Begriff einer unkörperlichen Person gewinnen. Im Blick auf die Unhaltbarkeit des platonischen und cartesianischen Dualismus ist es auch unmöglich, Gott Bewußtsein und Erkenntnis zuzuschreiben, denn auch diese Begriffe erhalten ihren Sinn nur im Blick auf menschliches Bewußtsein und menschliches Erkennen, die unauflöslich mit körperlichen Zuständen und Verhaltensweisen verbunden sind. Es ist Anthropomorphismus zu sagen, Gott handle, denn Handeln ist wesentlich mit körperlicher Aktivität und zeitlicher Veränderung verbunden.[10]

Man kann einem ewigen Gott im normalen Sinn des Wortes auch kein Leben zuschreiben. Von einer *Ewigkeit* Gottes kann man einmal in dem Sinn sprechen, daß Gott existiert, immer existiert hat (also nicht irgendwann entstanden ist oder geboren wurde) und immer existieren wird (also unvergänglich und unsterblich ist). Neben diesem Begriff von Ewigkeit als unendlicher Dauer in der Zeit *(sempiternitas)* gibt es den der Ewigkeit als zeitloser Realität *(aeternitas)*. Er findet sich zuerst bei Platon und dann bei Augustin, Boethius, Anselm und Thomas, und ist seitdem der in der Theologie vorherrschende Begriff der Ewigkeit.[11] Ein wichtiger Grund für diese Deu-

[10] Vgl. dazu z. B. Hartshorne (1962), S. 36 und Coburn (1963).

[11] Vgl. Platon *Timaios*, 37c–38a, Augustin *Confessiones* XI,13, Boethius *De consolatione philosophiae* V, 4–6, Anselm *Proslogion* 19 und *Monologion*, 21–22. Thomas hebt in ST Ia,10,1f. auf die Unveränderlichkeit ab und sagt, ein Wesen sei ewig, wenn es keine verschiedenen Zustände habe, die zeitlich aufeinander folgen; das impliziert aber keine Zeitlosigkeit. Im AT und NT ist von der Ewigkeit Gottes eher im Sinn der Dauer und der Konstanz der Gesinnung Gottes die Rede. Er ist getreu, auf ihn ist Verlaß (vgl. z. B. Mal 3,6; Ps 102, 26ff und Jak 1, 16ff). Gott ist der Erste und der Letzte (Is 41,4), er ist also vor der Welt da und wird sie überdauern. Er ist der Gott, vor dem keiner war und nach dem keiner sein wird (Is 43,10). Den Gedanken der Zeitlosigkeit und damit Unveränderlichkeit Gottes in *all* seinen Eigenschaften hat die christliche Theologie aus der griechischen Philosophie übernommen. In ihr ist das Ewige

tung war, daß schon in der griechischen Philosophie (wie später bei Kant) Zeit als Kategorie aufgefaßt wurde, die nur auf Vorgänge in der empirischen Welt angewendet werden kann — die Zeit entsteht erst mit der Welt. Die Fragen, was Gott tat, bevor er die Welt erschuf, oder warum er sie nicht später oder früher erschaffen hat, konnten so abgewiesen werden. Ein weiterer Grund war, daß auch ein unendlich langes Leben der Vergänglichkeit unterworfen ist; die Vergangenheit entschwindet ihm wie uns. Daher meint Augustin, für Gott könne es kein Vergehen geben, für ihn gebe es nur eine umfassende Gegenwart. Und im gleichen Sinn bestimmt Boethius Ewigkeit *(aeternitas)* als *interminabilis vitae tota simul et perfecta possessio.* Aus der Zeitlosigkeit, nicht aus der immerwährenden Existenz Gottes, folgt seine Unveränderlichkeit, denn Veränderung gibt es nur in der Zeit. Der Begriff der Zeitlosigkeit hat nun als solcher nichts weiter Problematisches an sich: Wir sehen ja auch Zahlen, Funktionen, Begriffe und Mengen als etwas an, auf das man zeitliche Kategorien nicht sinnvoll anwenden kann. Zeitlosigkeit und Unveränderlichkeit sind jedoch mit anderen Attributen unverträglich, die der Theismus Gott zuschreibt. Insbesondere macht die Rede von einem unveränderlichen Leben keinen Sinn: Ein Leben können wir uns als unendlich vorstellen, aber nicht als unveränderlich: Erleben, Denken, Fühlen und Handeln sind Vorgänge, die sich in der Zeit vollziehen, die Veränderungen implizieren. Die Existenzform eines unveränderlichen Wesens wäre so radikal verschieden von all dem, was wir normalerweise „Leben" nennen, daß dieses Wort sich darauf kaum mehr sinnvoll anwenden ließe.[12]

zugleich die eigentliche Wirklichkeit, das Unbedingte, Absolute. Veränderlichkeit wurde mit Vergänglichkeit und Unvollkommenheit assoziiert, speziell bei Platon und im Neuplatonismus. Daher stammt auch die Idee, Gott sei reine Aktualität (*energeia*) — Potentialität impliziert Veränderlichkeit (vgl. Aristoteles *Metaphysik* XII,6) — und all seine Eigenschaften seien essentiell (vgl. Platon *Republik* 381b-c). Schon Xenophanes bezeichnet Gott als unveränderlich (Fr.26). — Zum Begriff der Ewigkeit vgl. a. Pike (1970).

[12] Ein weiterer Einwand gegen den Sinn von Aussagen über Gott besteht in der Behauptung, dem Ausdruck „Gott", der darin als Name verwendet

Die Konsequenz des Transzendenzarguments ist also: Aussagen über Gott haben keinen wohlbestimmten kognitiven Sinn, weil auf ihn als transzendentes Wesen die Prädikate unserer Sprache nicht anwendbar sind. Plotin, der im Feld der antiken Philosophie die Idee der Transzendenz Gottes im radikalsten Sinn vertrat, hat daher eine *negative Theologie* entwickelt. Gott oder das Eine ist bei ihm die noch undifferenzierte Fülle und Quelle alles Wirklichen. Nach dem Satz *omnis determinatio est negatio* läßt es sich nicht begrifflich bestimmen, denn jede Bestimmung würde ihm eine positive andere Bestimmung absprechen; das widerspräche aber seinem Charakter als dem Allumfassenden. Das Eine läßt sich daher nicht positiv bestimmen, es hat insbesondere weder Bewußtsein, noch Willen oder Erkenntnisfähigkeit.[13] Es ist also auch keine Person. Man kann also über Gott nur negative Aussagen machen: Man kann nicht sagen, was oder wie er *ist*, sondern nur was oder wie er *nicht ist*. Vom Einen läßt sich aber auch nicht im gleichen Sinn wie von einer Zitrone sagen, es sei nicht rot, denn das würde implizieren (oder jedenfalls die Annahme nahelegen), es habe eine andere Farbe. Die These der negativen Theologie ist vielmehr als metasprachliche Aussage zu verstehen: Alle Prädikate der normalen Sprache (ob positiv oder negativ) sind

wird, fehle die Referenz. Gott sei als transzendentes Wesen nicht identifizierbar, es könne also nicht angegeben werden, was der Name „Gott" bezeichne. Dieser Einwand hat aber solange keine Grundlage, als nicht präzisiert wird, was hier unter einer „Identifikation" zu verstehen ist, und nicht begründet wird, wieso man nur in diesem Sinn identifizierbare Objekte durch Namen bezeichnen kann. Es wird aber allenfalls zum ersten Problem etwas gesagt, daß nämlich nur empirische Objekte identifizierbar (in der Erfahrung aufweisbar) seien. Danach wäre aber die Zahl 2 nicht identifizierbar, die Ziffer „2" also kein Name. Vgl. dazu z. B. Ziff (1961) und Durrant (1973).

[13] Vgl. *Enneaden* V.6 (Nr. 24) und V.3 (Nr. 49) – in einer früheren Abhandlung V.4 (Nr. 7) hatte Plotin dem Einen noch Bewußtsein zugeschrieben. Die neue These bedeutet freilich nicht, daß es bewußtlos wäre, denn weder „bewußt" noch „unbewußt" lassen sich darauf anwenden. Es ist, wie Plotin sagt, jenseits von Geist und Bewußtsein.

in Anwendung auf Gott nicht definiert.[14] Er ist also völlig unbestimmbar, ein Subjekt, von dem sich nichts prädizieren läßt, also auch kein möglicher Gegenstand des Denkens oder Erkennens.

Eine Theologie, die eine derart radikale Transzendenz Gottes annimmt, kann keine sinnvollen Aussagen über ihn machen. Sie kann nur sagen, daß solche Aussagen unmöglich sind und damit ist sie dann auch schon am Ende. Eine Religion muß aber etwas Relevantes über Gott sagen. Sie kann sich nicht auf die These beschränken: „Es gibt etwas, das nicht zur empirischen Welt gehört und völlig anders ist als die Dinge dieser Welt; wir nennen es „Gott"", denn die wäre völlig uninformativ. Ein solcher Gott wäre so etwas wie Kants Ding an sich, unbegreiflich und funktionslos. Die Theologie kann also Gott nicht als epistemologisch schlechthin transzendent ansehen. Nun hat der christliche Theismus die Idee der Transzendenz unkritisch aus der griechischen Philosophie übernommen, die ganz andere Gottesvorstellungen hatte, und teilweise auch die neuplatonische Bestimmung Gottes als „des Seins", obwohl sich dieses „Sein", das plotinische Eine, in keiner Weise als Person begreifen läßt. Schon der Ausdruck „das Sein" hat keinen Sinn, wenn man darunter nicht den Inbegriff, die Gesamtheit alles Seienden (aller existierenden Dinge) verstehen will – Gott ist aber als Person sicher keine Menge von Dingen. Das Verbum „sein" ist mehrdeutig: Es kann (als Kopula) die Prädikation ausdrücken, daneben aber auch Identität und Existenz, wie bereits Platon im *Sophistes* erkannte. Als Kopula hat es

[14] Maimonides spricht im *Führer der Unschlüssigen* im gleichen Sinn von einer „kategorialen Negation" als Behauptung nicht des Nichtzutreffens, sondern der Nichtanwendbarkeit eines Prädikats. Andererseits will er Gott durch negative Aussagen doch (partiell) charakterisieren, und das geht nur, wenn man die normale Negation verwendet, also etwa die Aussage, Gott sei kein körperliches Wesen, als wahren Satz ansieht. Maimonides meint sogar, durch eine Reihe negativer Bestimmungen ließe sich ein Gegenstand recht genau charakterisieren. Wenn man jemand mitteilt, X sei kein Attribut, nicht mineralisch, keine Pflanze, kein Naturprodukt, nicht flach, nicht kugelförmig, weder spitz noch rund, nicht gleichseitig und nicht kompakt, so wisse er schon ziemlich viel über X und komme der Tatsache, daß X ein Schiff ist, bereits recht nahe. Ebenso könnte es aber doch die Zahl 3 sein, ein Schrank oder eine Schmerzempfindung.

entweder keinen eigenen Sinn – man könnte es allenfalls noch als Relation „...fällt unter den Begriff...“ deuten, aber man wird Gott kaum als Beziehung ansehen wollen. Er ist also auch nicht die Relation der Identität. Faßt man „sein“ aber im Sinne von „existieren“ auf, so bezeichnet die Substantivierung dieses Verbs kein Objekt (keine Substanz), sondern allenfalls, wie „Das Schlafen“, einen Zustand von Objekten. Weder das Eine Plotins noch der theistische Gott soll aber ein Zustand von Objekten sein. Solche elementaren logischen Tatsachen haben freilich nicht verhindert, daß Gott auch in der gegenwärtigen Theologie und Philosophie häufig als „das Sein“ bezeichnet wird.[15]

Eine rein negative Theologie bleibt also weitgehend ohne Gehalt. Sie besagt nur „Gott ist völlig anders als alle Dinge, die wir kennen“ und unterscheidet sich damit nicht wesentlich vom Agnostizismus, nach dem Gott, wenn es ihn gibt, jedenfalls völlig unerkennbar ist. In dieser radikalen Form ist negative Theologie aber auch kaum vertreten worden. Bei Plotin ist sie im Kontext des Aufstiegs zu Gott zu sehen. Dieser Weg erreicht sein Ziel in einer mystischen Erfahrung, deren Gehalt sich nicht mehr beschreiben läßt. Alle Aussagen über das Eine sind nur Hilfen zu diesem Aufstieg, sie geben Richtungen des Denkens an, Linien, die auf einen Punkt hinweisen, ohne ihn zu erreichen oder eindeutig zu bestimmen. Ein wichtiger Schritt zur mystischen Union ist gerade die Einsicht, daß all solche Bestimmungen scheitern. Was immer wir über Gott sagen, ist letztlich doch wieder aufzuheben in der Erkenntnis, daß Gott doch der ganz Andere, Unbegreifliche bleibt.[16] Mystische Erfahrungen sind nun aber Ausnahmeerscheinungen und wenn ihr Gehalt nicht beschreibbar ist, läßt sich darauf keine Theologie gründen. In ihrer liberaleren

[15] Vgl. dazu auch Thomas SCG I,22. Die Annahme eines „Seins“ ist eine Folge der platonischen Ideenlehre. Danach gibt es etwas, das allem, was ist (d. h. existiert), also allem Seienden, gemeinsam ist und dieses Gemeinsame wird nicht etwa als Eigenschaft (des Existierens) aufgefaßt, wie wir das heute tun, sondern als Entität, die diese Eigenschaft selbst hat, und zwar im höchsten Maße, also ein *ens realissimum* ist, und zugleich Grund des Existierens der (anderen) Gegenstände.

[16] Vgl. *Enneaden* V.3–6 und VI.7–9.

Version besagt die negative Theologie nur, daß keine Aussage über einen transzendenten Gott wirklich adäquat ist, daß alle Aussagen über ihn allenfalls annähernd richtig sind, wörtlich genommen aber falsch oder sinnlos.[17] Eine solche negative Theologie kann aber kein wissenschaftliches Unternehmen sein, denn in der Wissenschaft sind nur klare, eindeutige und verbindliche Aussagen brauchbar, die auch tatsächlich meinen, was sie sagen.

Aus dem Transzendenzargument ergibt sich so ein Dilemma des Redens über Gott, das H. Palmer wie folgt formuliert hat: „... if all our terms derive from earthly experience, how can any of them be applied to God? If theologians use words in their ordinary sense, their theology will be anthropomorphic. If on the other hand a term is to mean something quite different when applied to God, then theology is incomprehensible".[18] Dieses Problem versucht die Theorie des analogen Redens über Gott zu lösen und damit einen Weg zwischen Anthropomorphismus und Agnostizismus anzubieten.[19] Es gibt *univoke* Verwendungen eines Prädikats, d. h. Anwendungen, bei denen es genau denselben Sinn hat, z. B. „In Nymphenburg steht ein Schloß" und „In Schleißheim steht ein Schloß". Es gibt zweitens *äquivoke* Verwendungen eines Prädikats, d. h. Anwendungen, in denen es einen verschiedenen Sinn hat, z. B. „In Nymphenburg steht ein Schloß" und „Die Tür ist mit einem Schloß gesichert" — hier wird „Schloß" einmal im Sinn eines Gebäudes, das andere mal im Sinn eines Verschlusses gebraucht.[20] *Analoge* Verwendungen eines Prädikats sollen nun jene sein, die weder univok noch äquivok sind. Bei ihnen wird das Prädikat also weder genau im gleichen

[17] Dieser Gedanke spielt in der gesamten Geschichte der christlichen Theologie eine bedeutende Rolle. Gott entzieht sich letztlich allen positiven Bestimmungen: „Deus semper maius est", sagt Augustin und das IV. Laterankonzil von 1215 formuliert: „Inter creatorem et creaturem non potest tanta simulitudo notari, quin inter eos sit dissimilitudo notanda".

[18] Palmer (1973), S. XV.

[19] Zur Analogie vgl. z. B. Mascall (1949), McInery (1961), Mondin (1963) und Palmer (1973).

[20] Wir reden dann allerdings meist nicht von *einem* Wort, sondern von zwei homonymen Wörtern.

Sinn gebraucht, noch in gänzlich verschiedenen Bedeutungen, sondern zwischen ihnen besteht eine Sinnverwandtschaft. Diese letztere Charakterisierung trifft auf viele semantische Phänomene zu, z. B. auf Polysemie („Pferd" als Bezeichnung für bestimmte Huftiere, für Turngeräte und für Figuren im Schachspiel, oder „Schule" im Sinn eines Gebäudes und einer Institution), auf kontextabhängige Ausdrücke („groß" besagt in Anwendung auf Mäuse etwas anderes als in Anwendung auf Häuser) und auf Familienähnlichkeiten im Sinne Wittgensteins. In diesen Fällen würden wir aber doch sagen, daß Aussagen mit diesen Prädikaten wörtlich zu verstehen sind, wenn sich der wörtliche Sinn auch erst aus dem Kontext ergibt. Nicht wörtlich zu verstehen sind hingegen metaphorische Ausdrucksweisen.[21] Zu den Metaphern im weiteren Sinn des Wortes gehören auch Metonymie und Synekdoche, d. h. Übertragungen von Prädikaten von der Wirkung auf die Ursache oder umgekehrt („gesunde Diät", „gesunde Gesichtsfarbe"), vom Werk auf den Autor („Er liest Shakespeare"), auf räumlich oder zeitlich Benachbartes, vom Ganzen auf das Teil („schnelle Beine") oder von einer Institution auf ihren Sitz („Der Kreml hat erklärt ..."). Im engeren Sinn des Wortes nennen wir erstens solche Ausdrucksweisen metaphorisch, bei denen ein Prädikat auf einen Gegenstand angewendet wird, für den es nach seiner lexikalischen Kernbedeutung nicht definiert ist, ohne daß diese Übertragung durch eine Regel erklärt ist, wie in den obigen Fällen. Beispiele sind Ausdrücke wie „warme Farben", „aggressive Dissonanzen" oder „bewegte Linien". Die Verständlichkeit dieser Ausdrucksweisen beruht darauf, daß das übertragene Wort über seine Kernbedeutung hinaus Konnotationen hat, die für den fraglichen Gegenstand erklärt sind. So charakterisiert das Wort „warm" seiner Kernbedeutung nach z. B. die Temperatur eines Objekts, im weiteren Sinn hat es aber die Konnotation des Angenehmen oder Freundlichen, drückt also eine Anmutungsqualität aus. Metaphern i. e. S. sind zweitens Ausdrücke wie „Abend des Lebens" und Sätze wie „Der alte Drachen hat ihr verboten zu kommen" oder „Der Mensch ist ein Wolf". Hier wird, wie J. Martin Soskike in (1985) sagt, über eine Sache (das Ende des Lebens, die Mutter, den Menschen) gesprochen im Modell oder Bild einer an-

[21] Zum Begriff der Metapher, des Ausdrucks i. e. S. und des Gehalts vgl. Kutschera (1988), 5.1 und 1.2.

deren. Damit wird die erste Sache in einer bestimmten Weise beleuchtet, die eine prinzipiell unbegrenzte Fülle von Vergleichen und Assoziationen hervorruft. Der Sinn einer solchen Metapher liegt also nicht auf der Ebene der wörtlichen Bedeutung, des Inhalts, sondern auf der des Gehalts, der i. e. S. ausgedrückt wird. Daher läßt sich eine Metapher zwar erläutern, aber nicht durch eine wörtlich gemeinte Aussage ersetzen; sie ist in diesem Sinn unreduzierbar. Martin Soskike gibt dafür ein Beispiel: „When we speak of the camel as 'the ship of the desert', the relational irreducibility of the metaphor has in the potentially limitless suggestions that are evoked by considering the camel on the model of the ship: the implied corollaries of the swaying motion, a heavy and precious cargo, a broad wilderness, a route mapped by stars, distant ports of call, and so on."[22] Gegenüber Martin Soskike ist aber zu betonen, daß das Modell bei Metaphern — anders als in den Wissenschaften, wo man z. B. im Sinn einer hydromechanischen Theorie der Elektrizität von „Strom" spricht oder im Sinn eines Computermodells des Gehirns von „neuronalen Programmen" — bildhaft anschaulich ist und auch das Gefühl, das Erleben anspricht. Die Metapher regt nicht nur unbestimmt viele Vergleiche und gedankliche Assoziationen an, sondern sie läßt uns eine Sache in einem bestimmten Licht sehen, vermittelt uns einen bestimmten Eindruck von ihr.[23]

[22] Vgl. J. Martin Soskike (1985),S. 95. Sie betont zurecht, daß der metaphorische Charakter eine Sache von Äußerungen ist, der intendierten Bedeutung, und oft vom Kontext abhängt. So können z. B. die Sätze „Der Mensch ist kein Wolf" oder „Er ist unten" je nach Kontext sowohl wörtlich wie metaphorisch gemeint sein.

[23] Martin Soskike hält den emotiven Gehalt von Metaphern für unwesentlich, weil sie vor allem an ihrer kognitiven Funktion interessiert ist und Gefühle offenbar für kognitiv irrelevant hält. Ihre Deutung von Metaphern gerät daher auch zu stark in die Nähe von Vergleichen. Sie meint, die Aussagen „Der Mensch ist *wie* ein Wolf" und „Der Mensch ist ein Wolf" hätten in etwa den gleichen Sinn. „Ist" hat aber einen stärkeren Sinn wie „ist wie": Die Identifikation vermittelt den Eindruck des Unheimlichen, den ein Vergleich nicht, oder doch nicht in derselben Weise ergibt.

Metaphern i. w. S. sind eliminierbar; sie lassen sich durch wörtlich zu verstehende Paraphrasen ersetzen. So kann man statt von „gesunder Diät" von einer „gesundheitsfördernden Diät" sprechen, statt „Er liest Shakespeare" sagen „Er liest ein Werk von Shakespeare" und statt „Der Kreml hat erklärt ..." „Die sowjetische Regierung hat erklärt ...". Bei Metaphern i. e. S. ist das nicht möglich. Der Sinn von „warm" in Anwendung auf Farben läßt sich kaum durch eine wörtliche Umschreibung spezifizieren. Ersetzt man „Abend des Lebens" durch „Ende des Lebens" oder „Alter", so geht ein Teil der Konnotationen verloren, ebenso wenn man statt „Der Mensch ist ein Wolf" sagt „Der Mensch ist grausam wie ein Wolf". In wissenschaftlichen Kontexten geht es um begriffliche Klarheit des Ausdrucks, hier sind nur im wörtlichen Sinn gemeinte Aussagen zulässig, also keine Metaphern, zumindest keine, deren Auflösung in wörtliche Rede nicht klar vorgezeichnet ist. In der Ästhetik kann man zwar auf Charakterisierungen wie „warme Farben" nicht verzichten, aber die sind auch nur bei einer engen Umschreibung des normalen (Kern-)Sinns als „metaphorisch" zu bezeichnen. Der Ausdruck „warme Farben" hat einen hinreichend klaren Sinn, warme Farbtöne lassen sich von kalten recht genau unterscheiden und diese Anwendung von „warm" ist durch die Konnotation des Wortes abgedeckt. Im übrigen könnte man auch von einer Kontextabhängigkeit dieses Wortes sprechen: „Warm" hat dann in Verwendung auf Heizungen, Farben und Gefühle jeweils einen spezifischen Sinn, ohne daß man von einer Mehrdeutigkeit reden könnte. In der Dichtung kommt es hingegen nicht auf begrifflich klare Formulierungen an, sondern auf eine lebendige Schilderung, die uns den Gegenstand erlebnismäßig deutlich werden läßt. Daher sind hier Konnotationen, besonders solche emotionaler Art, gerade wesentlich. Die Sprache der Dichtung ist deshalb reich an Bildern und Metaphern. Der Gehalt eines Textes, z. B. eines Gedichts, kann dabei klar sein, selbst wenn er sich nur unvollkommen mit wörtlich zu verstehenden Aussagen umschreiben läßt.

Das Problem analoger Aussagen in der rationalen Theologie besteht nun darin, daß einerseits behauptet wird, über Gott ließen sich entweder keine oder nur wenige wörtlich wahre Aussagen machen.[24]

[24] Bei den angeblich wörtlich wahren Aussagen denkt man meist an negative

Danach lassen sich also analoge Aussagen nicht in wörtlich wahre paraphrasieren. Andererseits haben aber Aussagen, die sich nicht so paraphrasieren lassen, in einer wissenschaftlichen Sprache, wie sie die rationale Theologie sprechen will, keinen Platz. Ist begriffliche Präzision bei Aussagen über Gott nicht erreichbar, so ist das Unternehmen einer wissenschaftlichen Theologie von vornherein verfehlt. Dieses Dilemma wird auch durch die Aussagen zur Analogie nicht aufgelöst. Man unterscheidet meist zwei Grundformen der Analogie. Eine *Analogie der Attribution* ist eine Metonymie. Ein Prädikat F wird auf einen Gegenstand x angewendet, der in einer bestimmten Relation zu den Objekten steht, auf die F im normalen („formalen") Sinn angewendet wird. Da Gott z. B. Urheber aller irdischen Dinge ist, lassen sich (gewisse) Prädikate, die für diese definiert sind, durch Übertragung von der Wirkung auf die Ursache, „virtuell" auf Gott anwenden. In diesem Sinn kann man Gott etwa als „mächtig" bezeichnen, weil er die Letztursache aller irdischen Macht ist. Dann ließe sich aber der Sinn dieser „virtuellen" Anwendung von „mächtig" wörtlich durch „Gott ist Letztursache aller Macht" paraphrasieren, die analoge Redeweise wäre also vermeidbar. Zudem ist zu beachten, daß auch die Relation „x ist Ursache (oder Urheber) von y" in ihrem normalen Sinn nur für innerweltliche Objekte erklärt ist, sich also ihrerseits nur „virtuell" auf Gott anwenden läßt. Dann wäre aber zunächst die analoge Aussage „Gott ist Ursache aller

und solche mit metaphysischen Begriffen wie „Gott ist unendlich", „Er ist vollkommen", „Er ist Ursache alles Seienden" usf. Aber auch die sind fragwürdig: Als Person ist Gott nicht Ursache, sondern Urheber oder Schöpfer alles anderen Seienden, aber das Wort „Urheber" oder „Schöpfer" bezieht sich seinem normalen Sinn nach auf menschliche Agenten, auf Agenten in der Welt. „Vollkommen" hat, wie wir schon in 1.2 sahen, nur einen adverbiellen Sinn („vollkommen gerecht", „vollkommen rund" etc.), keinen adjektivischen und dasselbe gilt für „unendlich": Es gibt unendlich *viele* Zahlen, eine Gerade ist unendlich *lang* usw., aber was heißt „X ist unendlich"? In allen Eigenschaften kann X nicht unendlich sein, denn „unendlich" ist nicht für alle Adjektive erklärt. Selbst „Gott existiert" hat keinen präzisen Sinn, solange wir die Natur Gottes nicht näher bestimmen können, denn „existieren" ist kontextabhängig: Zahlen und Gedanken existieren in anderer Weise als physische Objekte.

Macht“ zu interpretieren, bevor man die Regel spezifizieren kann, die den Sinn von „Gott ist mächtig“ angeben soll. Dabei entsteht offenbar ein unendlicher Regreß, wenn man nicht endlich auf wörtlich wahre Aussagen über Gott zurückgreifen kann. Offen bleibt auch, wieso man Gott als Urheber der runden Objekte nicht als „rund“ bezeichnen kann. Eine *Analogie der Proportionalität* liegt vor, wenn der Sinn eines Prädikats *F* in Anwendung auf Gott so zu modifizieren ist, daß er dessen Natur entspricht. Die Deutung von „Gott erkennt“ wäre also nach dem Prinzip zu ermitteln, daß sich die Erkenntnis Gottes zu seiner Natur verhält wie die Erkenntnis eines Menschen zu dessen Natur. Auch hier wird eine Interpretationsregel angegeben. Würde sie ausreichen, der Rede vom Erkennen Gottes einen klaren Sinn zu geben, so ließe sich diese in eine wörtlich wahre Aussage übersetzen. (Man hätte also etwa die Merkmale des normalen Erkenntnisbegriffes anzugeben und jene wegzulassen bzw. zu modifizieren, die sich auf die körperliche Natur des Menschen beziehen oder die Endlichkeit seines Intellekts, und erhielte so einen neuen Begriff des Erkennens, der sich wörtlich auf Gott anwenden ließe.[25]) Mit der Interpretationsregel läßt sich aber nichts anfangen, da sich ja die Natur Gottes nach Voraussetzung nicht wörtlich genau beschreiben läßt — „Quid est Deus nescimus“ sagt Thomas.[26] Wir haben also zur Bestimmung einer Unbekannten (Was heißt „Erkennen“ in Anwendung auf Gott?) eine Gleichung mit einer zweiten Unbekannten (der Natur Gottes). Zudem ist die Rede von dem „Verhältnis“ menschlichen Erkennens zur menschlichen Natur und

[25] Das würde der *via remotionis* (der Abstraktion von Beschränkung und Unvollkommenheiten im Begriff des Erkennens) und der *via eminentiae* (der Steigerung der Perfektion ins Unendliche) bei Thomas entsprechen. „Erkenntnis“ wäre also erstens im Sinn einer rein geistigen (nicht durch sinnliche Erfahrung vermittelten), intuitiven (nicht diskursiven) Erkenntnis zu verstehen, die zweitens allumfassend und vollkommen klar ist. Da diese Erkenntnis aber nicht begrifflich sein kann — Begriffe sind als Bedeutungen von Prädikaten sprachgebunden, Sprache ist aber nichts rein Geistiges —, wird ein solcher Erkenntnisbegriff überaus vage.

[26] Thomas *De potentia* 7, 2, ad 11. Vgl. a. SCG I,14;30.

des göttlichen Erkennens zur göttlichen Natur alles andere als klar.[27] Endlich setzt die proportionale Analogie voraus, daß das fragliche Prädikat Bedeutungskomponenten hat, die auch auf Gott zutreffen, mit der Transzendenz Gottes wird das aber gerade geleugnet.[28]

Auch die Theorie der Analogie kann also dem Einwand des Transzendenzarguments nicht entgehen, daß sich mit den Ausdrücken unserer Sprache, die nur für weltimmanente Phänomene erklärt sind, nichts Präzises über einen Gott aussagen läßt, der nach Voraussetzung radikal und in jeder Hinsicht anders ist, als alles, womit wir es in unserer Erfahrung und unserem Denken zu tun haben. Die Rede vom analogen Charakter theologischer Aussagen verdeckt so nur, daß sie keinen begrifflich präzisen Sinn haben und daß man sich den Ausweg offen halten will, bei Argumenten gegen sie zu sagen, so sei das Ganze ja gar nicht gemeint, was dann letztlich, wie Flew sagt,

[27] Die Interpretationsregel ist etwa so aufschlußreich wie die Angabe, in dem Satz „Die (kleinste nichtendliche) Ordinalzahl w ist eine Primzahl" verhalte sich der Sinn des Wortes „Primzahl" zur Zahl w wie sein Sinn in normalen Anwendungen zu den natürlichen Zahlen. Diese Aussage würde wohl jeder als reinen Unsinn bezeichnen.

[28] Zur Theorie der Analogie vgl. auch den Versuch einer Rekonstruktion der Lehre von Thomas „mit den Mitteln der modernen semantischen Analyse" durch Ross in (1961). Die Arbeit leidet unter erheblichen logischen Mängeln und vermag insbesondere den Sinn der proportionalen Analogie nicht zu verdeutlichen. Zwei Entitäten a,b werden als „proportional ähnlich" bezeichnet, wenn es zwei Relationen $R1$, $R2$ und zwei Entitäten x,y gibt, so daß gilt $aR1x$ und $bR2y$ und $R1$ und $R2$ ähnlich sind. Letzteres soll etwa so viel bedeuten wie: sie haben gemeinsame Merkmale. Dann sind aber beliebige Objekte a und b immer „proportional ähnlich", da ja z. B. gilt: $a=a$ und $(b=b$ und $b \neq c)$(für irgendein c, das von b verschieden ist) und die Relationen $x=x$ und $(x=x$ und $x \neq c)$ ein gemeinsames Merkmal haben, nämlich $x=x$. Damit ist die Bedingung (3) in D IV–5 der Analogie der ‚eigentlichen Proportionalität' (S. 475) aber leer, und der Rest ist ohnehin Unsinn, denn derselbe Term kann normalerweise nicht zugleich als einstelliges und als zweistelliges Prädikat verwendet werden. Die Arbeit von Ross zeigt so nur die totale Verwirrung auf, die sich ergibt, wenn man meint, Analogie sei ein Zaubermittel, über das begrifflich klar zu reden, worüber sich *per definitionem* nicht klar reden läßt.

dazu führt, daß theologische Aussagen den „Tod der tausend Qualifikationen" sterben.[29]

Aus all dem folgt nun aber nicht, daß religiöse Aussagen, deren Inhalt sich nicht angemessen durch wörtlich zu verstehende und begrifflich hinreichend präzise Aussagen paraphrasieren läßt, keinen kognitiven Sinn haben. Sie stellen nur keine wissenschaftlichen Aussagen dar. Hier müssen wir nun einen Unterschied zwischen der Sprache der Religion und jener der Theologie machen. Die Sprache der Religion ist in unserem Fall jene Sprache, in der z. B. die Texte der Bibel von oder zu Gott reden, also etwa die Sprache der Propheten, der Psalmen, der Predigten Jesu, der Gebete und Hymnen. Im Fall der griechischen Religion ist es die Sprache von Mythen, Riten und religiöser Dichtung. Sie ist keine wissenschaftliche Sprache. Zunächst einmal ist sie sehr viel reicher an Redeformen, zu denen auch Gebet und Lobpreis, Verkündigung und Mahnung gehören. Aber auch ihre deklarativen Sätze sind von anderem Charakter als wissenschaftliche Behauptungen. Sie zielen nicht auf begriffliche Genauigkeit, sondern wollen uns das, wovon sie reden, in seiner Bedeutung für unser Leben verdeutlichen, es unserem Erleben und Fühlen, nicht nur unserem Denken nahebringen. Daher spielen in der Sprache der Religion ebenso wie in jener der Dichtung Metaphern, Bilder und Gleichnisse eine große Rolle. Religiöse Texte sind natürlich im allgemeinen keine dichterischen Texte, aber ihre Verwandtschaft zur Dichtung ist in vieler Hinsicht enger als jene zur Wissenschaft. Sie wollen in ihren Gleichnissen und Parabeln Aspekte göttlicher oder menschlicher Wirklichkeit aufzeigen, uns nahebringen, nicht beschreiben. Wie die eigentliche Signifikanz dichterischer Aussagen nicht auf der Ebene des Inhalts liegt, dessen, was sie

[29] Das betont auch Hartshorne in (1962), S. 37, wo er von der (angeblichen) Unverträglichkeit von Allwissenheit und Unveränderlichkeit Gottes spricht und sagt: „To cover the nakedness of this inconsistency with talk of the merely „symbolic" or analogical meaning of theological terms is only to announce one's intention of not standing by any affirmations or denials which one makes in these matters. Even analogical affirmations should commit one to something".

wörtlich genommen beschreiben – das sind ja in der Regel fiktive Personen und Ereignisse –, sondern im Gehalt als dem Aspekt, unter dem sie uns die Wirklichkeit sehen lassen, so liegt auch die Signifikanz von Aussagen der Religion oft nicht in dem, was sie ihrem wörtlichen Sinn nach besagen, sondern in der Art und Weise, wie sie uns etwas zeigen. Der Gehalt eines dichterischen Textes läßt sich nicht in angemessener Weise durch Behauptungssätze paraphrasieren, sondern nur umschreiben. Er besteht nicht in Aussagen im normalen Sinn. Wenn z. B. ein Werk die Höhen menschlichen Lebens beleuchtet, ein anderes dagegen seine Tiefen, so widersprechen sie sich nicht. Denn sie behaupten nicht „So ist alles menschliche Leben", sondern zeigen nur Aspekte des Lebens auf. Dichterische Aussagen können, im Gegensatz zu wissenschaftlichen, also wörtlich genommen widersprüchlich und doch gleichermaßen zutreffend sein. Auch die Aussagen der Religion haben oft paradoxen Charakter. Der Satz: „Gott ist fern und zugleich nahe" läßt sich offenbar nicht wörtlich verstehen: Wörtlich wäre er eine Kontradiktion und wegen der Verwendung räumlicher Begriffe zudem sinnlos. Es handelt sich vielmehr um Metaphern, die das Verhältnis Gottes zu den Menschen unter zwei Aspekten beleuchten, die gleichermaßen bedeutsam sind. Daß solche Aussagen ähnlich wie jene der Dichtung nicht wörtlich zu nehmen sind, impliziert nicht, daß sie keinen kognitiven Sinn hätten. Ihr Gehalt läßt sich nicht auf Begriffe bringen – zumindest nicht vollständig und adäquat –, aber sie machen etwas deutlich, deutlich insbesondere für das Erleben. Auch ihnen kann man freilich nur dann einen Sinn zuschreiben, wenn Gott nicht als radikal transzendentes Wesen begriffen wird. Ein Bild oder Modell, das aus dem Bereich unserer Erfahrungen entnommen ist, kann nichts besagen über etwas, das von allem Erfahrbaren radikal verschieden ist. Im oben zitierten Beispiel des Bildes eines Schiffs für das Kamel sind Bild und Sache zwar sehr unterschiedlicher Natur, aber es gibt doch Gemeinsamkeiten, die die Metapher hervorhebt. Der Vorteil religiöser Metaphern liegt, wie Martin Soskike betont, auch gerade darin, daß sie den Unterschied zwischen Bild und Sache spüren lassen, daß sie von vornherein keine wörtlich genauen Angaben über die Sache machen wollen. Typischerweise charakterisieren religiöse Aussagen Gott auch nicht so, wie er an sich ist, sondern durch seine Beziehung zu den Menschen, durch seine Bedeutung für ihr Leben, durch sein

Wirken in Natur und Geschichte. Sie gehen also vom Vertrauten und Erfahrbaren aus und stellen es dann in einen größeren Horizont, der sprachlich nur mehr in bildhafter Weise erschließbar ist. Diese Aussagen zur Sprache der Religion wären noch genauer zu begründen und zu ergänzen[30], hier genügt aber zunächst der Hinweis auf eine religiöse Redeform, die kognitiv sinnvoll ist, ohne wörtlich genau zu sein.

[30] Dazu kann wieder auf die gründliche Arbeit von J. Martin Soskike (1985) verwiesen werden. Sie widerlegt dort auch die These, metaphorische Aussagen über Gott referierten nicht, weil sich das, worauf sie sich beziehen, immer nur wieder in anderen Metaphern beschreiben ließe. Referieren, betont sie, ist ein Akt: Nicht Wörter referieren, sondern ein Sprecher referiert mit Wörtern auf etwas, und um zu referieren, braucht er keine genauen Kenntnisse von dem, worauf er referiert, er kann selbst dann erfolgreich referieren, wenn er von dem, worüber er spricht, völlig falsche Ansichten hat. Man braucht auch das, worauf man referiert, nicht in direkter Erfahrung aufweisen können. Ein Term verliert ferner nicht seinen normalen Bezug, wenn man sich die Ansichten darüber gründlich ändern. Um mit dem Term „Gott" erfolgreich zu referieren, muß Gott natürlich existieren, aber sinnvoll ist ein Akt des Referierens auf ihn schon dann, wenn man sich auf irgendeine Beschreibung stützt und z. B. sagt: „Gott ist der, der dieses Ereignis bewirkt hat". Martin Soskike vergleicht den religiösen Fall mit dem wissenschaftlichen: Beim normalen, realistischen Verständnis einer wissenschaftlichen Theorie deuten wir ihre theoretischen Terme so, daß sie einen bestimmten Bezug haben, obwohl der durch die Aussagen der Theorie nicht eindeutig bestimmt ist. Wir können die Theorie ändern und trotzdem einen konstanten Bezug dieser Terme annehmen, ebenso wie wir dieselben Terme mit gleichem Bezug in verschiedenen Theorien verwenden. Die Annahme, diese Terme hätten einen realen Bezug, kann freilich auch aufgegeben werden, so daß man sagt „Es gibt kein Phlogiston" oder sagen würde: „Es gibt keine Quarks". Der Unterschied zwischen der Hypothese, daß bestimmte theoretische Terme referieren, daß es also etwas gibt, was sie bezeichnen, und der Hypothese der Existenz Gottes ist, daß sich jene im empirischen Feld, zur Erklärung empirischer Phänomene bewähren muß, während diese sich nur in einem weiteren Sinn des Wortes in der Erfahrung bewährt. Vgl. dazu 4.1.

In der Sprache der Religion sind also Analogien und irreduzible Metaphern am Platz, nicht aber in der Sprache einer Theologie, die in wissenschaftlicher Form über Gott reden will. Stellt man die Sprache der Religion der Sprache der Theologie gegenüber, so ist freilich zu beachten, daß man genauer von den Sprachen der verschiedenen Religionen reden muß, die deren unterschiedlichen Konzeptionen angepaßt sind. Ebenso gibt es – auch innerhalb der christlichen Theologie – verschiedene theologische Sprachformen. So unterscheiden sich z. B. die Ausdrucksweisen und Vokabeln von neuplatonistischen, thomistischen, hegelianischen und existenzphilosophischen Theologien erheblich voneinander. Zudem bezieht sich unsere Gegenüberstellung auf Typen des Sprechens über Gott, zwischen denen es auch viele Übergangsformen gibt. Im Christentum hat die Sprache der Theologie die Sprache der Religion stark beeinflußt, so daß sich z. B. selbst in Gebetstexten rein theologische Aussagen finden. Umgekehrt lehnt sich auch die Sprache der Theologie oft an die religiöse Sprache an. Wenn man sich bewußt bleibt, daß es sich um eine Vereinfachung handelt, ist die Gegenüberstellung von Sprache der Religion und Sprache der Theologie, von einem nichtwissenschaftlichen Reden, bei dem die primäre Bedeutungsebene die nichtwörtliche des Gehalts ist, und einem wissenschaftlichen Reden, wo es die des wörtlichen Inhalts ist, trotzdem nützlich. In der westlichen Theologie galt lange die philosophisch-wissenschaftliche Sprache als Ideal, heute ist aber die Tendenz deutlich, sich der Sprache der Religion anzunähern und zuzugestehen, daß man über Gott nur in Bildern, Symbolen und Gleichnissen reden kann. Damit gewinnt man eine Einsicht Platons zurück, der vom Göttlichen meist in Mythen sprach. Grundsätzlich ist festzuhalten, daß Gott kein wissenschaftlicher Gegenstand sein kann, weil er kein Gegenstand möglicher Erfahrung ist und außerhalb des Bereichs steht, auf den sich unsere Sprache in ihrem wörtlichen Gebrauch bezieht. Der Versuch einer Verwissenschaftlichung der Aussagen der Religion kann letztlich nur dazu führen, daß sie durch schlechte metaphysische ersetzt werden und er wird immer wieder in einen Obskurantismus umschlagen, der, wenn sich die Begriffe verwirren, vom „Mysterium" spricht. Ein Mysterium als etwas Unerkennbares ist aber erstens kein möglicher Gegenstand einer Wissenschaft, und zweitens sind Produkte der Spekulation, die vernünftiger Nachprüfung nicht standhalten, kein Mysterium, sondern Unsinn. Das Mysterium als etwas für unser Begreifen Undurchdringliches, etwas Verborgenes, das sich nur andeutungsweise enthüllt, ist ein Phänomen religiösen Denkens und Erlebens, das seinen angemessenen Ausdruck nur in Metaphern findet. All das ist natürlich kein Einwand gegen eine wissenschaftliche Theologie insgesamt, sondern nur gegen den Versuch, in wissenschaftlicher Form von Gott zu reden. Die historische Theologie wird davon nicht tangiert.

Wir haben uns in diesem Kapitel mit Problemen theologischer Aussagen über Gott befaßt. Im traditionellen Verständnis ist es Aufgabe der Fundamentaltheologie, mit rein philosophischen Argumenten die Annahme der Existenz eines Gottes im Sinn des Theismus zu rechtfertigen, die Möglichkeit von Offenbarung darzutun und so dem Glauben ein rationales Fundament zu geben, während es dann der dogmatischen Theologie obliegt, die Inhalte der Offenbarung in wissenschaftlicher Form zu entfalten. Es hat sich nun gezeigt, daß ein solches Projekt einer Fundamentaltheologie scheitert, weil sich die Existenz Gottes weder beweisen noch als fruchtbare Hypothese ausweisen läßt. Darüber hinaus wurde deutlich, daß der Versuch, die theistische Konzeption von Gott begrifflich zu präzisieren, auf erhebliche Probleme stößt. Endlich haben wir gesehen, daß sich über einen transzendenten Gott keine Aussagen mit wörtlich genauem Sinn machen lassen. Damit scheint eine vernünftige Rechtfertigung des Glaubens unmöglich zu sein. Das gilt jedoch nur unter der Voraussetzung, daß religiöser Glaube – zumindest primär – im Fürwahrhalten bestimmter Doktrinen besteht. Seine Rechtfertigung kann dann nur in einer Begründung dieser Doktrinen bestehen. Diese Voraussetzung ist jedoch problematisch. Wir wenden uns daher im folgenden Kapitel anderen Konzeptionen von Glauben und religiösen Aussagen zu.

2 Glaube ohne rationale Rechtfertigung

2.1 Offenbarung

Thema dieses Kapitels sind Konzeptionen religiösen Glaubens, nach denen er seiner Natur nach rationaler Begründung wie Kritik unzugänglich ist. Die wichtigste dieser Konzeptionen ist die schon in 1.1 erwähnte von Offenbarung als eigenständiger Erkenntnisquelle neben der Vernunft und vom Offenbarungscharakter der Glaubensinhalte. Zentrale Glaubensinhalte sind in der christlichen Theologie immer als Offenbarungen angesehen worden, andere, wie die Existenz Gottes, hingegen als rational begründbar. Im Blick auf das Scheitern der Gottesbeweise liegt es also für die Theologie nahe, alle Glaubensinhalte als Offenbarungen und damit als rationaler Begründung nicht bedürftig zu erklären. Es gibt verschiedene Offenbarungsbegriffe[1], generell läßt sich aber sagen: Offenbarungen beziehen sich ihrem Inhalt nach auf eine göttliche Wirklichkeit, die mehr oder minder epistemologisch transzendent ist. Die Bezeichnung von Aussagen und Texten als Offenbarungen besagt, daß sie nicht nur Hypothesen

[1] Zum Begriff der Offenbarung und seinen Wandlungen vgl. z. B. Baillie (1956) und Smart (1958), Kap. 6. – „Offenbarung" steht sowohl für den Vorgang oder Akt des Offenbarens wie für den geoffenbarten Inhalt und den Gesamtinhalt der Offenbarungen, die eine Religion annimmt. In der christlichen Theologie unterscheidet man eine *natürliche* Offenbarung – so weist die Welt, etwa im Sinn des teleologischen Arguments, auf ihren Schöpfer hin, so daß man sagen kann, er offenbare sich in ihr – von *übernatürlichen* Offenbarungen, die ein Handeln Gottes in der Geschichte darstellen und sich ihrem Inhalt nach auf Absichten Gottes oder Züge seines Wesens beziehen, die sich auf natürlichem Weg nicht erkennen lassen.

oder Spekulationen darstellen, nicht nur menschliche Ansichten und Meinungen über das Göttliche, sondern Selbstbekundungen des Göttlichen. Da alle Spekulationen über das Göttliche wegen seiner epistemologischen Transzendenz unsicher und fragwürdig sind, geben uns allein Offenbarungen zuverlässige Kenntnis vom Göttlichen. Nur sie können dem Glauben jene Sicherheit geben, die wir brauchen, wenn wir unser Leben an ihm orientieren wollen. Die Annahme einer Offenbarung geschieht also nicht aufgrund eigener Einsicht, daß das, was sie beinhaltet, wahr ist, sondern im Vertrauen gegenüber dem sich offenbarenden Göttlichen, im gläubigen Vernehmen und Annehmen dessen, was es bekundet. In diesem generellen Sinn sind alle Religionen Offenbarungsreligionen: Sie alle verstehen ihre zentralen Aussagen nicht als menschliche Spekulationen, sondern als in irgendeiner Form durch göttliche Autorität verbürgt. Den prägnanten Sinn einer Mitteilung erhält Offenbarung nur dann, wenn das Göttliche in Gestalt eines oder mehrerer personaler Götter verstanden wird. Da wir uns hier auf das Beispiel des christlichen Glaubens beschränken, verstehen wir Offenbarung im folgenden als Handeln Gottes.

Judentum und Christentum sind Schriftreligionen. Sie haben einen Kanon heiliger Schriften, denen sie Offenbarungscharakter zuschreiben. Traditionell wurde dieser Charakter im Sinne der *Inspirationstheorie* verstanden. Die Aussage, ein Text sei inspiriert, besagt, daß der Hagiograph durch göttliche Eingebung genau das geschrieben hat, was Gott wollte. Eine Verbalinspiration schließt auch den Wortlaut ein, in der heutigen Theologie wird aber nur der wörtliche Sinn als inspiriert angesehen — man spricht dann von „Realinspiration" —, die sprachliche Formulierung kann vom Sprachgebrauch der Zeit abhängen wie von Bildung und Persönlichkeit des Schreibers; der Inhalt ist hingegen Offenbarung Gottes. Ziel der Inspirationslehre ist es, die heiligen Schriften als feste, untrügliche Basis für den Glauben auszuzeichnen, die als Wort Gottes allen Auslegungen, Unterscheidungen von Richtig und Falsch, von Wichtig und Unwichtig entzogen ist, mit denen die Fragwürdigkeiten menschlicher Ansichten über Gott auf einem Umweg wieder ins Spiel kämen. Dazu muß der Urtext eindeutig feststellbar sein — man muß also annehmen, daß Gott auch für die Korrektheit der Textüberlieferung gesorgt hat — und er muß einen eindeutigen wörtlichen Sinn haben, der sich aus dem Sprachgebrauch der Zeit zweifelsfrei ermitteln läßt. Um eine subjektive Auswahl auszuschließen, muß endlich grundsätzlich der gesamte Inhalt der Schriften oder jedenfalls ein nach eindeutigen Kritierien abgrenzbarer Teil als inspiriert angesehen werden.

Die Überzeugung von der Inspiriertheit des AT findet sich im christlichen Raum schon in 2 Tim 3,16 und 2 Petr 1,21. Sie schließt an ähnliche Überzeugungen des Judentums an und wurde später auch auf die nt Schriften übertragen. Während in der katholischen Kirche bis zur Enzyklika *Spiritus Paraclitus* (1920) die gesamte heilige Schrift als inspiriert angesehen wurde, auch die profanen und historischen Texte, werden seit der Enzyklika *Divino afflante Spiritu* (1943) und insbesondere seit dem 2. Vatikanischen Konzil nur die religiösen Aussagen der Schrift für inspiriert erklärt. Damit wurde aber die Inspirationstheorie grundsätzlich infrage gestellt: Offenbarung ist ein Handeln Gottes in der Geschichte, Aussagen über Offenbarungen haben also immer historische Komponenten. Werden die problematisiert, so auch die religiösen Komponenten. Wie soll eine Aussage über den religiösen Sinn eines Ereignisses richtig sein, das so gar nicht stattgefunden hat?

Der Inspirationstheorie entspricht ein Begriff von Offenbarung, nach dem diese ein Handeln Gottes ist, durch das er einen Menschen in irgendeiner Form (z. B. der Rede, der Vision, der Audition oder eines Traumes) mitteilt, daß das und das der Fall ist. Diese Information gibt dann der Empfänger der Offenbarung anderen in Wort oder Schrift weiter und bezeugt sie als von Gott geoffenbart. Wir wollen Offenbarung in diesem Sinn als „Tatsachenoffenbarung" bezeichnen. Das in unserem Zusammenhang zentrale Problem solcher Offenbarung ist nun nicht, ob es sie gibt, sondern ob sie Glaubensannahmen begründen kann. Dabei stellt sich folgendes Problem[2]: Verschiedene Religionen und Konfessionen erklären sehr unterschiedliche Texte oder Überlieferungen als Offenbarungen, und auch im AT und NT wird zwischen echten und falschen Propheten

[2] Vgl. dazu auch Mascall (1954),S. 27, Blanshard (1961) und Mitchell (1973), Kap. 8.

unterschieden[3] sowie zwischen inspirierten, kanonischen und nichtinspirierten, nichtkanonischen Schriften. Man kann also nicht alles als Offenbarung akzeptieren, was irgendwer als solche bezeichnet, sondern muß jeweils prüfen, ob etwas, das als Offenbarung bezeichnet wird, auch wirklich eine Offenbarung ist. Nun kann man nicht wieder sagen, es sei offenbart, daß etwas eine Offenbarung ist, weil man sonst in einen Zirkel oder einen unendlichen Regreß gerät. Ein Zirkel ergibt sich, wenn man mit dem Inhalt einer Offenbarung begründen will, daß der Akt seiner Vermittlung ein Offenbarungsakt ist. Den Inhalt als rational nicht begründbare Proposition erkennen wir ja erst aufgrund der Überzeugung als wahr an, daß er durch einen Offenbarungsakt vermittelt ist. Der Offenbarungsakt beglaubigt den Inhalt – wir glauben das, was uns gesagt wird, weil es Gott ist, der es gesagt hat –, nicht umgekehrt.[4] Es kommt also zunächst darauf an, festzustellen, ob ein Offenbarungsakt vorliegt. Da wir uns dabei noch nicht auf geoffenbarte Wahrheiten stützen können, können wir das nur nach Vernunftskriterien überprüfen. Vernunftsgründe für die Annahme von Offenbarungsakten sind nun aber zugleich Vernunftsgründe für die Existenz des offenbarenden Gottes, und wir haben in 1.2 gesehen, daß sich die Existenz Gottes rational nicht begründen läßt. Rationale Kriterien dafür, ob bestimmte Aussagen geoffenbart sind, müssen sich ferner vorwiegend auf deren Inhalt beziehen, da für uns der Vorgang der Offenbarung in der Regel nicht mehr greifbar ist. Welchen Charakter etwa die Inspirationen der at Propheten hatten und wie sie offenbarende Visionen, Auditionen oder Träume von nichtoffenbarenden unterschieden, ist nicht bekannt. Wenn sich aber die Kriterien für das Vorliegen eines Offenbarungsaktes auf dessen Inhalt und seine Plausibilität beziehen, erscheint Offenbarung als überflüssig: Nur solche Offenbarungen werden dann anerkannt, die uns etwas sagen, was ohnehin rational hinreichend wahrscheinlich

[3] Vgl. z. B. 1 Kön 22 und Mt 24,24.

[4] Vgl. dazu z. B. Franziscus Suarez *De fide theologica*, disputatio III, sect.12,Nr. 11 (in *Opera Omnia*, hg. C. Berton, Paris 1858,Bd.12,S. 105) und Johannes Duns Scotus *Quaestiones in Lib. III Sententiarum*, distinctio XXIII, quaestio 1,Nr. 7 (in *Opera Omnia*, 12 Bde. Lyon 1639, Nachdr. Hildesheim 1968,Bd. VII.1,S. 462).

ist. Wird Offenbarung hingegen als überrationales Fundament des Glaubens angesehen, entziehen sich also ihre Inhalte rationaler Überprüfung, so sind auch keine Gründe für die Annahme oder Ablehnung von Aussagen in Sicht, die irgend jemand als Offenbarung erklärt. Wir kommen so zu einem Dilemma, das sich auf den kurzen Nenner bringen läßt: Offenbarung ist überflüssig oder ihre Annahme ist willkürlich; so oder so kann sie kein Fundament des Glaubens sein.

Der Glaube an Offenbarung wird meist so charakterisiert, daß man glaubt, was Gott sagt, weil man ihm vertraut. Abgesehen davon, daß hier der Glauben an Gott bereits vorausgesetzt wird, ist klar, daß wir dem guten, also wahrhaftigen, und allwissenden Gott des christlichen Glaubens vertrauen können. Unklar ist aber, ob etwas eine Offenbarung Gottes ist. J. Locke sagt dazu: „Whatever God has revealed is certainly true; no doubt can be made of it. This is the proper object of faith: but whether it be a divine revelation or not, reason must judge; which can never permit the mind to reject a greater evidence or to embrace what is less evident. ... And therefore nothing that is contrary to, and inconsistent with the clear and self-evident dictates of reason, has a right to be urged or assented to, as a matter of faith, wherein reason has nothing to do“.[5]

Das Problem, daß ein Glaube an Offenbarung den Glauben an den sich offenbarenden Gott voraussetzt, tritt in der scholastischen wie der traditionellen katholischen Theologie nicht auf, weil man nach deren Meinung die Existenz Gottes auf rein rationalem Weg beweisen kann. Wir haben jedoch gesehen, daß diese Ansicht nicht haltbar ist. Setzt man den Glauben an Gott voraus und erkennt auch schon gewisse Offenbarungen an, so kann man sich natürlich auf deren Inhalte stützen um den Offenbarungscharakter anderer Vorgänge zu beurteilen. So wird z. B. in der jüdischen wie christlichen Theologie die Frage, ob ein Text zur Offenbarung zu zählen ist, vor allem nach der Verträglichkeit seines Inhalts mit dem bereits anerkannter Offenbarungen beurteilt. Innerhalb einer Religion, die sich schon auf Offenbarung stützt, stellt sich das Dilemma also nicht. Es ergibt sich aber dann, wenn man fragt, ob die ersten Offenbarungen,

[5] Locke *Essay concerning Human Understanding* (EHU) IV, XVIII,10.

auf die sie sich stützt, tatsächlich Offenbarungen sind. Auch für den direkten Offenbarungsempfänger ergibt es sich nicht: Für ihn ist Offenbarung eine unmittelbar gewisse Erfahrung einer Mitteilung Gottes. Für die Hörer ist seine Verkündigung der empfangenen Offenbarung zunächst aber nicht Wort Gottes, sondern Wort eines Menschen, der sich auf Gott beruft, und damit setzt für sie das Dilemma ein. Sie müssen sich fragen, ob er im Gegensatz zu anderen, die sich ebenfalls auf Gott berufen, die Wahrheit spricht und ob er sich bei der Deutung seines Erlebens als Mitteilung Gottes nicht geirrt hat.[6]

Die Inspirationstheorie ist nicht nur von philosophischer Seite kritisiert worden. Auch die Ergebnisse der Bibelwissenschaften haben dazu geführt, daß sie heute kaum mehr vertreten wird. Man kann nicht behaupten, die Schriften des AT seien in ihrer Gesamtheit inspiriert und daher wörtlich wahr, denn das AT enthält erstens Texte, die man von vornherein nicht als inspiriert bezeichnen kann. Hymnen und Gebete, wie sie die Psalmen enthalten, sind nicht „wörtlich wahr", ebensowenig wie die Liebeslieder des Hohenlieds. Wahr sind nur Aussagen, nicht Bitten, Danksagungen, Lobpreisungen etc.[7] Zweitens enthält das AT Schriften rein historischen Charakters, Sprichwörter, Klugheits- und Anstandsregeln, die teilweise auch wörtlich aus ägyptischen Quellen übernommen sind (Spr 22,1—4,22). Für all das wird man ernsthaft keine Inspiration annehmen wollen. Drittens enthalten die Texte des AT Widersprüche (vgl. z. B. Diskrepanz zwischen Ex 20,5 und Ez 18), historisch falsche Aussagen (vgl. etwa jene in Dan über die babylonischen und persi-

[6] Schon Hobbes weist im *Leviathan*, Kap. 32 darauf hin, daß jemand nicht unwahrhaftig sein muß, wenn er eine Eingebung oder Erfahrung fälschlich als Offenbarung versteht. Er kann sich ja z. B. bzgl. des göttlichen Ursprungs dessen täuschen, was ihm in einem Traum erscheint oder gesagt wird.

[7] Imperative wie „Du sollst nicht töten!" sind zwar ebenfalls nicht wahr oder falsch, aber sie stehen in einem Kontext, in dem sie zu Aussagen über das Bestehen von Geboten werden bzw. über ihren Erlaß durch Gott, und als solche sind sie wahr oder falsch.

schen Könige[8]) und nicht erfüllte prophetische Verkündigungen (vgl. z. B. die Vorhersagen eines dritten Ägyptenfeldzuges des Antiochus IV Epiphanes und seines Endes in Dan 11). Viertens spricht die Textgeschichte gegen eine Inspirationstheorie: Die Texte wurden mehrfach verändert. Welche Version ist inspiriert? Sind es die ersten Quellen, z. B. die Worte der Schriftpropheten selbst, so nicht die der Bearbeiter mit ihren Veränderungen; die Quelle ist dann im Widerspruch zur Inspirationslehre nicht rein erhalten und es kann nicht der ganze Text als inspiriert gelten. Da das Ausmaß der Bearbeitung meist unklar ist, ist auch der inspirierte Urtext nicht mehr eindeutig feststellbar. Sind es die letzten Bearbeitungen, so bleibt der Status der Quellen, der ursprünglichen mosaischen Gebote, der ursprünglichen Prophetie offen und die Juden vor der Zeit der Endreaktion der Schriften waren womöglich ohne Offenbarung. Entsprechendes gilt für das NT. Fünftens versteht man heute viele Erzählungen wie etwa die der Schöpfungsgeschichte nicht mehr wörtlich, sondern nur bildlich. Sechstens macht auch die Ansicht, nur religiöse Aussagen seien inspiriert, Schwierigkeiten. Bei den Diskrepanzen zwischen Ex 20,5 und Ez 18 handelt es sich z. B. eindeutig um religiöse Aussagen, und ebenso bei der Erklärung Serubbabels zum Messias in Hag und Sach. Da sich religiöse Aussagen, wie wir sahen, oft nicht von anderen isolieren lassen, wird auch das Ausmaß dessen fraglich, was als inspiriert zu gelten hat. Der religiöse Sinn der Texte wird in ihnen endlich meist nicht explizit formuliert, sondern ergibt sich erst durch eine Interpretation. Interpretationen sind aber nicht gegen Irrtümer geschützt. In dem Augenblick, wo man sich auf Deutungen einlassen muß, ist das Anliegen der Inspirationstheorie, in den heiligen Texten eine feste, menschlichen Meinungen entrückte Basis des Glaubens zu finden, nicht mehr realisierbar.

B. Mitchell hat in (1973) ähnliche Gedanken zum Thema Offenbarung entwickelt. Auch er betont, daß Offenbarung nicht der Grund sein kann, eine Religion anzunehmen, sondern daß die Deutung eines Ereignisses als Offenbarungsakt und die Interpretation seines Inhalts sich immer schon im Rahmen einer Religion vollzieht und eine ganzen Reihe von religiösen Annahmen voraussetzt — im jüdisch-christli-

[8] Vgl. dazu R. Smend (1978),S. 223.

chen Fall insbesondere den Glauben an einen personalen Gott, der in der Geschichte handelt und sich Menschen kundgibt. Religiöser Glaube beginnt also nicht mit Überzeugungen vom Vorliegen von bestimmten Offenbarungen und er gründet systematisch gesehen nicht darauf, sondern trägt umgekehrt diese Überzeugungen. Nur innerhalb einer Religion können Offenbarungen begründende Funktion haben: Der Glaube an Jesus als Sohn Gottes begründet z. B. den Glauben an das, was er gesagt hat. Religiöse Überzeugungen bestimmen zusammen mit anderen (z. B. historischen oder auch philosophischen) die Interpretation von Offenbarungstexten. Es gibt also Kriterien für das Vorliegen und die Interpretation von Offenbarungen, aber sie stützen sich schon auf religiöse Ansichten. Das Vertrauen, das wir Offenbarungen entgegenbringen, lebt vom Vertrauen, das wir in die Religion insgesamt setzen. So vertrauensvoll der Gläubige gegenüber den Offenbarungen seiner eigenen Religion ist, so kritisch ist er gegenüber denen einer anderen. Grundsätzlich betrachtet und ohne schon religiöse Voraussetzungen zu machen, lassen sich Offenbarungen nur aufgrund vernünftiger Überlegungen beurteilen und danach ist ihr Vorliegen problematisch und ihre Interpretation kann sich nur nach dem richten, was auch ohne sie plausibel ist. Offenbarungen können also den Glauben nicht begründen.[9]

[9] Angesichts dieser Probleme ziehen sich manche Theologen auf die These zurück, Vorgang und Annahme der Offenbarung sei ein Mysterium, d. h. man könne nichts drüber sagen. So sagt F. Suarez a. a. O. (sect. 6, Nr. 8, S. 66): „concedendo imprimis hoc esse magnum fidei mysterium ... et propterea talis actus omnino supernaturalis est et sine speciali auxilio gratiae haberi non potest". Oft wird auch gesagt, der Mensch könne sich mit seiner beschränkten Vernunft nicht zum Richter über Gottes Wort erheben. Darum geht es aber gar nicht, sondern allein um die Frage, ob eine Aussage geoffenbart ist oder nicht. Und wie sollen *wir* die anders beantworten als mit unserer *eigenen* Vernunft? Das Problem, ob Offenbarung Glauben begründen kann, wird in der Theologie unter dem Stichwort *analysis fidei* diskutiert. Einerseits soll sich der Glaubensakt auf die *auctoritas Dei revelantis* stützen, andererseits setzt deren Anerkennung im allgemeinen wie im speziellen aber schon Glauben voraus. Eine auch nur annähernd befriedigende Lösung dieses Problems hat man nicht erreicht,

Als Argument für das Vorliegen einer Offenbarung werden oft Wunder und wunderbare Zeichen genannt, die den Vorgang begleiten – wie bei der Taufe Jesu im Jordan (vgl. Mt 3,1–7) – oder den Verkünder beglaubigen. Ein *Wunder* ist ein ungewöhnliches Ereignis, das eine religiöse Signifikanz hat. Im stärksten Sinn von „ungewöhnlich" ist (a) es ein Ereignis, das den Naturgesetzen widerspricht (also nur eine übernatürliche Ursache haben kann). In einem schwächeren Sinn (b) ist es ein Ereignis, das sich auf natürlichem (naturgesetzlichen) Weg nicht erklären läßt. Im schwächsten Sinn (c) endlich ist ein Wunder ein normalerweise nicht zu erwartendes Ereignis, das allerdings auch auf natürlichem Weg zu erklären ist, wie z. B. eine überraschende Heilung oder eine unerwartete Rettung aus einer Notlage.[10] Im Sinne von (a) ist die Existenz von Wundern erstens nicht möglich – ein Naturgesetz ist etwas, das immer gilt, also seinem Begriff nach nicht durchbrochen werden kann – und zweitens wäre sie auch nicht belegbar: Widerspricht ein Ereignis unseren Annahmen über Naturgesetze, so folgt daraus nicht, daß es auch in Konflikt zu den tatsächlich geltenden Naturgesetzen steht.[11] Dieser

und kann sie auch wohl kaum erreichen, da man einerseits Vernunft nicht als Maßstab des zu Glaubenden anerkennen will, andererseits aber doch zugestehen muß, daß der noch nicht Glaubende eben nichts anderes zur Verfügung hat als seine Vernunft.

[10] In Sinn (a) sprechen z. B. Thomas und Hume von Wundern. Nach Thomas geschieht ein Wunder *praeter ordinem totius naturae creatae* (St I,110,4) und Hume sagt im *Enquiry Concerning Human Understanding* (EHU), X,90 (*Of miracles*): „A miracle is a violation of the laws of nature" und „a transgression of a law of nature by a particular volition of the Deity, or by the interposition of some invisible agent". Zum Sinn (b) vgl. z. B. Dietl (1967), und zu (c) Holland in (1965); vgl. dazu auch Gaskin (1975).

[11] Humes Einwand gegen Wunderberichte ist unbrauchbar: Nach ihm gehören Naturgesetze zum Sichersten, am besten Bestätigten, was wir kennen. Daher sind Berichte über die Verletzungen von Naturgesetzen von vornherein unplausibel; es ist immer plausibler, daß der Berichterstatter sich irrte oder ein Opfer seiner Neigung zum Mirakulösen wurde, als daß die Naturgesetze tatsächlich außer Kraft gesetzt wurden. Hume verwechselt hier aber Naturgesetze mit unseren naturgesetzlichen Annahmen: Nur von diesen kann man sagen, sie seien gut bestätigt. Nach seinem Argument

zweite Einwand gilt auch für (b), falls man „natürlich erklärbar" versteht als „mit tatsächlich geltenden (evtl. auch uns unbekannten) Naturgesetzen erklärbar". Ist ein Ereignis hingegen nur mit unseren gegenwärtigen naturgesetzlichen *Annahmen* nicht erklärbar, so ist das nichts Ungewöhnliches, da das für viele Phänomene gilt, die wir trotzdem als natürlich ansehen; wir nehmen nicht an, unsere Theorien seien vollständig und unfehlbar. Zudem rechnen wir mit der Möglichkeit irreduzibel statistischer Grundgesetze in der Physik, also auch mit physikalischen Ereignissen, die prinzipiell nicht naturgesetzlich erklärbar sind.

Im AT und NT ist nicht die Tatsache von Wundern als übernatürlichen Ereignissen problematisch, sondern dort geht es um den göttlichen Ursprung der Wunder. Es wird z. B. von Wundern ägyptischer Priester geredet und Jesus warnt davor, allen zu glauben, die sich durch Wundertaten ausweisen. Entscheidend ist also die religiöse Signifikanz, die man einem Wunder zumißt. Ob man es als von Gott bewirkt ansieht, hängt nun von den religiösen Überzeugungen ab. Sagt jemand etwas, was diesen widerspricht, so wird er auch durch Wundertaten nicht als wahrer Prophet beglaubigt. Wunderbare Ereignisse, so eindrucksvoll, ungewöhnlich und (auf natürlichem Wege) unerklärlich sie auch sein mögen, können also die Annahme des Vorliegens von Offenbarungen und damit die Religion nicht begründen. Sie können insbesondere nicht die Annahme der Existenz eines Gottes begründen, der sie bewirkt, denn eine natürliche Deutung ist nie ausgeschlossen. Man kann nur wieder aufgrund von religiösen Überzeugungen und Offenbarungen, die man bereits akzeptiert hat, außerordentliche Ereignisse als von Gott gewirkte Wunder ausweisen. Erst im Lichte religiöser Überzeugungen erscheinen bedeutsame Vorgänge in der Welt als Zeichen für Gottes Handeln.[12]

müßte man auch allen Berichten über den Ausgang von Experimenten mißtrauen, die im Konflikt mit bisher gut bestätigten Gesetzeshypothesen oder Theorien stehen; wissenschaftlicher Fortschritt wäre so unmöglich. (So schon Broad in (1917).) Wenn Hume aber sagt: „A miracle can never be proved so as to be the foundations of a system of religion", so hat er damit recht (EHU, § X,99).

[12] Zu Begriff und Relevanz von Wundern vgl. a. Nowell-Smith (1955), Swinburne (1970) und Mackie (1982), Kap. 1.

Nach einem zweiten Begriff von Offenbarung ist sie *Selbstoffenbarung* Gottes. Er offenbart dem Menschen nicht – oder jedenfalls nicht primär – irgendwelche Tatsachen, sondern sich selbst. Es ist nun nicht ganz einfach festzustellen, was von den einzelnen Autoren unter einer „Selbstoffenbarung Gottes" verstanden wird.[13] Gemeint ist wohl etwa folgendes: Der Vorgang der Offenbarung enthält zwei Momente: Ein Handeln Gottes und eine Erfahrung des Offenbarungsempfängers, des Adressaten. Wir betrachten zunächst das zweite Moment: Es gibt Erfahrungen, in denen uns grundsätzliche Haltungen oder Einstellungen eines anderen, sein Charakter, seine Gesinnung oder seine Lebensziele deutlich werden, nicht nur bestimmte Absichten oder Gefühle, die er gerade hat, oder spezielle Eigenschaften. Dabei erfahren wir nicht Tatsachen über ihn, sondern erleben ihn. Dieses Erleben vermittelt primär keine *cognitio circa rem*, kein propositionales Wissen, sondern eine *cognitio rei*, eine Kenntnis. Die Erfahrung hat daher keinen Inhalt, der sich vollständig in Aussagen über den anderen wiedergeben ließe, sondern einen Gehalt, der sich am besten i. e. S. ausdrücken läßt. Im Erleben spielen Intuition und Gefühl eine entscheidende Rolle, kognitiv ist es deswegen aber keineswegs ohne Relevanz.[14] Wir wollen solche Erfahrungen als *personelle Erfahrungen* bezeichnen. Sie verbinden sich typischerweise mit einer Wahrnehmung des anderen, mit einem Erleben seines Auftretens, Verhaltens und Redens. Sie können sich aber auch durch Erzählungen dritter ergeben, ein Autor kann uns in seinen Werken begegnen, usf. Eine personelle Erfahrung von einem Menschen setzt also nicht prinzipiell voraus, daß man ihn selbst wahrnimmt, sonst könnte man nicht von einer personellen Erfahrung Gottes sprechen, die das subjektive Moment seiner Selbstoffenbarung darstellen soll. Erfahrung ist nun ein Vorgang, in dem uns etwas Wirkliches deutlich wird; ein Gegenstand zeigt sich uns oder es zeigt sich, daß es sich so und so mit ihm verhält. In Erfahrungen, dessen Gegenstand eine Person ist, kann dieses „sich zeigen" tatsächlich eine Aktivität sein, wenn sie nämlich etwas tut in der Absicht, dem Adressaten etwas

[13] Vgl. dazu Baillie (1956). In diesem Sinn entspricht „Offenbarung" eher den Worten *manifestatio* und *epiphaneia* als *revelatio* und *apokalypsis*.

[14] Zum Begriff des Erlebens vgl. Kutschera (1988), 1.1.

über sich zu erkennen zu geben. Das geschieht bei jedem Akt der Kommunikation, dessen Ziel es ja ist, verstanden zu werden. In diesem Sinn etwa wäre eine Selbstoffenbarung Gottes als ein Handeln oder Werk Gottes zu verstehen, durch das er sich einem Menschen zu erkennen gibt. So kann Gott sich jemandem in seiner Schöpfung offenbaren, in einer Wende seines Schicksals oder einem geschichtlichen Ereignis.

Nach dieser Konzeption ist Offenbarung durch drei Merkmale bestimmt: Sie ist erstens eine nicht-propositionale religiöse Erfahrung, also keine Tatsachenoffenbarung, sondern ein Erleben in dem sich etwas Transzendentes in bestimmter Weise zeigt. Sie ist zweitens eine personelle Erfahrung, d. h. ein Erleben eines personalen Gottes und drittens eine Selbstbekundung dieses Gottes. Für einen allgemeinen Offenbarungsbegriff ist nun aber die zweite Bestimmung zu eng. Im Hinduismus gelten z. B. die Veden als Offenbarung, aber nicht als Offenbarung eines Gottes. Gibt man die zweite Bestimmung auf, so verliert auch die dritte ihren spezifischen Sinn. Selbstbekundung ist wie Mitteilung eine Aktivität, die sich im normalen Sinn nur Personen zuschreiben läßt.

Es gibt also zwei grundsätzlich verschiedene Offenbarungsbegriffe: Nach der Inspirationstheorie besteht Offenbarung in Aussagen; deren Wahrheitsgehalt können wir nicht überprüfen, da sie sich auf epistemisch Transzendentes beziehen, sondern wir müssen sie auf die Autorität des offenbarenden Gottes hin akzeptieren. Nach der zweiten Theorie besteht Offenbarung dagegen nicht in Aussagen, sondern in Erfahrungen, in denen sich uns etwas zeigt; religiöse Texte sind Ausdruck solcher Erfahrungen und sie werden für denjenigen zur Offenbarung, der in ihnen einen seinem eigenen Erleben gemäßen Ausdruck findet oder sie so vernimmt, daß ihm selbst die Wirklichkeit, von der sie reden, erlebnismäßig nahekommt.[15] Wir haben nun gesehen, daß die Inspirationstheorie in einen Zirkel oder einen unendlichen Regreß führt, weil als Grund des „Akzeptieren

[15] Dazu ist nicht erforderlich, wie K. Barth meint, daß die religiöse Erfahrung, aus der der Text hervorging, nachvollziehbar ist. Es kann sich ja z. B. um eine Vision handeln, man braucht aber nicht selbst eine Vision zu haben, um den Gehalt des Textes zu erfassen.

müssens" wieder auf Offenbarung verwiesen wird. Der Vorgang einer Offenbarung besteht nach dem üblichen Wortgebrauch ferner nicht nur in einem Verkünden, sondern entscheidend in der Vermittlung von Einsicht, die aber in der Inspirationstheorie keinen Platz findet. Andererseits wird der Offenbarungsbegriff unzulässig erweitert, wenn man alle religiöse Erfahrung als Offenbarung ansieht. Offenbarungserkenntnis ist immer eine vermittelte Erkenntnis. Man wird also sagen müssen, daß Offenbarung im religiösen Bereich zunächst etwas ist, das von einer Religion in Form von Aussagen oder Texten verkündet wird. Diese Aussagen werden für den Hörer aber erst dadurch zur Offenbarung, daß sie ihm die Wirklichkeit, von der sie reden, erschließen, wenn er sich auf sie einläßt, daß sie ihm Erfahrungen ermöglichen, in denen sie sich bestätigen. Offenbarung ist also eine Kunde, die eigene Einsicht vermittelt. Sie behauptet nicht nur etwas, gibt uns auch nicht bloß Informationen über etwas, sondern zeigt uns etwas — ähnlich wie eine korrekte Hypothese uns einen neuen Blick auf die Phänomene ermöglicht und sich in den Beobachtungen bestätigt, die wir in ihrem Lichte machen. Offenbarung in diesem Sinn ist freilich nicht nur Tatsachenoffenbarung. Das Erleben, das sie vermittelt, läßt sich oft nicht vollständig und angemessen durch den wörtlichen Sinn von Aussagen wiedergeben. Seine kognitive Signifikanz liegt vielfach nicht in Tatsachen, die wir feststellen, sondern in seinem Gehalt, der Art und Weise, wie sich der Gegenstand darin zeigt. Dieser Gehalt kann dann adäquat nur i. e. S., also in der Sprache der Religion ausgedrückt werden.[16] Auf religiöse Erfahrung wollen wir erst in 3.3 näher eingehen. Wir werden dort sehen, daß sie immer schon durch religiöse Anschauungen geprägt ist. Trotz enger struktureller Verwandtschaften werden z. B. mystische Erfahrungen von Christen, Mohammedanern und Buddhisten inhaltlich sehr unterschiedlich interpretiert. Religiöses Erleben ist also zwar eine wichtige Stütze des Glaubens, kann aber nicht als voraussetzungsloses Fundament des Glaubens dienen. Das gilt daher auch für Offenbarung in dem Sinn, in dem wir sie gerade bestimmt haben.

[16] Vgl. dazu wieder Kutschera (1988), 1.1 und 1.2.

Die Auszeichnung der heiligen Schriften einer Religion als inspiriert erklärt sie zu zuverlässigen, menschlichem Räsonnieren und Erleben entrückte, durch göttliche Autorität beglaubigte Wahrheiten und damit als sicheres Fundament des Glaubens. Sieht man hingegen die Erschließungsfunktion als wesentlich für Offenbarungen an, so wird der Offenbarungscharakter von Aussagen an subjektive Bedingungen der Erfahrung gebunden. In der Theologie ist heute die Tendenz deutlich, vom Offenbarungsbegriff der Inspirationstheorie abzugehen. Das erklärt sich vor allem aus dem Bild, das die kritischen Bibelwissenschaften von Charakter und Genese der Schriften des AT und des NT entworfen haben und das, wie wir schon sahen, kaum mit dieser Theorie vereinbar ist. Offenbarung verliert damit auch in der Theologie zunehmend die Funktion eines festen, rational unangreifbaren Glaubensfundaments. In erkenntnistheoretischer Betrachtung ist die Annahme eines solchen Fundaments von vornherein verfehlt. Die Wahrheit von Glaubensinhalten ist unabhängig davon, ob wir sie akzeptieren – soweit besteht Einigkeit. Daraus folgt aber auch, daß unsere Fürwahrhalten in Glaubensfragen grundsätzlich der Möglichkeit des Irrtums ausgesetzt ist. Es bedarf somit kritischer Prüfung. Die beste Stütze für unsere Annahmen besteht darin, daß sie sich in der Erfahrung immer neu bestätigen. Darauf verzichtet man aber, wenn man Glaubensaussagen nicht der Prüfung aussetzt.

2.2 Nichtkognitive Deutungen religiöser Aussagen

Im Abschnitt 1.4 haben wir Argumente besprochen, nach denen religiöse Aussagen keinen kognitiven Gehalt haben. Sie bilden die Grundlage für die verschiedenen nichtkognitiven Deutungen der religiösen Sprache. Aus der Tatsache, daß eine religiöse Aussage keinen kognitiven Sinn hat, sich also nicht als Behauptung verstehen läßt, die wahr oder falsch ist, folgt ja nicht, daß sie gänzlich sinnlos wäre. Auch Wunschsätze und Imperative haben keinen kognitiven Sinn, ohne deshalb sinnlos zu sein. Wenn Aussagen über Gott grammatikalisch die Gestalt von Behauptungssätzen haben, heißt das auch nicht schon, daß sie als Behauptungen zu verstehen sind. Der Satz „Dieser Hund ist bissig“ kann z. B. als Warnung dienen und „Die

Tür ist noch offen" als Aufforderung, sie zu schließen.[1] Eine nichtkognitive Deutung religiöser Aussagen erscheint manchen als attraktiv, weil sie diese gegenüber rationaler Kritik immunisiert — mit Argumenten lassen sich ja nur Behauptungen angreifen. Dieser Vorteil ist freilich durchaus fragwürdig; er wird erkauft durch den Verzicht auf den Wahrheitsanspruch und damit auf die Relevanz der Religion.[2]

Eine *emotive Deutung* religiöser Aussagen hat schon J. E. McTaggart in (1906) vorgeschlagen. Für ihn sind religiöse Aussagen Ausdruck von Gefühlen. Er meint, Religion sei „an emotive resting on a conviction of harmony between ourselves and the universe at large"[3] und gebe in ihren Sätzen dieses Gefühl kund. Eine genauere Analyse des emotiven Sinns religiöser Aussagen gibt er aber nicht an. In Anlehnung an Ideen R. Carnaps vertritt auch A. J. Ayer die Ansicht, religiöse Aussagen hätten nur einen emotiven, keinen kognitiven Sinn.[4] Er begründet diese These ebenso wie im Fall moralischer und ästhetischer Aussagen mit einem empiristischen Sinnkriterium.[5] Explizit performative Paraphrasen religiöser Aussagen gibt er aber nicht an — vermutlich deswegen, weil sie die Absurdität seiner These allzu deutlich machen würden. Dasselbe gilt für andere

[1] Behauptungen sind zunächst Äußerungen, denn derselbe Satz, z. B. „Der Hund ist bissig", kann sowohl im Sinne einer Behauptung wie im Sinn einer Warnung (oder auch einer Empfehlung) geäußert werden. Ein Satz ist ein Behauptungssatz, wenn er in der Regel behauptend geäußert wird oder — wie im Beispiel — bei allen Äußerungen auch einen kognitiven Sinn hat. Eine Äußerung kann ja zugleich eine deskriptive (kognitive) und eine expressive oder evokative Bedeutung haben. Vgl. zu dieser Unterscheidung K. Bühlers z. B. Kutschera (1982), 3.1.

[2] Zu den nichtkognitiven Deutungen religiöser Aussagen vgl. insbesondere Heimbeck (1969).

[3] McTaggart (1906), S. 3.

[4] Vgl. Ayer (1936), Kap. VI (S. 114—20).

[5] Vgl. dazu Kutschera (1982), Kap. 3 und (1988), 2.3. Da ich insbesondere in (1982) ausführlich auf die Thesen und Argumente des Nichtkognitivismus eingegangen bin, will ich das hier nicht wiederholen, zumal er für religiöse Aussagen weit weniger ausführlich entwickelt worden ist als für moralische.

Emotivisten wie z. B. C. K. Ogden und I. A. Richards und P. F. Schmidt.[6] Und es gilt auch für *evokative* Deutungsversuche, nach denen wir mit religiösen Aussagen nicht unsere Gefühle ausdrücken, sondern an den Hörer appellieren, sich gewisse Einstellungen zu eigen zu machen.[7]

Es gibt nur eine detailliertere und damit diskutable nichtkognitive Deutung: jene, die R. B. Braithwaite in (1971) vorgeschlagen hat. Er deutet religiöse Aussagen in einem ersten Schritt als moralische, und die interpretiert er dann in einem zweiten Schritt nichtkognitiv. Eine Religion legt nach seiner Ansicht primär Verhaltensmaximen fest, eine *policy of behaviour*. Diese wird meist nicht explizit formuliert, sondern durch Beispiele aufgewiesen. Sie ist auch nicht fest umgrenzt, so daß sie von den Gläubigen teilweise verschieden interpretiert wird. Es gibt aber nach Braithwaite doch so etwas wie einen moralischen Grundkonsens der Anhänger einer Religion, einen typischen moralischen Gehalt der Religion; die Grundmaxime des Christentums ist z. B. das Liebesgebot. Neben den Verhaltensmaximen enthalten Religionen auch „Geschichten“ (*stories*). Dieses Wort übernimmt Braithwaite von A. Matthew, der auch von „fairy tales“ spricht.[8] Diese Geschichten brauchen von den Gläubigen nicht als wahr (oder je-

[6] Vgl. dazu Ogden und Richards (1923), S. 158f. und Schmidt (1958). Ogden und Richards sagen allerdings lediglich, religiöse Aussagen seien wie poetische zu deuten, denen sie einen rein expressiven Sinn zuschreiben, und meinen, religiöse Aussagen seien in ihrer Vermischung expressiver und deskriptiver Bedeutung ein „pathologischer Fall“. Schmidt meint, ihr primärer Zweck sei „the attainment of certain pervasive attitudes in oneself and others“ (S. 535), und teilt sie in evokative und invokative ein (S. 536). Der Satz: „Gott ist allwissend“ soll etwa die menschliche Haltung eines fortgesetzten Suchens nach Problemlösungen und eines Handelns ausdrücken, das dem Wissen einen hohen Rang einräumt. Er gesteht solchen Äußerungen aber auch einen deskriptiven Sinn zu, in dem sie allerdings rational nicht zu rechtfertigen sind.

[7] Vgl. dazu Morris (1946), S. 146ff, Burke (1961) und Schmidt (1958). Schmidt spricht auch von einem „invokativen“ Sinn religiöser Aussagen als Aufrufe an sich selbst.

[8] Vgl. A. Matthew *Literature and Dogma* (London 1873) und *God and the Bible* (London 1875).

denfalls nicht als wörtlich wahr) akzeptiert zu werden. Ihre Funktion besteht allein darin, daß sie die durch die praktischen Maximen geforderten Verhaltensweisen exemplifizieren, evozieren, oder verstärken. Die Geschichten müssen daher auch nicht miteinander verträglich sein. Der effektive und allein bedeutsame Gehalt einer Religion besteht also für Braithwaite in ihrem Moralkodex. Verschiedene Religionen können denselben moralischen Gehalt haben; sie unterscheiden sich dann nur in den „Geschichten", die für ihn letztlich entbehrlich sind.

Der zweite Schritt von Braithwaite besteht in einer „konativen Deutung" moralischer Aussagen: Mit der Äußerung einer moralischen Maxime wie „Man soll *F* tun" oder „Es ist geboten, *F* zu tun" drückt der Sprecher seine eigene Intention aus, *F* zu tun. Eine explizit performative Paraphrase wäre also: „Ich erkläre hiermit meine Absicht, *F* zu tun". Braithwaite betont zwar, nicht alle solche Absichtserklärungen seien moralische Aussagen, grenzt diese aber nur durch die Forderung der Generalität ein. Sein Resultat ist also: „A religious assertion, for me, is the assertion of an intention to carry out a certain behaviour policy, subsumable under a sufficiently general principle to be a moral one, together with the implicit or explicit statement, but not the assertion of certain stories." Religiöser Glaube besteht danach in der Absicht, die (typischen) Maximen einer Religion zu erfüllen, verbunden mit dem „entertainment of certain stories, associated with the intention in the mind of the believer". Glaube ist also nicht propositional, kein Fürwahrhalten, sondern eine Selbstverpflichtung auf praktische Maximen. Den Einwand, das sei eine rein subjektive Interpretation religiöser Aussagen, erkennt Braithwaite an, meint aber, jeder müsse letztlich entscheiden, welche Lebensform er wählen will.

Zur Kritik ist zu sagen: Erstens ist Braithwaites Deutung moralischer Aussagen abwegig. Es gibt viele moralische Aussagen, die sich nicht in der angegebenen Weise paraphrasieren lassen wie z. B. „Er soll *F* tun" oder „Es ist erlaubt, *F* zu tun". Das Erlaubtsein des *F*-Tuns wird normalerweise erklärt als das Nichtgebotensein der Unterlassung des *F*-Tuns. Man müßte also „Es ist erlaubt, *F* zu tun" paraphrasieren als „Ich erkläre hiermit nicht meine Absicht, *F* zu unterlassen", aber das ergibt keinen vernünftigen Sinn. Ferner ist es nach Braithwaites Vorschlag nicht möglich, normative Aussagen in

Kontexten „konativ" zu deuten, wie z. B. in „Ich glaube, daß man *F* tun soll" oder in „Wenn es geboten ist *F* zu tun, so ist es geboten *G* zu tun, weil man *F* nicht ohne *G* tun kann". Ferner identifiziert Braithwaite Sollen mit Wollen; man kann jedoch anerkennen, daß es moralisch geboten ist, *F* zu tun, ohne die Absicht zu haben, das auch zu tun. Wir tun oft nicht, was wir glauben tun zu sollen, weil wir es nicht tun wollen. Nach Braithwaite wäre dieser Fall hingegen analytisch ausgeschlossen.[9] Zweitens ist die Deutung einer Religion (bzw. ihrer Aussagen) als System von Verhaltensmaximen, das mit „Geschichten" garniert ist, verfehlt: Es gibt zwar vermutlich in allen Religionen „Geschichten", z. B. Legenden, die der Glaubende nicht ernst zu nehmen braucht. Aber es gibt auch Aussagen, von deren Wahrheit die Geltung praktischer Maximen abhängt (die diese also fundieren), der Sinn des Tuns, zu dem die Religion aufruft, die Erfüllung ihrer Verheißungen. Paulus sagt z. B. (1 Kor 15,14): „Ist Christus nicht auferstanden, so ist unsere Verkündigung leer und euer Glaube sinnlos". Das Christentum fordert nicht nur dazu auf, den Nächsten zu lieben wie sich selbst, sondern es begründet dieses Gebot durch die Aussage, daß alle Menschen Kinder Gottes, also unsere Brüder, sind, die er selbst liebt. Eine Religion deutet die Welt, sie sagt etwas über Sinn und Ziel des menschlichen Lebens und der Geschichte aus, und das kann sie nicht tun, wenn man ihren Gehalt auf moralische Forderungen beschränkt. Der Streit um die Religionen zeigt, daß sie sich selbst nicht nur als Systeme moralischer Normen verstehen und von Außenstehenden auch nicht so verstanden werden.

[9] Braithwaite sieht freilich gerade einen Vorzug seiner konativen Deutung darin, daß sie eine Antwort auf die Frage liefert: „Warum tue ich, was ich glaube tun zu sollen?" Nach ihm gilt, daß ich genau dann glaube, *F* tun zu sollen, wenn ich *F* tun will (diese Behauptung ist freilich problematisch, wie wir gerade sahen, da der Satz „Ich glaube, *F* tun zu sollen" nach seiner Deutung nicht sinnvoll ist), so daß die ursprüngliche Frage zur Frage wird: „Warum tue ich, was ich tun will?" Die Antwort ist dann natürlich trivial: Weil ich es tun will! Die Fragestellung setzt aber wie gesagt voraus, was nicht der Fall ist: daß wir immer tun, was wir glauben tun zu sollen.

Viele „Geschichten" werden eben durchaus ernst genommen.[10] Es ist endlich schlicht unsinnig, allen Aussagen der christlichen Religion wie „Gott hat die Welt erschaffen", „Gott hat durch die Propheten gesprochen", „Christus ist von den Toten auferstanden" immer nur denselben (Kern-)Sinn „Lebe ein Leben der Liebe" zuzuschreiben.[11]

Abgesehen von seiner „konativen" Deutung moralischer Sätze, wäre Braithwaites Deutung religiöser Aussagen reduktionistisch. Unter einer *reduktionistischen Interpretation* religiöser Aussagen oder Systeme solcher Aussagen versteht man eine Interpretation, nach der sie nicht von Transzendentem reden, sondern über Immanentes, über die Natur, menschliches Leben, Gefühle oder Haltungen. Eine solche Interpretation ist daher keine Beschreibung des ursprünglichen Sinns der Aussagen, sondern eine Umdeutung. Einen Wandel der Interpretationen religiöser Aussagen hat es immer gegeben, denn die Anschauungen ändern sich mit der Zeit zum Teil erheblich. Da Religionen konservativ sind, halten sie meist auch bei tiefgreifenden Veränderungen ihrer Inhalte an den alten, geheiligten Formeln fest und unterlegen diesen lieber einen anderen Sinn als sie durch andere Formeln zu ersetzen, selbst wenn das nicht ohne Gewaltsamkeiten möglich ist. Gegen Uminterpretationen religiöser Aussagen ist daher prinzipiell wenig einzuwenden. Sie sind nicht danach zu beurteilen,

[10] Man kann also sicher nicht alle Berichte und Erzählungen als fiktive „Geschichten" bezeichnen und ihnen einen bloß erbaulichen Wert zuschreiben. Eine gewisse Berechtigung erhält Braithwaites Rede von „Geschichten" freilich dadurch, daß heute vieles, was früher als historischer Bericht angesehen wurde, von der Bibelkritik als Legende angesehen wird, deren Funktion im Kontext der Verkündigung zu sehen ist.

[11] Einen ähnlichen Gedanken wie Braithwaite vertritt Palmer in (1973), Kap. 19. Danach sind religiöse Aussagen keine Behauptungen, sondern Ausdruck einer unbedingten, letzten Festlegung (*ultimate commitment*) auf Ideale, Maßstäbe oder Ziele des Lebens und Handelns. Zu dieser Konzeption gelangt Palmer aufgrund der Ansicht, daß Behauptungen über den unendlichen, transzendenten Gott in unserer, für irdische, insbesondere menschliche Phänomene erklärten Sprache nur analog zu verstehen sind; nach seiner Analyse analoger Aussagen haben diese aber keinen bestimmten Sinn, bleiben also gänzlich uninformativ.

wie stark sie deren ursprünglichen Sinn verändern, sondern wie brauchbar die Anschauungen sind, die sie ergeben. Die Frage ist aber, ob man die Aussagen in einer reduktionistischen Umdeutung noch als „religiös" bezeichnen kann, denn eine Religion bezieht sich wesentlich auf eine jenseitige Wirklichkeit.[12] Es handelt sich bei solchen Interpretationen immer um kognitive Deutungen religiöser Aussagen; in nichtkognitivem Verständnis gibt es nichts zu reduzieren.[13]

[12] Vgl. dazu das Kapitel 3. – H. Lübbe vertritt in (1986) die auch sonst verbreitete Ansicht, Religion sei „Kultur des Verhaltens zum Unverfügbaren" oder der „Kontingenzbewältigung" (vgl. bes. die Abschnitte 3.2 und 3.3). Bewältigung dessen, was wir nicht ändern können, soll seine freie Annahme einschließen, die nicht nur kognitiv verstanden wird, deren Natur und Leistung aber im übrigen offen bleibt. Nun vermitteln aber erstens nicht nur Religionen die Fähigkeit zur Kontingenzbewältigung; es gibt auch Traditionen eines nüchternen Realismus, der die Schranken und Bedingtheiten menschlicher Existenz akzeptiert, sich nicht fruchtlos am Unabänderlichen reibt, sondern die Energien auf das konzentriert, was wir ändern können. Fragwürdig ist zweitens, daß Lübbe die Frage nach der Wahrheit religiöser Aussagen ablehnt. Für seine „funktionalistische" Konzeption der Religion spielt es keine Rolle, ob deren Annahmen richtig sind, es kommt allein darauf an, ob sie uns hilft, mit dem Unverfügbaren innerlich fertig zu werden. Eine Religion kann aber doch offensichtlich nur für den eine Lebenshilfe sein, der an die Richtigkeit ihrer Annahmen glaubt. Glaubt man selbst nicht daran, so kann man ihren Nutzen für andere zwar anerkennen, aber dieser Nutzen erscheint dann doch wie der anderer Illusionen als durchaus fragwürdig. Religion ist eben keine Droge, deren Wirksamkeit unabhängig von unserem Fürwahrhalten ist.

[13] Reduktionistische Deutungen von Mythen gab es schon in der Antike. Man verstand sie als allegorische Aussagen über natürliche Phänomene, moralische Prinzipien oder historische Ereignisse und Gestalten. Von reduktionistischen Deutungen von Religionen sind religiöse Einkleidungen rein immanenter Weltanschauungen zu unterscheiden wie z. B. A. Comtes „Religion der Humanität" (vgl. den *Discours préliminaire* in (1851), Schluß (S. 321ff.)). Solche Versuche, rein immanenten Anschauungen einen religiösen Anstrich zu geben, sind ebenso abwegig wie reduktionistische Interpretationen religiöser Lehren.

Ignoriert man seine nichtkognitive Deutung moralischer Aussagen, so stellt Braithwaites Interpretation eine Reduktion von Religion auf Moral dar. Ein bedeutenderes Beispiel dafür ist Kants *Religion innerhalb der Grenzen der bloßen Vernunft* (1793). Dabei ist freilich zu beachten, daß die Moral nach Kant insofern schon selbst eine (Vernunft-) Religion ist, als sie von sich aus zur Idee Gottes führt. Seine Deutung der christlichen Religion, nach der diese der wahren, moralischen Religion zumindest schon sehr nahe kommt, ist daher zwar eine oft recht gewaltsame Umdeutung, aber keine reduktionistische Interpretation in unserem Sinn, denn die Annahme eines transzendenten Gottes bleibt erhalten. Im Effekt spielt sie freilich eine eher ephemere Rolle, denn Gott lieben, ihn verehren, seine Gebote halten heißt einfach, den kategorischen Imperativ befolgen. Wenn Kant und seine Nachfolger im Glauben vor allem das praktische Element betonen und es als wichtiger anssehen als das theoretisch-spekulative, so hat das mit Reduktionismus noch nichts zu tun; das kann man als durchaus legitimen Rückgriff auf jüdische und christliche Auffassungen ansehen, mit dem der Glaube vom Kopf wieder auf die Füße gestellt wird.[14]

Gegen ein kognitives Verständnis religiöser Aussagen hat sich auch P. van Buren in (1972) gewendet. Ging es ihm in (1963) noch um eine reduktionistische Umdeutung christlicher Lehren, in der sie auch für „den modernen Menschen" akzeptabel sind — der nicht an Götter glaubt, sondern an die Verifikationstheorie der Bedeutung —,

[14] Eine Reduktion von Religion auf eine Moral ohne transzendente Basis hat hingegen J. Dewey in (1934) vertreten. Er unterscheidet zwischen *Religionen*, die Annahmen über eine übernatürliche Wirklichkeit machen, und *dem Religiösen*. Eine religiöse Haltung ist für ihn einfach die Anerkennung dauernder und allgemeiner Werte, die Orientierung an ihnen im Leben und Handeln und ihre gefühlsmäßige Bejahung. Die Umdeutung dieser idealen Werte in eine supranaturale Realität ist für ihn der Grundfehler aller Religionen, und sie verhindert nach seiner Ansicht den aktiven, freien Einsatz für die Werte — Religionen sind also eine Pervertierung des Religiösen. Warum will man aber rein moralische Haltungen und Anschauungen als religiös bezeichnen? Entsprechendes gilt für die Ideen, die E. Fromm in (1950) entwickelt hat und die jenen Deweys sehr nahe stehen. Vgl. dazu 3.5.

so meint van Buren nun, religiöses Sprechen sei eine Form „of pushing at the edges of language" – mit welchem Sinn und Zweck bleibt offen. In der Religion, meint er, versagen auch Analogien und Metaphern, da sie bis zur Grenze der Sinnlosigkeit strapaziert werden. Über Gott läßt sich so letztlich nicht mehr sinnvoll reden. Bezüglich solcher christlicher Zentralthemen wie der Trinität, der Auferstehung, des Jüngsten Gerichts etc. sagt er: „These are all matters of which the Christian could almost as well remain silent. However, he has learned this other form of linguistic behavior, which is to go as far as he can, to stumble at the edge of utter nonsense, and then to cry, „God„!"[15] Primitiver geht's wohl kaum mehr.

Unser Fazit zu den nichtkognitiven Deutungen ist also: Im religiösen Sprechen kommen alle performativen Modi vor, die sich auch in der normalen Sprache finden wie Ausrufe, Anrufe, Wünsche, Aufforderungen, Bitte, Dank, Preis und Lob, und nicht alle Sätze, die die grammatikalische Form von Behauptungen haben, werden immer auch als solche verwendet. Religiöse Aussagen enthalten also sicher häufig expressive oder evokative Bedeutungskomponenten und vielen fehlt auch das kognitive (deskriptive) Element. Daraus folgt aber nicht, daß alle solche Sätze ohne kognitiven Sinn bleiben; auch das Überprüfbarkeitsargument zeigt das nicht, wie wir in 1.4 sahen. Unter den religiösen Aussagen kommen immer auch Behauptungen vor, religiöser Glaube besteht immer auch im Fürwahrhalten gewisser Sätze.

2.3 Religion als Sprachspiel

Für Wittgenstein ist Sprechen eine Aktivität, die sich in einem nichtsprachlichen Situations- und Handlungskontext vollzieht und daher auf dessen Hintergrund zu verstehen ist. Er sagt in (1953), eine Sprache sei jeweils Teil einer *Lebensform* und zu verschiedenen Lebensformen gehörten verschiedene *Sprachspiele*, Systeme von Re-

[15] Van Buren (1972), S. 140.

geln zum Gebrauch der Sprache, aus denen sich die Bedeutung der sprachlichen Ausdrücke ergibt. Bedeutsam ist an diesem Ansatz, daß Sprache vom Sprechen her analysiert werden soll und Sprechen nicht als isolierte Aktivität gesehen wird, sondern als eingebettet in umfassende praktische Zusammenhänge. Nach Wittgenstein soll man sich durch die äußere Gleichartigkeit der Wörter und Sätze nicht dazu verleiten lassen zu übersehen, daß sie in verschiedenen Sprachspielen ganz verschiedene Funktionen haben können. Zur verschiedenen Lebensformen gehören auch verschiedene Ansichten, Prozeduren der Begründung und Unterscheidungen zwischen dem, was einer Begründung bedarf und dem, was nicht begründet zu werden braucht bzw. nicht begründet werden kann, sondern in Begründungen nur als Prämisse auftritt. Wittgenstein hat religiöse Sprachen zwar in (1953) nicht als eigenständige Sprachspiele charakterisiert, aber manches, was er in (1966) sagt, deutet in diese Richtung. Es handelt sich dabei um Notizen seiner Studenten über eine Vorlesungsreihe, die Wittgenstein 1938 über Religion hielt.[1] Die Bemerkungen sind zwar unsystematisch und insgesamt recht obskur, aber man kann wohl sagen, daß Wittgenstein einerseits Religion als ein eigenständiges Sprachspiel ansieht, andererseits aber auch eine nichtkognitive Deutung religiöser Aussagen vertritt. Beide Gedanken implizieren, daß es keine, oder jedenfalls keine äußeren Gründe für oder gegen sie gibt. Er sagt zum religiösen Glauben: „(Reasons) are, in a way, quite inconclusive. – The point is that if there were evidence, this would in fact destroy the whole business. – Anything that I normally call evidence wouldn't in the slightest influence me". Glauben ist also keine Sache von vernünftigen Gründen. Er ist nicht wie eine Überzeugung gut oder schlecht begründet, wahrscheinlich oder zweifelhaft.[2] Das kann man zunächst so verstehen, daß man mit einer religiösen Aussage eine Einstellung ausdrückt. Die religiöse Sprache ist danach rein expressiv und der Glaube ist vor allem eine praktische Haltung, die das ganze Leben bestimmt. Seine Kraft beweist sich nicht in den Gründen, die man für ihn hat, sondern in

[1] Vgl. dazu auch Hudson (1975), insbes. Kap. 5, und Keightley (1976).
[2] Vgl. Wittgenstein (1966), S. 56,58.

den Risiken, die man seinetwegen eingeht.[3] Wittgenstein meint, wer z. B. an ein Jüngstes Gericht glaube, brauche nicht anzunehmen, es werde einmal stattfinden. Sagt er: „Es gibt ein Jüngstes Gericht", so meint er damit etwa soviel wie: „Die Vorstellung eines Jüngsten Gerichts prägt mein Leben", „Ich lasse mein Leben dadurch bestimmen", „Ich setze mir diese Vorstellung zum Leitbild meines Handelns, will so handeln, als sei mir das gewiß". Diese Gedanken sprechen wie gesagt zunächst für eine nichtkognitive Deutung religiöser Aussagen. Wir haben aber schon im letzten Abschnitt betont, daß es auch für Haltungen Gründe gibt und religiöse Aussagen auch solche Gründe angeben. Man wird sein Leben wohl nur durch die Vorstellung vom Jüngsten Gericht leiten lassen, wenn man sie für richtig, oder zumindest für wahrscheinlich ansieht. Es wäre absurd zu sagen: „Es ist recht unwahrscheinlich, daß es ein Jüngstes Gericht geben wird, aber ich will so tun, als ob das der Fall wäre". Daher ist für uns hier der zweite Gedanke Wittgensteins von größerem Interesse, nach dem eine Religion ein eigenständiges Sprachspiel ist. Da in (1966) freilich noch nicht von Sprachspielen die Rede ist, wird dieser Gedanke nur im Lichte der Ausführungen in (1953) deutlich. In (1966) sagt Wittgenstein z. B., der Glaubende und der Nichtglaubende gingen von ganz verschiedenen Voraussetzungen und Vorstellungen aus, sie verwendeten verschiedene Begriffe und dächten in verschiedener Weise. Zum Sprachspiel einer Religion gehören also spezifische Begriffe, Ausdrucksweisen, Sichtweisen, Voraussetzungen und Argumentationsformen, so daß der Außenstehende zwar prinzipiell erkennen kann, wie das Sprachspiel funktioniert und wie die Aussagen in ihm verstanden werden, aber es ist nicht sein Sprachspiel; er denkt und argumentiert anders. Daher fehlt die Basis für eine Diskussion mit dem Glaubenden und es ist nicht möglich, dessen Ansichten von außen zu kritisieren oder zu rechtfertigen.

Diesen Gedanken, eine religiöse Sprache sei ein eigenständiges Sprachspiel, das zu einer besonderen (religiösen) Lebensform gehört, haben Autoren wie D. Z. Phillips aufgenommen und ausgeführt. Ein religiöses Sprachspiel ist danach von dem der Wissenschaften wie des Alltags (des normalen praktischen Lebens) verschieden, religiöse

[3] Vgl. a. a. O. S. 54f.

Aussagen werden in einer spezifischen Weise verwendet, die sich vom Gebrauch deskriptiver Aussagen in den Wissenschaften unterscheidet.[4] Für sie gelten spezifische Begründungsverfahren, die von anderen Grundvoraussetzungen ausgehen. Religiöser Glaube ist so nicht vernünftig oder rational im Sinn der Wissenschaften, aber das heißt nicht, er sei unvernünftig oder irrational; er hat eben seine eigene „Logik". Eine Religion hat ihre eigene Vorstellungswelt, ihre eigene Weise, Erfahrungen zu interpretieren, ihr eigenes Begriffssystem und spezifische ontologische Voraussetzungen.[5] Ein religiöses Sprachspiel ist in diesem Sinn autonom, es kann nicht von außen kritisiert werden, denn die bei einer solchen Kritik verwendeten Voraussetzungen und Argumente sind ihm fremd. Eine solche Kritik bewegt sich im Rahmen eines anderen Sprachspiels. Nach Wittgenstein läßt sich eine Aussage eines Sprachspiels nur intern begründen. Die Frage nach der Legitimation der Grundvoraussetzungen dieses Spiels, die sich in ihm nicht mehr intern rechtfertigen lassen, läßt sich nur beantworten durch den Hinweis: „Dies Sprachspiel wird

[4] Damit ergibt sich auch eine Beziehung zu der nichtkognitiven Deutung religiöser Aussagen bei Wittgenstein. Denn der Gebrauch der Wörter und Sätze ist in verschiedenen Sprachspielen verschieden, und der Gebrauch bestimmt nach Wittgenstein ihre Bedeutung.

[5] Dazu einige Zitate aus Wittgenstein (1974): „Aber mein Weltbild habe ich nicht, weil ich mich von seiner Richtigkeit überzeugt habe; auch nicht, weil ich von seiner Richtigkeit überzeugt bin. Sondern es ist der überkommene Hintergrund, auf welchem ich zwischen wahr und falsch unterscheide" (94). — „Wenn wir anfangen, etwas zu glauben, so nicht einen einzelnen Satz, sondern ein ganzes System von Sätzen. (Das Licht geht nach und nach über dem Ganzen auf.)" (141). — „Nicht einzelne Axiome leuchten mir ein, sondern ein System, worin sich Folgen und Prämissen *gegenseitig* stützen" (142). — Hudson meint in (1975), Kap. 5 in Anlehnung an Gedanken von Carnap in (1956), die Frage ob Gott existiert, sei als externe Existenzfrage sinnlos: In der Ontologie der Physik existiert er nach Voraussetzung nicht, in jener der Religion existiert er nach Voraussetzung. Phillips sagt in (1970), S. 132, Religion interpretiere nicht unabhängige Fakten, sondern definiere eine eigene Welt. Das berührt sich mit den Ideen N. Goodmans über die Pluralität der Welten (vgl. dazu Kutschera (1989)).

gespielt". In diesem Faktum allein besteht seine Rechtfertigung, und das gilt für ein wissenschaftliches Sprachspiel ebenso wie für ein religiöses.

Diese Konzeption einer Religion als Sprachspiel hat sicher einige Meriten. Für den Glaubenden kann z. B. die Existenz Gottes eine Voraussetzung sein, keine Annahme, die einer Begründung bedarf. Sie läßt sich auch nicht wissenschaftlich begründen, weil die Wissenschaften sich auf den Bereich dessen beschränken, was uns in äußerer oder innerer Erfahrung zugänglich ist. Es mag ferner religiöse Denk- und Argumentationsmuster geben, die in den Wissenschaften keine Parallele haben. Trotzdem ist aber die These, religiöse Sprachspiele seien autonom, also letztlich immun gegenüber Kritik, weit überzogen. Erstens ist der Begriff des Sprachspiels unklar. Er wird manchmal in einem engeren, manchmal in einem weiteren Sinn verstanden. Oft werden schon verschiedene Redeformen als unterschiedliche „Sprachspiele" bezeichnet wie z. B. Behaupten, Warnen und Bitten, oder der Gebrauch verschiedener Vokabeln, oft aber auch die Gesamtsprache einer Kultur, verbunden mit einer bestimmten Weltsicht, mit Rationalitätsstandards, praktischen Normen usf. In unserem Fall ist das Wort „Sprachspiel" offenbar in einer solchen umfassenden Weise zu verstehen. Dann ist aber zu betonen, daß Religion — jedenfalls für uns heute — kein umfassendes Sprachspiel ist. Auch der Glaubende bewegt sich nicht nur in diesem Spiel, sondern daneben in dem des normalen Alltags, der Wissenschaften, der Technik, des Rechts usf., und dabei verwendet er — abgesehen von einigen unterschiedlichen Vokabeln — dieselbe Sprache. Es kann ferner keine Rede davon sein, daß dieselben Wörter und Sätze in diesen Sprachspielen grundsätzlich verschiedene Bedeutungen hätten. Worin unterscheiden sich denn z. B. die Bedeutungen des Wortes „Tür" oder des Satzes „Der Tag brach an" in ihnen? Wir argumentieren auch nicht jeweils in grundsätzlich verschiedener Art. In der Rechtssprechung oder der Psychoanalyse kommen zwar Argumentationsfiguren vor, die sich in der Physik nicht finden, aber die logischen Gesetze werden überall anerkannt. Man kann zudem nicht sagen, juristisch würden Fakten und Erfahrungen anders interpretiert als in den Naturwissenschaften, es sind nur jeweils andere Aspekte von Interesse. Zudem lassen sich Sprachspiele nicht klar von einander trennen, sondern sie überschneiden sich. Zeit- und Ortsaussagen kommen z. B. fast überall vor und werden im gleichen Sinn gemacht. Wir bewegen uns in den verschiedenen Lebensbereichen oft in verschiedenen Vorstellungen, aber die hängen in unserem Bild der Gesamtwirklichkeit doch mehr oder minder eng zusammen. Wir leben nicht in grundsätzlich verschiedenen Welten, das wäre schlicht schizophren. Zweitens besteht die Bedeutung der Religion für das Leben gerade darin, daß sie kein gegenüber dem sonstigen Leben isoliertes Sprachspiel ist. Wittgenstein selbst betont, daß eine Religion das gesamte Leben ihrer Anhänger prägt. Das kann sie aber nur tun, wenn ihre Aussagen auch für deren Tun und Denken im Alltag Bedeutung haben. Drittens besagt die Tatsache, daß ein Sprachspiel gespielt wird – auch von vielen und schon lange Zeit –, noch nicht, daß es sinnvoll und vernünftig ist, es zu spielen. Warum spiele ich ein christliches und nicht z. B. ein hinduistisches Sprachspiel? Das läßt sich offenbar nicht durch Bezug auf dieses Sprachspiel selbst begründen, sondern man muß dazu auf allgemeinere Rationalitätskriterien zurückgreifen. Ein Sprachspiel gehört zu einer Lebensform, und die läßt sich dadurch rechtfertigen, daß sie ein sinnvolles Leben und eine überzeugende und kohärente Weltsicht ermöglicht. Jede Immunisierung der Religion gegenüber vernünftiger Kritik verurteilt sie zur Bedeutungslosigkeit. Kann man nicht beurteilen, ob eine Religion recht hat, gibt es nichts im Bereich normaler Erfahrungen, was für sie sprechen kann – und nur dann gibt es auch nichts, was gegen sie sprechen kann –, so gibt es keinen Grund, sie zu akzeptieren.[6] Endlich genügt es nicht, die allgemeine Idee in den Raum zu stellen, Religion sei ein eigenständiges Sprachspiel, sondern es wäre durch die konkrete Analyse einer Religion zu zeigen, wie sich ihr Sprechen, Argumentieren und Erfahren vom normalen oder wissenschaftlichen unterscheidet. Auf diese Arbeit, die allein überzeugende Resultate bringen könnte, haben sich die „Wittgensteinischen Fideisten“ aber nicht eingelassen.

[6] In diesem Sinn haben sich u. a. auch Passmore in (1957), Hepburn in (1963), Hick in (1964b) und Nielsen in (1967) geäußert.

Der führende Vertreter des „Wittgensteinischen Fideismus" ist D. Z. Phillips. Seine Position bleibt aber trotz zahlreicher Veröffentlichungen unklar. Er widerspricht seiner These von der Religion als autonomem Sprachspiel, das dadurch gerechtfertigt sei, daß es gespielt werde und so zu nehmen sei, wie es ist, indem er das christliche Sprachspiel keineswegs so nimmt, wie es ist, sondern es durchaus nach externen (nämlich platt positivistischen) Kriterien kritisiert. Er wendet sich gegen „debased tradition within religious language"[7] und die „naturalistic fallacy", womit er die Annahme eines in der Geschichte handelnden Gottes meint — also gegen die gesamte christliche Tradition, in der das christliche „Sprachspiel", so wie es tatsächlich gespielt wird, ja verankert ist. Er meint, der Ausdruck „Gott" referiere nicht, sei also kein Name, obwohl er üblicherweise so verwendet wird. Andererseits heißt es freilich wieder, Aussagen über Gott seien daran zu messen, ob sie mit seiner Natur als supranaturales, transzendentes, unendliches, ewiges Wesen verträglich sind. Dieses Wesen verschwindet dann aber in (1976) endgültig. Phillips vertritt nun einen (in seinem Sinn „unbewußten") Reduktionismus, nach dem alle religiösen Aussagen in Aussagen über menschliches Leben zu rekonstruieren sind. „Gott sieht all mein Tun und blickt in mein Herz" wird z. B. gedeutet als Ausdruck einer Verantwortlichkeit in allem Tun und Denken — vor wem bleibt offen. Die Rede vom ewigen Leben ist nach Phillips zu verstehen im Sinn einer „Realität der Toten", die sie für die Lebenden als intentionale Objekte ihres Gedenkens oder Sehnens, oder als Vorbilder haben. Gegen den Vorwurf des Reduktionismus wehrt er sich freilich mit dem Hinweis, eine reduktionistische Deutung sei immer deskriptiv, er deute aber religiöse Aussagen in einem nichtkognitiven Sinn — wir gehen darauf gleich noch ein. Tatsache ist aber, daß er die christlichen Aussagen umdeutet, und daß ein Ausdruck einer Verantwortlichkeit in unserem Leben ja wohl die Überzeugung voraussetzt, wir seien tatsächlich uns selbst oder irgendjemand anderem verantwortlich.

Schon in (1965) sagt Phillips, eine Religion sei keine Theorie, sondern eine Haltung — letztlich ist es für ihn wie gesagt eine Haltung zum menschlichen Leben. Daraus zieht er die Folgerung,

[7] Vgl. Phillips (1965), S. 58.

religiöse Aussagen seien nicht behauptend. Er sagt sogar, religiöser Glaube impliziere kein Fürwahrhalten. Die Aussagen drückten in ihren Bildern vielmehr Einstellungen aus, fungierten also als Bekenntnisse, oder dienten dazu, Aspekte des menschlichen Lebens zu erfassen und zu formulieren. „The religious pictures give one a language in which it is possible to think about human life in a certain way".[8] „Gott existiert" ist also keine Behauptung – schon deswegen nicht, weil „Gott" wie gesagt nicht referiert –, sondern eine Formel, mit der die gesamte Haltung der Religion zum menschlichen Leben ausgedrückt wird. Die religiösen Bilder und Geschichten sind nicht wörtlich zu nehmen, sondern dienen nur der Veranschaulichung. Hier berühren sich also die Gedanken von Phillips mit jenen von Braithwaite. Richtig ist, daß religiöse Aussagen oft den Charakter von Bekenntnissen haben und (auch) Haltungen ausdrücken, daß die Sprache der Religion bildhaft-metaphorisch ist und auch in ihren Aussagen über Gott vielfach etwas über menschliches Leben impliziert. Zu betonen ist aber wiederum, daß eine Sicht menschlichen Lebens mit Annahmen darüber verbunden ist und Haltungen nur aufgrund solcher Annahmen sinnvoll sind, so daß gerade eine reduktionistisch interpretierte Religion in diesen Annahmen argumentativ kritisierbar ist. Es gibt sicher fundamentale Einstellungen zum Leben, die sich nicht zureichend durch Fakten legitimieren lassen. Eine lebensbejahende Einstellung wird z. B. viele negative Erfahrungen überleben. Sie ist aber, obwohl stark gefühlsbedingt, keineswegs immun gegenüber solchen Erfahrungen. Für Phillips liegt jedoch die Stärke der Religion in ihrer Unabhängigkeit von den Fakten. Diese „Stärke" bedeutet aber, daß sie auch über die Fakten menschlichen Lebens nichts aussagt und damit irrelevant für unsere Haltung zum Leben wird, die sich ja sinnvollerweise an den Fakten orientieren wird.

Mit der Auffassung einer Religion als Sprachspiel ist eine andere verwandt, die von manchen Religionsphilosophen vertreten wird.[9]

[8] Phillips (1976), S. 149.

[9] Vgl. z. B. Mitchell (1973), Kap. 4,5 und Wuchterl (1982), Abschn.3. Für ähnliche Gedanken vgl. a. MacIntyre (1971), Hare in Flew, Hare und Mitchell (1951), sowie Hick (1961).

Danach ist eine Religion so etwas wie ein Paradigma im Sinne von T. S. Kuhn. Ausgangspunkt dieser Konzeption ist die schon in 1.4 erwähnte Überlegung, daß sich religiöse Aussagen nicht als einzelne, isolierte Sätze diskutieren lassen, sondern nur in ihrem Zusammenhang. Die Frage nach der Rechtfertigung muß sich also prinzipiell auf das Gesamtsystem der Anschauungen einer Religion beziehen. Dabei geht man aber oft von einem zu simplen empiristischen Modell der Überprüfung aus. Bei naturwissenschaftlichen Theorien fordert es eine theorienneutrale Überprüfungsbasis. Die besteht aus einer Beobachtungssprache, deren Terme für direkt beobachtbare Dinge und Attribute stehen, und Beobachtungssätzen, die in dieser Sprache die Resultate einfacher Beobachtungen beschreiben. Es ist dann zu prüfen, ob die aus der Theorie ableitbaren Beobachtungssätze wahr sind, ob die theoretischen Terme durch Aussagen der Theorie (die sog. Bedeutungspostulate) so mit Termen der Beobachtungssprache verknüpft sind, daß sie einen empirischen Sinn erhalten, und ob die Annahme der theoretischen Konstrukte tatsächlich einen Beitrag zum Erklärungswert der Theorie für beobachtbare Phänomene leistet, der ihre Annahme rechtfertigt. Dieses Zwei-Schichten-Modell von Theorien, das zuerst von R. Carnap entworfen wurde, versagt jedoch schon im Bereich der Naturwissenschaften.[10] Es wäre daher sinnlos, es auf religiöse „Theorien" übertragen zu wollen und eine entsprechende neutrale Überprüfungsbasis zu fordern. Man hat im naturwissenschaftlichen Fall insbesondere darauf hingewiesen, daß die Unterscheidung von Beobachtungssprache und theoretischer Sprache kein sachliches Fundament hat: Der Leitgedanke dieser Unterscheidung war, einen Bereich von Erfahrungsdaten abzugrenzen, die nicht hypothetisch und neutral gegenüber theoretischen Deutungen sind, und sie als unabhängigen Maßstab für Theorien zu verwenden. Auch die einfachsten Beobachtungsaussagen können sich nachträglich aber immer als falsch erweisen, enthalten also hypothetische Elemente. Mit jeder Beobachtung verbindet sich eine Deutung des Erfahrenen; Beobachtungen sind immer Beobachtungen im Lichte von Theorien, und damit keine strikt neutralen Instanzen zu deren Überprüfung. So beruht z. B. jedes Meßverfahren auf einer Theorie, so daß die mit

[10] Vgl. dazu z. B. Kutschera (1981), Kap. 9 und Hempel (1974),Kap. IV.

ihm gewonnenen Daten von der Geltung dieser Theorie abhängen. Oft werden Meßverfahren sogar mit einer Theorie legitimiert, die dann durch damit gewonnene Daten bestätigt wird. Diese Einsicht von der Theoriebeladenheit der Beobachtungen war eine der wesentlichen Anstöße, die Kuhn dazu führten, in (1962) die Konzeption wissenschaftlicher Paradigmen zu entwickeln. Zu einem Paradigma gehört neben einer Theorie ein Begriffssystem, Hintergrundannahmen, die nicht immer explizit formuliert zu sein brauchen, ferner Beobachtungsmethoden, Formen der Begründung und Weisen der Interpretation von Beobachtungen, ja sogar Ziele und Normen wissenschaftlicher Arbeit. Theorien sind nach Kuhn immer im Kontext eines solchen Paradigmas zu verstehen und zu bewerten. Es gibt nach ihm keine allgemeine, paradigmenunabhängige, neutrale Beobachtungsbasis, von der aus sich empirisch eindeutig zwischen Paradigmen entscheiden ließe, die miteinander konkurrieren, und auch keine nicht selbst schon paradigmenspezifischen Rationalitätskriterien, die eine neutrale rationale Entscheidung für oder gegen Paradigmata legitimieren könnten. Zugespitzt formuliert: Ein Paradigma läßt sich nur immanent beurteilen, es gibt keine neutralen Maßstäbe dafür, denn Beobachtungen, Argumentationen, Rationalitätskriterien sind selbst immer Teile eines Paradigmas.

Überträgt man diesen Gedanken auf religiöse Ansichten, so bilden auch sie ein Paradigma — ein System von Annahmen, Sichtweisen, Formen der Deutung von Erfahrungen und der Begründung. Ein solches religiöses Paradigma ist dann von anderer Art als unsere wissenschaftlichen Paradigmen; es hat seine eigene, immanente „Logik" und Rationalität und läßt sich daher nicht mit Kriterien naturwissenschaftlicher Rationalität beurteilen. Eine naturwissenschaftliche Kritik der Religion wäre ebenso verfehlt und illegitim wie eine religiöse Kritik der Naturwissenschaften. Beides sind verschiedene, eigenständige und grundsätzlich gleichberechtigte Paradigmen. Daß sie sich nicht von einer neutralen Basis her begründen oder kritisieren läßt, ist kein Nachteil der Religion, denn das gilt auch für die Naturwissenschaften.

Gegen diese Konzeption erheben sich aber folgende Bedenken: Erstens ist der Begriff des Paradigmas recht vage, ebenso wie der des Sprachspiels. Kuhn gebraucht ihn einerseits in dem geschilderten umfassenden Sinn, andererseits aber auch in einem sehr viel engeren, in dem ein Paradigma einfach eine (fundamentale) Theorie für einen bestimmten Phänomenbereich ist. Im letzteren Sinn gibt es zweifellos viele naturwissenschaftliche Paradigmen, aber die Rede von Paradigmen verliert dann ihre wissenschaftstheoretische Pointe: Solche Paradigmen sind in aller Regel nicht inkommensurabel, es gibt vielfach eine bzgl. konkurrierenden Paradigmen neutrale Beobachtungsbasis und neutrale Begründungsmethoden. Solche Paradigmen überlappen sich oft in gemeinsamen Hintergrundsannahmen, Normen und Zielen, in der Anerkennung der gleichen Beobachtungsverfahren, in ihren Begriffssystemen und ihrer Sprache. Im weiteren Sinn des Wortes „Paradigma" gab es in den Naturwissenschaften hingegen nur selten echte Paradigmenwechsel, mit allgemeinen Rationalitätskriterien nicht mehr begründbare Prozesse eines fundamentalen Wandels der Auffassung. Kuhn selbst wollte einem Irrationalismus in der Wissenschaftsentwicklung nicht das Wort reden, aber im Effekt hat er das doch getan, wenn er von Paradigmen spricht, die mit einander konkurrieren, also nicht zugleich akzeptierbar sind, aber doch inkommensurabel, so daß es keine neutralen Maßstäbe gibt, die eine Entscheidung zwischen ihnen rechtfertigen. Es ist fraglich, ob es überhaupt inkommensurable und zugleich unverträgliche Paradigmen geben kann. Denn sind sie unverträglich, so muß es Aussagen geben, die in beiden denselben Sinn, also auch die dieselben Wahrheitsbedingungen haben und im einen Paradigma gelten, im anderen aber nicht. Diese Aussagen haben dann bzgl. der beiden Paradigmen einen neutralen Charakter und ihre Wahrheitsbedingungen ergeben im Fall der Überprüfbarkeit eine neutrale Grundlage für die Entscheidung zwischen beiden Paradigmen. Wo Paradigmen radikal inkommensurabel sind, sind sie daher kaum unvereinbar miteinander. Zweitens bilden religiöse Anschauungen — zumindest heute — nur einen Teil unserer Weltanschauung. Es gibt keine spezifisch religiösen Argumentationsformen, logische Inkonsistenz ist auch für religiöses Denken nicht akzeptabel, der Glaubende akzeptiert die Resultate wissenschaftlicher Forschung und er verwendet die normale Sprache. Religiöse Anschauungen bilden also kein wirklich umfassendes Paradigma, keine totale Weltanschauung. Drittens wäre, wie wir schon betont haben, ein autonomes religiöses „Paradigma" irrelevant. Die Signifikanz einer Religion hängt davon ab, daß sie Implikationen für unser normales Leben hat. Bei autonomen religiösen Paradigmata gäbe es zudem definitionsgemäß keine Gründe, uns für eins von ihnen zu entscheiden. Viertens ist ein Paradigma im Sinne Kuhns ein theoretischer Ansatz, während Religionen neben Annahmen auch Normen, praktische Haltungen und gefühlsmäßige Einstellungen umfassen.[11] Der Begriff des Paradigmas wäre also erheblich zu erweitern, wenn er auf Religionen anwendbar sein soll.

Schraubt man die Aussagen Kuhns über wissenschaftliche Paradigmen auf ihren vernünftigen Kern zurück, so ergeben sie sich aus Einwänden gegen simple empiristische Überprüfbarkeitsmodelle für Theorien – insbesondere aus dem Gedanken von der Theoriebeladenheit der Beobachtungen – sowie aus der Einsicht, daß Theorien immer auf dem Hintergrund von Annahmen zu verstehen sind, die uns oft so selbstverständlich sind, daß wir sie nicht thematisieren, und daß Begründungen auf Standards der Rationalität beruhen, die sich ebenfalls ändern können. All das bewirkt, daß Argumente für oder gegen Theorien nicht so einfach und unproblematisch sind, wie man oft meint. Sie stützen sich vielfach auf Voraussetzungen, die selbst einem Paradigma angehören, und bleiben daher für Außenstehende ohne Überzeugungskraft. Wenn es um fundamentale Fragen geht, fehlt oft eine neutrale Basis für Entscheidungen. Trotzdem ist eine Theorie, ein Paradigma, nichts, was freischwebend, autonom, unbegründbar und unkritisierbar wäre. Einzelne Gründe pro oder contra, oder auch mehrere, sind zwar oft nicht stichhaltig, aber letztlich ist ein Paradigma daran zu messen, ob es sich insgesamt an der Erfahrung bewährt. Nicht alle Annahmen bewähren sich, die in sich kohärent sind. Der Maßstab der Bewährung einer Theorie ist nicht wieder theorienimmanent, sondern ergibt sich aus der Frage, ob wir mit den Paradigmen auf dem Gebiet zurecht kommen, für das es einschlägig ist. Kann es die Phänomene erklären oder ergeben sich bei der Erklärung gewisser Phänomene hartnäckige Schwierigkeiten? Sind die Erklärungen hinreichend einfach oder erfordern sie immer neue Zusatzhypothesen? Das Ziel, die Phänomene möglichst einheitlich, vollständig und einfach zu erklären, ist kein Ziel, das selbst wieder nur für ein naturwissenschaftliches Paradigma spezifisch wäre. Es war zwar nicht immer *das* Ziel aller Bemühungen um

[11] Vgl. dazu den Abschnitt 3.4.

Naturerkenntnis, denn ihm liegt ein spezielles Erklärungsmodell – das der Subsumption unter allgemeine Kausalgesetze zugrunde –, aber es ist jedenfalls für unser heutiges Verständnis von Naturwissenschaften allgemein prägend. Die Bewährung eines Paradigmas insgesamt ist also das Kriterium für seine Brauchbarkeit, und sie stellt ein durchaus rationales Kriterium für die Beurteilung naturwissenschaftlicher Paradigmen dar – in dem Sinne, in dem Rationalität durch die angegebenen Ziele naturwissenschaftlicher Erkenntnis bestimmt ist. Bewährung in diesem weiten Sinn ist nun schlecht präzisierbar, und daher kann es auch oft verschiedene, gleichermaßen berechtigte Ansichten darüber geben, ob sich ein Paradigma bewährt hat oder ob es durch ein neues zu ersetzen ist. Jedes wissenschaftliche Paradigma hat seine ungelösten Probleme und kommt bei der Erklärung mancher Phänomene nicht ohne spezielle Zusatzhypothesen aus. In solchen Fällen kann man entweder darauf vertrauen, daß es gelingen wird, die noch ungelösten Probleme im Rahmen des Paradigmas zu lösen bzw. einfachere, überzeugendere Erklärungen zu finden, oder man kann den Eindruck gewinnen, daß sich die Schwierigkeiten so häufen, daß am Ansatz grundsätzlich etwas falsch sein muß. Bewährung ist also kein exaktes, deswegen aber kein nutzloses Kriterium.

Entsprechend könnte man nun für Systeme religiöser Anschauungen sagen: Sie sind vernünftig und rational gerechtfertigt, wenn sie sich insgesamt bewähren. Wir sehen aber den theoretischen Erklärungswert religiöser Annahmen über Gott und seine Erschaffung der Welt für den empirischen Bereich heute als gering an. Unter theoretischen Aspekten kann man also kaum von einer Bewährung der Religion sprechen. Es käme daher darauf an, auch die nichttheoretischen Komponenten der Religion einzubeziehen und einen dafür passenden Bewährungsbegriff zu entwickeln. Dieses Problem werden wir in 4.1 wieder aufgreifen.

In diesem Abschnitt sind uns zwei Versionen des sog. *Paritätsarguments* begegnet. Dieses Argument will zeigen, daß sich Einwände gegen religiöse Überzeugungen ebenso auch gegen nichtreligiöse erheben lassen, daß jene also nicht schlechter dastehen als diese. Das wissenschaftliche Sprachspiel läßt sich ebensowenig objektiv begründen wie das religiöse, wissenschaftliche Paradigmen nicht besser als religiöse. Meist wird das Argument in der Form vorgetragen, daß, ebenso wie der Glaube auf unbeweisbaren Voraussetzungen beruht (wie der Existenz Gottes), auch nichtreligiöse Annahmen sich auf unbeweisbare Voraussetzungen stützen (wie die Existenz einer Außenwelt oder jene anderer Personen).[12] Wie T. Penelhum betont hat,[13] schließt jedoch eine grundsätzliche Gleichheit unter einem Aspekt nicht gravierende Unterschiede im Detail aus. Der Gläubige glaubt nicht nur an die Existenz Gottes, sondern darüber hinaus auch an die Realität der Außenwelt und anderer Personen. Er unterscheidet sich also vom Nichtgläubigen nicht durch andere Annahmen, sondern dadurch, daß er mehr annimmt. Hinzukommen dann spezifische Probleme wie das des Redens über Transzendentes, dem kein Problem desjenigen entspricht, der an eine empirische Außenwirklichkeit glaubt. Ein Paritätsargument zeigt in der Regel nur, daß gewissen Problemen des Glaubens auch Probleme auf anderen Gebieten entsprechen, so daß gewisse Einwände gegen ihn, wie die Unbeweisbarkeit der Existenz Gottes, allein noch nicht entscheidend sind.

2.4 Glaube und Vertrauen

Nach der Grundthese des *Fideismus* besteht religiöser Glaube nicht – oder jedenfalls nicht primär – im Fürwahrhalten von Sätzen, sondern in einer Haltung, für die Argumente letztlich nicht entscheidend sind. Um diese These diskutieren zu können, wollen wir zunächst verschiedene Formen des Glaubens unterscheiden.[1] Sprachlich verwenden wir das Verb „glauben" in drei Formen. Wir sagen

a) Jemand glaubt, *daß* etwas der Fall ist.

[12] Vgl. dazu z. B. Malcolm (1977) und Plantinga (1982). Der Paritätsgedanke findet sich auch schon bei Pascal.

[13] Penelhum (1983), S. 150.

[1] Vgl. dazu insbesondere Price (1965). Es ist allerdings zu beachten, daß das engl. *believe in* in vielen Fällen gebraucht wird, in denen man im Deutschen nicht von einem „glauben an" reden kann. „I believe in ..." heißt oft nur „Ich halte etwas von ...".

b) Jemand glaubt *jemandem* oder einer Versicherung oder Zusicherung von jemandem (schenkt dem Glauben, was jemand behauptet oder verspricht).
c) Jemand glaubt *an* jemanden oder etwas.

Diese grammatikalischen Verwendungsformen zeichnen die Glaubensbegriffe, um die es uns hier geht, zwar nicht eindeutig aus, weisen aber doch auf wichtige sachliche Unterschiede hin.

Mit Aussagen der Form (a) wird ein Fürwahrhalten ausgedrückt; wir wollen von einem *doxastischen Glauben* reden.[2] Eine Person a glaubt, daß ein Sachverhalt p besteht, wenn a vom Bestehen von p überzeugt ist oder p die subjektive Wahrscheinlichkeit 1 zuordnet.[3] Das ist der starke Sinn von „glauben, daß". In einem schwächeren Sinn (der etwa dem des Verbs „vermuten" entspricht) sagt man, a glaube, daß p, wenn a dem Sachverhalt p eine höhere subjektive Wahrscheinlichkeit zuordnet als nicht-p, wenn also a eher damit rechnet, daß p der Fall ist, als daß p nicht der Fall ist.[4] Wir verwenden im folgenden „glauben" im starken Sinn. Ist von einem „Glauben" die Rede, so kann sowohl der Akt oder Zustand des Glaubens gemeint sein — man redet auch gelegentlich von einem „subjektiven Glauben" (*fides, qua creditur*) — oder sein Inhalt, der Sachverhalt, der geglaubt wird, der „objektive Glaube" (*fides, quae creditur*).

Ein Satz der Form (b) „Die Person a glaubt der Person b" besagt, daß a gewissen — durch den Kontext spezifizierten — Behauptungen oder Zusagen, die b macht, Glauben schenkt. Das heißt im Fall von Behauptungen erstens, daß a sie für wahr hält. „Glauben" in diesem

[2] Im Englischen redet man von *factual belief*, im Griechischen würde man das Wort *Doxa* verwenden. Die doxastische Logik ist die Logik eines rationalisierten doxastischen Glaubensbegriffs, vgl. dazu z. B. Lenzen (1980) oder Kutschera (1976), Kap. 4.

[3] Alle Glaubensbegriffe haben einen Zeitbezug, den wir hier der Einfachheit halber weglassen. Ich glaube heute vieles, was ich vor einem Jahr nicht geglaubt habe und vermutlich auch manches, was ich in einem Jahr nicht mehr glauben werde.

[4] Im Prinzip läßt sich jeder Zahl e mit $1/2 < e \leq 1$ ein Glaubensbegriff zuordnen, so daß „a glaubt, daß p" der Aussage „$w_a(p) > e$", d. h. „a ordnet p mindestens die subjektive Wahrscheinlichkeit e zu", entspricht. Vgl. dazu Lenzen (1980).

zweiten Sinne impliziert also einen doxastischen Glauben, daß das wahr ist, was *b* sagt. Glaubt *a*, daß das richtig ist, was *b* z. B. als Zeuge in einer Gerichtsverhandlung ausgesagt hat, so folgt daraus aber noch nicht, daß *a* dem *b* glaubt. Ist *a* davon z. B. schon unabhängig von den Aussagen von *b* überzeugt oder weil er zuverlässige Indizien dafür hat, daß *b* nicht lügt, so würden wir nicht sagen, daß *a* dem *b* glaubt. Jemand glauben heißt ihm vertrauen und deshalb spricht man hier von einem *fiduziellen Glauben.*[5] Vertrauen impliziert ebenfalls einen doxastischen Glauben, aber auch eine positive affektive Haltung zu dem, dem man vertraut. Das Wort „affektiv" wollen wir hier in einem weiten Sinn verwenden, so daß es emotionale, valuative und voluntative Komponenten umfaßt. Vertrauen ist also eine Gesamthaltung, an der das Urteilsvermögen ebenso beteiligt ist wie das Gefühl und die voluntative Einstellung. Wir wollen die affektive Komponente des Vertrauens hier einmal als „Zutrauen" bezeichnen. Wir können dann sagen, daß der doxastische Glaube, der sich mit dem Vertrauen verbindet auf Zutrauen beruht: Wir glauben, daß jemand die Wahrheit sagt oder seine Zusage einhalten wird, weil wir Zutrauen zu ihm haben. Wir sprechen von „Vertrauen" meist nur dort, wo man etwas Positives vom anderen erwartet, obwohl es Gründe gibt, die gegen diese Erwartung sprechen. Der doxastische Glaube stützt sich also nicht oder nicht nur auf sachliche Gründe, sondern geht über die Erwartung hinaus, die sich allein aus ihnen ergäbe. Dieser Überschuß wird vom Zutrauen getragen, und wenn das Zutrauen hinreichend stark ist, kann es die Überzeugung auch angesichts massiver Gründe gegen die Annahme stützen. Das Zutrauen ist freilich seinerseits auch nicht immun gegen Argumente und Evidenzen. Das Zutrauen zu einem Zeugen wird in der Regel schwinden, wenn wir erfahren, daß er schon einmal wegen Meineids verurteilt wurde. Daher ist keine der beiden Komponenten des Vertrauens unabhängig von der anderen; Verstand und Affekte wirken in ihm zusammen.

[5] Im Griechischen wäre hier nicht von *Doxa,* sondern von *Pistis* zu reden. Das lateinische *credere* bedeutet sowohl ein doxastisches Glauben, wie ein fiduzielles Glauben, Glauben oder Vertrauen schenken, ja auch Anvertrauen oder Leihen.

Glaubt a *an* die Person *b*, so vertraut *a* (auf) *b*, z. B. auf seinen beruflichen Erfolg, seinen Charakter, seine Treue, Liebe, Freundschaft, seine Zusagen etc. Auch hier handelt es sich also um einen fiduziellen Glauben. Er impliziert wieder einen doxastischen Glauben, die Überzeugung, daß der andere beruflichen Erfolg haben wird, daß er einen guten Charakter hat usf., und diese Überzeugung beruht wiederum entscheidend auf einem Zutrauen zum anderen. Wenn wir von einem Glauben an jemanden, von einem Vertrauen auf ihn reden, drücken wir also zugleich aus, daß wir zu ihm eine positive affektive Einstellung haben, ein Zutrauen zu ihm, und daß das, was wir von ihm annehmen, entscheidend auf diesem Zutrauen beruht. Ein Glaube an Institutionen (die Rechtsprechung, die Demokratie, die Kirche), an die Gerechtigkeit oder die Macht des Guten oder der Liebe ist entsprechend zu verstehen, d. h. als ein doxastischer Glaube, daß diese Institutionen z. B. zuverlässig oder nützlich sind, bzw. daß Gerechtigkeit sich durchsetzen wird, daß das Gute oder die Liebe eine kreative Macht hat, aufgrund eines Zutrauens, das man zu diesen Institutionen oder Phänomenen hat. Man kann auch an Sachverhalte glauben. Der Kranke kann z. B. daran glauben, daß er wieder gesund werden wird. Er ist dann nicht nur davon überzeugt, sondern vertraut darauf. Dieses Vertrauen braucht nicht einer Person oder Institution zu gelten (dem Arzt oder der Medizin), sondern kann einfach auf einem Zutrauen zu dem beruhen, was die Zukunft bringen wird, auf einer positiven Erwartungshaltung zum Leben.

Da sich „*a* glaubt *b*“ immer übersetzen läßt in „*a* glaubt an die Wahrheit der Aussagen von *b*“ oder „die Einhaltung der Zusagen von *b*“, ist der entscheidende Unterschied zwischen den drei betrachteten Formen des Glaubens jener zwischen dem doxastischen *Glauben-daß* und dem fiduziellen *Glauben-an*.[6] Man sagt nun zurecht, daß religiöser

[6] Wie Price in (1965) betont, ist die Mannigfaltigkeit der Entitäten, an die man glauben kann, sehr groß. Man kann auch sagen, der Blinde glaube an seinen Hund, der Rennfahrer an sein Auto, der Gärtner an seine Chrysanthemen, der Wanderer an schönes Wetter. Man kann an Theorien glauben, an Luftschiffe (ihre Zukunft, ihre Leistungsfähigkeit), an eine Diät, an Statistiken, Produktionsverfahren, den Fortschritt usf. Diese Fälle bringen aber nichts Neues. Price meint auch, daß man Glauben-an-

Glaube fiduziellen Charakter hat. Ein Glaube an die Existenz Gottes impliziert den doxastischen Glauben, daß Gott existiert. Diese Überzeugung ist aber noch kein Glaube an die Existenz Gottes. Der liegt vielmehr erst vor, wenn man darauf vertraut, daß Gott existiert, wenn man darin z. B. eine Bedingung für den Sinn menschlichen Lebens sieht

Sätze oft in Glauben-daß-Sätze übersetzen könne und umgekehrt. Glaubt jemand, daß die Fußballmannschaft X besser sei als die Mannschaft Y, so könne man das auch ausdrücken durch „Er glaubt an die Überlegenheit der Mannschaft X über die Mannschaft Y". Das ist aber nicht korrekt: Ein Glauben an die Überlegenheit der Mannschaft X ist ein Vertrauen darauf, das sich auf ein Zutrauen, eine positive affektive Haltung zu dieser Mannschaft gründet, die ein doxastischer Glaube nicht impliziert. Price sagt ferner, „glauben an" habe einen futurischen Aspekt. Das ergibt sich aus der fiduziellen Komponente: Vertrauen und Zuversicht, die wir Personen oder auch Institutionen entgegenbringen, gelten in der Regel ihrem zukünftigen Verhalten oder Leistungen. Und wenn ich darauf vertraue, daß die Aussage oder Zusage einer Person verläßlich ist, so weiß ich noch nicht, ob sie wahr ist bzw. eingehalten wird, selbst wenn er sie in der Vergangenheit gemacht hat. Ich vertraue also darauf, daß sie sich als verläßlich erweisen wird. – Aussagen über doxastischen und fiduziellen Glauben unterscheiden sich ihrem Sinn gemäß auch in ihrem performativen Charakter. Die Aussage „Ich glaube, daß Gott existiert" hat einen primär deskriptiven Sinn, ist eine Behauptung. Dagegen hat, wie Hudson in (1975), S. 176 betont, die Aussage „Ich glaube an Gott" in der Terminologie von J. L. Austin auch einen behabitiven, verdiktiven und kommissiven Charakter: Der Sprecher drückt damit eine affektive Haltung gegenüber Gott aus, seine Entscheidung für den Glauben (ein Bekenntnis) und verpflichtet sich zu gewissen Verhaltensweisen. Aussagen wie „Ich glaube an Gott, er bedeutet mir aber nichts (oder: ich bin aber unentschieden, ob ich den christlichen Glauben akzeptieren soll, oder: ich bin aber nicht bereit, seine Gebote zu befolgen)" wären daher im Gegensatz zu den Aussagen „Ich glaube, daß Gott existiert, er bedeutet mir aber nichts" usw. sinnwidrig. Aussagen der Form „Ich glaube an ..." sind also nicht rein deskriptiv. Man kann diese Bedeutungskomponenten aber, wie wir das getan haben, auch dem Verb „glauben-an" zuschreiben und sagen, es impliziere eine Einstellung, Entscheidung und Verpflichtung, denn wenn ich sage „Fritz glaubt an Gott", so ist das ein primär deskriptiver Satz, aber „Fritz glaubt an Gott, er bedeutet ihm aber nichts" ist ebenso sinnwidrig wie derselbe Satz in Ich-Form.

und das Zutrauen zu diesem Sinn den doxastischen Glauben trägt. Unter einem Glauben an Gott versteht man aber in der Regel nicht bloß den Glauben an seine Existenz. Ein Glaube an Gott setzt vielmehr die Überzeugung von seiner Existenz voraus und ist ein Vertrauen auf ihn, auf seine Gerechtigkeit, Güte oder Vorsehung.[7] Auch im fiduziellen Sinn hat Glauben also immer eine doxastische Komponente. Die fideistische These, religiöser Glaube habe mit einem Fürwahrhalten nichts zu tun, ist also unhaltbar. Auch die schwächere Behauptung, Glaubensannahmen seien immun gegen Argumente, der Glaube beruhe weder auf Gründen und Evidenzen, noch werde er durch sie tangiert, ist falsch. Im Vertrauen wird zwar die doxastische Einstellung von der affektiven getragen, aber selbst wenn sie allein von ihr getragen wird, so sind doch Gefühle und Strebungen nicht unabhängig von Einsichten. Ein Vertrauen, dessen affektive Komponente durch Argumente und Evidenzen nicht erschüttert werden kann, wäre irrational, weil die emotionalen und voluntativen Einstellungen von den noetischen abgekoppelt sind. Vernünftigkeit besteht nicht darin, diese Einstellungen dem Verstand zu unterwerfen, sondern Gefühl, Willen und Verstand harmonisch miteinander zu verbinden.

Das klassische Beispiel für einen irrationalen Glauben ist S. Kierkegaard. Er hat seine Konzeption des Glaubens in systematischer Form vor allem in der *Abschließenden unwissenschaftlichen Nachschrift*

[7] Zum fiduziellen Charakter religiösen Glaubens vgl. z. B. Swinburne (1981), Kap. 4. Wo Glauben nur doxastisch verstanden wird, wie z. B. bei Thomas, erscheint er als eine der drei theologischen Kardinaltugenden. Bei einem fiduziellen Verständnis umfaßt er aber die beiden anderen, Hoffnung und Liebe. Der fiduzielle Charakter des Glaubens ist besonders von Luther (vgl. z. B. *Von der Freiheit eines Christenmenschen*, § 11) nachdrücklich betont worden. Er macht sich aber auch bei Thomas insofern geltend, als doxastischer Glaube bei ihm in den Fällen, wo wir die Richtigkeit des Geglaubten nicht selbst erkennen können wie z. B. im Fall von Offenbarungen, einen willentlichen Akt der Zustimmung erfordert. – Der Christ versteht seinen Glauben als ein personales Verhältnis zu Gott. In religionsphilosophischen Untersuchungen, in denen es um vernünftige Gründe für einen Glauben an Gott geht, steht hingegen die Legitimität dieses Selbstverständnisses zur Debatte, so daß man nicht von dieser Charakterisierung des Glaubens ausgehen kann.

zu den 'Philosophischen Brocken' (1846) entwickelt. Er betont dort zunächst, daß religiöser Glaube kein bloßes Fürwahrhalten ist und so nicht bloß auf rationalen Gründen beruht. Für eine Entscheidung für den Glauben sind Tatsachenerkenntnisse nicht ausreichend, ausschlaggebend ist vielmehr das „unendliche, leidenschaftliche Interesse an ewiger Seligkeit". Kierkegaard sieht nun aber in der Glaubensentscheidung nicht nur eine Entscheidung unter Unsicherheit — er lehnt alle metaphysischen wie historischen Argumente für die Wahrheit des christlichen Glaubens ab —, sondern eine Entscheidung gegen alle Vernunft. Die zentrale Aussage des christlichen Glaubens ist für ihn die Menschwerdung Gottes in Jesus, und die ist paradox und widerspricht der Vernunft.[8] Im Glauben „schafft sich die Vernunft selbst beiseite", er ist eine „Verabschiedung des Verstandes".[9] Glaube stellt sich für Kierkegaard so allein als Sache der „Leidenschaft" als „höchste Kraft der Innerlichkeit" dar. Er *ist* Leidenschaft, und alle Versuche, ihn zu begründen oder auch nur zu verstehen, verfehlen ihn.[10] Diese extreme Zuspitzung des Fideismus bei Kierkegaard ist einerseits als Reaktion auf die neuzeitlichen Versuche — insbesondere etwa die Kants und Hegels — zu sehen, den christlichen Glauben so zu interpretieren, daß er sich als Resultat vernünftiger Überlegungen darstellt. Andererseits ist es eine Reaktion auf den Zusammenbruch metaphysischer Spekulationen nach Hegel und die Kritik an der historischen Zuverlässigkeit der biblischen Aussagen. Sieht man von Kierkegaards These der Absurdität des Glaubens ab, so bleibt noch seine Behauptung, der Glaube bedürfe der Ungesichertheit durch rationale Gründe; ein echter, tiefer Glaube sei durch ein überragendes Interesse an seinen Inhalten ge-

[8] Vgl. z. B. *Gesammelte Werke* 26,S. 136.

[9] Vgl. a. a. O. 10, S. 56 und 58f.

[10] Vgl. a. a. O. 16,1, S. 202f. MacIntyre in (1957), S. 209 und Hick in (1968), S. 55f. meinen, die Existenz von Gottesbeweisen sei mit der Freiheit der Glaubensentscheidung nicht verträglich. Sicher: Ein Beweis der Existenz Gottes läßt nicht mehr viel Platz für eine Entscheidung, diese Existenz anzunehmen. Unter einer Glaubensentscheidung versteht man aber mehr als eine solche Annahme, nämlich die Zuwendung zu Gott, die Befolgung seiner Gebote usw., und darin bliebe man auch dann frei, wenn man die Existenz Gottes nicht bezweifeln könnte.

kennzeichnet und das beweise sich nur, wenn man ihn auch ohne hinreichende Gründe akzeptiert. Auch das ist kaum überzeugend: Das Interesse am Glauben kann sich zwar darin zeigen, daß man sich trotz vieler Einwände, denen seine Lehren ausgesetzt sind, für ihn entscheidet. Aber dieses Interesse könnte natürlich auch dann bestehen, wenn seine Aussagen argumentativ gesichert wären. Ein hinreichendes Indiz ist nicht immer eine notwendige Bedingung. Die „Torheit" der Glaubensinhalte, ihre „Absurdität" ist jedenfalls weder Grund noch Bedingung eines Interesses daran. Jemand, dem es auch in Glaubensdingen um Vernunft geht, hat im Gegenteil ein vitales Interesse an Gründen für das, was er für wahr hält. Man kann kaum von einem „überragenden Interesse" am Glauben reden, wenn man gegen Gründe gleichgültig ist, die für oder gegen seine Wahrheit sprechen. Wenn Kierkegaard sagt, auch noch so gute Gründe für die Glaubensinhalte könnten unsere religiöse Entscheidung wegen ihrer großen existentiellen Bedeutung nicht legitimieren, und noch so viele Argumente dagegen könnten sie nicht erschüttern, so ist das fragwürdig. Zunächst einmal ist zu sagen, daß alle Entscheidungen mit praktisch relevanten Folgen nicht allein durch Wahrscheinlichkeiten bestimmt werden, sondern auch durch unsere Interessen, d. h. unsere Präferenzen. Eine Entscheidung für eine Handlungsalternative, die unter der Bedingung p einen überragenden Nutzen bringt, kann im Sinne der Entscheidungstheorie auch dann rational sein, wenn die Wahrscheinlichkeit für p sehr gering ist.[11] Kierkegaards Behauptung, die Entscheidung für den Glauben impliziere, daß man auftretende Zweifel an den Glaubensinhalten ignoriert und

[11] Pascals Wette ist dafür kein überzeugendes Beispiel. Vgl. dazu z. B. Cargile (1966) und Mackie (1982), Kap. 11 (S. 200ff.). Einschlägig ist dagegen etwa folgender Fall: A sei ein Sachverhalt und in der Entscheidung gehe es darum, F zu tun oder zu unterlassen. Der Wert von F bei A sei n, der von *nicht*-F bei *nicht*-A sei m. Der Nutzen von F bei *nicht*-A sei $-m$, der von *nicht*-F bei A sei $m-n$. Ist $w(A)$ die subjektive Wahrscheinlichkeit von A, so ergibt sich dann als der zu erwartende Nutzen von F der Wert $U(F)=w(A)\cdot(n\text{-}m)\text{-}m$ und entsprechend für *nicht*-F $U(\bar{F})=m-w(A)\cdot n$. Es ist also $U(F)>U(\bar{F})$ genau dann, wenn $w(A)>2m/2n-m$ ist (für $n>3\cdot m/2$). Ist nun n sehr groß gegenüber m, so ist F bei einer Wahrscheinlichkeit $w(A)>m/n$ vorzuziehen, die sehr gering sein kann.

am Glauben festhält, komme, was da wolle, ist überzogen. Aus der Tatsache, daß für die Glaubensentscheidung und das Festhalten an ihr nicht nur rationale Gründe ausschlaggebend sind, folgt nicht, daß sie irrelevant dafür blieben. Aus der Stärke unseres Interesses, unserer affektiven Haltung und dem Charakter der Entscheidung als Lebensentscheidung ergibt sich, daß sie verbindlich ist und nicht nur bis auf weiteres gilt, daß wir sie nicht bei jedem neu auftretenden Problem infrage stellen, sondern ihr konsequent folgen.[12] Diese von der Sache her notwendige Festigkeit erfordert aber keinen Entschluß, vernünftige Einwände zu ignorieren. Glaube ist ein Wagnis, und das bedeutet, daß sich die Entscheidung für ihn als falsch erweisen kann, daß die Möglichkeit besteht, daß wir uns eines Tages unser Scheitern eingestehen müssen. Wir vertrauen auf seine Richtigkeit, aber dieses Vertrauen ist nicht blind.

Es stellt sich nun aber die Frage, ob ein fiduzieller Glaube, ein Vertrauen, das in seinen Annahmen über das hinausgeht, was Evidenzen und Argumente rechtfertigen, den Kriterien der Rationalität nicht grundsätzlich widerspricht. Affektiven Momenten einen Einfluß auf unsere doxastischen Einstellungen, auf unser Fürwahrhalten einzuräumen, wird fast allgemein als irrational angesehen, als unzulässig, nach den Kriterien rationalen Denkens. Descartes hat im *Dicours de la methode* (II.7) vier Grundregeln wissenschaftlichen Denkens formuliert, von denen die erste fordert, "niemals eine Sache als wahr anzunehmen, von der ich nicht evidentermaßen erkenne, daß sie wahr ist, dh. ... über nichts zu urteilen, was sich meinem Geist nicht so klar und deutlich darstellte, daß ich keinen Anlaß hätte, daran zu zweifeln." Dieses Postu-

[12] Vgl. dazu auch Mitchell (1973), Kap. 7 und 8. Generell ist eine Verpflichtung auf bestimmte Grundwerte und Haltungen notwendig, um im Leben einen geraden, festen und konsequenten Kurs zu steuern, auch bei Problemen, Anfechtungen, Zweifeln. Standhaftigkeit ist oft als Ersatz für gute Gründe nötig, weil wir die Konsequenzen unseres Tuns nicht immer übersehen und so auf die Richtigkeit unserer generellen Maximen vertrauen müssen. Wir vermögen auch oft die Argumente für und gegen eine Ansicht oder Verhaltensregel selbst nicht zuverlässig zu beurteilen, ohne sie deswegen gleich infrage stellen zu können.

lat hat durch die Geschichte der neuzeitlichen Philosophie hindurch ein vielfaches Echo gefunden. So sagt D. Hume: „A wise man ... proportions his belief to the evidence" und folgt darin fast wörtlich Locke. Unter dem Ziel einer ausschließlichen Orientierung unserer Annahmen an objektiven Tatsachen erscheint eine "Anpassung unseres Glaubens" an subjektive Einstellungen als grundsätzlich verfehlt, denn für Tatsachenerkenntnis ist allein der Verstand zuständig. Die Humesche Regel ist als Grundmaxime wissenschaftlicher Rationalität ihrer Intention nach zweifellos berechtigt, als allgemeine Regel für den „vernünftigen Menschen" ist sie aber unrealistisch. Damit soll nicht nur gesagt werden, daß viele Leute ihr im Alltag tatsächlich nicht folgen — das wäre kein Einwand gegen ihre normative Geltung —, sondern daß es undurchführbar und daher unvernünftig ist, ihr überall und immer zu folgen. Locke kennt ja tatsächlich auch noch eine intuitive Urteilskraft, die uns speziell in praktischen Fragen befähigt zu urteilen, wo wir nicht über hinreichende Gründe verfügen. W. K. Clifford hingegen behauptet: „It is wrong always, everywhere, and for everyone, to believe anything upon insufficient evidence"[13], und das ist nun völlig akzeptabel. Dazu drei Hinweise:

1) Unsere Annahmen über die Natur und andere Menschen hängen zu einem großen Teil von den Informationen ab, die wir von anderen erhalten. Solchen Informationen müssen wir oft vertrauen, da wir ihre Richtigkeit nicht immer selbst überprüfen können. Bei Kooperation mit anderen müssen wir ferner darauf vertrauen, daß sie ihre Aufgaben zuverlässig erfüllen. Wir können das nicht immer überprüfen, schon deswegen, weil wir oft Vorleistungen erbringen müssen oder gleich-

[13] Vgl. W. K. Clifford *Lectures and Essays*, London ²1886, S. 346. Zu Hume vgl. EHU X,87, zu Locke EHU IV,15,5. *Evidence* ist im Englischen das Beweismaterial, z. B. Zeugenaussagen in einem Prozeß. Wir sprechen hier in Anlehnung daran von „Evidenzen" als anerkannten Fakten. Daß auch die Anerkennung von Fakten ein erkenntnistheoretisches Problem ist, kommt in den Maximen von Clifford und Hume nicht zur Sprache. Wir müssen grundsätzlich z. B. auch unseren Sinnen, unserer Erinnerung oder den Zeugnissen anderer vertrauen, um überhaupt zu Evidenzen zu kommen. Auf sie können wir nicht ebenfalls immer die Rationalitätsmaxime anwenden, ohne in einen unendlichen Regreß zu geraten.

zeitig mit ihnen handeln. Auch in der Wissenschaft als einem kooperativen Unternehmen ist Vertrauen auf die anderen und ihre Forschungsergebnisse unverzichtbar. Endlich sind auch die Urteile, die wir aufgrund eigener Erfahrungen fällen, nicht immer zuverlässig, da sie in der Regel auf einer Deutung des Erfahrenen beruhen, also hypothetische Elemente enthalten, und wir im übrigen auch Sinnestäuschungen unterliegen können. Ein wichtiges Kriterium für die Richtigkeit dieser Urteile ist die Übereinstimmung mit anderen. Die kann aber wiederum nur relevant sein, wenn wir ihnen vertrauen. Das Vertrauen auf andere bildet also die Grundlage eines großen Teils unserer Ansichten über die Welt und daher kann man es kaum als etwas bezeichnen, was unter der Zielsetzung strikter Rationalität auszuschalten wäre. Eine Rationalität, die Vertrauen grundsätzlich ausschließt, ist unvernünftig, ja sogar amoralisch, denn alle Kooperation mit anderen, alle Gemeinschaft beruht auf Vertrauen.

2) Glauben wird oft als passiv angesehen, als Einstellung oder Disposition, die man willentlich nicht beeinflussen kann, für die man sich nicht entscheiden kann. Wir können nicht glauben, was wir wollen, sagt man. Es gibt nur eine indirekte willentliche Beeinflussung dessen, was wir glauben: Man kann z. B. nach Argumenten für eine Vermutung suchen, die sie dann bestärken. Man kann, wenn man nicht weiß, wie sich eine Sache verhält, in einem Lexikon oder Fachwerk nachschlagen. Oder man kann sich weigern, sich mit Argumenten gegen eine Überzeugung zu befassen und Diskussionen, die Zweifel erwecken könnten, aus dem Wege gehen.[14] Dieser Konzeption steht jene gegenüber, nach der Überzeugungen etwas sind, das man sich bildet. Danach kommen zumindest explizite Überzeugungen nur durch einen Akt der Zustimmung oder Anerkennung zustande, also eine Entscheidung. Explizite Überzeugungen drücken sich in Urteilen aus, und Urteile sind geistige Akte. So unterschieden die Stoiker zwischen dem Eindruck, den wir von einer Sache haben, und dem (bejahenden) Urteil als freier Zustimmung (*Synkatathesis*, lat. *assensio*). Diese Zustimmung kann mehr oder minder „stark" sein, dh. der Proposition eine mehr oder minder große Wahrscheinlichkeit zusprechen. Diese Konzeption ist sicher adäquater als die vom nichtvoluntativen Charakter unserer Überzeugungen und

[14] Vgl. dazu Penelhum (1983), S. 45.

Vermutungen, allgemein: der subjektiven Wahrscheinlichkeiten, die wir den verschiedenen Propositionen zuordnen. Es ist also zu unterscheiden zwischen der Art und Weise, wie uns ein Sachverhalt aufgrund eigener Erfahrung oder Informationen anderer zu liegen scheint, und Annahme, daß sie so und so liegt. In vielen Fällen nehmen wir die Sache, so wie sie sich uns darbietet, und dann ist der Schritt vom Anschein zur Annahme gewissermaßen automatisch, also unauffällig. Er wird jedoch deutlich, wenn der Anschein Annahmen widerspricht, die wir uns schon zu eigen gemacht haben. Das Ruder erscheint uns als geknickt, wo es ins Wasser eintaucht, aber wir wissen, daß es sich hier um eine optische Täuschung handelt, glauben also trotz des Anscheins nicht, daß es geknickt ist. Wenn das Ergebnis eines Experiments einer Theorie widerspricht, die sich bisher gut bewährt hat, so werden wir sie nicht gleich aufgeben, sondern das Experiment erst noch einmal sorgfältig wiederholen. Wir nehmen Sachverhalte nicht auf Grund einzelner Eindrücke an, sondern verarbeiten unsere Eindrücke und Erfahrungen zu einem kohärenten System von Annahmen. Diese Organisation ist eine Aktivität und erfordert Entscheidungen. Wo es aber um Handlungen und Entscheidungen geht, sind auch Interessen im Spiel. Das gilt selbst für den Entwurf und die Annahme wissenschaftlicher Theorien, wenn auch meist nur in marginaler Weise. Wir sind z. B. aus Gründen der Denkökonomie an einfachen Theorien interessiert, ziehen sie also *ceteris paribus* vor, obwohl uns nichts garantiert, daß Einfachheit ein Siegel der Wahrheit ist. Und wir bevorzugen Theorien, deren Begriffssystem dem anderer, bereits akzeptierter entspricht — teils wieder aus denkökonomischen Gründen, teils unter der Zielsetzung einer einheitlichen Beschreibung der Natur, obwohl wir wiederum zunächst keine Garantie dafür haben, daß sich die Welt einheitlich beschreiben läßt.

3) Im Gegensatz zur offiziellen rationalistischen Doktrin können auch Gefühle kognitiv relevant sein.[15] „L'emotion est une certaine manière d'appréhender le monde", sagt Jean Paul Sartre. Das spiegelt sich schon im Sinn des Wortes „Gefühl", das wir ja auch wie „Sinn" verwenden, speziell für Tast- und Wärmesinn. Spüren wir den Ernst, mit dem jemand etwas sagt, so ist das nicht nur ein innerseelischer Zustand,

[15] Vgl. dazu Kutschera (1988), 1.1 (S. 32f.).

der nichts über objektive Tatsachen besagt, sondern ein gefühlsgeleitetes, intuitives Erfassen einer Sachlage. Gerade für unsere Urteile über andere Personen, ihre Einstellungen, Absichten und Gefühle verlassen wir uns sehr stark auf unsere intuitive Menschenkenntnis, auf unser Gespür für den Ton, in dem etwas gesagt wird, oder für das, was sich in Mienen, Gesten, Haltungen ausdrückt. Oft wird eine Priorität doxastischer gegenüber affektiven Einstellungen behauptet. Die These ist etwa: Um zu etwas oder jemandem eine wertende oder emotionale Haltung einnehmen zu können, muß ich erst erkennen, um was oder wen es sich dabei handelt. Ich muß mir z. B. erst Informationen über einen Menschen verschaffen, bevor ich ihn sympathisch oder vertrauenswürdig finden kann. Diese These vom „post-kognitiven Charakter der Affekte" ist aber unhaltbar.[16] Emotionale wie praktische Reaktionen eilen oft deutlicher Erkenntnis voraus und wir differenzieren emotional auch in solchen Fällen, in denen dafür keine angebbaren sachlichen Anhaltspunkte vorliegen. Wir finden z. B. einen Menschen, dem wir das erstemal begegnen und über den wir nichts wissen, spontan sympathisch oder vertrauenswürdig. Eine Miene oder Geste kann uns seiner Aufrichtigkeit mißtrauen lassen, obwohl wir keine Regel angeben könnten, nach der sie ein hinreichend zuverlässiges Symptom für Unaufrichtigkeit wäre, ja obwohl wir nicht daran glauben, daß es überhaupt einen solchen generellen Zusammenhang gibt. Handlungen oder Vorgänge muten uns emotional in gewisser Weise an, sie haben ohne weiteres eine gewisse Valenz und wertmäßige Bedeutung für uns. Solche Intuitionen und gefühlsmäßige Reaktionen bestimmen unser Handeln insgesamt weit stärker als Überlegungen nach dem Muster der Entscheidungstheorie. Wir beurteilen zudem nicht nur Personen und Vorgänge intuitiv, sondern auch Wahrscheinlichkeiten. Intuition leitet uns auch in den Wissenschaften. Mathematische Intuition enthält zwar keine emotionalen Elemente, wohl aber die Intuition des Geschichtsschreibers für Charaktere und ihre Motive. Intuition ist sicher kein Ersatz für Begründungen, aber zumindest eine wichtige heuristische Hilfe. In der Psychologie und Geschichtsschreibung sind Begründungen wegen des Fehlens präziser und allgemeiner Verhaltenskriterien

[16] Vgl. dazu z. B. Zajonc (1980) und die Bemerkungen in Kutschera (1988), 1.1.

für innere Einstellungen oft nicht möglich, so daß man diese nur intuitiv beurteilen kann. Gefühlsmäßige Intuitionen sind ferner entscheidend für ästhetische Urteile und das Verstehen von Kunstwerken, deren Gehalt in dem erlebnismäßigen Aspekt besteht, unter dem sie uns ihren Gegenstand präsentieren.[17]

Der Rationalitätsbegriff von Descartes, Locke, Hume und Clifford steht in der Tradition einer Aufteilung der Vernunft in verschiedene Fakultäten – meist Verstand, Gefühl und Willen –, wobei zumindest der Verstand als autonom angesehen wird. Diese Fähigkeiten und Aktivitäten sind aber nicht unabhängig voneinander. Es ist dieselbe Person, die fühlt, will und denkt, und Erkennen ist auch nicht nur eine Sache des Verstandes. Schon Pascal hat betont, daß die üblichen Maßstäbe der Rationalität vor allem solche für deduktive Schlüsse sind und – so kann man hinzufügen – für die Bildung bedingter Wahrscheinlichkeiten im induktiven „Schließen". Wenn er dem *esprit géometrique* des Verstandes einen *esprit de finesse* der Intuition und eine *sagesse* des Herzens gegenüberstellt und die Abhängigkeit des verstandesmäßigen Denkens von Intuition und Gefühl betont, so insistiert er damit – für lange Zeit als einziger – darauf, daß Erkenntnis eine Leistung der ganzen Person ist, nicht nur des Verstandes.[18] Eine prinzipielle Unabhängigkeit doxastischer von affektiven Einstellungen kann man also nicht fordern, legitim ist nur die Forderung, daß man sich in seinen Überzeugungen nicht allein von Gefühlen oder Interessen leiten läßt, also z. B. einem Wunschdenken verfällt oder sich den Blick auf Tatsachen von Gefühlen trüben läßt. In vielen Bereichen ist es darüber hinaus möglich und zweckmäßig, Tatsachen unabhängig von affektiven Haltungen zu ihnen festzustellen.

In diesem Zusammenhang sind auch die Gedanken von Interesse die W. James in seinem Essay „The Will to Believe" in (1896) entwickelt hat. Er will dort zeigen, daß Überzeugungen auch Resultate praktischer Entscheidungen sein können, also nicht immer nur interessenfreien,

[17] Vgl. Kutschera (1988),Kap. 2 und 3.

[18] Diesen Gedanken verfolgt auch Henry Newman in (1870). Seine Ausführungen sind jedoch so unklar und z. T. auch schief, daß eine ausführlichere Diskussion kaum lohnt.

rein sachlichen Abwägungen der Evidenzen entspringen. Er bezieht sich dabei auf „genuine options". Das sind Entscheidungen, in denen sich erstens zwei oder mehr Handlungsweisen als ernst zu nehmende Alternativen anbieten. James denkt z. B. an Situationen, in denen eine erste Alternative F_1 richtig wäre, wenn p_1 der Fall ist, eine zweite Alternative F_2 hingegen bei p_2, in der wir aber nicht wissen, ob p_1 oder p_2 der Fall ist. Die Wahl zwischen F_1 und F_2 stellt sich dann auch als eine Entscheidung für eine der Annahmen p_1 oder p_2 dar. Zweitens soll für den Handelnden viel von seiner Entscheidung abhängen. Das gilt insbesondere dann, wenn sie sich später nicht mehr rückgängig machen oder in ihren Folgen neutralisieren läßt. Drittens soll es sich um Entscheidungen handeln, denen wir nicht ausweichen können. In derartigen Situationen kann man nun nach James nicht der oben zitierten Maxime von W. K. Clifford folgen. Er sagt: „Our passional nature not only lawfully may, but must, decide an option between propositions, whenever it is a genuine option that cannot by its nature be decided on intellectual grounds". Er weist auf den Konflikt hin, der zwischen dem Ziel der Erkenntnis von Wahrheit und jenem der Vermeidung von Irrtümern besteht. Cliffords Maxime sei allein auf das zweite Ziel gerichtet, oft gehe es uns aber um das erstere und wir seien dafür bereit, uns der Gefahr des Irrtums auszusetzen, die wir ja auch nach der Cliffordschen Methode nicht völlig vermeiden können. James sagt: „Clifford's exhortation … is like a general informing his soldiers that it is better to keep out of battle forever than to risk a single wound. Not so are victories over enimies or over nature gained". Während für James wissenschaftlich-theoretische Fragen keine „echten" Entscheidungen erfordern – von ihnen hängt (zumindest direkt) nichts für unser Leben ab, ihre Entscheidung kann also warten und wir können sie vorläufig als Hypothesen betrachten –, stehen wir in praktischen Fragen manchmal vor Entscheidungen von erheblicher Tragweite für unser Leben. Geht es z. B. darum, eine moralische Norm zu befolgen, so kann man sie nicht nur hypothetisch akzeptieren; nimmt man sie nicht vorbehaltlos an, so kann sie das eigene Handeln nicht bestimmen. Ferner müssen wir uns bei Kooperationen mit anderen darauf verlassen, daß die anderen ihre Aufgaben erfüllen; das können wir aber vorher nicht wissen, sondern wir müssen ihnen vertrauen. Die Cliffordsche Maxime, die es verbietet, daß Vertrauen oder Zuversicht den Evidenzen vorauseilen, würde unser Handeln lähmen oder es zum großen Teil als irrational erscheinen lassen. Eine „echte" Entscheidung ist nach James insbesondere auch die für einen religiösen Glauben. In ihr geht es um eine Lebensform, um Verhaltensweisen und Wertmaßstäbe. Da für uns viel davon abhängt, können wir die fundamentalen Glaubensaussagen, von deren Wahrheit die Richtigkeit dieser Lebensform abhängt, nicht nur hypothetisch oder als mehr oder minder wahrscheinlich annehmen, sondern wir müssen darauf vertrauen, uns also für ihre Annahme entscheiden.

Gegen diesen Gedanken von James ist einzuwenden, daß eine Entscheidung unter Risiko oder Unsicherheit[19], also im obigen Beispiel etwa für die Alternative F_1, keine Überzeugung bewirkt, daß p_1 besteht, also der Sachverhalt, bei dessen Bestehen sie tatsächlich besser ist. In der Regel bleibt die Unsicherheit bzgl. p_1 bestehen, auch wenn man sich für F_1 entscheidet; die Wahl von F_1 vergrößert die Wahrscheinlichkeit von p_1 nicht. Hinter der These von James steht seine Konzeption, daß etwas glauben nichts anderes ist als sich in einschlägigen Fällen in bestimmter Weise verhalten. Wer also im Beispiel F_1 wählt, glaubt *eo ipso*, daß p_1 gilt. Diese behavioristische Konzeption des Glaubens ist jedoch unhaltbar. Schon Karneades hat betont, daß man auch nicht nur aufgrund von Überzeugungen planvoll handeln kann; dazu genügen schon Wahrscheinlichkeiten. Wie wir schon oben sahen, kann im Sinn der Entscheidungstheorie die Handlung F_1 auch bei einer geringen Wahrscheinlichkeit von p_1 rational sein, sofern nur der zu erwartende Nutzen von F_1 mindestens ebenso groß ist wie der von F_2 . Wir müssen uns also in der Regel nicht die Überzeugung zu eigen machen, daß p_1 gilt, wenn wir uns für F_1 entscheiden. Es gibt aber auch Entscheidungssituationen, in denen die Wahl einer Alternative ein Vertrauen darauf erfordert, daß die Voraussetzung ihres Erfolges gegeben ist. Für einen Hochleistungssportler ist es z. B. eine psychologische Notwendigkeit, an

[19] Von einer *Entscheidung unter Sicherheit* spricht man, wenn die Resultate der verschiedenen Handlungsalternativen bekannt sind, von einer *Entscheidung unter Risiko*, wenn man darüber nur Wahrscheinlichkeitsaussagen machen kann, von einer *Entscheidung unter Unsicherheit*, falls man nicht einmal Wahrscheinlichkeitsaussagen machen kann, sondern lediglich die möglichen Resultate der Alternativen kennt.

seinen — objektiv gesehen vielleicht recht zweifelhaften — Sieg bei einem bedeutenden Wettkampf zu glauben, um die Entbehrungen eines langen Trainings auf sich nehmen zu können und überhaupt eine Chance auf den Sieg zu haben. Er muß auf seinen Erfolg vertrauen. Entscheidungen, in denen wir uns auf Wertungen oder Normen künftigen Verhaltens festlegen, auf Ideale, Lebensziele oder eine Lebensform, wollen wir als *existentiell* bezeichnen. Das vor allem sind jene Entscheidungen, die James als „echt" bezeichnet. Für sie ist das übliche Modell der Entscheidungstheorie nicht anwendbar, denn darin sind Wertungen eine Grundlage für Entscheidungen, nicht deren Ergebnis. Man kann sein Handeln auch kaum an einer Wertordnung orientieren, wenn man sie nicht als richtig ansieht. Entsprechendes gilt für Normen: Normen bilden wie Wertungen oft Kriterien für Entscheidungen und nicht deren Ergebnisse. Soll eine Norm ferner mein künftiges Verhalten leiten, so muß ich sie als richtig akzeptieren, denn sonst wäre die Wahrscheinlichkeit ihrer Richtigkeit in jeder folgenden Situation mit den Wahrscheinlichkeiten der möglichen Resultate der verschiedenen Handlungsalternativen zu verrechnen, was dazu führen würde, daß ich sie eben nicht als striktes Gebot befolgen würde. Unter „Lebensform" verstehen wir hier endlich etwas, das mit Verhaltensnormen und Wertungen verbunden ist. Bei existentiellen Entscheidungen müssen wir also auch an die Bedingungen ihrer Richtigkeit glauben, und dieses Vertrauen wird von den Werthaltungen, den Idealen getragen, die uns zu dieser Wahl bestimmen. Existentielle Entscheidungen sind also ein Fall, in dem Annahmen ihre Grundlage im Kontext praktischer Haltungen finden. Das ist aber nur dann möglich, wenn sie auch praktisch relevant sind, d. h. einen Unterschied für die zur Wahl stehenden Haltungen machen.

Eine existentielle Entscheidung ist es z. B., an Freiheit, an Demokratie oder an Menschenwürde zu glauben, und entsprechend zu handeln. Ich glaube an Freiheit nicht deswegen, weil ihre Annahme wissenschaftlich besonders gut begründet wäre, sondern weil sie eine Voraussetzung meines Selbstverständnisses und meiner Haltung gegenüber anderen ist, die mir viel bedeuten. Ebenso ist der Glaube an Würde und Wert des Menschen empirisch gesehen nicht sehr gut begründet. Die Evidenzen sprechen eher dagegen. Gemeinheit, Brutalität, Egoismus, Rücksichtslosigkeit, Dummheit und Aggressivität, die uns ständig begegnen, bilden ein starkes Argument gegen die Ansicht, alle Menschen hätten eine unverlierbare Würde. Es gibt auch keine wissenschaftliche Berechtigung dafür, irgendwo in der Evolution des Menschen das Auftreten einer Menschwürde anzusetzen. Auf diesem Glauben beruht jedoch die Anerkennung der Menschenrechte, die positive Haltung zu allen Mitmenschen, die Achtung auch noch vor dem, dessen Verhalten sie nicht verdient, und nicht zuletzt auch der Glaube an den eigenen Wert, dem ja ebenfalls viele gegenteilige Erfahrungen entgegenstehen. Entsprechendes gilt für den Glauben an die Demokratie: In der Geschichte sind unzählige Demokratien jämmerlich am Parteienstreit gescheitert, ihre Exponenten waren und sind oft Leute, denen es nicht um das Wohl der Bürger geht, sondern lediglich um ihre Macht, die sie mit demokratischen Parolen am besten zu erreichen hoffen. Im Namen der Demokratie sind sowohl gegen die eigenen Bürger wie gegen fremde Völker viele Verbrechen begangen worden. Es gibt zwar rationale Gründe für die Annahme, Demokratie sei unter gewissen Bedingungen die beste Staatsform, aber für einen überzeugten Einsatz für sie, zumal wenn er große persönliche Opfer verlangt, reichen sie kaum hin; dazu sind sie angesichts der genannten Erfahrungen nicht eindeutig genug. Ein Glauben an Demokratie beruht vielmehr vor allem auf einer Entscheidung für Wertvorstellungen, nach denen das Recht auf Mitwirkung an der Gestaltung des eigenen politischen Gemeinwesens ein Grundrecht des Menschen ist. Hier handelt es sich um „echte" Entscheidungen im Sinne von W. James: Von ihnen hängt viel für uns ab, für unser Leben und Handeln, für unser Selbstverständnis. Daher können wir uns vor ihnen nicht drücken. Sie sind ihrem Charakter nach keine bloß vorläufigen Entscheidungen, die wir aufgrund neuer Informationen oder Erfahrungen jederzeit revidieren könnten, sondern wir müssen ihnen, wenn sie überhaupt fruchtbar werden sollen, treu bleiben — bis zu dem Punkt, an dem sie sich definitiv als unhaltbar erweisen, an dem wir uns aus Gründen intellektueller oder moralischer Aufrichtigkeit nicht mehr zu ihnen bekennen können. Es sind ferner Entscheidungen, die rein rational nicht hinreichend legitimiert sind und insofern ein Wagnis darstellen, auf das wir uns einlassen. Solche Entscheidungen gehen uns als ganze Person an, und daher sind wir dabei auch mit all unseren Kräften, mit Verstand, Gefühl und Willen beteiligt. Gefühl und Willen stützen dabei unseren Glauben an die Richtigkeit unserer Entscheidung, aber gerade wenn die eine Sache der ganzen Person ist, können dabei verstandesmäßige Überlegungen auch nicht ignoriert werden. Man muß sich also mit den Gründen auseinandersetzen, die gegen die Entscheidung sprechen, und nicht vor ihnen die Augen verschließen, wie das der Fideismus im Falle religiösen Glaubens tut. Ein blindes Vertrauen ist nur ein Vertrauen des halben Menschen.

Hinzuweisen ist endlich wieder auf Kant. Seine Postulate der praktischen Vernunft drücken Voraussetzungen dafür aus, daß eine moralische Haltung möglich und sinnvoll ist. Freiheit ergibt sich für ihn als notwendige Bedingung für die Verbindlichkeit moralischer Gesetze: Sollen impliziert Können, und da moralische Forderungen unabhängig von unseren faktischen Neigungen als den natürlichen Determinanten unseres Verhaltens gelten, haben sie nur dann verpflichtende Kraft, wenn unser Wille unabhängig von diesen Determinanten ist. Daß wir moralische Pflichten haben, ist aber für Kant unmittelbar evident, eine praktische Grundtatsache. Bezüglich der beiden anderen Postulate der Unsterblichkeit und der Existenz Gottes argumentiert er hingegen so, daß wir aus einem „Bedürfnis der reinen Vernunft" berechtigt sind, sie anzunehmen, denn sie sind Voraussetzungen dafür, daß unser moralisches Bemühen sinnvoll ist — wir gehen darauf in 3.3 näher ein. Dieses Bedürfnis ist zwar subjektiv, unterscheidet sich aber von bloßem Wunschdenken dadurch, daß es erstens nicht auf Neigung beruht, sondern auf einem Interesse der Vernunft, und zweitens der objektiven Verpflichtung zu moralischem Streben entspringt.[20] Von diesen Gedanken her ist es nur ein Schritt bis zu jenen von James: Moralische Verpflichtung ist ja nicht einfach ein Faktum, das niemand bestreiten kann, sondern etwas, das wir aufgrund einer Entscheidung anerkennen. Gerade wenn Pflicht Freiheit impliziert und die Annahme von Freiheit problematisch ist, steht auch infrage, ob wir moralische Pflichten haben, die unabhängig von empirischen Verhaltensbedingungen sind. Solche Pflichten anerkennen heißt dann aber auch, die Bedingungen ihrer Möglichkeit als gegeben annehmen. Für unser Verständnis ist die Entscheidung ferner

[20] Vgl. dazu KrV,B 661f. und *Kritik der praktischen Vernunft* (KpV), A220f.,256ff.,262.

keine Sache reiner Vernunft, sondern eine existentielle Entscheidung des ganzen Menschen, das „Bedürfnis", dem sie entspringt, keins der bloßen Vernunft, sondern ein existentielles Interesse. Auch ein Fürwahrhalten aus einem solchen Interesse unterscheidet sich von einem Wunschdenken: Auf Wünsche kann man im Gegensatz zu existentiellen Anliegen notfalls verzichten, und im Sinne von Kant ist das Interesse an einer moralischen Ordnung kein bloß subjektives Interesse, da sie ja gerade die Bedeutung individueller Wünsche relativiert. Indem Kant neben den Annahmen, die sich theoretisch begründen lassen, auch solche als berechtigt anerkennt, die sich aus einem Bedürfnis der praktischen Vernunft ergeben, hat er die Schranken des Rationalisus durchbrochen. Wenn er auch hier nur von „Vernunft" redet, so ist das im Sinn des weiteren Vernunftbegriffes der Tradition zu verstehen. Auch in einem weiteren Punkt sind seine Überlegungen in unserem Zusammenhang wichtig: Er betont, daß die praktische Legitimation theoretischer Sätze (der Postulate) die spekulative Erkenntnis zwar insofern erweitert, als damit Antworten auf theoretisch unentscheidbare Probleme gegeben werden, daß sich damit aber keine genaueren Einsichten in die Beschaffenheit einer außernatürlichen Wirklichkeit verbinden: „Denn wir erkennen dadurch weder unserer Seele Natur noch die intelligible Welt noch das höchste Wesen nach dem, was sie an sich selbst sind. Wie aber auch nur die Freiheit möglich sei, und wie man sich diese Art von Kausalität [aus Freiheit] theoretisch und positiv vorzustellen habe, wird dadurch nicht eingesehen, sondern nur, daß eine solche sei."[21] Dasselbe kann man für Annahmen sagen, die wir aus einem existentiellen Interesse heraus akzeptieren: Sie liefern keine Erklärungen, keine genauere Erkenntnis einer transzendenten Realität, sondern enthalten nur Bedingungen für den Sinn einer praktischen Haltung.

[21] KpV,A 238 und 241.

3 Was ist eine Religion?

3.1 Mythische Weltsicht

Im letzten Abschnitt haben wir die Frage erörtert, worauf sich die Überzeugungen stützen, die sich mit religiösem Glauben verbinden. In diesem Kapitel wollen wir untersuchen, was einen Glauben zu einem religiösen Glauben macht und was eine Religion ist. Die Konzeption von Religion, die wir im folgenden vertreten werden, entspricht jener, die H. v. Glasenapp so formuliert hat: „Religion ist die im Erkennen, Denken, Fühlen, Wollen und Handeln betätigte Überzeugung von der Wirksamkeit persönlicher oder unpersönlicher transzendenter Mächte".[1] Religiöser Glaube bezieht sich also auf eine transzendente Wirklichkeit und daher besteht unsere erste Aufgabe darin, uns eine genauere Vorstellung von den vielfältigen Konzeptionen von Transzendentem zu verschaffen und das ihnen Gemeinsame zu bestimmen. Das ist die Aufgabe der drei ersten Abschnitte dieses Kapitels.

Ein erster Religionstyp ist jener, der dem mythischen Denken zugehört. Er ist deswegen besonders wichtig, weil auch die Geschichte jener Religionen, die ihm nicht zuzurechnen sind, in die Zeit mythischen Denkens zurückreicht und in ihnen von daher oft mythische Elemente lebendig geblieben sind. Aus diesem Grund wollen wir im folgenden etwas ausführlicher auf mythisches Denken eingehen. Zunächst aber drei Vorbemerkungen. Aussagen über *das* mythische Denken sind erstens kaum weniger problematisch als solche über *die* Religion. Es gibt eine Vielzahl von Formen und Entwicklungsstufen mythischen Denkens und somit kann es im folgenden nur um typische, nicht um allgemeine Merkmale gehen.

[1] Glasenapp (1952),S. 1.

Es kommt uns nur darauf an, einen mythischen Gegentyp zu den Formen unseres Denkens zu verdeutlichen, das von Philosophie und Wissenschaft geprägt ist und das man oft – in einem sehr weiten Sinn des Wortes – als „logisches Denken“ bezeichnet. Zweitens verwenden wir das Wort „Denken“ im Kontext „mythisches“ oder „logisches Denken“ in einem ebenfalls sehr weiten Sinn, in dem es auch für Formen des Erfahrens, der Weltanschauung und Haltung zur Welt steht. Drittens ist zu betonen, daß die folgende Charakterisierung mythischen Denkens insofern problematisch ist, als es unter den Fachleuten – Entwicklungspsychologen, Ethnologen, Archäologen, Philologen, Religionswissenschaftlern – keine einheitliche Meinung gibt, wie die Formen dieses Denkens genauer zu charakterisieren sind.[2] Schlimmer als diese Divergenzen in der Interpretation von Fakten ist die Widersprüchlichkeit und damit Unzuverlässigkeit ihrer Beschreibung. Ein prominentes Beispiel ist der Streit der Fachgelehrten über die Bedeutung des melanesischen Wortes *mana*. Es erweist sich als schwierig, Beschreibungskategorien zu entwickeln, die fremdartigen Anschauungs- und Denkweisen gerecht werden. Die Beschreibung der Phänomene muß in unserer Sprache erfolgen, projiziert damit aber leicht schon das Beschriebene in unsere eigenen Kategorien. Lévy-Bruhl schreibt dazu: „Wenn wir zum Beispiel einen maorischen oder einen zunischen oder irgendeinen anderen Mythus lesen, so lesen wir ihn vorerst in unsere Sprache übersetzt und diese Übersetzung ist die erste Fälschung. Denn ohne von dem Satzbau zu reden, der das Gepräge der logischen Gewohnheiten unseres Denkens haben muß, wäre es auch nur in der Anordnung der Worte, sind diese Worte selbst in eine Atmosphäre eingehüllt, die für die Primitiven ganz mystisch ist, während bei uns die Worte vor allem Assoziationen erwecken, deren Ursprung in der Erfahrung liegt“.[3]

[2] Für L. Lévy-Bruhl z. B. ist der Primitive unfähig zu abstraktem oder logischem Denken, er kontrolliert seine Ansichten nicht durch Erfahrung, sein Denken entspricht in keinem Punkt wissenschaftlicher Methode und ist von gänzlich anderer Art als unseres. Für B. Malinowski hingegen ist all das nachweislich falsch. Vgl. dazu Lévy-Bruhl (1910) und die 1. Abhandlung in Malinowski (1948).

[3] Lévy-Bruhl (1910), S. 330.

Daher haben die folgenden Bemerkungen einen stark hypothetischen Charakter, zumal ich kein Fachmann bin und mich so nur auf eine schmale Basis von Fakten aus zweiter Hand stützen kann.

Wir gehen zunächst auf die Struktur mythischer Erfahrung ein. Ihr zentrales Merkmal ist die geringe Differenzierung zwischen subjektiven und objektiven Momenten.[4] Äußere Erfahrung ist intentional: Erfahrung eines Subjekts von Gegenständen seiner Umwelt. Der Inhalt der Erfahrung hängt sowohl von objektiven Gegebenheiten ab – von der Beschaffenheit des Gegenstands – als auch von subjektiven Faktoren, z. B. von der Organisation unseres Wahrnehmungsapparats, unserer Aufmerksamkeit, unseren Interessen, Gefühlen und Stimmungen. Die Unterscheidung zwischen objektiven und subjektiven Faktoren in den einzelnen Erfahrungen, zwischen ihrem Gegenstand und der Weise des Erfahrens, wie auch die generellen Kriterien solcher Unterscheidungen sind dabei nicht einfach naturgegeben, sondern Ergebnis einer Deutung. Diese Deutung wird freilich in den wenigsten Fällen bewußt vollzogen; das geschieht vor allem dort, wo es fraglich ist, ob etwas uns nur so zu sein scheint, oder ob es tatsächlich so ist. Normalerweise vollzieht sie sich, ebenso wie die begriffliche Bestimmung des Gegenstands, schon in der Wahrnehmung selbst. Sie ist eine Anschauungsform, die uns zur zweiten Natur geworden ist. Solche Anschauungsformen sind zum Teil sicher in der menschlichen Wahrnehmungsorganisation angelegt, also biologisch determiniert, zum Teil sind sie aber auch Produkt geistiger Entwicklungen und damit kulturabhängig. Seelisch-Geistiges und Körperliches sind nicht von Natur aus ganz verschiedenartige Bereiche, sondern wir erfassen Psychisches auch im Spiegel physischer Erscheinungen und umgekehrt. Während für unser heutiges Verständnis Psychisches und Physisches, Innen- und Außenwelt zumindest relativ selbständige und weitgehend verschiedenartige Bereiche sind, durchdringen sie sich in mythischer Erfahrung sehr viel stärker. Von unserer Anschauungsweise her gesehen ist in dieser Erfahrung die Grenze zwischen Seelischem und Körperlichem, zwischen Innen- und Außenwelt fließend. In ihr steht nicht ein autonomes Subjekt

[4] Vgl. zum folgenden auch Kutschera (1981), 7.4 und 8.1 und (1988), 1.1.

einer autonomen Natur gegenüber, nicht eine Innenwelt einer Außenwelt, sondern Subjekt und Natur sind Teile einer umfassenden, einheitlichen Wirklichkeit. Auch die Natur ist beseelt und seelische Vorgänge sind im mythischen Verständnis eng an körperliche Vorgänge gebunden, sie sind nicht auf die Innenwelt beschränkt, sondern beeinflussen die Außenwelt und werden auch umgekehrt von ihr beeinflußt. Mythische Erfahrung ist eine Form des Erlebens, in dem die Gegenstände auch durch die Gefühle und Strebungen bestimmt sind, mit denen ihnen der Betrachter begegnet, und in dem subjektive und objektive Komponenten oft nur wenig differenziert werden. Das zeigt sich z. B. an den Phänomenen der *subjektiven Perspektive*. Darunter versteht man die Projektion subjektiver Komponenten der Erfahrung auf deren Gegenstände. Dabei ist freilich zu beachten, daß man von einer „Projektion" nur unter dem Gesichtspunkt einer anderen — hier unserer — Konzeption der Realität und des Unterschiedes von Subjektivem und Objektivem sprechen kann. Auch wir selbst charakterisieren die Natur oft in subjektiver Perspektive. Wir sprechen z. B. von Nutzpflanzen und Unkraut, von Sitzmöbeln und Schlafgelegenheiten, bestimmen also die Dinge nach der Funktion, die sie für uns haben. Wir reden von drohenden Gewitterwolken oder einer lockenden Quelle, projizieren also unsere Reaktion auf die Gegenstände. Wir sprechen von einem schweigendem Wald oder einem Felsen, der der Brandung trotzt, wenden also Wörter, die ihrem Kernsinn nach auf menschliches Verhalten bezogen sind, auf natürliche Gegenstände an. Während wir das jedoch als „Metaphern" bezeichnen und den schweigenden Wald oder den der Brandung Widerstand leistenden Felsen nicht als etwas erfahren oder ansehen, das dieser Aktionen im gleichen Sinn fähig wäre wie ein Mensch, erscheinen im mythischen Erleben natürliche Vorgänge als Aktionen beseelter Wesen oder als Ausdruck ihrer Gefühle oder Absichten, ähnlich wie wir Haltung und Verhalten eines Menschen als Ausdruck seiner Einstellungen und Absichten erleben. Die subjektive Perspektive führt dann zu einer *panpsychistischen oder animistischen Sicht* der Natur. Die physische Welt erscheint als eine Welt von beseelten, mehr oder minder persönlichen Wesen, Kräften und Mächten. Es gibt ein breites Spektrum, angefangen von unpersönlichen Kräften, deren Wirken und Streben nur einem einzigen Ziel gilt, bis hin zu persönlichen, anthropomorph gedachten Wesen, die mit Willen, Empfindung und Einsicht begabt und zu vielerlei Handlungen fähig sind.

Die geringere Differenzierung zwischen Subjektivem und Objektivem zeigt sich auch in der Sprache. Vokabeln, deren Kernsinn für uns rein objektiv ist, haben oft deutliche Wertkomponenten. So verbinden sich mit Wörtern für Richtungen wie Vorn und Hinten, Links und Rechts, Oben und Unten, Bedeutungen, die mit geometrischen Bestimmungen nichts zu tun haben. Sie sind auch im Deutschen noch spürbar in der Verwandtschaft von „rechts" mit „richtig" und von „links" mit „linkisch". Besonders deutlich sind sie im Lateinischen, wo *dexter* (rechts) auch die Bedeutung von „günstig", „glückbringend" hat, *sinister* (links) die von „unheilbringend", „unglücklich". Entsprechendes gilt auch für die vier Himmelsrichtungen. So ist der Osten eine heilbringende Richtung oder Region. Da die Sonne im Osten aufgeht, das Licht also aus Osten kommt, und Licht wiederum nicht nur ein physikalisches Phänomen ist, sondern zugleich die Bedeutung von Leben und Heil hat, ist der Osten Ursprung des Lebens, und die Orientierung nach Osten ist eine Orientierung auf das Heil hin, wie noch die Ostung unserer Kirchen zeigt. Wichtiger als die objektive Beschaffenheit der Dinge ist ihre Bedeutung für den Menschen.

Im primitiven Erleben sind ferner Vorstellung und Wahrnehmung weniger klar unterschieden als bei uns. Vorstellungen sind oft sehr viel konkreter, lebendiger, so daß sich Phantasie und Wahrnehmung so eng verbinden können wie beim spielenden Kind.[5] Aus dieser engen Verbindung und der Affinität von Vorstellung und Wahrnehmung resultieren die Phänomene von *Vision* und *Audition*. H. Werner sagt, „daß der Naturmensch in anscheinend viel weitergehendem Maße als der Kulturmensch dem Zwang von Visionen, die entweder frei steigen, oder an undeutlich gesehene Gegenstände, wie etwa Baumstämme, Felsen usw. geknüpft sind, ausgesetzt ist... Diese Visionen wären in ihrem sinnenhaften Charakter unmöglich, würden nicht die objektive, die wahrnehmungsmäßige, und die subjektive, die Vorstellungswelt eine solche geringe Differenziertheit besitzen, daß sie eben ein visionäres Anschauungsbild ermöglichten. Wir fin-

[5] Vgl. dazu Frankfort (1946), Kap. 1.

den überall, daß visionäre Erscheinungen in primitiven Gesellschaften nicht nur als objektiv gewertet werden, sondern daß ihnen sogar eine höhere Wirklichkeit zugeschrieben wird".[6] Audition ist das entsprechende Phänomen auf akustischem Gebiet, also z. B. das Hören von Stimmen im Rauschen des Waldes oder des Wassers. Das, was im Traum erlebt wird, hat für den Primitiven oft die gleiche oder gar höhere Realität als das, was im Zustand der Wachheit wahrgenommen wird. Es ist nicht so, daß er nicht zwischen Träumen und Wachen unterscheiden könnte — das kann er ebenso gut wie wir —, sondern gewisse Arten von Träumen werden als Wahrnehmungen besonderer Art angesehen, die nicht weniger zuverlässig sind als normale Beobachtungen. Mooney sagt: "Wenn bei den Tscherokesen ein Mann träumt, er sei von einer Schlange gebissen worden, so muß er sich einer solchen Behandlung unterwerfen, als ob er wirklich von ihr gebissen worden wäre; es ist ein ‚Schlangengeist', der ihn gebissen hat; unterließe er die Kur, so würden sich Geschwulst und Geschwüre wie nach einem gewöhnlichen Biß bilden, vielleicht erst nach Ablauf mehrerer Jahre."[7] Lévy-Bruhl meint: „Unsere Wahrnehmung ist auf die Auffassung der objektiven Realität und dieser Realität allein gerichtet. Sie eliminiert, was einen rein subjektiven Wert haben könnte. Dadurch kontrastiert sie mit dem Traum. Wir verstehen nicht, wie das im Traum Geschehene mit dem im Wachzustand Geschehenen gleichgesetzt werden kann: wenn ein solcher Fall eintritt, sind wir genötigt anzunehmen, daß er das Ergebnis einer sehr starken psychologischen Täuschung ist. Aber bei den Primitiven besteht dieser scharfe Kontrast nicht. Ihre Wahrnehmung ist anders orientiert. Was wir objektive Realität nennen, ist bei ihnen mit unfaßbaren mystischen Elementen gemischt und diesen Elementen, die wir heute als subjektiv ansehen, oft untergeordnet. Kurz, sie ist in diesem Sinn dem Traum verwandt. Oder, wenn einem dies besser gefällt: ihr Traum ist eine Wahrnehmung wie die anderen. Er ist ein Komplex, in den dieselben Elemente eingehen, der dieselben Gefühle erweckt und der ebenso zur Tat antreibt wie die anderen. So ist dem Indianer, der geträumt hat und der auf diesen Traum hin sein Leben

[6] Werner (1959), S. 103.
[7] Zitiert von Lévy-Bruhl in (1910), S. 41.

aufs Spiel setzt, der Unterschied zwischen diesem Traum und der ähnlichen Wahrnehmung, die er in seinem Wachzustand hätte haben können, nicht unbekannt. Aber da seine Wahrnehmung im Wachzustand und sein Traum gleich mystisch sind, so ist ihm dieser Unterschied nicht wichtig. In unseren Augen ist die objektive Realität der Wahrnehmung der Maßstab für ihren Wert, in den seinen ist diese Betrachtung nebensächlich, oder besser, er gibt sich gar nicht besonders mit ihr ab".[8]

Dieser Form des Erlebens entspricht die mythische Konzeption der Realität. Wir haben gesehen, daß die gegenständliche Außenwelt in subjektiver Beleuchtung erfahren wird und mit subjektiven Kategorien erfaßt wird. Umgekehrt zeigt sich die geringe Differenzierung zwischen Subjektivem und Objektivem aber auch darin, daß man Seelisches gewissermaßen gegenständlicher sieht als wir das tun, und daß insbesondere Psychisches und Physisches weniger deutlich unterschieden wird. Das Seelische wird von seinen leiblichen Äußerungen her begriffen und oft mit denselben Begriffen charakterisiert wie Physisches. Mut und Stärke bilden in der *Ilias* ein einziges Phänomen, ebenso wie körperliche Schwäche und Feigheit. Man kann sich nach mythischer Konzeption von Schuld, von moralischer Unreinheit, durch Waschungen oder Schwitzbäder ebenso reinigen wie von physischer Unreinheit. Moralische Befleckung kann durch Berührung übertragen werden, und das gilt auch für geistige Kräfte. Diese Handlungen haben dabei nicht nur symbolische Bedeutung, sondern eine durchaus reale Wirkung. Seelisches wird als stoffartig gedacht, als Fluidum, das bei Berührungen von einer Person in die andere hinüberfließt. Gefühle und seelische Regungen sind in mythischem Verständnis sehr viel stärker an Verhaltensweisen und körperliche Vorgänge geknüpft als nach unserer Auffassung. Angst erscheint in der *Ilias* als körperlicher Vorgang, bei dem die Glieder erschlaffen, speziell die Knie. Die Knie werden als Sitz der Lebenskraft gedacht. „Jemandem die Knie lösen" heißt ihn töten. Das ist nicht nur eine dichterisch bildhafte Wendung, sondern beide Vor-

[8] Lévy-Bruhl (1910), S. 43. Zur Einschätzung der Träume vgl. auch die Beispiele aus Lévy-Bruhl (1922), Kap. 3.

gänge werden als einer gesehen. Die Vorstellung eines Subjekts mit einer eigenen, relativ autonomen Innenwelt, mit Willensfreiheit und Spontaneität gibt es noch nicht. Das Seelische erscheint als in ein kosmisches Geschehen eingebunden und von überpersonalen Kräften bestimmt. Im inneren Erleben werden Gefühle, Gedanken und Willensentschlüsse als ähnlich gegenständlich erlebt wie Dinge der Außenwelt. Das zeigt sich wiederum noch deutlich bei Homer, wo Entschlüsse, Einsichten und Gefühle wie Mut oder Angst nicht aus dem Innern der Person hervorgehen, sondern den Menschen von Göttern eingegeben werden. Auf das Phänomen der psychischen Beeinflussung weist auch E. R. Dodds in (1966), Kap.1 hin. Die Verblendung durch die Götter als zeitweilige Trübung des normalen Bewußtseins, ebenso wie plötzliche Erkenntnis oder Erinnerung, und das Eingießen von Kraft in den *Thymos* sind Beeinflussungen des Psychischen von außen. Das Seelische steht im Spannungsfeld äußerer Kräfte und erscheint noch nicht als etwas in sich Geschlossenes. Wille, Denken, Erinnern, Vorstellen stehen oft nicht in der Verfügung des Subjekts; es gibt also das Subjekt in unserem Sinn noch nicht. Im Menschen wirken viele Kräfte, er ist ein Konglomerat verschiedener Fähigkeiten und Organe, die eine relative Selbständigkeit haben. Es besteht so eine gewisse psychische Labilität. Man blickt erstaunt oder entsetzt auf das zurück, was man eben getan hat; das eigene Verhalten kann als fremd und unbegreiflich erscheinen. Alle Abweichungen von normalem menschlichem Verhalten werden übernatürlichen Kräften zugeschrieben, ebenso wie Abweichungen von normalen Verläufen in der Natur. Das bewirkt ein Gefühl beständiger Abhängigkeit allen Geschehens von numinosen Mächten. In primitiven Kulturen ist auch die Differenzierung zwischen Individuum und Gruppe weniger ausgeprägt. Es besteht eine unmittelbare Verbundenheit im Erleben, Fühlen und Handeln. Mit einem Familienmitglied werden auch die anderen schuldig; der Vater kann das Medikament für sein erkranktes Kind schlucken.[9]

Bei Homer fehlt auch noch der Begriff der Seele. *Psyche* bedeutet ursprünglich soviel wie „Lebensodem" oder „Leben", daneben die abgeschiedene Seele des Toten. Der Gegensatz von *Psyche* und *Soma*

[9] Vgl. Werner (1959), 317ff.

(Körper) nimmt seinen Ausgang von der Unterscheidung Leichnam – Totenseele, und erst bei Heraklit erhält *Psyche* die Bedeutung von Seele als Inbegriff geistigen und emotionalen Lebens.[10] Bei Homer gibt es weder eine einheitliche Bezeichnung für Seelisch-Geistiges, noch für Physisches, ja nicht einmal für den menschlichen Körper. Es ist nur von einzelnen Gliedern die Rede, und es kommen Ausdrücke für verschiedene seelische Vermögen oder Kräfte vor wie *Psyche* (Lebenskraft), *Thymos* (Antriebskraft), *Noos* (Vorstellungs- und Einsichtskraft), die aber von körperlichen Vermögen, vom Leben, das sich im Atmen und in der Bewegung darstellt, von den Regungen der Glieder und von der Erfassung der Gegenstände mit den Sinnen nicht deutlich abgesetzt werden, so daß man hier von einer in sich wenig differenzierten Einheit von Seelischem und Körperlichem sprechen kann. Seele ist in mythischem Denken keine Innenwelt, sondern sie wird oft als gegenständliche Macht erlebt, als Schicksal, als Dämon. Warneck sagt: "So gründet sich etwa der Seelenglaube der Batak auf die Vorstellung, daß der Mensch vor seiner Geburt, vor seinem sinnlich-leiblichen Dasein, von seiner Seele, seinem *tondi* gewählt wurde, und daß alles, was den Menschen betrifft, all sein Glück und Unglück von dieser Wahl abhängt. Was immer dem Menschen begegnet, das geschieht ihm, weil es sein *tondi* so gewollt hat. Sein körperliches Befinden und sein seelisches Temperament, sein Ergehen und sein Charakter wird durchaus durch die Eigenart seines Schutzgeistes bestimmt. Dieser ist somit „eine Art Mensch im Menschen, deckt sich aber nicht mit seiner Persönlichkeit, steht mit seinem Ich vielmehr oft in Konflikt, ist ein besonderes Wesen im Menschen, das eigenen Willen, eigene Wünsche hat und diese im Gegensatz zu dem Willen des Menschen in peinvoll empfundener Weise durchzusetzen weiß“.[11] Bei Heraklit wird der Daimon zum Charakter, bei Sokrates rückt er als innere Stimme in die Nähe des Gewissens und bei Platon wählt der Mensch seinen Daimon als sein

[10] Vgl. dazu Snell (1955), S. 18ff.
[11] Zitiert in Cassirer (1925), S. 201f.

Geschick, für das er also selbst verantwortlich ist.[12] Unser Subjektbegriff ist so auch aus der Vorstellung eines Daimon, eines Numen entstanden. Auch die Gruppe, das Volk, der Staat begreift seine Identität zuerst in einem Numen: dem Volksgott, dem Totemtier etc. Dieses Numen leitet die Gemeinschaft, aus ihm bezieht es seine Kraft, er bestimmt sein Schicksal. Die allmähliche Differenzierung von Individuum und Gemeinschaft spielt ebenfalls eine wichtige Rolle für das Entstehen des Subjektbegriffs: Mit der Spezialisierung der sozialen Rollen, der Aufgaben und Tätigkeiten wie auch der Begabungen oder Leistungen hebt sich der einzelne von den anderen ab und mit der rechtlichen und wirtschaftlichen Selbständigkeit wird er zu einem eigenständigen Individuum. Mit der Verselbständigung des Subjektiven, Psychischen vollzieht sich auch eine Veränderung der Konzeptionen von Natur und Gegenstand: Etwa gleichzeitig mit der Vorstellung des Subjekts als Konstante im Erleben, Handeln und Schicksal entsteht der Substanzbegriff, die Konzeption der Dinge als Konstanten in den Erscheinungen. Und mit der Konstitution des Seelischen als Innenbereich wird die Natur „entseelt": Die panpsychistische Sicht der Natur findet ihr Ende und es entsteht — zuerst bei Demokrit — die Vorstellung einer toten Natur, bestehend aus

[12] Vgl. Heraklit Fr. B 119 und Platons *Staat*, 617d-e. Nach der ursprünglichen griechischen Auffassung wurde das Schicksal eines Menschen bei seiner Geburt von den Moiren bestimmt. (In der *Theogonie* Hesiods werden sie in 211ff., wie andere dunkle Mächte, als Kinder der Nacht bezeichnet, in 904ff hingegen als Töchter des Zeus und der Themis, also als Kinder von Gesetz und Gerechtigkeit. Das heißt dann soviel wie: Das Schicksal ist keine dunkle, unbegreifliche Macht, sondern es ist gerecht.) Diesem Schicksal kann niemand entgehen — selbst die Götter haben darüber keine Macht (vgl. z. B. *Odyssee* III, 236ff.). Der Mensch kann verschiedene Wege einschlagen, die Götter können ihm Vergünstigungen gewähren oder Leid aufbürden, aber letztlich gelangt er doch zum vorherbestimmten Ziel. Das wird vor allem in jenen Fällen deutlich, wo jemand im Traum oder durch ein Orakel von dem ihm drohenden Schicksal erfährt, es zu verhindern sucht, und gerade dadurch sein Opfer wird, wie z. B. Ödipus und seine Eltern. Eine Reihe solcher Geschichten findet sich auch bei Herodot, z. B. in der Erzählung von Astyages und Kyros (I,107ff.) und von Polykrates (III, 39ff.).

Atomen, die sich nur unter äußeren Kräften von Druck und Stoß bewegen. Im Prozeß der Differenzierung von Subjektivem und Objektivem, von Psychischem und Physischem haben sich also Selbstverständnis und Weltsicht grundlegend verändert.

Der mythischen Konzeption des Subjekts entspricht jene menschlichen Handelns. Für unser Verständnis geht eine Handlung aus der Spontaneität des Subjekts hervor. Mit ihr verfolgt der Handelnde eine Absicht und ihr Erfolg hängt von äußeren Umständen ab. Für primitives Denken hingegen gelingt eine Handlung nur, wenn numinose Mächte mitwirken. Schon die Willenskraft ist eine quasi objektive Kraft, die dem Handelnden von göttlichen Mächten eingeflößt oder entzogen werden kann und derer man sich durch den Vollzug von Riten versichern muß. Zum Erfolg des Handelns genügen ferner nicht geeignete äußere Umstände, vielmehr müssen die Mächte jener Gegenstände, die man dabei verwendet oder die man in seine Gewalt bringen will, der Absicht günstig gestimmt werden. Endlich bedürfen auch Verfahrensweisen und Werkzeuge der numinosen Stärkung, damit sie ihre Leistung vollbringen können. L. Lévy-Bruhl hat das für Praktiken wie Jagd, Fischfang und Ackerbau ausführlich belegt.[13] Daß menschliches Handeln im Kraftfeld numinoser Mächte steht, wird auch daran deutlich, daß es nicht nur für die Kräfte der Natur und der Seele, sondern auch für die verschiedenen menschlichen Tätigkeiten Numina gibt, die ihnen Gelingen verleihen oder versagen.[14] Handelnd tritt also der Mensch nicht nur in Wechselwirkung mit seiner natürlichen Umwelt, sondern auch mit den Mächten, die sie beherrschen. Dafür bedarf er ritueller Stärkung. Manche Riten sind, wie M. Eliade sagt, eine Wiederholung und Erneuerung eines mythischen Geschehens, ein *reenactment*.[15] Was sich nach einem Mythos ursprünglich ereignet hat, wird in der rituellen Wiederholung erneut gegenwärtig und wirksam.

Für primitivere mythische Kulturen sind auch *magische Praktiken* charakteristisch. Sie beruhen auf der Vorstellung, daß numinose Kräfte sich durch Berührung übertragen lassen, daß man mit dem

[13] Vgl. z. B. Lévy-Bruhl (1910), S. 200ff.

[14] Vgl. dazu Cassirer (1925), S. 242f.

[15] Vgl. Eliade (1963), Kap. 5 und 6.

Besitz von Teilen eines mächtigen Wesens Anteil an dessen Macht hat — der Besitz von Federn eines Adlers befähigt den Schamanen z. B., alles zu sehen wie dieser —, daß Ähnliches Ähnliches bewirkt — so kann z. B. das Ausschütten von Wasser Regen bringen.[16] Die Lebenskraft eines Menschen wohnt in seinem ganzen Körper, ja in allem, was zu ihm gehört, in seinem Besitz, seinem Schatten, seinem Namen. Daher kann man z. B. durch seinen Namen, seine Haarlocke oder sein Werkzeug Macht über ihn gewinnen. Magische Praktiken beruhen auf der Vorstellung, daß numinose Mächte, Seelisches und Geistiges an ihre äußeren Erscheinungen gebunden sind — also letztlich auf dem psycho-physischen Monismus der mythischen Weltsicht. Daher kann man sie durch physische Operationen beeinflussen.[17] J. G. Frazer hat Magie als eine Art primitiver Wissenschaft aufgefaßt, die in Kausalzusammenhängen denkt. Das ist aber kaum haltbar, da Kausalgesetze keine Rolle spielen und die Praktiken auch keiner Erfolgskontrolle durch Erfahrung unterworfen werden. Für G. Widengren sind magische Praktiken eine Art von Ersatzhandlungen, bei denen ein Wunsch oder Affekt abreagiert wird.[18] Das erklärt aber nicht die Überzeugung, daß man mit diesen Praktiken Personen, Ereignisse oder Numina beeinflussen kann. Nach B. Malinowski besteht ihre Funktion hingegen darin, die Zuversicht auf den Erfolg von Handlungen in Situationen der Ungewißheit und Gefahr zu stärken.[19] Auch das trifft aber das Phänomen der Magie nicht ganz, denn der Zauber, der z. B. über ein Stück vom Gewand des Feindes gesprochen wird, soll ihn töten, nicht nur Mut und Zuversicht für einen Mordversuch verleihen.[20]

[16] Vgl. dazu die Beispiele, die Lévy-Bruhl in (1910), S. 265f und 24 anführt.

[17] Vgl. dazu Cassirer (1925), S. 67f.

[18] Widengren (1969), S. 4ff. Vgl. dazu auch Malinowski (1948), Kap. V.

[19] Vgl. Malinowski (1948), S. 121f.

[20] Cannon hat in (1942) die sozio-psychologischen Mechanismen aufgeklärt, die den vielfach bezeugten Todesfällen durch magische Praktiken zugrunde liegen und sie für uns verständlich gemacht. Er weist u. a. auf die Überzeugung des Opfers von der Wirksamkeit des Zaubers hin, die es ihm als aussichtslos erscheinen läßt, seinem Schicksal zu entgehen, und ihn sich selbst aufgeben läßt, auf seine völlige soziale und familiäre

Wie wir sahen ist selbst die anorganische Natur für mythische Erfahrung nichts bloß Physisches, sondern von beseelten Wesen durchwaltet. Diese Wesen kann man, in einem sehr weiten Sinn des Wortes, als *Numina* bezeichnen. Sie können unpersönliche Kräfte sein, aber auch persönliche, anthropomorph gedachte Wesen, die intelligenter und planvoller Handlungen und menschlicher Gefühle fähig sind. Die Breite des Spektrums der Numina zeigt sich z. B. in der griechischen Mythologie: Die großen Götter wie Zeus, Hera, Athene, Apoll, Aphrodite und Artemis sind persönliche Wesen mit einem ausgeprägten Charakter. Götter wie Ares und Hephaistos werden in der *Ilias* einerseits als Persönlichkeiten geschildert, andererseits wird aber „Ares" auch als Synonym für „Kampf" oder „Kampfeswut" verwendet. Wenn eine Lanze den Feind verfehlt und in den Boden fährt, heißt es z. B., Ares entwiche aus ihr. Und „Hephaistos" ist oft bloß ein Synonym für „Feuer"; so wird etwa gesagt, ein Stück Fleisch werde über Hephaistos gebraten.[21] Von den Chariten (Numina der Huld und des Glücks) oder Phobos und Eris (Furcht und Streit) wird zwar wie von Personen geredet, sie bleiben aber unpersönliche Mächte. Im engeren Sinn sind Numina nur solche Wesen, die als besonders mächtig erfahren werden, von denen sich der Mensch als abhängig erfährt und die religiöse Gefühle der Scheu oder Verehrung hervorrufen. Für das mythische Bewußtsein ist die gesamte Wirklichkeit von numinosen Wesenheiten und Kräften beherrscht; sie wird insgesamt numinos erlebt. Es gibt Numina des Wassers, der Erde, der Pflanzen und Tiere, der Quellen, Flüsse und Städte, des Staates und sozialer Institutionen, Numina der Arbeit, der Werkzeuge und Häuser, der Wege und Wälder, des Salzes, der Hochzeit, des Gebärens, Pflügens, des Mutes und der Angst, der Freude und Trauer: „Jedes Nomen ein Numen", meinte Max Müller.[22]

Isolierung, seine Behandlung als eines bereits Toten. Diesem enormen psychischen Druck vermag das Opfer keinen Widerstand zu leisten. Vgl. dazu auch den Aufsatz „Der Zauberer und seine Magie" in Lévi-Strauss (1958).

[21] Vgl. *Ilias* N,444 und B,426.

[22] Aus Mesopotamien sind Gebete an Salz und Korn erhalten, vgl. Frankfort (1946),S. 130f., und auch Homer spricht noch vom „göttlichen Salz".

Die Wirkungen der Numina sind Aktionen[23] und ihre Erscheinung ist Ausdruck ihres Wesens; das zeigt sich insbesondere im panpsychistischen und animistischen Erleben der Außenwelt. Ein Wesen in diesem Sinn ist also etwas anderes als eine Essenz: Die Essenz eines Dings ist die unterste Spezies, zu der es gehört, also etwas begrifflich Bestimmtes. An die Stelle des Verhältnisses von Essenz und Instanz tritt im mythischen Denken das Verhältnis von Wesen und Manifestation. Das Wesen ist eine einzige Kraft in vielen Erscheinungen. In jedem Schilfrohr wohnt dieselbe Macht des Wachstums, die babylonische Göttin *Nidaba*. Ihre Kraft wirkt auch in den Produkten, die man aus den Rohren herstellt: in Pfeifen und Federn. Musik und Schreibkunst sind Gaben der Göttin. Sie ist in jedem Rohr, aber zugleich etwas über allen einzelnen Rohren, etwas jenseits aller einzelnen Manifestationen und Wirkungen.[24]

Die Numina sind oft nicht klar von einander unterschieden, sondern stehen zueinander im Verhältnis mehr oder minder großer Ähnlichkeit oder Gegensätzlichkeit und bestimmen sich in Abgrenzung voneinander. Es ist oft betont worden, daß sich in den einzelnen Göttergestalten das Ganze der Wirklichkeit in einer bestimmten Akzentuierung konkretisiert.[25] Diese eine Wirklichkeit wird in den einzelnen Numina unter verschiedenen typischen Aspekten anschaulich begriffen – anschaulich, weil die einzelnen Numina keine Abstrakta sind, sondern in ihren Manifestationen erfaßt werden, wie z. B. Ares im Kampfgetümmel. Die numinosen Wesenheiten stehen auch nicht nur im Verhältnis von Ähnlichkeit oder Kontrast zueinander, sondern von Harmonie und Widerstreit, von Zusammenwirken und Konkurrenz, von Über- und Unterlegenheit, sie bilden kein Begriffssystem, sondern eine Art von sozialer Ordnung. Numina, seien sie unpersönliche oder beseelte Mächte, sind zunächst wohl eng an spezifische Erscheinungsformen gebunden. Die Bildung von Na-

[23] Wie wir in 1.2 sahen wurden Ursachen, die für uns Ereignisse oder Zustände (d. h. Sachverhalte) sind, bis weit in die Neuzeit hinein als Gegenstände angesehen. Das ist ein Rest der alten Auffassung, die alle Wirkungen von Agenten ausgehen ließ.

[24] Vgl. dazu Frankfort (1946), S. 131f.

[25] Vgl. dazu z. B. W. F. Otto (1956), S. 22,85.

men für Numina aus Gattungswörtern, Adjektiven und Verben läßt sich noch bei Hesiod gut verfolgen. Er führt z. B. in der *Theogonie* (240ff) Namen der 50 Nereiden (der Töchter des Meergottes Nereus) ein, die für verschiedene Erscheinungsformen des Meeres stehen, wie *Galene* (Windstille), *Kymothoe* (die dahinstürmende Woge), oder für Kräfte des Meeres, wie *Pherousa* (Die (Schiffe) Tragende). Bei Homer wie Hesiod finden sich auch viele Götternamen, die einfach Substantive sind, wie *Phobos* (Furcht), *Deimos* (Schrecken) und *Eris* (Streit, Hader), oder Namen für natürliche Dinge oder Erscheinungen, wie *Eos* (Morgenröte), *Helios* (Sonne), *Nyx* (Nacht) und *Hestia* (Herd), oder für Antriebe, Haltungen oder Gefühle, wie *Erinys* (Rache, Fluch), *Aidos* (Scham), *Charis* (Gunst, Huld).[26] Solche Götternamen können also auch als Gattungsnamen verwendet werden, wie das oben bereits für *Ares* und *Hephaistos* gesagt wurde. Charakteristischerweise handelt es sich dabei nicht um Namen der großen Götter wie Zeus, Hera, Athene, Aphrodite, Apoll, Hermes, Artemis, Dionysos. Diese Götter sind älter, ihre Namen sind alten und z. T. (wie „Aphrodite“ und „Apoll“) nicht griechischen Ursprungs. Aus einem Numen entsteht erst dann ein persönlicher Gott, wenn es sich von speziellen Formen des Erscheinens und Wirkens löst, wenn ihm verschiedene Taten zugeschrieben werden und es eine Lebensgeschichte erhält. Verwandtschaften und Beziehungen können zunächst zur Fusion verschiedener Numina führen. Götter sind aber vor allem die Numina eines Volkes, die dessen Geschichte bestimmen. Ihr Wirken zeigt sich in Siegen und Niederlagen, im Wohlergehen und der Not ihres Volkes, und als geschichtlich handelnde Wesen erscheinen sie als Persönlichkeiten. Der Gott wird als Gründer des Staats angesehen, er hat ihm seine politische und soziale Ordnung gegeben, von ihm stammen Techniken und Künste. Mit der Übernahme eines fremden Kults durch ein Volk können dessen Götter Funktion und Züge der alten Götter des Kults übernehmen, und mit der Vereinigung kleiner Stämme zu einem größerem Verband kann eine Fusion von lokalen Gottheiten zu einer reicheren Gestalt stattfinden. Die

[26] Bei Hesiod sind die neugebildeten Götternamen aus vorhandenen Substantiven gebildet. Substantive stehen aber ursprünglich — wir haben dazu schon M. Müller zitiert — wohl vielfach schon für Numina.

persönlichen Götter sind wohl meist Produkte langer, oft sehr komplexer historischer Entwicklungen, die sich z. T. noch in der griechischen Mythologie verfolgen lassen. Es ist jedoch offen, ob Göttergestalten generell aus unpersönlicheren Numina entstanden sind. Offenbar ist aber die Distanz zwischen einem Numen und seinen Manifestationen – und damit auch seine Transzendenz gegenüber den Erscheinungen – um so größer, je reicher die Mannigfaltigkeit dieser Manifestationen ist. Götter sind also weniger greifbar und direkter Erfahrung zugänglich als numinose Naturkräfte. Göttergestalten sind jedenfalls keine dichterischen Erfindungen; Erfindungen betet man nicht an. Wenn es schon im alten Griechenland hieß, Hesiod und Homer hätten den Griechen ihre Götter gegeben, so ist das also nur in dem Sinn richtig, als sie deren Gestalten und Taten dichterischen Glanz gaben und sie ausschmückten.

Die Begriffe des Numen und des Numinosen lassen sich schwer allgemein bestimmen, da verschiedenen Religionen verschiedene Formen religiöser Erfahrung zugrunde liegen und sie verschiedenartige Numina annehmen. Dennoch kann man – ähnlich wie das R. Otto in (1917) getan hat – versuchen, einige allgemeine Bestimmungen anzugeben. Ein Numen ist zunächst einmal ein machtvolles Wesen, das sich in der Welt unserer Erfahrungen manifestiert und in ihr wirkt, ohne ein empirischer Gegenstand in unserem Sinn zu sein. Es ist insofern (metaphysisch) transzendent, wobei jedoch mythischem Denken die Idee einer radikalen Transzendenz fremd ist. Im Verhältnis zum Menschen erscheint es übermächtig und überlegen, es entzieht sich seiner Kontrolle, ist Teil einer, verglichen mit der Menschenwelt machtvolleren Wirklichkeit. In der Erfahrung solcher Numina und ihres Wirkens reagiert der Mensch daher mit Furcht und Scheu, je nach dem Charakter des Numen mit Ehrfurcht, Verehrung und Anbetung, oder mit Schrecken und Grauen. Das Numinose hat immer auch Wertcharakter: Es ist das Erhabene, Hoheitsvolle, Heilige – wobei man aus dem Begriff ‚heilig‘, wie Otto betont, für das mythische Denken vom Element des Moralischen absehen muß –, vor dem der Mensch sich als nichtig erfährt. Als Abraham zu Gott spricht, sagt er (Gen 18,27): „Ich habe es unternommen, mit Dir zu reden, der ich Staub und Asche bin“. Es handelt sich dabei um die Erfahrung einer zugleich ontologischen Nichtigkeit – die eigene Person wird als ohnmächtig gegenüber dem Numinosen erfahren – und einer Minderwertigkeit im Angesicht des Erhabenen, die auch als Schuld begriffen wird, als Unwertigkeit und Rechtlosigkeit. Andererseits kann das Numinose in seinen negativen Erscheinungen auch als unheimlich, schrecklich, gespenstisch erfahren werden. Das Numinose ist das für den Menschen schlechthin Bedeutende, von ihm kommt ihm Heil oder Unheil, von ihm hängt sein Schicksal ab, er ist ihm ausgeliefert. Das Numinose ist auch das Geheimnisvolle, Unbegreifliche, in seinen Aktivitäten Unvorhersehbare, es ist epistemisch „transzendent". Es ist also nicht nur durch seine faktischen Merkmale ausgezeichnet, seine objektive Beschaffenheit, sondern es ist immer vom Verhältnis des Menschen zu ihm zu charakterisieren, es ist wesentlich bestimmt durch die Haltung des Menschen zu ihm, seine überragende Bedeutung für den Menschen, durch die menschliche Selbsterfahrung vor ihm. Es ist so wesentlich „mystisch" bestimmt, wie man oft sagt, d. h. der Begriff hat unverzichtbare Komponenten, die sich auf die existentielle, emotionale und praktische Bedeutung für den Menschen beziehen, auf die Art, wie es erfahren wird.

Da für das mythische Denken auch Eigenschaften, die wir den Bereichen des Seelisch-Geistigen zurechnen, für Gegenstände der Außenwelt konstitutiv sind, bildet die Wirklichkeit eine Einheit etwa im Sinn eines psycho-physischen Monismus. Zur Gesamtwirklichkeit gehört aber auch der Bereich des Numinosen. Er ist wie gesagt nicht radikal transzendent gegenüber der erfahrbaren Welt, sondern nur mehr oder minder andersartig und eigenständig. Die Gesamtwirklichkeit zerfällt nicht in autonome Bereiche – den der physischen bzw. psychischen Natur und den des Göttlichen –, sondern sie bildet ein Ganzes. Das Numinose ist gewissermaßen eine Dimension des Wirklichen. Es handelt sich nicht um eine Verweltlichung des Göttlichen oder eine Vergöttlichung der Welt – solche Redeweisen setzen unser heutiges Verständnis von „Welt" und „Gott" als völlig verschiedenartiger Realitäten voraus –, sondern um eine Konzeption, nach der das Göttliche und das Weltliche Aspekte einer Realität sind, zwischen denen es mannigfache Übergänge und Verbindungen gibt. Daraus ergibt sich die zentrale Rolle der Religion in allen mythischen Kulturen. In allen Lebensbereichen hat es der Primitive mit Numina zu tun, und seine Religion ist seine Weltanschauung. Eine profane Weltanschauung gibt es nicht, weil es keine profane, autonome Welt gibt. Die Wirklichkeit ist kein Aggregat verschiedenartiger Bereiche, des Psychischen, des Physischen und des Göttlichen, sondern all diese Bereiche durchdringen sich gegenseitig. Dieser einheitliche Charakter der Gesamtwirklichkeit wird auch in der Aussage von Alice Fletcher deutlich: „Die Indianer sahen alle belebten und unbelebten Gestalten, alle Erscheinungen als von einem gemeinsamen Leben durchdrungen an, das kontinuierlich war und der Willensmacht ähnlich, deren sie sich in ihnen selbst bewußt waren. Diese mysteriöse (mystische) Macht in allen Dingen nannten sie *Wakanda* und dadurch standen alle Dinge mit dem Menschen und untereinander im Zusammenhang. Durch diese Idee der Lebenskontinuität war eine Verwandtschaft zwischen dem Sichtbaren und dem Unsichtbaren, zwischen den Toten und den Lebenden und auch zwischen einem Bruchstück irgendeines Gegenstandes und diesem ganzen Gegenstand selbst gegeben und festgehalten".[27] Diese einheitliche Konzeption der Wirklichkeit spiegelt sich im universellen Anwendungsbereich der Prädikate, der z. T. auch in unserer Sprache noch zu beobachten ist: Wir beschreiben Geistiges mit Vokabeln für Räumliches (tiefe Gedanken, hohe Ideale), oder Optisches (etwas wird einem klar oder bleibt dunkel), Physisches mit Vokabeln für Seelisches (aggressive Dissonanzen, freundliche Farben), Anorganisches oder Organisches mit Vokabeln für menschliches Verhalten. Im mythischen Denken ist dieses Phänomen sehr viel deutlicher ausgeprägt, und viele Redeweisen, die wir heute als metaphorisch verstehen, sind dort durchaus wörtlich gemeint. B. Snell spricht von den Vergleichen Homers und geht dabei auf jenen ein, daß sich die Schlachtreihe gegen den feindlichen Ansturm hält wie ein Fels im Meer, der Wind und Wellen zum Trotz verharrt.[28] Er sagt dazu: "Daß der Fels ein menschliches Verhalten deutlich macht, also ein toter Gegenstand etwas Lebendiges, beruht darauf, daß dieser tote Gegenstand anthropomorph gesehen wird: das unbewegliche Stehen der Klippe in der Brandung wird gedeutet als Ausharren, so wie der Mensch ausharrt in einer bedrohten Situation. Der Gegenstand wird also tauglich, im Gleichnis etwas zu veranschaulichen, dadurch, daß in diesen Gegenstand das hineingesehen

[27] Zitiert in Lévy-Bruhl (1910), S. 81f.
[28] *Ilias* O,615ff.

wird, was er dann seinerseits illustriert. Dies eigentümliche Verhältnis, daß menschliches Verhalten deutbar wird durch etwas, das selbst erst nach diesem menschlichen Verhalten gedeutet ist, gilt auch für alle anderen homerischen Gleichnisse, ja, es gilt weit darüber hinaus bei den echten Metaphern und überhaupt überall dort, wo der Mensch etwas „versteht". Es ist also schon bedenklich, wenn wir sagen, der Fels würde „anthropomorph" gesehen — man müßte denn hinzufügen, daß der Mensch den Felsen nur dadurch anthropomorph sehen kann, daß er sich selbst zugleich petromorph sieht, daß er nur dadurch, daß er den Felsen von sich aus interpretiert, ein eigenes Verhalten gewahr wird und den treffenden Ausdruck dafür findet. Daß der Mensch sich selbst nur so im Echo hören und verstehen kann, ist grundlegend für das Verständnis der Gleichnisse".[29] Der Mensch begreift sich im Spiegel seiner Umwelt und entnimmt ihr Beschreibungen für sich selbst, seine Handlungen, seine Eigenschaften, seinen Charakter, speziell auch für Geistiges und Seelisches. Er kann das tun, weil er die Natur panpsychistisch sieht, so daß in ihr gewissermaßen dieselben Phänomene vorkommen wie in ihm selbst.

Auch im mythischen Bereich gibt es spekulatives Denken und es werden Fragen nach Grund, Ursprung, Sinn und Ziel der Erscheinungen, ja der ganzen Welt gestellt.[30] Der Prototyp naturwissenschaftlicher Erkenntnis ist die Subsumption einzelner Phänomene unter allgemeine kausale Gesetze, die beschreiben, wie die Erscheinungen miteinander zusammenhängen. Dieses Erkenntnisziel hat das der aristotelischen Wissenschaft abgelöst, in der es um eine Erklärung der Erscheinungen aus dem Wesen der einzelnen Dinge ging. Das mythische Denken begreift hingegen die Erscheinungen als Aktionen von Numina und sucht sie aus deren Charakter, Kräften und Motiven zu verstehen. H. Frankfort illustriert den Unterschied heutiger zu

[29] Snell (1955), S. 185. Ähnlich sagt Weidlé in (1981), S. 102: „In der Rede des Dichters als solchen gibt es keine Metaphern, keine „Bilder", denn der „übertragene", „bildliche" ist ja eben der von ihm gemeinte, der eigentliche Sinn. Das gilt auch für die gesamte Bilderwelt der bildenden Kunst".

[30] Vgl. dazu Frankfort (1946), Kap. 1.

mythischen Erklärungen an folgendem Beispiel[31]: Wo für uns das Ende einer langen Trockenperiode durch atmosphärische Veränderungen bewirkt wird, wird es im alten Babylon durch folgende Geschichte erklärt: Der Himmelsstier hatte mit seinem heißen Atem die Pflanzen versengt; da kam der riesige Vogel Indugud zur Rettung der Menschen, er verdunkelte den Himmel mit seinen großen Flügeln und verschlang den Himmelsstier. Meteorologische Vorgänge werden also als Aktivitäten beseelter Mächte gedeutet. An diesem Beispiel wird auch deutlich, daß das Erklärungsproblem für mythisches Denken nicht in einer Wie-Frage besteht, sondern in einer Wer-Frage; es geht nicht um Gesetze, nach denen sich die fragliche Erscheinung auf andere zurückführen läßt, sondern um die Erkenntnis der Numina, die für das Geschehen verantwortlich sind, und die Frage, warum sie so handeln. Das rein Natürliche gibt es nicht, natürliche Erscheinungen sind immer mit dem Wirken von Numina verbunden und daher muß jede Erklärung auf diese zurückgehen.[32] Erklärungen stützen sich auf Mythen, die von Taten der Götter berichten, in denen der Grund des fraglichen Phänomens zu suchen ist. Es handelt sich dabei oft um genetische Erklärungen. Zustände werden durch ihre Entstehung in mythischer Vorzeit erklärt, Beziehungen zwischen den Wesenheiten durch ihre Genealogie. Eine genetische Erklärung eines Phänomens gibt an, wie es dazu gekommen ist, sie macht also eine Tatsache durch das begreiflich, was ihr vorausging und woraus sie sich im Zuge eines normalen Verlaufs der Dinge ergeben hat. Mythen erklären alle Fakten durch Aktionen von Numina. Diese sind freilich nicht nur etwas Vergangenes, sondern etwas, das immer noch wirksam und präsent ist. Die mythische Vorzeit, in der die Dinge zuerst so geworden sind, wie sie jetzt sind, ist zugleich zeitlose Gegenwart, denn in den Taten der Götter zeigt sich ihr Wesen, das auch ihr gegenwärtiges Wirken bestimmt. Die Mächte der Vorzeit wirken auch heute noch, und viele Riten dienen, wie wir sahen, dazu, die Kraft dieses Anfangs zu erneuern. Die Kunde von der Vorzeit ist so die Prinzipienlehre des mythischen Denkens. Exemplarisch für dieses genetische und genealogische Erklärungsprinzip ist die *Theo-*

[31] A. a. O., S. 6.
[32] Vgl. dazu Lévy-Bruhl (1910), S. 49f.

gonie Hesiods. Dort werden z. B. die Wirkungen des Streits: Mühsal, Hunger, Einsamkeit (Vergessenheit), Kummer, Totschlag, Lug, Trug, Verblendung zu Kindern der *Eris* (226–232).

B. Malinowski charakterisiert Mythen so: „Ich behaupte, daß es eine spezielle Art von Geschichten gibt, die für heilig gehalten werden, die verkörpert werden im Ritual, in den Sitten und der sozialen Ordnung, und die einen wesentlichen und aktiven Teil primitiver Kultur bilden. Diese Geschichten leben nicht durch müßiges Interesse, nicht als fiktive oder auch wahre Geschichten; vielmehr bedeuten sie für die Eingeborenen die Darstellung einer uralten, größeren und relevanteren Wirklichkeit, durch die das gegenwärtige Leben, die Schicksale und Aktivitäten der Menschheit bestimmt werden und deren Kenntnis dem Menschen das Motiv für rituelle und moralische Handlungen wie auch Hinweise für ihre Ausführung liefert".[33] Das ist eine sehr gute Beschreibung dessen, was ein Mythos ist und welche Funktion er im primitiven Leben hat. Mythen sind also Erzählungen, die von Numina, von Göttern, aber auch von mythischen Vorfahren und ihren Taten handeln, durch die Wirklichkeit gedeutet wird. Sie unterscheiden sich dadurch von Sagen, Märchen und Legenden. *Heldensagen*, wie z. B. die Siegfriedsage oder die Trojasage, haben einen historischen Kern. So treten im Nibelungenlied historische Persönlichkeiten auf (der Hunnenkönig Attila als Etzel, der burgundische König Gunther (Gundahar), der Ostgotenkönig Theoderich der Große als Dietrich von Bern (Verona)) und dem erzählten Geschehen liegen historische Ereignisse zugrunde, der Untergang eines burgundischen Heeres unter Gundahar 426 gegen ein Hunnenheer, bei dem der König, seine gesamte Sippe und ein großer Teil seines Volks den Untergang fanden. Der geschichtliche Hintergrund der Trojasage ist uns nicht mehr genauer faßbar, ebensowenig die historischen Gestalten, aber die Sage dreht sich zweifellos um eine mykenische Eroberung Trojas etwa um 1200 v. Chr. Aus Heldensagen Geschichte ablesen zu wollen, wäre freilich illusorisch. Das zeigt z. B. das Auftreten Theoderichs in der Nibelungensage, die sich auf ein Ereignis bezieht, zu dessen Zeit er noch nicht lebte. *Märchen* dienen hauptsächlich der Unterhaltung; das zeigt sich z. B.

[33] Malinowski (1948), S. 90f.

in den vielen Abenteuermotiven und dem *happy end*. Sie sind erdichtet und werden als Dichtung verstanden. In ihnen haben sich jedoch viele primitive Anschauungen erhalten, so daß sie kulturhistorisch von erheblichem Interesse sind. Zum Teil sind sie „abgesunkene Mythen“: Es fehlt das machtvoll Heilige, statt Göttern treten Feen oder Kobolde auf. Magische Vorstellungen klingen in den Gestalten von Zauberern an, in Dingen mit wunderbaren Fähigkeiten (Tarnkappe, Tischleindeckdich, Siebenmeilenstiefeln), in den Tabus (das Wort, das nicht ausgesprochen, der Name, der nicht erfragt, der Raum, der nicht betreten werden darf), in der „äußeren Seele“ (die Seele oder das Herz kann von einem Menschen getrennt sein, sein Leben in einem Ding wohnen, so daß er stirbt, wenn dieses Ding zerstört wird, wie in der Meleagrossage: Meleagros lebt, solange das Holzscheit, das bei seiner Geburt aus dem Herd genommen wurde, nicht verbrennt[34]), in der Mensch-Tierverwandtschaft (der Tierheirat, der Abstammung von Tieren), in der Verwandlung in Tiere, in helfenden Tieren (den Tauben im Aschenbrödelmärchen, den Ameisen im Märchen von Psyche und Amor). Eine Verbindung von Sage und Märchen ist die *Legende*.

Die Grenzen zwischen diesen Gattungen und dem Mythos sind freilich nicht scharf. Wir haben gerade auf mythische Motive in Märchen hingewiesen. Auch mit der Sage von der Heimkehr des Odysseus verbinden sich viele Märchenmotive. In der griechischen Heldensage spielen – im Gegensatz etwa zum Nibelungenlied – Götter eine wichtige Rolle. So vollzieht sich das Geschehen in der *Ilias* auf zwei Ebenen: der göttlichen und der menschlichen, und bei den Göttern liegt dabei alle Initiative. Man kann auch nicht sagen, wie das gelegentlich geschieht, im Gegensatz zu Sagen hätten Mythen keinen geschichtlichen Kern. Mythen berichten zwar meist nicht von einer historisch gedachten Vorzeit wie Sagen;[35] auch die kosmogonischen Mythen spielen nicht in historischer Zeit, sondern in einer Zeit, die zugleich vergangen und noch wirksam ist. Es gibt aber viele Mythen, die geschichtlichen Ursprung haben, z. B. die Verdrän-

[34] Vgl. Ranke-Graves (1960), Nr. 80.

[35] Eine Ausnahme ist z. B. der Mythos von den verschiedenen Zeitaltern, den Hesiod in *Werke und Tage* erzählt.

gung eines Kults durch einen anderen im Verlauf von Eroberungen. Sie reden jedoch nicht von diesem historischen Ereignis, sondern erheben es in den gewissermaßen überzeitlichen Raum göttlichen Geschehens.[36]

Die wichtigsten Mythen sind *aitiologische Mythen*, die etwas dadurch erklären und deuten, daß sie erzählen, wie es dazu kam. Thema solcher Mythen ist z. B. wie die Welt entstanden ist (kosmogonische Mythen). Dabei geht es nicht nur um die Natur in unserem Sinn, sondern vor allem auch um die Entstehung der Götterwelt. Oder sie erklären die Entstehung natürlicher Phänomene, z. B. auffälliger Felsformationen.[37] Es gibt Mythen über den Ursprung des Todes (Genesis) oder des menschlichen Leids, wie den Pandoramythos, den Hesiod in der *Theogonie* wie in *Werke und Tage* erzählt, oder die Entstehung von kultischen Gebräuchen.[38] Mythen können endlich auch göttliche Attribute erklären oder tradierte Göttervorstellungen und -bilder, die einer späteren Epoche unverständlich oder unakzeptierbar geworden waren. So werden z. B. in späterer Zeit die Tiergestalten griechischer Götter erklärt.[39] In anderen Mythen tritt die Deutung oder Bewertung ganz in den Vordergrund, und die Genese ist nur Einkleidung. Dazu gehören z. B. der Mythos Hesiods von den zwei Schwestern, der guten und der schlechten Eris, in den *Werken und Tagen*, oder die Genealogie der Musen (der Künderinnen historischer oder mythischer Vorzeit) als Töchter von Zeus und Mnesmosyne in seiner *Theogonie*. Neben den aitiologischen Mythen gibt es solche, die erzählen, wie etwas gemacht wird, indem sie ein

[36] Wenn z. B. Apoll die Schlange Python im Orakel der Mutter Erde in Delphi tötet und es übernimmt, so kann das bedeuten, daß die Griechen Delphi einnahmen und das vorgriechische Orakel durch das des Apoll ersetzten. Vgl. Ranke-Graves (1960), Nr. 21.

[37] Vgl. dazu Nilsson (1941), Bd. I, S. 28.

[38] Vgl. Hesiod *Theogonie*, V.535ff., vgl. a. Nilsson (1941), I,26.

[39] Vgl. dazu Nilsson (1941), I,S. 27. In Phigaleia hatte z. B. Demeter ein pferdeköpfiges Bild. Das wird erklärt durch die Erzählung von ihrer Verwandlung in eine Stute, mit der der in einen Hengst verwandelte Poseidon ihre Tochter Despoina zeugte.

mythisches Vorbild für eine Technik oder Verfahrensweise schildern, z. B. wie ein Gott etwas bewerkstelligt hat.

Mit der Frage, wie Mythen entstehen, hat man sich schon in der griechischen Aufklärung befaßt, als das mythische Denken bereits der Vergangenheit angehörte und kaum mehr verstanden wurde.[40] Die damals entwickelten rationalistischen Erklärungsmodelle – Mythen als allegorische Verkleidungen physikalischer oder sozialer Phänomene, Zusammenhänge oder Ereignisse, Mythen als Legenden um historische Vorgänge im Sinn des Euhemerismus (die Götter als bedeutende historische Persönlichkeiten), Mythen als Erdichtungen – sind jedoch wenig plausibel. Warum, so fragt man sich, sollten Leute, die über physikalische Einsichten verfügen, diese nicht klar und eindeutig formulieren anstatt sie allegorisch zu verkleiden? Wieso konnten Erdichtungen so ernst genommen werden, daß sie das Leben eines Volkes bestimmten? Viele Mythen haben sicher einen historischen Kern, aber nicht die besonders wichtigen aitiologischen Mythen. Nur solche Erklärungen sind akzeptabel, die Funktion und Autorität der Mythen plausibel machen. Mythen sind Deutungen von Phänomenen und Vorgängen, die sie für das mythische Denken verständlich machen. Dabei geht es, anders als in naturwissenschaftlichen Theorien, nicht um Verlaufsgesetze, sondern um den Sinn der Erscheinungen. Die Autorität der Mythen ergibt sich nicht nur aus ihrer Erklärungsleistung, sondern mehr noch aus ihrem Offenbarungscharakter: Sie erzählen von Ereignissen, die unserer Erfahrung unzugänglich sind und müssen den Menschen daher von Göttern oder – wie bei Homer und Hesiod – durch die Musen als Zeugen des Geschehens mitgeteilt werden.[41]

Die meisten Mythen sind sehr alt und sind im Laufe der Zeit umgestaltet und neu gedeutet worden. Mythen existieren nicht als kanonisierte Texte und können daher den sich wandelnden Bedürfnissen immer neu angepaßt werden. Das wird wieder bei Hesiod deutlich. Mythen wurden von späteren Zeiten auch gelegentlich nicht

[40] Zur Geschichte der Mythendeutung vgl. Kerényi (1976).

[41] Ein wenig ist das in dieser Spätzeit mythischen Denkens freilich schon zur Floskel geworden. An die Stelle göttlicher Mitteilung tritt nun die dichterische Inspiration. Vgl. dazu Snell (1955),Kap. VIII.

mehr richtig verstanden. Lévy-Bruhl schreibt dazu: „Wir haben meistens gar kein Mittel um zu erforschen, bis auf welche längst vergangene Zeit sie zurückgehen. Wer gibt uns, wenn sie nicht erst in jüngster Zeit gedichtet worden sind, die Gewähr dafür, daß nicht mehr oder weniger beträchtliche Stücke daraus verschwunden sind oder daß nicht Mythen, die ursprünglich voneinander verschieden waren, in ein nicht zusammengehöriges Ganzes verschmolzen worden sind? Die mystischen Bestandteile, die im Augenblick der Schöpfung des Mythus die erste Rolle spielten, können viel von ihrer Bedeutsamkeit eingebüßt haben, wenn die Geistesart der sozialen Gruppe sich gleichzeitig mit ihren Einrichtungen und mit ihren Beziehungen zu den umgebenden Gruppen weiterentwickelt hat. Kann nicht der Mythus, der allmählich für diesen veränderten geistigen Zustand dunkel geworden ist, verstümmelt, vervollständigt, verändert worden sein, um den neuen Kollektivvorstellungen, die diese Gesellschaft beherrschen, gemäß gestaltet zu werden? Kann diese Anpassung nicht gegen seinen geistigen Sinn geschehen sein, indem man sich um die Partizipation, die der Mythus ursprünglich ausdrückte, gar nicht bekümmerte? Nehmen wir an, was gar nichts Unwahrscheinliches an sich hat, daß mehrere aufeinanderfolgende Umänderungen dieser Art mit ihm vorgenommen worden sind: welche Analyse läßt uns dann hoffen, die vollzogene Entwicklung jemals wieder zurück zu verfolgen, die verschwundenen Elemente wiederzufinden, die aufeinandergepfropften Widersinnigkeiten zu entwirren und zu berichtigen?“[42] Darin liegt sicher ein ernstes Problem für ein Verständnis der Mythen. Sie müssen zum Teil wie verdorbene Texte so rekonstruiert werden, daß eine sinnvolle Deutung möglich wird. Ferner muß der Hintergrund der Lebensform und der Ansichten erforscht werden, auf dem er entstanden ist. Und vor allem muß man die Eigenart des mythischen Denkens erfassen, aus dem sie hervorgegangen sind.

Für viele Formen mythischen Denkens ist es auch typisch, daß die Dinge und Phänomene weniger durch ihre Eigenschaften, ihr Wesen charakterisiert werden, als durch ihre Relationen zu anderen Dingen und Phänomenen, speziell durch Entsprechungen und Gegensätze. Das führt dazu, daß sie oft mithilfe von Modellen aus ganz

[42] Lévy-Bruhl (1910), S. 334.

anderen Bereichen verstanden werden, so z. B. die kosmische Ordnung im Modell der sozialen.[43] Zur Deutung der Struktur verschiedener Phänomenenbereiche werden, speziell in China, auch abstrakte Modelle wie Diagramme oder Figuren aus Zahlen verwendet. Dabei stellt man, für unsere Begriffe, die erstaunlichsten Entsprechungen her, z. B. zwischen Zahlen, Elementen, Farben, Tönen, Geschmacksqualitäten, Gefühlen, Handlungsweisen, klimatischen Erscheinungen, Himmelsrichtungen, Jahreszeiten usf.[44]

Eine besondere Schwierigkeit für unser Verständnis von mythischen Ansichten ist ihre scheinbare Widersprüchlichkeit und Absurdität. Lévy-Bruhl meint: „Die berühmte Formel Humes: „Alles Mögliche kann die Ursache von allem Möglichen sein" könnte die Devise der primitiven Geistesart bilden. Es gibt keine Metamorphose, Erzeugung, Fernwirkung, mag sie noch so seltsam, noch so unbegreiflich sein, die für diese Denkweise nicht annehmbar wäre. Ein Mensch kann von einem Felsen geboren werden, Steine können sprechen, das Feuer muß nicht brennen, die Toten können lebendig sein etc. Wenn eine Frau mit einer Schlange oder einem Krokodil niederkommt, so verweigern wir solchen Dingen unseren Glauben. Die Sache scheint uns mit den Naturgesetzen, welche selbst die monströsen Geburten beherrschen, unvereinbar. Aber die primitive Geistesart, welche an eine intime Verbindung zwischen einer menschlichen sozialen Gruppe und der sozialen Gruppe der Krokodile oder der Schlangen glaubt, wird darin keine größere Schwierigkeit sehen als in der Vorstellung, daß die Larve mit dem Insekt, die Schmetterlingspuppe mit dem Schmetterling identisch sei. ... Für die prälogische Geistesart ist alles Wunder, d. h. gar nichts ist es. Daher ist alles glaublich und nichts unmöglich oder absurd".[45] Die letzte Aussage ist zweifellos zu stark. Wäre alles Geschehen wunderbar, so gäbe es keine festen Ordnungen und die Welt wäre völlig unbegreiflich. Die Absurditäten mythischer Vorstellungen sind nur scheinbare; sie ent-

[43] Im Sinn der Deutung metaphorischer Aussagen von J. Martin Soskike (vgl. dazu 1.4) ließe sich daraus auch die wichtige Rolle von Metaphern in der Sprache mythischen Denkens erklären.

[44] Vgl. dazu Granet (1934).

[45] Lévy-Bruhl (1910),S. 338.

stehen erst, wenn wir sie in unsere eigenen Kategorien projizieren und die Aussagen in unsere Sprache übersetzen, der ganz andere Konzeptionen zugrundeliegen. Die Vielfalt unterschiedlicher Bilder für dasselbe ist z. B. nichts, was man als „paradox" bezeichnen müßte. Wenn etwa der ägyptische König in ein und demselben Kontext als Sonne, Stern, Stier, Krokodil, Löwe, Falke, Hyäne beschrieben und mit zwei Schutzgöttern gleichgesetzt wird, so wird damit nur die Fülle der in ihm wohnenden Kräfte und die Vielfalt seiner Funktionen anschaulich ausgedrückt.[46] Es mag zunächst absurd klingen, wenn wir hören, daß ein Mensch auf magischem Wege zum Himmel und zugleich zur Erde werden könne: *Ich bin der Himmel – du kannst mich nicht berühren, Ich bin die Erde – du kannst mich nicht verzaubern.*[47] Hier ist aber zweifellos keine simultane Verwandlung einer Person in zwei verschiedene Dinge gemeint, sondern der Sprecher verleiht sich in diesem magischen Ritual Kräfte, die ihn unberührbar gegenüber Zaubern machen wie den Himmel und unerschütterlich wie die Erde.[48] Postulate der Kohärenz und Konsistenz spielen freilich im mythischen Denken nicht die gleiche Rolle wie in unserem eigenen. Das Geschehen wird durch Numina bestimmt, die spontaner Handlungen fähig und ebenso komplex sind wie menschliche Persönlichkeiten. Wie es unmöglich ist, das Verhalten eines Menschen zuverlässig vorauszusagen, so ist es auch unmöglich, das Wirken der Numina generell zu bestimmen. Und wie sich in einem Menschen oft recht heterogene Einstellungen und Strebungen verbinden, so läßt sich auch der Charakter der Numina nicht auf einen einfachen Nenner bringen. Wie R. Otto betont hat, ist das Numinose auch das Ungewöhnliche, Andersartige, Geheimnisvolle und damit Unbegreifliche.

[46] Vgl. dazu Frankfort (1946), S. 62.

[47] Vgl. a. a. O., S. 132f.

[48] Es handelt sich dabei freilich nicht nur um einen Vergleich, sondern der Sprecher drückt aus, daß er gewisse Kräfte von Himmel und Erde hat, ihnen also wesensverwandt ist, und daher kann er sagen, er „sei" Himmel und Erde.

Das mythische Denken ist historisch gesehen wohl die wichtigste Quelle für die Entwicklung religiöser Vorstellungen und Haltungen. Als Typ ist die mythische Religion dadurch ausgezeichnet, daß sie grundsätzlich mit der gesamten Lebensform der Kultur zusammenfällt, der sie zugehört. Religiöse Anschauungen beziehen sich nicht nur auf spezielle Bereiche der Wirklichkeit (das Übernatürliche), sondern sie bilden die gesamte Weltanschauung. Diese ist religiös, da die gesamte Realität im mythischen Denken numinosen Charakter hat, eine Welt ist, die von numinosen Mächten erfüllt und durchwaltet wird. Es gibt prinzipiell weder eine bloß profane Erfahrung, die es nicht mit Numinosem zu tun hat, noch ein bloß profanes Denken oder eine bloß profane Welt. Daher gibt es auch keine Spannung zwischen Glaube und Vernunft: Die mythische Vernunft arbeitet selbst mit religiösen Kategorien, ihr Verständnis der Welt ist in den Mythen enthalten. Die Existenz von Göttern ist nicht zweifelhafter als für uns die Existenz von Dingen der Außenwelt oder von anderen Personen. In ihren Göttern, sagt B. Snell, deutet sich den Griechen das Dasein. Auch im praktischen Bereich fallen religiöse und soziale Normen des Verhaltens zusammen. Für das mythische Denken gibt es keine bloßen Verhaltenskonventionen, sondern die Sitten sind religiös geheiligt und beglaubigt, ihre Einhaltung wird von Göttern überwacht. Wir sehen das z. B. noch im AT, wo in den mosaischen Gesetzen auch reine Klugheitsregeln oder Konventionen (wie wir sagen würden) als göttliche Gebote erscheinen. Auch Techniken der Jagd und des Ackerbaus unterliegen religiösen Normen, denn überall ist der Mensch mit göttlichen Mächten konfrontiert, die er zu respektieren hat und die über das Gelingen oder Mißlingen seines Tuns entscheiden. Soziale Organisationsformen sind geheiligte Ordnungen, sind von Göttern gestiftet, stehen unter göttlichem Schutz oder erscheinen als göttlich legitimiert. Es gibt also auch im praktischen Bereich keinen prinzipiellen Gegensatz zwischen profanen Normen der Klugheit und Zweckmäßigkeit und religiösen Normen. Klugheit heißt vor allem mit den Göttern rechnen, die Macht über alles haben, Weisheit ist Gottesfurcht. Es gibt auch keinen Gegensatz zwischen religiösen und ethischen Verhaltensregeln, denn moralische Gebote in unserem Sinn, also solche, die unabhängig vom Willen und der Macht der Götter gelten, kennt man noch nicht. Die Götter bestimmen kraft ihrer Überlegenheit, was für den Menschen rechtens ist.

Die Idee moralischer Normen, nach denen sich auch die Götter beurteilen lassen müssen, gab den ersten Anstoß zur Kritik an mythischen Vorstellungen, sowohl bei den Griechen wie bei den Juden, und führte zu einem tiefgreifenden Wandel der Religion.

3.2 Konzeptionen transzendenter Realität

Im Abschnitt 1.4 war von einem Transzendenzbegriff die Rede, der sich in der platonischen Tradition entwickelt und von dort aus Eingang in den christlichen Gottesbegriff gefunden hat. Mit ihm verbindet sich die Konzeption einer übernatürlichen Wirklichkeit: Jenseits der empirischen Welt gibt es einen von ihr radikal verschiedenartigen Realitätsbereich: eine Wirklichkeit, die der Erfahrung unzugänglich ist, außerhalb von Raum und Zeit, unendlich, unvergänglich und unbedingt. Wir haben nun im letzten Abschnitt gesehen, daß die Welt der Numina mythischen Denkens in diesem Sinn nicht als „transzendent" bezeichnet werden kann. Die Gesamtwirklichkeit zerfällt hier nicht in zwei verschiedene Welten, sondern ist ein Ganzes, in dem das Natürliche mit dem Göttlichen verwandt und mit ihm verwoben ist. Die numinose Wirklichkeit manifestiert sich im Diesseits, kann also erfahren werden, und die Natur ist voll von numinosen Kräften und Mächten, also offen gegenüber dem Jenseitigen. Wenn wir daher, wie das weithin üblich ist, das Wort „Transzendenz" auch als Obertitel für die Welt der Numina verwenden wollen und darüber hinaus für all die höchsten Wirklichkeiten, von denen die verschiedenen Religionen sprechen, so müssen wir das Wort in einem weiteren Sinn verwenden.[1] Der läßt sich so erläutern:

1) In oder an der Gesamtwirklichkeit werden zwei Bereiche, Dimensionen oder Aspekte unterschieden, die einander als immanent und transzendent gegenübergestellt werden. Die Grenzen können

[1] Oft spricht man auch vom Göttlichen oder Heiligen, aber diese Bezeichnungen sind problematisch, da es Religionen gibt, in denen personale Götter keine Rolle spielen und vielfach auch natürliche Dinge, z. B. Steine, Bäume, Orte und Zeiten als heilig angesehen werden.

scharf sein wie im Fall der Transzendenz i. e. S., von der in 1.4 die Rede war, oder fließend, so daß sich Transzendentes und Immanentes nur graduell unterscheiden, und es zwischen ihnen Übergänge gibt wie im Fall der Numina.[2] Die Gesamtwirklichkeit kann sich, wie z. B. bei Plotin, auch als eine Hierarchie darstellen, in der einige Stufen dem immanenten, andere dem transzendenten Bereich zugehören. Die Grenzen zwischen Immanentem und Transzendentem werden in verschiedenen Konzeptionen sehr unterschiedlich gezogen, so daß das, was nach einer Konzeption transzendent ist, nach einer anderen als immanent angesehen wird. Generell kann man nur sagen, daß als immanent das gilt, was uns in alltäglicher Erfahrung zugänglich ist: Der Mensch und die Natur in ihren normalen Erscheinungen. Nicht alles, was äußerer oder innerer Erfahrung zugänglich ist, wird aber schon als immanent betrachtet; wie wir im letzten Abschnitt sahen, wird oft bereits das Ungewöhnliche, Bedeutungsvolle als Manifestation des Göttlichen verstanden. Selbst etwas so Reguläres wie das tägliche Aufgehen der Sonne kann als immer erneutes Wunder erscheinen, und ganz konkrete Dinge wie ein Fels, ein Hain oder die Himmelskörper können als heilig bzw. göttlich begriffen werden.

2) Das Immanente ist kein autonomer, in sich geschlossener Teil der Gesamtwirklichkeit, sondern offen gegenüber dem Transzendenten, seinen Manifestationen und Einwirkungen, von ihm abhängig.

3) Das Transzendente ist die größere Wirklichkeit. Sie ist machtvoller, wertvoller, bedeutungsvoller, und zwar in einem überragenden Sinn. Es ist – oder umschließt – das Unbedingte, die letzte, höchste Wirklichkeit, die letzten Gründe der immanenten Erscheinungen.

4) Das Transzendente ist unserer (normalen) Erfahrung und unserem Begreifen nur zum Teil und nur in Annäherungen zugänglich; es bleibt immer das mehr oder minder Unbegreifliche. Daher entzieht

[2] Selbst in der christlichen Theologie ist die Grenze zwischen Transzendenz und Immanenz nicht ganz klar. Gott ist einerseits gegenüber der Welt transzendent i. e. S. , andererseits spielt aber auch die Idee der Immanenz Gottes in der Welt eine gewisse Rolle. So sagt z. B. Thomas (ST Ia, 8,1): „Da das Sein dasjenige ist, was einem jeden Wesen am innerlichsten und tiefsten ist, ist Gott allen Wesen innerlich, und zwar aufs tiefste".

es sich auch, trotz eventueller (z. B. magischer) Beeinflussungsmöglichkeiten, menschlicher Kontrolle.[3]

Diese Erläuterung bleibt zunächst recht abstrakt. Da wir „Transzendenz“ jedoch als Obertitel für sehr verschiedenartige Konzeptionen verwenden wollen, ist das unumgänglich; eine konkretere Anschauung des Gemeinten ergibt sich erst aus Beispielen, wie wir sie unten angeben. Sie ist darüber hinaus auch vage. Das liegt daran, daß die Konzeptionen, die mit dem Titel „Transzendenz“ erfaßt werden sollen, in der Regel begrifflich nur schwer faßbar sind; das ist u. a. eine Folge der Bedingung (4) – das Transzendente ist eben auch epistemologisch transzendent.

Konzeptionen einer transzendenten Realität sind Antworten auf die Erfahrung, daß die empirische Welt und insbesondere das menschliche Leben vergänglich, unbeständig und bedingt sind und als zutiefst fragwürdig erscheinen: als nicht aus sich selbst verständlich und unsicher in ihrem Wert und Sinn. Der Ausblick auf eine größere Wirklichkeit soll Licht in dieses Dunkel bringen, das Unvollständige ergänzen, den Grund des Bedingten aufzeigen, das Ewige und Gültige im Vergänglichen und Relativen; er soll menschlichem Leben feste Orientierung geben. Es gibt ein tiefes Bedürfnis des Menschen, über die Grenzen seiner beschränkten, zufälligen, vergänglichen Existenz hinauszugelangen und Anteil zu haben am Ewigen. Unter diesem Aspekt verbreitet das Transzendente nicht nur Licht über die empirische Welt, sondern erweitert auch den Horizont menschlichen Lebens.

Im folgenden sollen einige Beispiele für Konzeptionen transzendenter Realität angegeben werden.[4] Wir entnehmen sie geschichtlichen Religionen, ohne jedoch den Anspruch zu erheben, deren zentrale Glaubensinhalte angemessen darzustellen. Das ist erstens Auf-

[3] In der vedischen Religion wird das Opfer als Ernährung der Götter angesehen und in der chinesischen ist es auch Aufgabe des Priesterkönigs, durch die Ordnung des Reiches die Ordnung des Himmels aufrecht zu erhalten. Von einer strikten Unabhängigkeit des Transzendenten vom Immanenten kann man also nicht generell sprechen.

[4] Jaspers spricht in (1962) von „Chiffern der Transzendenz“, meint damit aber nicht Symbole oder Manifestationen, sondern Konzeptionen.

gabe der Religionswissenschaft und zweitens würde es sehr viel ausführlichere Erörterungen erfordern, sowohl wegen der Komplexität und des historischen Wandels der Vorstellungen wie auch wegen der Schwierigkeit, Konzeptionen fremder Kulturkreise durch uns geläufige Begriffe angemessen zu charakterisieren. Hier kann es sich also nur um kurze Hinweise handeln, die allein den Zweck haben, die Mannigfaltigkeit von Vorstellungen von Transzendentem zu beleuchten. In diesem Abschnitt geht es vor allem um Konzeptionen von Transzendentem, die einer Stufe des Denkens zugehören, die sich an jene anschließt, von der im letzten Abschnitt die Rede war. Sie zeichnet sich erstens durch Spekulationen über den letzten Grund, die höchste Wirklichkeit oder Macht aus, die zu monistischen oder auch dualistischen Theorien führen, und zweitens durch eine sittliche Konzeption der höchsten Macht oder Realität — es waltet kein blindes Fatum, sondern ein gerechter Gott oder eine sittliche Weltordnung. Es handelt sich also um theologisch-philosophische Lehren, die nicht mehr mit einer Vielzahl von Mythen auf die vielfältigen Erfahrungen reagieren, sondern auf einen letzten Grund aller Erscheinungen zielen. Oft wird nun die polytheistische Vielfalt der Numina selbst zum Bereich des Bedingten gezählt, also bzgl. des letzten Grundes depotenziert. Die Distanz von Transzendenz und Immanenz wird dabei naturgemäß größer. Die Grenzen dieses Denkens sowohl zum mythischen, wie es im letzten Abschnitt geschildert wurde, wie zum philosophischen sind fließend. Abgesehen von ersten Ansätzen bei Hesiod ist in Griechenland daraus die Philosophie entstanden. Im AT wird die Wende in der großen Prophetie deutlich und mit dem Übergang vom Henotheismus zum Monotheismus, in Indien beginnt sie mit den Upanishaden etwa 800 v. Chr., in Persien mit Zarathustra, in China mit den Anfängen des philosophischen Taoismus.

a) *Hochgötter*

Eine letzte Realität, eine höchste Macht über den Göttern gibt es schon in der polytheistischen griechischen Religion: Es ist die Macht eines auch ihrer Kontrolle entzogenen Fatums, verkörpert durch die Moiren, die nicht nur menschliches Schicksal weben, sondern auch das der Götter und des Universums. Dieses Fatum bleibt freilich eher im Hintergrund des religiösen Bewußtseins; der Mensch hat es zunächst mit den Göttern zu tun, und allein sie haben eigene Kulte. Viele Religionen kennen ferner einen Hochgott, der die Welt erschaffen oder geformt hat. Auch er bleibt aber oft im Hintergrund und hat keinen eigenen Kult. In manchen Religionen, wie z. B. im Hinduismus, wird die Vielfalt der Götter auch dadurch relativiert, daß der jeweils angerufene Gott als der höchste gepriesen wird und auch Attribute der anderen annimmt; die verschiedenen Göttergestalten erscheinen so als Aspekte einer Gottheit. Ein letztes Prinzip oder ein höchster Gott – oder in dualistischen Religionen zwei antagonistische Grundprinzipien oder Götter, deren Kampf den Weltverlauf bestimmt –, treten aber erst auf jener Stufe des Denkens in den Vordergrund religiösen Bewußtseins, die wir oben charakterisiert haben. Die Ferne dieser letzten Wirklichkeit von den konkreten Erscheinungen und Anliegen der Menschen führen freilich oft dazu, daß sich daneben eine polytheistische Vielfalt von Göttern, Dämonen und Engeln hält oder wieder etabliert, die dem Menschen näher sind. So verbindet sich z. B. im Hinduismus, im Taoismus und im Zoroastrismus der Glauben an eine letzte Realität mit der Verehrung unzähliger Götter und numinoser Mächte. Dabei wird im Hinduismus der grundsätzliche Monismus mit dem Polytheismus so verbunden, daß dessen Götter als Teil der Welt, also als immanent verglichen mit der höchsten Realität erscheinen. Die höchste Wirklichkeit wird zum Teil personal, als Gott, begriffen, zum Teil apersonal, aber nie als bloßes Faktum oder Gesetz. Denn als letzter Grund alles Seienden muß sie aus sich heraus wirken, d. h. eine kreative Macht sein und so den Charakter des Lebendigen haben. Wir betrachten zunächst monistische Konzeptionen des Transzendenten.

b) *Monotheismus*

Ursprung der drei großen monotheistischen Religionen – Judentum, Christentum und Islam – ist der at Glaube. Dessen Monotheismus ist aus einem Henotheismus entstanden. Jahwe war zunächst der Gott jüdischer Stämme, die aus Ägypten kamen und wurde erst bei deren Vereinigung mit anderen Stämmen, als sich im Lauf der Landnahme aus ihnen ein Volk bildete, zum nationalen Gott Israels. Darauf weist vielleicht die Erzählung vom Landtag von Sichem hin (Jos 24). Die alleinige Verehrung Jahwes war von Anfang an ein Grundgebot des Glaubens. Die Existenz anderer Götter, die grundsätzlich als Götter anderer Völker verstanden wurden (vgl. Dtn 32,8f.), stellte man zunächst nicht in Frage. Aus diesem Henotheismus hat sich aber schon sehr früh ein Monotheismus entwickelt, wobei man vielleicht Attribute des kanaanitischen Hochgottes *El aeljon* auf Jahwe übertrug. Jahwe erscheint nun als Schöpfer der Welt und als alleiniger Gott. Die Propheten des 7. Jahrhunderts v. Chr. betonen, daß die Götter, die andere Völker verehren, nicht existieren, daß deren Glauben ein bloßer Aberglauben ist. Die höchste Realität ist also hier eine Person: ein einziger Gott. Seine Transzendenz gegenüber der Welt kommt am deutlichsten darin zum Ausdruck, daß er ihr Schöpfer ist. Die Welt ist sein Werk, aus freiem Entschluß hervorgegangen, keine Emanation oder Verkörperung aufgrund einer — dann wieder übergeordneten — Notwendigkeit. Er ist von der Welt unabhängig, er war, bevor die Welt entstand, er ist der Erste und der Letzte. Im Ps 102,26—28 heißt es: „Vorzeiten hast du der Erde Grund gelegt, die Himmel sind das Werk deiner Hände. Sie werden vergehen, du aber bleibst; sie zerfallen wie ein Gewand; du wechselst sie wie ein Kleid, und sie schwinden dahin. Du aber bleibst, der du bist, und deine Jahre enden nie". Er ist Herr über die Welt, erhält und lenkt sie. Er ist ein guter, ein gerechter Gott, ja die Quelle alles Guten — durch ihn hat es Macht und nur in der Orientierung an seinem Willen kann der Mensch Gutes bewirken. Der Mensch ist nach dem Bild Gottes erschaffen und zur Gemeinschaft mit Gott berufen[5]; sein Heil liegt in dieser Gemeinschaft mit ihm.

c) *Die Weltordnung als höchste Realität*

Eine monistische Konzeption, nach der die letzte Realität nicht personal ist, begegnet uns z. B. bei Anaximander von Milet. Das von ihm erhaltene Hauptfragment (B1) lautet: „Ursprung (*Arche*) der

[5] Im älteren Schöpfungsbericht (Gen 2,7) haucht Gott Adam das Leben ein. Darin kommt auch die in verschiedenen Religionen verbreitete Auffassung der Verwandtschaft der menschlichen Seele mit dem Göttlichen zum Ausdruck.

Seienden ist das *Apeiron*. Woraus sie aber entstehen, darin vergehen sie auch wieder mit Notwendigkeit. Denn sie geben einander gerechte Sühne und Buße für ihr Unrecht nach der Ordnung der Zeit". Das *Apeiron* ist das Unbegrenzte, Unerschöpfliche, Unermeßliche. Es ist ewig (B 2 und 3), es ist weder ein Abstraktum noch ein Stoff, sondern eine kreative Macht. Hegel und Nietzsche haben das *Apeiron* als das Unbestimmte gedeutet, aus dem sich — nach dem Satz: *Omnis determinatio est negatio* — Bestimmtes in Form von Gegensätzen bildet. Etwas Bestimmtes kann danach nicht Urgrund von allem sein, denn es steht immer schon anderem gegenüber. Bei dieser Deutung wird jedoch das *Apeiron* schon zu sehr in die Nähe des Einen bei Plotin gerückt. Gemeint ist wohl einfach der schöpferische Urgrund, aus dem alles Endliche und damit Vergängliche erwächst, obwohl zweifellos gewisse Parallelen zu späteren metaphysischen Spekulation über das All-Eine bestehen. Die Weltordnung, die wir als naturgesetzliche Ordnung verstehen, sieht Anaximander als Rechtsordnung — die Unterscheidung präskriptiver und deskriptiver Gesetze hat man erst sehr viel später gemacht; die Weltordnung wurde nach früherer Anschauung von *Dike*, der Göttin des Rechts garantiert, die an die Stelle der Moiren trat. „Notwendigkeit" hat ursprünglich nicht unseren logischen oder naturgesetzlichen Sinn, sondern den von Zwang, sie erscheint als Ordnungsmacht. Die Rede von Unrecht der Dinge gegeneinander ist wohl im Sinn der alten Gegensatzlehre zu verstehen: Alles Seiende besteht in oder entsteht aus Gegensätzen, die im Kampf miteinander liegen. Jedes Glied eines Gegensatzpaares vermehrt oder verstärkt sich auf Kosten des anderen, greift in dessen Herrschaftsgebiet ein, und darin besteht sein Unrecht. Für dieses Unrecht leisten sie einander Buße durch ihre Vergänglichkeit: Keines kann so übermächtig werden. Nicht das Chaos ist also der Urgrund oder das Erste, das allem Werden und Vergehen zugrunde liegt, wie bei Hesiod, sondern eine schöpferische und ordnende Macht.

Diese Konzeption ist naturphilosophisch, nicht religiös, da sie dem Menschen keinen Heilsweg aufzeigt. Von größerem Interesse in unserem Zusammenhang ist daher, daß eine Weltordnung als letzte Wirklichkeit auch in historischen Religionen, insbesondere im chinesischen „Universismus" und dem daraus entstandenen Taoismus auftritt, und zwar ebenfalls als eine zugleich natürliche und sittliche Ordnung. Im mythischen Denkens Chinas ist *Tao* das umfassende

Ordnungsprinzip und die in allen Bereichen wirkende Ordnungskraft.[6] Es ist insbesondere das Gesetz, nach dem sich aller Wandel vollzieht. Die zwei Grundgegensätze sind *Yang* und *Yin*, die aber in ihren Erscheinungsformen äußerst komplex sind und praktisch als Obertitel für fast alle Gegensätze fungieren. Mit ihnen verbindet sich kein Dualismus und sie liegen auch nicht miteinander im Kampf wie bei Anaximander (und insbesondere bei Heraklit), sondern sie ergänzen sich, bringen im Zusammenwirken alle Erscheinungen hervor. Der stete Wandel in der Welt ergibt sich, wie z. B. bei den Jahreszeiten, durch eine Abfolge von *Yang*- und *Yin*-dominierten Phasen, und *Tao* ist die Ordnung dieser Abfolge, die meist als zyklisch gedacht wird. Von alters her wurde die kosmische Ordnung und die politisch-soziale als Einheit gesehen. Die politische Ordnung ist die Verwirklichung der universalen Ordnung im menschlichen Bereich; menschliches Leben gelingt nur in Harmonie mit der Ordnung des Himmels. Umgekehrt ist es aber auch die Aufgabe des Priesterkönigs, durch die richtige Ordnung der sozialen Verhältnisse die himmlische Ordnung zu stützen. Beide bestehen zusammen; wird die soziale Ordnung gestört, so gerät auch die himmlische aus dem Gleichgewicht. Wie jede sittliche Ordnung bedarf auch die Weltordnung der Pflege.[7] Die Kraft der Sitte hält Himmel und Erde zusammen, und in einem der ältesten Texte heißt es: „Es ist ein innerster Zusammenhang zwischen dem Himmel oben und dem Volk unten, und wer das im tiefsten Grunde erkennt, der ist der wahre Weise." Es ist eine einzige Ordnung in allen Dingen. Das „Buch der Sitte" sagt: „Die Kraft der Sitte ist es, durch die Himmel und Erde zusammenwirken, durch die die vier Jahreszeiten in Harmonie kommen, durch die Sonne und Mond scheinen, durch die die Sterne ihre Bahnen ziehen, durch die die Ströme fließen, durch die alle Dinge gedeihen, durch die Gut und Böse geschieden wird, durch die Freude und Zorn den rechten Ausdruck finden, durch die die Unteren gehorchen, durch die die

[6] Vgl. dazu z. B. Granet (1934).

[7] Das Wort *Li* für Sitte hat ursprünglich den Sinn von (kultischem) „Ritus" und bezeichnet die Form, in der ein Tun gelingt. – Das *Tao* wirkt ebenso wie die Sitte nicht durch Gewalt, Zwang oder Aktivität, sondern durch sein Wesen. Seine Kraft ist Ausstrahlung seines Wesens.

Oberen erleuchtet sind, durch die alle Dinge trotz ihrer Veränderungen nicht in Verwirrung kommen."[8] Diese Grundanschauung der Wirklichkeit bleibt im Konfuzianismus wie Taoismus erhalten und wird dort nur ausgestaltet. Der Konfuzianismus betont als Staats- und Moralphilosophie vor allem die sittliche Seite des *Tao*, wobei aber der Gedanke nicht aufgegeben wird, daß die sittliche Ordnung zugleich eine natürliche ist: Das sittliche Rechte ist zugleich das Naturgemäße und damit Wirksame. Im Taoismus wird hingegen die naturphilosophische Seite ausgebildet, es werden kosmologische Spekulationen entwickelt, die aber für uns weniger interessant sind.

Diese Weltordnung, das *Tao*, ist nichts Transzendentes i. e. S. Sie besteht nicht außerhalb und unabhängig von der Welt, sondern ist deren Ordnung. Sie ist transzendent nur in dem weiteren Sinn, in dem sie erstens die höchste, mächtigste und maßgebliche Wirklichkeit ist, etwas, das als Gesetz alles Seienden kein Gegenstand normaler Erfahrung ist und sich auch nicht vollständig begreifen läßt. Indem man sich von ihr leiten läßt in allem Denken, Reden und Tun, hat man Anteil am Ewigen und Gültigen und das Leben wird sich recht gestalten.

d) *Transzendenz als Jenseits alles Seienden*

Es ist schwierig, die ursprüngliche Lehre Shakyamunis, *des* Buddha zu bestimmen, weil sie aus Texten erschlossen werden muß, in denen sie bereits im Sinn der verschiedenen Schulen interpretiert wird, in die sich der Buddhismus später gespalten hat. Unumstritten ist zunächst einmal, daß er in einer Oppositionsbewegung gegen die Religion der Brahmanen, den Brahamanismus stand. Die Tradition spricht von sechs nicht orthodoxen und nicht buddhistischen Schulen, die es zu seiner Zeit gab. In ihnen wurden auch rein materialistische, radikal skeptische und nihilistische Lehren vertreten, so daß man von einer rationalistischen Aufklärungsbewegung gesprochen hat. Auch die Lehre Buddhas weist rationalistische Züge auf. Er lehnte nicht nur den Ritualismus der Brahmanen ab, sondern erkannte auch die

[8] Beide Zitate nach Glasenapp (1952), S. 152f. (Aus *Shu-ching* und dem *Buch der Sitte*.)

Autorität der Veden nicht an, die von allen orthodoxen Richtungen des Hinduismus als Offenbarung angesehen werden. Er beanspruchte für seine Lehre keinen Offenbarungscharakter, sondern appellierte an die eigene Einsicht seiner Schüler. Dennoch hat er einige Grundideen der religiösen Tradition übernommen, insbesondere die pessimistische Sicht des Lebens, das als grundsätzlich leidvoll erscheint, und die Konzeption einer Seelenwanderung. Die menschliche Seele durchläuft danach eine Kette von Wiedergeburten, wobei das Verhalten in einem Leben die Qualität der folgenden Wiedergeburten bestimmt. Es gibt eine universelle Vergeltungskausalität, die nicht nur moralisch verstanden wurde: Man wird im nächsten Leben nicht nur für böse Taten bestraft, vielmehr rächt sich jedes Haften an der Welt durch Begierden, ja durch jede eigenständige, individuelle Aktivität (*Karma*).[9] Heilsziel ist die Erlösung vom Leid, damit aus dem Strom des Lebens, in den man bei jeder Wiedergeburt erneut eintaucht, und dazu bedarf es der Lösung von der Welt. Daraus versteht sich die enorme Rolle, die Weltentsagung und Askese in der indischen Religion spielen. In der brahmanischen Religion gibt es einen Urgrund alles Seins, *Brahman*, und es wird die Identität oder Wesensgleichheit der individuellen Seele, *Atman*, mit ihm gelehrt. Das Heil besteht danach im Aufgehen der geläuterten Seele im All-Einen oder, wo dieses in Brahma als höchstem Gott personifiziert wurde, in der Gemeinschaft mit ihm. Buddha hat sich gegen solche Spekulationen über ein unsichtbares und unbegreifliches Tanszendentes gewandt. In *Digha-Nikaya* heißt es: „Die Brahmanen geben selbst zu, daß keiner von ihnen Brahma mit eigenen Augen gesehen hat. Sie lehren mithin: „Zu dem, den wir nicht kennen und nicht sehen, zur Gemeinschaft mit ihm weisen wir den Weg, und dies ist der einzige gerade Weg zur Erlösung.“ Das ist ebenso, als ob jemand auf einem Platz eine Treppe bauen wollte, die zu dem obersten Stockwerk eines Palastes führen soll, den er nie gesehen hat und von dem er nicht

[9] In der alt-iranischen Religion entspricht der indischen Karma-Lehre die Vorstellung einer himmlischen Person, deren Zustand durch die Taten der irdischen beeinflußt wird. Der Gerechte vereint sich nach dem Tod mit seinem wahren Ich. Vgl. dazu Widengren (1965), I.7.

weiß, wie groß er ist".[10] Buddhas Lehren werden meist im wesentlichen mit denen des Theravada-Buddhismus gleichgesetzt, des „Kleinen Fahrzeugs" (*Hinayana*), der ältesten der für uns greifbaren Form des Buddhismus. Hier wird die Welt als anfangs- wie endloser Strom von Faktoren angesehen, von *Dharmas*, momentanen Realisierungen von Qualitäten wie Tönen und Farben, psychischen Regungen und Empfindungen etc. Diese Faktoren sind nicht substantiell oder ewig, sondern entstehen aus Konstellationen anderer Faktoren und bewirken wieder neue. Im Bereich der Faktoren gilt eine strenge kausale Gesetzlichkeit. Dinge sind Bündel oder Zusammenballungen von *Dharmas*, die trotz des starken Wechsels ihrer Elemente länger bestehen können. Auch der Mensch und seine Seele sind nichts als ein Bündel solcher im ständigen Wechsel befindlicher *Dharmas*. Was den Zusammenhalt einer Seele bewirkt, ist Gier oder Leidenschaft, und wenn es gelingt, frei von allen Affekten und Strebungen zu werden, löst sich die Seele nach dem Tode auf. Sie verbindet sich dann nicht mehr mit einem neuen Körper und geht ins Nirwana ein, verweht wie eine verlöschende Flamme. Das buddhistische Bekenntnis lautet in vielen Zeugnissen: „Von den *Dharmas*, die ursächlich bedingt sind, hat der Vollendete [Buddha] die Ursachen dargelegt und auch, wie die Aufhebung [dieser Ursachenkette] möglich ist. Darin besteht die Lehre des großen Asketen".[11] Diese Lehre wird auch in den „Vier edlen Wahrheiten" zusammengefaßt: Der Wahrheit vom Leiden (daß alles Leben, Erleben, Streben und Tun grundsätzlich leidvoll ist), der Wahrheit von der Entstehung des Leidens (daß die Lebensgier zur Wiedergeburt führt), der Wahrheit von der Aufhebung des Leidens (daß es durch Leidenschaftslosigkeit, durch Abtötung der Gier aufgehoben wird) und der Wahrheit vom Weg, der zur Aufhebung der Ursache des Leidens führt (dem achtteiligen Pfad rechter Anschauung, rechten Wollens, Redens, Tuns, Denkens und rechter Meditation). Danach besteht der ursprüngliche Buddhismus zunächst in einer immanent-kausalen Deutung des Karma-Gesetzes und die Erlösung, zu der er den Weg weist, in einem Aussteigen aus dem Strom von Werden und Vergehen, aus der Kette der Wiedergeburten, indem

[10] Zitiert in Glasenapp (1956), S. 64.
[11] Zitiert in Glasenapp (1952), S. 99.

man die Flamme des eigenen Lebens zum Erlöschen bringt. Der Buddhismus gibt also die brahmanische Konzeption einer ewigen, substantiellen, individuellen Seele auf. Er wird daher von Hindus auch als „Keine-Seelen-Lehre“ bezeichnet. Nun ist auch im Hinduismus die Konzeption der Seele eine andere als im europäischen Raum. Von Wiedergeburten eines Menschen in verschiedenen tierischen, geisterhaften und göttlichen Formen kann man nur dann reden, wenn man das Konstante, das durch diese Wiedergeburten hindurchgeht, nicht als etwas mit einheitlichem Bewußtsein, Erinnerungen, Verstand und Willen ansieht. Das Konstante liegt für den Brahmanismus im *Atman*, einem transzendenten Selbst. Wird nun die Idee einer substantiellen Seele aufgegeben, so scheint die Lehre von der Seelenwanderung ihre Grundlage zu verlieren, denn wenn irgendwelche Komplexe von Faktoren nach meinem Tod in ein neues Leben eingehen, so besagt das ebenso wenig wie eine Fortexistenz organischer Stoffe meines Körpers, daß ich wiedergeboren werde. Buddhisten weisen nun zwar darauf hin, daß sich ein Mensch auch im Verlauf eines Lebens ändert – das Kind ist nicht mit dem Greis identisch – und daß wir oft von demselben Ding reden, z. B. von einer Flamme, obwohl kein einziger materieller Bestandteil erhalten bleibt. Entscheidend für das Identitätsbewußtsein eines Menschen, und damit für sein Leiden aus Wiedergeborenwerden, ist aber eine Kontinuität und eine gewisse Konstanz der Erinnerungen. Die wird nun auch von der buddhistischen Lehre angenommen, wenngleich nur im Bereich des Unbewußten, aus dem die Erinnerungen an frühere Existenzformen aber an die Oberfläche des Bewußtseins dringen können wie in der Erleuchtung Buddhas. Diese Erleuchtung vollzog sich in einer Nacht und wird meist in drei Schritten entsprechend den drei Nachtwachen dargestellt. Sie erreichte danach ihren Höhepunkt in der Morgendämmerung. In der ersten Nachtwache wurde in ihm die Erinnerung an seine früheren Existenzen wach, an die Erlebnisse und Taten in all seinen unzähligen Existenzformen durch die Äonen hindurch. Er sah sein Leben als Glied einer unabsehbaren Kette von Geburten, Leben, Toden und Wiedergeburten. Es war also eine Anamnesis seiner bisherigen Leben, in der sich sein Bewußtsein bis in die fernste Vergangenheit erweiterte. In der zweiten Nachtwache sah er, daß sein eigenes Schicksal das aller Kreaturen ist: „Ich erhielt das oberste himmlische Auge und erfaßte die ganze

Welt wie in einem makellosen Spiegel. Ich sah das Vergehen und Wiedergeborenwerden aller Kreaturen, je nachdem, ob ihre Werke tiefer oder höher waren. ... Mir wurde klar, daß in diesem Fluß von samsarischer [vergänglicher] Existenz keine Sicherheit zu finden ist und die Betrachtung des Todes immer gegenwärtig bleibt".[12] Man wird das so deuten, daß Buddha auf dieser zweiten Stufe das Gesetz der Vergeltungskausalität im Sinne der *Dharma*-Lehre erkannte. Auf der ersten und zweiten Stufe hat er danach die Wahrheit vom Leiden und von der Ursache des Leidens erkannt. Dann wäre die entscheidende dritte Stufe, deren Charakter in den Berichten sehr vage bleibt, die Erkenntnis der Möglichkeit, aus dieser Kausalkette auszusteigen, die Erkenntnis der Wahrheit von der Aufhebung der Ursache des Leidens. Die Erleuchtung bestand aber offenbar nicht nur in einer rationalen Einsicht, sondern gipfelte in einer mystischen Erfahrung. Buddha hat nicht nur eingesehen, daß sich ein endgültiges Verlöschen des individuellen Lebens nach dem Tode erreichen lassen muß, sondern er hat dieses Verlöschen erlebt, das Nirvana erreicht. Das ist nur möglich, wenn „Nirvana" nicht den Übergang zur Nichtexistenz bezeichnet, sonden einen – im weiteren Sinn des Wortes – geistigen Zustand. In den verschiedenen Kulturen ist ein Typ mystischen Erlebens verbreitet, in dem sich ein „Entwerden" des Subjekts vollzieht: Die Schranken individuellen Bewußtseins werden aufgehoben, das Bewußtsein von Gegenständlichem. Dieser Zustand wird oft mit Worten wie „Leere" oder „Wüste" beschrieben. Dieser Zustand erscheint im Buddhismus durchaus als positiv. Es ist kein Zustand des Subjekts oder irgendwelcher Objekte, die ja darin verschwinden, sondern ein Befinden jenseits alles Seienden. Dieser Zustand ist wohl verwandt mit jenem, der im Brahmanismus als Aufgehen der individuellen Seele im All-Einen beschrieben wird. Der Buddhismus lehnt zwar alle Spekulationen über ein transzendentes Sein, über transzendente Wesenheiten ab und darin drückt sich zweifellos ein Spezifikum jener mystischen Erfahrung aus, auf die er abzielt. Auch im *Lied der Schöpfung* (Rigveda X,29) heißt es aber, das All-Eine läge jenseits von Sein und Nichtsein. Es gibt also nach buddhistischer Lehre ein Transzendentes, das weder gegenständlich noch personal

[12] Zitiert in Ikeda (1988), S. 92.

gedacht wird und sich damit dem Begreifen entzieht, aber doch etwas Positives ist. Das zeigt sich auch darin, daß schon im Kleinen Fahrzeug das Nirvana auch als ein Seinsfaktor (*Dharma*) bezeichnet wird, der freilich nicht zum Bereich des Vergänglichen gehört, und daß später im „Großen Fahrzeug" (*Mahayana*) das Nirvana als eine transzendente Existenzform der Buddhas erscheint, in der sie allwissend sind und eine soteriologische Aktivität entfalten können.

Ein weiterer Hinweis auf eine Beziehung des Nirvana mit dem Aufgehen im All-Einen scheint sich aus der buddhistischen Ethik zu ergeben. Auf der zweiten Stufe seiner Erleuchtung hat Buddha auch die Verwandtschaft allen Lebens erkannt: „Nicht ist ein Wesen zu finden, das nicht früher einmal euer Vater, eure Mutter, euer Bruder, eure Schwester, euer Sohn oder eure Tochter gewesen wäre während der langen Zeit, die ihr im Samsara umhergeirrt".[13] Die Befreiung von den Schranken des individuellen Bewußtseins im mystischen Erleben der dritten Stufe ermöglicht die Umsetzung dieser Einsicht von der Verwandtschaft allen Lebens in eine Zuwendung zu anderen Lebewesen. Die buddhistische Ethik ist eine Ethik des Mitleids, der Solidarität mit allem Lebendigen, der Selbstlosigkeit und der Absage an jede Form des Egoismus. Die Bedingung der Möglichkeit dieser Ethik ist die Aufhebung der falschen subjektiven Perspektive, der normalen Sicht der Welt als Material für die eigene Selbsterhaltung und Selbstentfaltung. Mit der Lebensgier wird auch diese Perspektive überwunden. Buddha hat sich nach seiner Erleuchtung nicht mit der eigenen Erlösung zufrieden gegeben. Er sah seine Aufgabe darin, anderen den Weg zum Heil zu weisen. Mit seiner Lehre wollte er nicht theoretische Interessen befriedigen, sondern vor allem praktische Hilfe leisten. Dieser ethische Aspekt kommt im Theravada-Buddhismus nicht voll zum Ausdruck: Als Ziel erscheint hier weniger das Wohl der anderen, Selbstlosigkeit ist vielmehr nur Mittel zur Selbstbefreiung, und es wird gesagt, Liebe sei schädlich wie alle Affekte. Daß das eine Verkürzung der Lehren Buddhas ist, behaupten auch die Schulen des Großen Fahrzeugs, in deren Form der Buddhismus zur Weltreligion wurde. Sie erkennen den Kanon der Schriften des Kleinen Fahrzeugs zwar an, sehen darin aber nur eine Vorstufe

[13] Zitiert in Glasenapp (1956), S. 61 (aus *Samyutta-Nikaya*).

der wahren Lehre. Der Buddhismus ist vor allem eine praktische Doktrin. Deren Fundament bleibt aber unverständlich, wenn man sie nur als immanente Weltsicht versteht, als Theorie kausalgesetzlich verknüpfter Seinsfaktoren verbunden mit einer Nutzanwendung für den, der aus dem Strom der Vergänglichkeit aussteigen will.[14]

e) *Innere Transzendenz*

Das Göttliche wird meist als eine äußere, dem Menschen gegenüberstehende Wirklichkeit erfahren und verstanden, insbesondere dann, wenn es personal gedeutet wird. Das Transzendente als umfassende Wirklichkeit, als das All-Eine oder die Weltordnung ist hingegen etwas, dem der einzelne selbst zugehört, das ihn umgreift, so daß hier von einem Gegenüber nicht die Rede sein kann. Solche Konzeptionen vor allem bilden den Hintergrund mystischer Erfahrung.[15] In ihr begegnet das Transzendente nicht als Gegenständliches, Anderes, sondern in der Tiefe der eigenen Person, als „Seelengrund" (Johannes Tauler), als größere Wirklichkeit im eigenen Innern. Angelus Silesius ruft:

Halt an, wo läufst du hin, der Himmel ist in dir:
Suchst du Gott anderswo, du fehlst ihn für und für.[16]

Wir haben schon im letzten Abschnitt gesehen, daß für mythisches Erleben das Subjekt keine autonome Person ist, sondern auch im innersten seelischen Geschehen numinose Kräfte und Mächte wirksam sind, daß es beeinflußt wird von Vorgängen, deren Ursache jenseits der Grenzen des Selbstbewußtseins liegen. Auch wir kennen solche Phänomene aus unserer Erfahrung. Es gibt starke Gefühle, die uns plötzlich ohne ersichtlichen Anlaß überwältigen, überraschende und unvermittelte Überzeugungen, die sich uns aufdrängen, unwillkürliche Antriebe, die den Charakter von Zwängen haben können. Die Vorstellung einer in ihrem Wollen und Denken autonomen Person, die über sich selbst

[14] Zu den indischen Religionen vgl. z. B. Glasenapp (1943) und Zimmer (1979).

[15] Zu mystischer Erfahrung vgl. z. B. Smart (1958),Kap. 3, Zaehner (1957) und Stace (1960).

[16] *Cherubinischer Wandersmann*, I,82.

verfügt, ist oft mehr Ideal als Realität. Mit der Entdeckung des Unbewußten wurde dieses Ideal und das traditionelle Selbstverständnis empfindlich getroffen. Das Personale, das Bewußte und Willentliche, erscheint nun als Bereich, der in ein größeres Ganzes eingebettet ist. Die Tiefe jenseits des Selbstbewußtseins ist einerseits etwas Innerliches, zum Subjekt Gehörendes, andererseits aber doch etwas Transpersonales. Im Innewerden dieser Tiefe erweitern sich die Grenzen des Subjekts. Solche Erfahrungen sind eine erste Annäherung an mystisches Erleben. In ihm erscheint im Seelengrund, im eigenen Innern eine größere transzendente Wirklichkeit, die als eigentlicher Wesenskern erlebt wird. Mit dieser Erfahrung verbindet sich also ein „Entwerden", wie es in Texten der deutschen Mystik oft heißt: Die Grenzen der normalen, individuellen Person werden aufgehoben, und es wird die Einheit mit dem Göttlichen im eigenen Innern erfahren — die *unio mystica*. Die Grenzen zwischen Subjekt und Objekt sind aufgehoben: Es ist eine Selbsterfahrung, keine Erfahrung von anderem, Gegenständlichem. Sie ist begriffslos, bildlos und ohne bestimmte Vorstellungen. In den Texten wird sie zwar mit Bildern und Worten umschrieben, es wird aber doch immer betont, daß sie sich nicht zulänglich beschreiben läßt. Es ist also ein Grenzfall des Erlebens jenseits bestimmter Gefühle und Gedanken. Es ist von einem „Abgrund" die Rede, von einer „Wüste" oder „Leere", von einer „weiselosen Anschauung der Wahrheit".

Mystische Erfahrungen gibt es in allen großen Religionen. Wenn aber oft behauptet wird, sie habe in allen Religionen denselben Charakter, so ist das überzogen. Es gibt sicher gemeinsame Merkmale, aber das erfahrene Transzendente versteht der Mystiker von den Vorstellungen seiner Religion her. Nun ist zwar mystische Erfahrung selbst begriffslos, also auch kaum „theoriebeladen", aber sie ist doch etwas, was zu dem Ausdruck paßt, den der Mystiker ihr gibt, also kaum völlig unabhängig von seinen religiösen Anschauungen. Die ältesten Upanishaden kennen eine mystische Einheit von *Atman* (als Wesenskern des Individuums) mit dem All-Einen, *Brahman* — „Das *Brahman* bist du!". Die Lehre Buddhas beruht, wie wir sahen, vermutlich auf einer verwandten mystischen Erfahrung. Lao-tse sah die passiv-wunschlose Versenkung in das *Tao* als Weg zur Harmonie mit dieser universellen Weltordnung an. In theistischen Religionen ist die mystische Erfahrung das Erleben eines Einswerdens mit Gott. Dabei kann diese Einheit entweder ein Aufgehen der Person in Gott sein –, wie ein „Tropfen im Meer" – oder eine Vergöttlichung der Person, eine personale oder Wesensidentität oder eine Einigkeit im Sinn einer tiefen Gemeinschaft mit Gott. Mystik gibt es sowohl in theistischen Formen des Hinduismus wie auch im Judentum, Christentum und Islam. Obwohl die personale Auffassung von Gott und Mensch im Christentum und der Gedanke einer geschichtlichen Offenbarung einem mystischen Gotteserleben nicht gerade entgegenkommt, spielen doch mystische Gedanken auch im christlichen Bereich eine gewisse, wenn auch nicht zentrale Rolle. Origines spricht von einer „Gottesgeburt im inneren Menschen" und generalisiert so den Gedanken der Inkarnation, Athanasius sagt: „Gott ist Mensch geworden, damit wir durch ihn Gott werden"[17], kennt also den Gedanken einer Vergöttlichung des Menschen. In der Ostkirche verkündet Euagrios Pontikus das Aufgeben der eigenen Individualität und ein Untertauchen im Meer der Gottheit. Typisch ist aber, daß selbst in der christlichen Mystik Gott oft als transpersonal erscheint. So steht z. B. für Meister Eckehart über dem *deus* noch eine *deitas*. Und Angelus Silesius sagt:

> *Was man von Gott gesagt, das g'nüget mir noch nicht:*
> *Die Über-Gottheit ist mein Leben und mein Licht.*[18]

Er versteht die *unio mystica* als Identität:

> *Ich selbst bin Ewigkeit, wenn ich die Zeit verlasse,*
> *Und mich in Gott und Gott in mich zusammenfasse.*
> *Ich weiß, daß ohne mich Gott nicht ein Nu kann leben,*
> *Werd' ich zunicht, er muß vor Not den Geist aufgeben.*[19]

Eine Identität zwischen Gott und Mensch scheint zunächst absurd: Wäre Gott mit mir identisch und ebenso mit meinem Nachbarn, so wäre ich auch mit diesem identisch. Das „ich" ist aber im mystischen Sinn, nicht im normalen zu verstehen: Was mit Gott identisch ist, ist das im mystischen Erleben „entwordene" Ich, das größere Ich. Die Aussagen beinhalten so nur: Mein wahres Ich ist Gott.

Daß es mystische Erfahrungen gibt, ist unbestritten, unverkennbar ist auch die Kraft solcher Erfahrungen: Sie bestimmen für den

[17] Athanasius *De incarnatione Verbi*, 45.
[18] *Cherubinischer Wandersmann* I,15.
[19] A. a. O. 13 und 8.

Mystiker sein Gottes- wie sein Selbstverständnis und damit sein Leben. Für ihn haben sie immer auch kognitive Bedeutung. Hier geht es nicht darum, die Berechtigung dieses kognitiven Anspruchs zu prüfen, sondern nur um den Hinweis auf eine Erfahrung, die zu einer spezifischen Konzeption des Transzendenten führt: Zu einer „inneren Transzendenz", wie man sagen könnte. Die Entdeckung Gottes im eigenen Inneren kommt bei G. Tersteegen sehr schön zum Ausdruck:

Wie war dem Geiste doch zumut
Da er sein lang gesuchtes Gut
So nah im Herzen funde?
Nun hat er's alles, was er will,
Umarmet, liebet und ist still
Bei seinem Gott im Grunde.[20]

f) *Pantheismus*

Die stoische Weltanschauung ist pantheistisch. Sie ist zwar primär philosophisch, hat aber doch auch religiösen Charakter und war während etwa 500 Jahren weithin die Religion der Gebildeten in der hellenistischen Welt, zumal auch sie, ebenso wie der Hinduismus und Buddhismus, die Fähigkeit hatte, polytheistische Anschauungen in sich zu integrieren. Das primäre Ziel der stoischen Philosophie ist es, die Menschen zur Eudaimonie zu führen. Ein glückliches Leben ist für sie ein sittliches gutes Leben. Das wiederum ist ein naturgemäßes Leben, und daher ist die Physik – die die gesamte Naturphilosophie umfaßt – Grundlage der Ethik: Die Maßstäbe eines richtigen Lebens ergeben sich aus der Erkenntnis der Grundstrukturen der Welt und des Platzes, der dem Menschen in ihr zukommt. Tugend ist vernunftgemäßes Handeln, ein Handeln nach Vernunft aber ein Handeln im Einklang mit der Natur, die selbst eine vernünftige Ordnung ist. Gegenüber dem platonischen Dualismus von Geist und Materie vertreten die Stoiker einen Monismus, der sich weder als Materialismus, noch als Idealismus verstehen läßt. Die Welt besteht aus einem einheitlichen Stoff, der in etwa der Aristotelischen Urmaterie entspricht; er ist vernunftlos, ei-

[20] G. Tersteegen *Geistliche Lieder* (1897), 17.

genschaftslos und rein passiv. Dieses gemeinsame stoffliche Substrat aller Dinge wird durch ein Kraftfeld gestaltet, das das gesamte Universum durchdringt. Sein Träger ist eine Art feinstoffliche Materie.[21] Diese universelle, dynamische und kreative Kraft und ihr Träger wird als *Pneuma* bezeichnet oder als Gott, Logos, Weltfeuer, Weltseele und Weltgesetz. Urmaterie und Logos sind aber nicht zwei Prinzipien im Sinn eines Dualismus, denn die Urmaterie ist ja rein passiv und der Logos ist selbst stofflich. Alles Seiende, d. h. alle Körper bestehen aus von Kräften gestaltetem Stoff, so daß Materie und Kraft zwei nur begrifflich unterscheidbare, real aber ungetrennte Entitäten sind. Das Kraftfeld gestaltet die Körper und hält sie zusammen; es hält auch das gesamte Universum zusammen. Jede lokale Zustandsveränderung der Kräfte bewirkt eine – wenn auch noch so geringe – Zustandsänderung an jedem anderen Punkt des Universums. Das ist die stoische Sympathie: In der Natur steht alles mit allem in Wechselwirkung. Das Wesen der Dinge wird als *Logos spermatikos* verstanden, als Ausschnitt des kosmischen Kraftfelds im Einzelding, das nur relativ unabhängig ist gegenüber Veränderungen im umgebenden Raum. Die Welt ist keine statische Ordnung, sondern in ständiger Bewegung und Entwicklung. Sie ist nicht ewig, sondern entsteht durch Verdichtung aus einem Urfeuer, das als reines Pneuma auch „Gott" genannt wird, und vergeht auch periodisch wieder in einem Weltbrand, in dem alle körperlichen Gestalten aufgelöst werden und nur das göttliche Pneuma bleibt. Nach Ablauf eines Weltenjahres beginnt der Prozess der Weltbildung von neuem und wiederholt sich in allen Phasen bis in die letzten Einzelheiten hinein. Der Logos inkarniert sich immer neu in der Welt. Die Schöpfung wird also als Inkarnation Gottes verstanden: Er bildet die Welt als seinen Leib und löst ihn wieder auf. Die Welt ist endlich und determiniert. Die Determination allen Werdens und Geschehens ist eine vernünftige Gestaltung, deren Zweck die Verwirklichung des Guten und Schönen ist. Die stoische Sicht der Welt ist ästhetisch: Auch das Bedrohliche oder scheinbar Häßliche hat seinen eigenen Reiz, wenn man es nicht nur unter dem Aspekt subjektiver Nützlichkeit betrachtet. Ja die Welt ist sogar vollkommen. Der höchste Zweck des Kosmos ist die Verwirklichung einer Gemeinschaft vernünftiger und aus der ihnen ge-

[21] Vgl. dazu Sambursky (1959).

meinsamen Vernunft lebender Wesen. Mit dem Problem der Theodicee haben sich die Stoiker ausführlich befaßt, wobei ihre Auskunft im wesentlichen darauf hinausläuft, daß erstens die Vollkommenheit des Ganzen nicht jene der Teile impliziert, so daß man auch aus partiellen Unvollkommenheiten nicht auf einen Mangel des Ganzen schließen kann, und daß es für den Menchen nur ein wirkliches Übel gibt: die eigene schlechte Gesinnung, für die er allein verantwortlich ist; das wahre Glück, die Tugend, ist autark und unabhängig von allen äußeren Umständen.

Der Mensch ist Teil der Natur. Seine Seele ist ein Teil der Weltseele und kraft seiner Vernunft ist er dem göttlichen Logos verwandt. Je ausschließlicher er sich von Vernunft leiten läßt, desto enger ist diese Beziehung, und da die Vernunft als Träger der Persönlichkeit, des Ich angesehen wird, kann der Mensch so Gott ähnlich werden. Nach Seneca ist der *animus rectus, bonus, magnus* ein *deus in corpore humano hospitans*, ein im menschlichen Körper zu Gast weilender Gott.[22] Vernünftig leben heißt, sich am Gesetz der objektiven Weltvernunft, dem Gesetz Gottes, der „Notwendigkeit" orientieren. Wegen des Determinismus gibt es menschliche Freiheit nur als Tunkönnen dessen, was wir wollen. Was wir wahrhaft wollen, ergibt sich aber aus unserer vernünftigen Natur, so daß wir im Tun des Vernünftigen und Guten wahrhaft frei werden. Das Ziel des göttlichen Logos ist die Verwirklichung der Vernunft in der Welt, und an diesem Ziel kann auch der Mensch in seinem Bereich teilnehmen. Vernunft ist für die Stoiker nicht etwas, das subjektiven Interessen dient — „the slave of the passions", wie Hume sagt —, sondern etwas Allgemeines. Als vernünftiges Wesen hat der Mensch nicht mehr bloß private, partikuläre Ziele, sondern seine wahren Ziele sind die aller vernünftigen Wesen, letztlich jene Gottes. Wer aus Vernunft lebt, hat also keine egoistischen oder bloß partikulären Neigungen. Das Weltgesetz ist kein Gesetz, das von uns fordert, was wir von uns aus nicht wollen, — ja im Sinne eines psychologischen Egoismus nicht wollen könnten —, sondern wir wollen kraft unserer Vernunft, was wir sollen — ähnlich wie das Kant behauptet. Das sittliche Gebot liegt so im Interesse eines jeden vernünftigen Wesens. In der Ethik der Stoa spielt der (auf Aristoteles und Theophrast zurückgehende) Ge-

[22] Seneca, *Epistulae* 31,11.

danke der Verwandtschaft des Menschen mit allem Lebendigen eine wichtige Rolle, die in die Lehre von der *Oikeiosis* mündet. Danach verbindet sich mit dem Selbstbewußtsein zunächst Selbstliebe und eine natürliche Präferenz für das, was uns dient. Auf einer höheren Stufe des Selbstbewußtseins, auf der wir unsere Identität in der gemeinsamen Vernunft finden, erweitert sich diese Liebe auf andere Menschen, und mit der Erkenntnis der Verwandtschaft allen Lebens und der Einheit der Schöpfung auf die ganze Welt. Wir erkennen, daß wir Glieder einer großen natürlichen Gemeinschaft sind, und das bewirkt eine Sympathie mit der ganzen Natur, die alle Schranken des Egoismus aufhebt. Unser Interesse gilt nicht mehr nur dem Teil, der wir selbst sind, oder unserer nächsten Umgebung, sondern dem Ganzen.

Die Seele des Menschen überlebt dessen körperlichen Tod. Sie kehrt – die Vorstellungen sind hier unterschiedlich – entweder gleich nach dem Tode oder nach einer Phase der Läuterung, spätestens aber am Ende der Welt in das Urfeuer, die Gottheit zurück. Bei Seneca erhalten die stoischen Vorstellungen eine platonische, gelegentlich fast christliche Färbung: Der Leib ist nur Herberge der Seele, eine Last, die wir im Tode zurücklassen. Er freut sich auf den Tag, der die Fesseln des Körpers zerreißen wird, den „Geburtstag der Ewigkeit", und malt den Frieden und die Seligkeit himmlischen Lebens aus, das Licht, das dort alle Geheimnisse der Natur entschleiern wird, das ewige Leben in Gemeinschaft mit anderen Seelen. Aus dem Gedanken an diese Fülle jenseitigen Lebens gewinnt er die Kraft zu sittlichem Handeln.

Mit ihrer Lehre von der Einheit von Gott und der Welt, vom Kosmos als Leib Gottes, waren die Stoiker – und Heraklit, auf den sie sich gern berufen – die ersten Pantheisten der antiken Philosophie: Gott ist das Ganze der Wirklichkeit, er entfaltet sich in ihr. Das Universum selbst ist etwas Göttliches, und das Göttliche ist nichts anderes als die Welt in ihrer Totalität und Entwicklung. Es ist die Vernunft und die wirkende Kraft in allen Dingen. Von Gott ist zwar in der Stoa in personalen Kategorien die Rede, aber die passen nicht immer: Die Schöpfung ist jedenfalls keine freie Tat Gottes, sondern ein Prozeß der Selbstverwirklichung, der sich mit „Notwendigkeit" immer in gleicher Weise wiederholt. Die Konzeption des Göttlichen weist so apersonale Züge auf, aber indem es als Weltvernunft bestimmt wird, hat es andererseits auch personale Merkmale. Es ist nicht transzendent i. e. S., denn es realisiert sich in dieser unserer Welt, und ist nichts von ihr Getrenntes. Es ist auch erfahrbar. Selbst wenn wir es wegen der Beschränkung unserer Erkenntnisfähigkeit nicht vollständig begreifen können, so garantiert uns doch die Vernünftigkeit der Welt einen unendlichen offenen Horizont für immer weitere Erkenntnis. Die stoische Konzeption ist zweifellos attraktiv: Sie lenkt den Blick auf die Schönheit und den Wert der Welt, begreift diese als vernünftige Ordnung und eröffnet dem Menschen mit der Lehre von der Wesensgleichheit der menschlichen und der göttlichen Vernunft die Möglichkeit, am Ewigen teilzuhaben. Sie versöhnt ihn mit der ganzen Schöpfung. Das Übel in der Welt, das Leid, das Böse, werden in dieser optimistischen Weltsicht freilich nicht wirklich ernst genommen.

g) *Dualismus*

Dualistische Konzeptionen spiegeln die Verfassung der Welt und des menschlichen Lebens wieder, in denen uns Gutes und Schlechtes begegnet, Schönes und Häßliches, Liebe und Grausamkeit, Freude und Leid. Während die Annahme eines guten Schöpfers mit dem Übel in der Welt nicht ohne Zusatzannahmen verträglich ist, zieht der Dualismus die direkte Konsequenz, daß in der Welt sowohl gute wie böse Mächte am Werk sind. Dualismus und Monismus sind nicht immer klar voneinander unterscheidbar. Bei Plotin ist z. B. die Materie das Prinzip des Schlechten in der Welt, aber sie wird zugleich als nichtig bezeichnet, als keiner eigenen Wirkungen mächtig, so daß das Übel letztlich mit der Entfernung vom Einen als dem guten Urquell alles Seienden erklärt wird. Diese Defizittheorie des Bösen wird freilich nicht konsequent durchgehalten, an vielen Stellen zeigt es sich vielmehr als durchaus wirkmächtig. In anderen monistischen Theorien wird das Böse durch den Abfall geschaffener Geister vom Guten erklärt, so z. B. in der Gnosis. Am klarsten ist eine dualistische Konzeption im Zoroastrismus ausgeprägt[23]: Zarathustra vertrat einen Monismus, nach dem es nur einen Gott gibt, Ahura Mazda, den Schöpfer, Herrn und Richter der Welt und Urheber der sittlichen

[23] Vgl. dazu z. B. Widengren (1965).

Ordnung. Er gebar Zwillingssöhne: einen guten und einen bösen Geist. Sie sind so zwei Aspekte seines Wesens, das damit jenseits des Gegensatzes von Gut und Böse liegt. Der gute Geist erscheint als Licht, Wahrheit, Ordnung, der böse als Finsternis, Lüge, Haß, Streit. Schon bei Zarathustra steht aber der oberste Gott letztlich doch auch selbst für das Gute und später verschmilzt dann Ahura Mazda mit dem guten Geist und ihm steht nun gleich ursprünglich der böse Geist, Ahriman, gegenüber. Die Weltgeschichte erscheint als Kampf zwischen beiden Mächten und ihren Hilfsgeistern. Allein der Mensch gehört keiner der beiden Ordnungen zu, sondern kann sich frei zwischen ihnen entscheiden. Er ist aufgerufen, aktiv am Kampf des Guten teilzunehmen. Ahura Mazda ist aber das mächtigere Wesen. Er wird einst die Macht des Bösen besiegen, die Welt wunderbar erneuern und sein Reich aufrichten. Zarathustra verkündete, daß der Endkampf nahe bevor stehe. Nach ihrem Tod werden die Menschen von Ahura Mazda gerichtet: Die Guten kommen in den Himmel, nehmen Teil an seiner Herrschaft und werden die neue Erde bewohnen, die bösen werden mit Ahriman vernichtet und ewig in einen finsteren Abgrund gesperrt. Ahura Mazda, der gute Gott, wird also siegen, aber jetzt ist die Zeit des Kampfes, in der die Menschen zur Entscheidung und zum aktiven Einsatz aufgefordert sind, zum Eintreten für das Gute, für Wahrheit und Gerechtigkeit. Sie sollen durch gutes Denken, gutes Reden und gutes Handeln den Kampf Gottes unterstützen. So können sie schon in diesem Leben teilweise das Übel zurückdrängen und einst ewiges Heil im Jenseits erreichen.

Ahura Mazda und Ahriman erscheinen hier einerseits als transzendent i. e. S., denn sie sind keine innerweltlichen Wesen. Andererseits ist die Welt der Schauplatz und Gegenstand ihrer Auseinandersetzung; sie kämpfen um diese Welt. Es sind personale Mächte, das Gute wie das Böse haben ihren Ursprung in deren Willen. Es ist also kein apersonaler Dualismus wie der zwischen Geist und Materie bei Platon und Plotin.

Trotz der Unterschiede dieser Konzeptionen von Transzendentem ist doch schon deutlich geworden, daß ihre Differenzen in der Theorie oft größer sind als in der Praxis. Innerhalb derselben Religion können auch gegensätzliche Vorstellungen miteinander verbunden werden. So scheint zunächst der Gegensatz zwischen einer personalen und einer nichtpersonalen Auffassung des Transzendenten unüberbrückbar zu sein. Wir haben aber am Beispiel des Pantheismus und der christlichen Mystik gesehen, daß das Göttliche zugleich als personal wie als transpersonal erscheinen kann. Der radikale Gegensatz zwischen Person und Sache jedenfalls findet sich in den Religionen nicht: Auch wo das Transzendente nicht personal gedacht wird, erscheint es doch immer als eine lebendige Macht, und die Übergänge zwischen solchen Mächten und persönlichen Gottheiten sind fließend, wie wir schon in 3.1 sahen. Das All-Eine, *Brahman*, wird zum Gott Brahma, und man spricht auch von einer apersonalen Realität oft in persönlichen Redeweisen. Auch der Gegensatz zwischen Monotheismus und Polytheismus ist keineswegs unversöhnlich, denn es wird oft angenommen, daß der eine Gott, der von Anfang an war, andere Gottheiten, Mächte, Engel und Geister schuf, zeugte oder emanierte, und für den Glauben ist es dann eher sekundär, ob die Zahl dieser gleichfalls (mehr oder weniger) ewigen jenseitigen Wesen auf eines zurückgeführt wird oder nicht; sie sind jedenfalls da und für den Menschen bedeutsam. Entscheidend ist, welche Gottheiten Kulte haben. Auch wenn es aber nur einen einzigen Kult gibt, so können darin doch verschiedene Götter angerufen werden. Entsprechendes gilt, wie wir am Beispiel der von Zarathustra gestifteten Religion sahen, für das Verhältnis von Monismus und Dualismus: Ein Dualismus kann z. B. mit einem Monismus verbunden werden, indem das Prinzip des Guten und das des Bösen auf einen gemeinsamen Ursprung zurückgeführt werden; der eine Gott kann Wesen erschaffen haben, die von ihm abgefallen sind und nun gegen ihn oder gegen andere geschaffene Wesen stehen. Auch im frühen Judentum und Christentum, ganz zu schweigen von der Gnosis, etabliert sich auf den unteren Stufen der Transzendenz ein Dualismus, während die oberste Stufe monistisch konzipiert ist. Ferner gehen die Vorstellungen von Weltordnung und Weltgrund ineinander über, und endlich verschwimmt in der Mystik auch der Gegensatz zwischen überweltlicher und innerer Transzendenz, wenn z. B. Gott zugleich als Himmelsgott wie als Seelengrund erscheint.

Diesen Verbindungen zwischen den Konzeptionen der Transzendenz entsprechen die oft erstaunlichen Wandlungen und Vielfalten in den Anschauungen der Religionen. Der frühe Hinduismus geht von monistischen und apersonalen Vorstellungen des Göttlichen aus und nimmt doch eine Unzahl von persönlichen Göttern auf, die den Glauben sehr viel stärker bestimmen als der monistische Überbau, und Entsprechendes gilt für den Buddhismus. Der Hinduismus umfaßt fast alle denkbaren Konzeptionen des Transzendenten: Monistische und polytheistische, personale und apersonale, mystische und numinose. Seine Einheit liegt nicht im dogmatischen Bereich, sondern in der fortdauernden Autorität der Veden – selbst wenn sie im religiösen Bewußtsein keine große Rolle mehr spielen und sehr unterschiedlich interpretiert werden – und vor allem in der sozialen Ordnung. Der jüdische Glaube geht von der Verbindung eines theoretischen Polytheismus mit einem praktischen Henotheismus zu einem Monotheismus über, um dann wiederum eine Fülle von Engelgestalten, Mächten und Dämonen aufzunehmen, die im Volksglauben den einen Gott zeitweise fast in den Hintergrund drängen. Zarathustra wandte sich gegen den Polytheismus der altiranischen Religion, und doch kehrten die alten Götter im Zoroastrismus schon bald zurück. Im Buddhismus begegnet uns endlich das Phänomen, daß unter dem Dach einer Religion ein Glauben an Transzendentes – an Buddhas und positiv bestimmte Formen des Nirvana – mit einer Ablehnung von Transzendentem in all seinen Formen vereint ist. Die geschichtliche Kontinuität der Religionen ist so oft mit einem tiefgreifenden Wandel der Inhalte verbunden.

Das Phänomen der Berührungen und der Labilität der Konzeptionen des Transzendenten wurde oft so gedeutet, daß sie nur verschiedene Aspekte einer einzigen transzendenten Wirklichkeit sind. So gibt es für F. Schleiermacher in (1799) unendlich viele Anschauungen und Erfahrungen des einen Göttlichen, das sich nur in allen zusammen adäquat darstellt, und in ähnlichem Sinn spricht K. Jaspers in (1962) von den „Chiffern der Transzendenz". Auch im modernen Hinduismus werden die großen Religionen als gleichberechtigte Annäherungen an das Göttliche gesehen. Der Gedanke einer Versöhnung der Religionen hat natürlich etwas Attraktives. Sucht man den wesentlichen Gehalt religiöser Aussagen über Gott nicht auf der Ebene ihres wörtlichen Sinns, sondern in der Weise, wie sie ihn dem Erleben zeigen, in dem Licht, das sie auf ihn werfen, so ist dieser Gedanke zunächst durchaus nicht abwegig, denn dann können verschiedene Aussagen, die im wörtlichen Sinn nicht miteinander verträglich sind, doch gleichermaßen berechtigt sein. Schon Schleiermacher hat aber betont, daß jedem Menschen von seiner Erfahrung her nur die Vorstellungen einer oder jedenfalls nur sehr weniger Religionen zugänglich sind, und auch Jaspers sagt, daß man sich dem Transzendenten nur durch bestimmte Chiffern nähern kann, so daß es notwendig ist, sich für eine von ihnen zu entscheiden. Konzeptionen einer transzendenten Wirklichkeit bleiben zudem abstrakt und inhaltsleer, wenn man sie aus dem Kontext von Religionen herauslöst. Nur in diesem Kontext gewinnen sie konkreten Gehalt und der kann selbst bei Konzeptionen mit ähnlichen abstrakten Merkmalen sehr unterschiedlich ausfallen. Erst im Medium einer bestimmten Religion gewinnt also eine Vorstellung von Transzendentem Bedeutung. Es gibt nun aber nicht *die* Religion, die den gemeinsamen Kern der verschiedenen Religionen bildet, sondern Religion existiert nur in Form der einzelnen Religionen. Auch wenn viele Wege zu Gott oder zum Heil führen, gelangt man nicht ans Ziel, wenn man sich nicht für einen bestimmten Weg entscheidet.

3.3 Grenzfragen und religiöse Erfahrungen

Für uns ist mythisches Denken eine Sache der Vergangenheit. Es kostet uns schon erhebliche Anstrengungen, seine Eigenart und seine spezielle „Logik" überhaupt zu verstehen und es nicht einfach als primitiv abzuwerten. Auch metaphysische Spekulationen über einen letzten Grund aller Dinge sind uns fremd geworden. Die heutige Weltsicht ist immanent: Die Natur als erfahrbare Welt ist die ganze Wirklichkeit. Erfahrung ist vor allem Empirie, d. h. eine Feststellung von objektiven Fakten aufgrund sinnlicher Wahrnehmung, unterstützt durch Beobachtungs- und Meßinstrumente. Da religiöse Ansichten und Haltungen sich auf Transzendentes beziehen, ist diese Sicht der Wirklichkeit areligiös oder „säkular", wie man auch sagt. Sie hat die Religionen zwar nicht verdrängt, aber doch in den Raum privater Haltungen zurückgedrängt. Ihre allgemeine Relevanz haben sie verloren. Sie leben weithin aus alten weltanschaulichen Traditionen, so daß man sie oft als Relikte früherer Kulturen ansieht. Die Frage ist also, ob und gegebenenfalls wo die Annahme einer transzendenten Wirklichkeit – und damit religiöser Glaube – heute noch Anhaltspunkte finden kann.

Kant sagt, daß die menschliche Vernunft „durch Fragen belästigt wird, die sie nicht abweisen kann; denn sie sind ihr durch die Natur der Vernunft selbst aufgegeben, die sie aber auch nicht beantworten kann; denn sie übersteigen alles Vermögen der menschlichen Vernunft".[1] Wir wollen in einem ähnlichen Sinn Fragen als *Grenzfragen* bezeichnen, die sich uns aus theoretischen oder praktischen Gründen aufdrängen, die sich aber aufgrund empirischer Beobachtungen und rationaler Argumente nicht entscheiden lassen. „Entscheiden" heißt dabei nicht nur (durch Beweise oder Beobachtungen) definitiv beantworten, sondern allgemeiner: eine Antwort geben, die sich auf gute Gründe stützt. Oft bewegt sich schon die Formulierung solcher Fragen an den Grenzen dessen, was sich im wörtlichen Sinn klar sagen läßt, denn auch unsere Begriffe sind nach Kant nur für Erfahrbares erkärt. Wir übernehmen aber nicht seine Ansicht, die Natur unserer Vernunft ergebe solche Fragestellungen. Von einer solchen „Natur" kann in einem inhaltlich relevanten Sinn kaum die Rede sein. Denkformen und Begriffssysteme sind Kulturleistungen. „Der Mensch", sagt A. Gehlen, „ist von Natur ein Kulturwesen". Was Kant als „Natur der menschlichen Vernunft" bezeichnet, entspricht der Konzeption von Vernunft und Rationalität seiner Zeit bzw. seiner eigenen. Eine Frage ist daher eine Grenzfrage nur relativ zu einem bestimmten Paradigma von Rationalität. Für uns sind also Grenzfragen Probleme, die sich innerhalb unseres Paradigmas von Vernunft und Erfahrung nicht entscheiden lassen. In ihnen werden insbesondere – wie schon bei Kant – Lücken in der immanenten Weltsicht deutlich.

Eine erkenntnistheoretische Grenzfrage ist z. B. das Problem der (Erkenntnis-)Skepsis, ob wir etwas wissen können.[2] Solange der Skeptiker argumentiert, kann man ihn widerlegen und die Diskussion in den normalen Bahnen der Rationalität führen. Wenn er sich aber auf den Hinweis zurückzieht, daß all unseren Wissensansprüchen ein grundsätzliches Vertrauen auf die Wahrheit unserer (gegenwärtigen) Überzeugungen zugrunde liegt, das sich rational zwar nicht erschüt-

[1] Kant KrV, A VII.
[2] Vgl. dazu Kutschera (1981), 1.7.

tern, aber auch nicht rechtfertigen läßt, weil jede Rechtfertigung wie Bezweiflung sich auf andere Überzeugungen stützen muß, so ist er nicht mehr zu widerlegen (sofern er das nicht wieder als Erkenntnis ausgibt). Sicher: Ein Zweifel ist nicht rational, wenn er sich nicht auf Gründe stützt, d. h. auf Überzeugungen, etwas zu wissen. Aber Rationalität beruht eben auch auf der Anerkennung gewisser Überzeugungen und Argumentationsformen, und der Skeptiker zieht gerade auch die Zuverlässigkeit rationaler Erwägungen in Zweifel. Die Frage: „Sind Wissensansprüche jemals korrekt?" ist in diesem Sinn sinnvoll, aber rational nicht mehr entscheidbar, weil sie auch die Voraussetzungen rationaler Argumentation betrifft. Grenzfragen der Erkenntnistheorie ergeben sich allgemein daraus, daß wir uns in ihr auf eine immanente Selbstkritik der Erkenntnisleistungen beschränken müssen und keinen Standpunkt „über uns" einnehmen können, von dem aus sich ein von den Bedingungen menschlichen Erkennens unbelasteter Blick auf die Wirklichkeit eröffnet und damit „absolute" Feststellungen über Wahrheit und Falschheit menschlicher Überzeugungen und die Funktionsweise menschlichen Wahrnehmens und Denkens möglich werden.

Eine zweite erkenntnistheoretische Grenzfrage ist mit der ersten inhaltlich eng verwandt. Sie betrifft die Erkennbarkeit der Welt, so wie sie an sich ist.[3] Sie geht davon aus, daß die Inhalte unserer Erfahrungen von objektiven Faktoren – den Eigenschaften der Gegenstände – wie von subjektiven Faktoren abhängen – der Beschaffenheit unserer Wahrnehmungsorganisation und unseres Verstandes, der Begriffe und Annahmen, mit denen wir das Erfahrene immer schon deuten. Können wir also erkennen, wie die Außenwelt an sich ist, oder kommen wir über durch subjektive Faktoren bedingte Erscheinungen der Dinge nicht hinaus? Auch diese Frage läßt sich zunächst durch den Hinweis beantworten, daß wir erstens den Unterschied zwischen Sein und Erscheinen nur aufgrund gewisser Ansichten über die objektive Beschaffenheit der Welt machen können, daß also die Fragestellung selbst schon eine bejahende Antwort voraussetzt, und daß die Welt, von der wir allein sinnvoll reden können, immer nur die Welt sein kann, wie sie uns in der Erfahrung

[3] Vgl. dazu a. a. O. 3.4 sowie 4,5 und 8.

erscheint, nicht eine radikal erfahrungsunabhängige Realität, ein Kantisches Ding an sich. Trotzdem bleibt die Frage sinnvoll, wie weit wir in unseren Erfahrungen die Wirklichkeit selbst zu Gesicht bekommen, die wir ja grundsätzlich als unabhängig von menschlicher Erfahrung und menschlichem Denken ansehen. Diese Frage ist aber wiederum nicht beantwortbar, da sie das Verhältnis von Erfahrung und Wirklichkeit betrifft, wir aber über Wirklichkeit nur etwas aufgrund von Erfahrung sagen können. Wenn man die subjektiven Bedingungen unserer Wahrnehmung mit einer Brille vergleicht, durch die wir die Welt sehen, so können wir nicht feststellen, ob diese Brille Formen und Farben der Dinge korrekt abbildet oder nicht, denn dazu müßten wir die Brille abnehmen und die Welt ohne sie betrachten; ohne Brille sehen wir aber nichts. Wahrnehmungsphysiologie und -psychologie machen zwar Aussagen über die Funktionsweise unseres „kognitiven Apparates", aber deren Grundlage ist das naturwissenschaftliche Weltbild, das seinerseits eine Systematisierung unserer Beobachtungen darstellt.

Kosmologische Grenzfragen sind z. B. die nach der Ursache (dem Ursprung) der Welt und dem Grund ihrer Beschaffenheit. Wie die Versionen des kosmologischen Gottesbeweises zeigen, sind das sinnvolle Fragen, die aber rational nicht beantwortet werden können. Denn wenn man den Urknall als erstes physikalisches Ereignis ansieht, so ist er nicht kausal, d. h. mit einem noch früheren physikalischen Ereignis erklärbar, und fundamentale Naturgesetze, die Beschaffenheit und Entwicklung unserer Welt bestimmen, sind Mittel naturwissenschaftlicher Erklärungen, können also nicht deren Gegenstand sein.

Grenzfragen gibt es auch in der praktischen Philosophie. Eine ist die nach menschlicher Freiheit.[4] Man kann einerseits nicht beweisen, daß es keine Antezedenzbedingungen und Naturgesetze gibt, mit denen sich eine Handlung kausal erklären läßt, weil es ja Naturgesetze geben kann, die uns gegenwärtig unbekannt sind. Andererseits läßt sich aber auch nicht beweisen, daß sich alle Handlungen kausal erklären lassen. Das gilt schon deswegen, weil eine Erklärung für jeden Einzelfall unmöglich ist; da jede Erklärung einer Handlung

[4] Vgl. dazu a. a. O. 6.4 und Kutschera (1982), 6.4.

selbst wieder eine Handlung ist, käme man nie an ein Ende. Zudem verfügen wir gegenwärtig nicht über Theorien, die den Anspruch erheben könnten, alles menschliche Verhalten kausal zu erklären. Zumindest jetzt handelt es sich also um eine unentscheidbare Frage. Für Kant ist Freiheit das Grundpostulat der praktischen Vernunft. Er geht aus von der Tatsache moralischer Verpflichtung, die für ihn immer Verpflichtung ist, etwas unabhängig von den eigenen, subjektiven Interessen zu tun. Aus dieser Verpflichtung folgt für ihn nach dem Prinzip „Sollen impliziert Können", daß wir diese Verpflichtungen auch erfüllen können, d. h. daß unser Verhalten nicht durch unsere empirische Natur determiniert ist. Für Kant ist das allerdings kein Beweis von Freiheit, da die Tatsache moralischer Verpflichtung keine empirische Tatsache und kein apriorischer Satz ist. Man kann seinen Gedanken auch so ausdrücken: Anerkennung sittlicher Verpflichtungen, „Empfänglichkeit fürs moralische Gesetz" macht erst den Menschen aus.[5] Pflichten anerkennen heißt aber, sich im Handeln an ihnen orientieren, und das kann man nur, wenn es Handlungsfreiheit gibt. Die Anerkennung moralischer Verpflichtung impliziert also, daß man an Freiheit glaubt.

Eine zweite praktische Grenzfrage ist die nach dem Verhältnis von Interesse und Moral.[6] Einerseits haben wir ein legitimes Interesse an einem erfüllten, glücklichen Leben, andererseits ist es uns oft aus moralischen Gründen geboten, gegen dieses unser legitimes Interesse zu handeln. Aus der Tatsache, daß das Streben nach Glückseligkeit und die Forderungen der Moral in diesem Leben divergieren, ergeben sich für Kant die Postulate der Unsterblichkeit und der Existenz Gottes. Das moralische Gesetz verpflichtet uns unbedingt, unabhängig von den Resultaten, die sich ergeben, wenn wir ihm folgen, und unabhängig von einem Glauben an Gott und Unsterblichkeit. Moralisches Handeln muß aber wie alles vernünftige Tun einen Sinn und ein Ziel haben. Das höchste Ziel moralischen Handelns ist für Kant ein Zustand, in dem die Menschen nicht nur Gutes wollen und tun, sondern auch eine ihrer moralischen Würdigkeit angemessene

[5] Vgl. dazu Kant RGV, B18f. und unsere Bemerkung am Ende des Abschnitts 1.4.

[6] Vgl. dazu Kutschera (1982), 5.6.

Glückseligkeit genießen. Er meint daher, es sei Pflicht, auf die Verwirklichung dieses Zustandes hinzuwirken. Nach dem Prinzip „Sollen impliziert Können" muß er realisierbar sein. Ihn zu verwirklichen liegt aber nicht in unserer Macht. Nur ein allwissendes, moralisch perfektes und allmächtiges Wesen kann ihn herstellen: Ein Wesen, das in die Herzen der Menschen sehen, also ihre moralische Würdigkeit zuverlässig feststellen kann, das sich das höchste Ziel moralischen Strebens selbst zu eigen macht, und das die Welt so lenken kann, daß Tugend und Glück übereinstimmen – dazu sind ja insbesondere auch die physischen Übel zu beseitigen. Es muß also ein solches Wesen geben, und das nennen wir Gott. (Unsterblichkeit ist notwendig, weil der optimale Zustand, insbesondere die moralische Selbstvervollkommnung, in diesem Leben nicht erreicht wird.) Das ist das *moralische Argument* Kants für die Existenz Gottes.[7] Er hat es aber wiederum nicht als Beweis angesehen: Theoretisch bleibt die Existenz Gottes eine Hypothese. Sein Argument ist aber auch nicht stichhaltig, denn das Prinzip „Sollen impliziert Können" ist im vorliegenden Fall nicht anwendbar; es würde ja zu der stärkeren und unhaltbaren Konsequenz führen, daß wir selbst das *summum bonum* realisieren können. Trotzdem behält sein Grundgedanke Gewicht: Unter den tatsächlichen Bedingungen besteht oft eine Unverträglichkeit zwischen den sittlichen Forderungen und dem legitimen Streben nach Glück, und die kann wohl nur durch Bezugnahme auf eine transzendente Wirklichkeit aufgehoben werden. Auch die Erfahrung, daß unser moralisches Tun und Streben sich vielfach als ohnmächtig erweist, daß die Welt trotz ungezählter Anstrengungen nicht besser geworden ist, führt nur dann nicht zur Überzeugung von der Sinnlosigkeit dieses Bemühens, wenn man an eine höhere Wirklichkeit glaubt, in der oder durch die es letztlich doch zum Ziel gelangt.

Eine dritte praktische Grenzfrage ist die nach dem ontologischen Fundament der Normen oder Werte. Das Gute ist das, was sein soll, aber nur allzu oft nicht ist. Wie kann es aber als Irreales, bloß Ideales verpflichtende Kraft haben? Wie will man konsequent für das Gute eintreten, wenn man glaubt, daß die Welt so, wie sie tatsächlich ist, ganz anderen Gesetzen gehorcht als den moralischen, daß alles sitt-

[7] Vgl. Kant KpV, A223ff. und dazu Hick (1970),Kap. 4.

liche Streben doch letztlich immer wieder scheitern muß, weil die Verhältnisse eben nicht so sind. Für die Philosophie der Antike und des Mittelalters bestand dieses Problem nicht, da sie die Welt nicht als Menge wertfreier Fakten verstand. Für ihre großen Systeme war das Gute das Naturgemäße, da die Wirklichkeit und ihre Ordnungen als gut angesehen wurden. Für eine immanente Weltsicht im heutigen Sinn, nach der Wertungen keine objektive Grundlage haben, sondern sich aus subjektiven Präferenzen ergeben, ist es hingegen etwas bloß Ideales, das „nur in den Köpfen einiger Menschen vorhanden ist", wie Hegel sagt.[8] Damit verschwindet zudem auch der verpflichtende Charakter moralischer Normen, denn man kann nicht sagen, daß mich meine eigenen Präferenzen oder die anderer Leute zu etwas verpflichten. Die Anerkennung sittlicher Pflichten erfordert also eine Verankerung in der Wirklichkeit und wenn die empirische Welt als wertfrei verstanden wird, muß diese Wirklichkeit als transzendent erscheinen wie bei Kant.

Praktische Grenzfragen sind endlich auch die nach dem Sinn des individuellen Lebens und dem der Geschichte. Unter „Sinn des Lebens" versteht man etwas Entsprechendes wie unter „Sinn einer Handlung", nämlich ein Ziel oder einen Wert. Den Sinn einer Handlung oder Tätigkeit bestimmen wir oft durch das Ziel, das der Handelnde damit verfolgt. Eine Handlung ist also sinnvoll, wenn sie ein Ziel hat. In einer engeren Bedeutung des Wortes sehen wir sie freilich nur dann als sinnvoll an, wenn ihr Ziel wertvoll ist und sie zudem zweckmäßig (dem Ziel tatsächlich dienlich) ist.[9] Unter dem „Sinn des Lebens" eines Menschen könnte man entsprechend das Ziel (oder die Ziele) verstehen, das er in seinem gesamten Tun verfolgt. Sinn ist dann eine Zielrichtung, also etwas, was wir selbst

[8] Vgl. Hegel WS 12,S. 21. Zum Verhältnis von Religion und Moral vgl. a. Smart (1958), Kap. 7 und Rachels (1971).

[9] Ist die Handlung unter den tatsächlich gegebenen Umständen zweckmäßig, also erfolgreich, so kann man sie als „objektiv zweckmäßig" bezeichnen. Eine Handlung ist hingegen subjektiv zweckmäßig, wenn sie unter den vom Handelnden im Zeitpunkt seines Tuns vermuteten Umständen erfolgreich wäre. Auch in diesem zweiten Fall bezeichnen wir die Handlung oft als „sinnvoll".

unserem Leben geben. Die Frage nach dem Sinn des Lebens wäre so die Frage nach seinen Zielen und deren Wert. Unter dem „Sinn des Lebens" versteht man aber meist dessen Wert. Wert erhält unser Leben zwar auch durch zielstrebiges Handeln und wertvolle Ziele, daneben aber auch durch das, was wir erleben. Ferner kann man das gesamte Leben eines Menschen kaum als Mittel zu einem Zweck ansehen; das Leben selbst hat einen überragenden Wert, dem jener unserer Ziele meist untergeordnet ist. Es besteht aus Erfolg und Scheitern, aus positiven und negativen Erfahrungen. Die Frage nach dem Sinn des Lebens führt also auch auf jene nach dem Sinn dessen, was uns im Leiden oder Scheitern widerfährt. Wir fragen uns, ob das, was uns an einem erfüllten Leben, an der Verwirklichung wertvoller Ziele hindert, was uns bedrückt, entgegen allem Anschein nicht doch irgendeine positive Funktion in einem größeren Zusammenhang hat, einen zunächst verborgenen Sinn, im Blick auf den wir unser Los leichter tragen könnten. Endlich geht es nicht nur um den Wert des Lebens für uns selbst, also seinen subjektiven Wert, sondern auch um einen objektiven, ja unbedingten und nicht bloß relativen Wert. Die Frage nach dem Sinn des Lebens läßt sich daher rein rational nicht positiv beantworten. Empirisch bleibt es bei der Feststellung, daß viele Vorhaben an den Umständen scheitern, daß vieles, was uns widerfährt, keinerlei positive Aspekte hat, daß manches, was wir tun, zwar von beschränkter Nützlichkeit für einen beschränkten Kreis anderer sein mag, unser Leben aber doch insgesamt für den Gang der Geschichte mehr oder minder bedeutungslos bleibt. Die Sinnfrage zielt so über eine immanente Betrachtung hinaus, sie richtet sich auf den Wert des Lebens in einem größeren Kontext, und in dieser Intention ist sie rational nicht zu beantworten.

Entsprechendes gilt für den Sinn der Geschichte. Hegel weist auf das tragische Schauspiel hin, das uns die Geschichte mit dem Untergang blühender Kulturen bietet, dem Scheitern großer Absichten, der sinnlosen Zerstörung von Leben und Werken, und sagt: „... indem wir die Geschichte als diese Schlachtbank betrachten, auf welcher das Glück der Völker, die Weisheit der Staaten und die Tugend der Individuen zum Opfer gebracht worden, so entsteht dem Gedanken auch notwendig die Frage, wem, welchem Endzwecke diese ungeheurersten Opfer gebracht worden sind ... Dieser ungeheuren Aufopferung geistigen Inhalts muß ein Endzweck zugrunde liegen. Die Frage drängt sich uns auf, ob hinter dem Lärmen dieser lauten Oberfläche nicht ein inneres, stilles, geheimes Werk sei, worin die Kraft aller Erscheinungen aufbewahrt werde".[10] Die Frage ist also, ob es in der Geschichte einen Sinn gibt, ob all das Große, das untergeht, einfach der Vernichtung anheim fällt oder ob es durch seinen Untergang hindurch irgendwie bedeutsam bleibt und weiterwirkt, ob das Vergehen notwendig ist für das Entstehen von Größerem, ob also, wie Hegel meint, Vernunft in der Geschichte waltet. Ein Endzweck der Geschichte kann kein Ziel sein, das Menschen verfolgen. Eine teleologische Entwicklung könnte nur von einem Handeln Gottes ausgehen oder durch Gesetze geschichtlicher Entwicklung bewirkt werden. Empirisch lassen sich aber keine solchen Gesetze feststellen. Geschichte ist das Reich der Freiheit und ihre Entwicklungen ergeben sich in immanenter Betrachtung allein aus der unübersehbaren Masse der Entscheidungen der einzelnen Individuen. Die Annahme eines Ziels der Geschichte läßt sich also rational nicht begründen. Sie läßt sich aber auch nicht widerlegen, denn sie bezieht sich wie die Frage nach dem Sinn des Einzellebens ihrer Intention nach auf eine nichtimmanente Betrachtung von Welt und Geschichte.

Diese Grenzfragen sind nun keine Fragen, die sich jedermann stellen muß. Man kann sie vielmehr abweisen als Fragen, auf die es *per definitionem* keine zureichende rationale Antwort gibt. Man kann sie auch so umformulieren, daß sie ihren Charakter als Grenzfragen verlieren und sich allein auf die empirische Welt beziehen. Statt „Gibt es eine transzendente Realität von der Art, daß ...?" fragt man dann: „Ist die empirische Realität von der Art, daß ...?" Man fragt also z. B. nach dem Verhältnis von Moral und Interesse, dem Fundament sittlicher Werte, dem Wert des Lebens und dem Ziel der Geschichte in dieser Welt. Dann werden Antworten möglich, die etwa so aussehen: Werte sind immer subjektiv, moralische Wertordnungen sind (vom einzelnen internalisierte) intersubjektive Wertordnungen, gelten also nicht objektiv, sondern nur für eine gewisse soziale Gruppe

[10] Hegel WS 12,S. 35. Für den 2.Teil des Zitats vgl. Hegel: „Die Vernunft in der Geschichte", hg. J. Hoffmeister, Hamburg ^{5}1955, S. 36.

während einer gewissen Zeit. Sie erweisen sich nur insofern als wirklich, als sie das Handeln von Menschen bestimmen. Die Forderungen der Moral widersprechen häufig dem Interesse des einzelnen, weil sie einen Kompromiß zwischen den Interessen vieler Personen darstellen. Der Wert meines Lebens für mich selbst ist die Summe der Werte, die meine gegenwärtigen und zu erwartenden Erfahrungen und Ziele für mich haben. Die Geschichte ist faktisch oft die „große Schlachtbank", von der Hegel spricht. Einen unbedingten Wert des Lebens oder Sinn der Geschichte gibt es nicht. In diesen Umdeutungen sind es aber offenbar andere Fragen: Wer die Grenzfragen stellt, kennt solche Antworten, aber sie genügen ihm nicht. Sein Problem ist ein anderes, also z. B.: Gibt es angesichts der Tatsache, daß das Leben eines Menschen, der unter schwersten Behinderungen leidet, nach allen normalen, immanenten Maßstäben wertlos ist, für ihn nicht doch eine Hoffnung auf einen höheren Sinn seines Leidens? Wenn man die Fragen in ihrer ursprünglichen Bedeutung mit der Begründung abweist, daß es auf sie keine rationale oder empirische Antwort gibt, so setzt man dabei mehr voraus, als man rational oder empirisch begründen kann, nämlich daß alles, was aus unseren heutigen Maßstäben von Rationalität herausfällt, überhaupt unvernünftig ist. Niemand ist gezwungen, sich für Grenzfragen zu interessieren, schlechthin unvernünftig oder gar sinnlos sind sie aber jedenfalls nicht.

Die angegebenen Grenzfragen zielen über die immanente Wirklichkeit hinaus, es sind Fragen nach etwas Transzendentem, nach einer Lösung von Problemen unseres Lebens, durch Rekurs auf etwas, das mögliche Erfahrungen übersteigt. Auch das Transzendente, nach dem hier gefragt wird, hat religiöse Signifikanz. Das zeigt schon ein Blick auf die Diskussion dieser Probleme in der Philosophiegeschichte. Descartes glaubte die Verläßlichkeit von Evidenzen nur durch den Beweis der Existenz eines vollkommenen und damit auch benevolenten Gottes begründen zu können, in dessen Absicht es nicht liegen kann, uns zu täuschen. Umgekehrt rechtfertigt er auch den fundamentalen methodischen Zweifel an der Verläßlichkeit von Evidenzen, von dem er in den *Meditationen* ausgeht, mit dem Hinweis auf die Möglichkeit der Existenz eines trügerischen Dämons, der uns Gewißheit vorspiegelt. Die kosmologischen Grenzfragen bilden, wie wir sahen, den Ausgangspunkt für die kosmologischen Gottesbeweise. Aus der Unverzichtbarkeit einer Vereinbarung von Interesse und Moral ergeben sich für Kant die Postulate der Unsterblichkeit und der Existenz eines Gottes, der Tugend durch die entsprechende Glückseligkeit im künftigen Leben belohnt, und damit die Grundlagen seiner Vernunftreligion. Die Frage nach dem Sinn des Lebens oder dem der Geschichte endlich führt auf das Theodiceeproblem. So sagt Hegel von seiner *Philosophie der Weltgeschichte*, in der er versucht, einen Endzweck der Geschichte aufzuweisen und zu zeigen, „daß es in der Weltgeschichte vernünftig zugegangen ist“: „Unsere Betrachtung ist insofern eine Theodicee, eine Rechtfertigung Gottes, welche Leibniz metaphysisch ... versucht hat: das Übel in der Welt überhaupt, das Böse mit inbegriffen, sollte begriffen, der denkende Geist mit dem Negativen versöhnt werden; und es ist in der Weltgeschichte, daß die ganze Masse des konkreten Übels uns vor die Augen gelegt wird“.[11]

Bezüglich der religiösen Relevanz besteht freilich ein deutlicher Unterschied zwischen den theoretischen und den praktischen Grenzfragen. Religiöse Fragen sind im Sinn von W. James existentielle Fragen, die wir nicht auf sich beruhen lassen können, sondern entscheiden müssen. Ein fundamentales Erkenntnisvertrauen oder -mißtrauen bestimmt zwar auch unsere Haltung zum Leben — insbesondere zu Bemühungen um Erkenntnis, da diese nur im ersten Fall als sinnvoll erscheinen — und unsere Zuversicht, planvoll handeln zu können, aber tatsächlich vertrauen wir eben doch in aller Regel darauf, daß Erkenntnis möglich ist. Wie schon Hume betonte, läßt sich eine universelle Skepsis praktisch nicht durchhalten. Wir alle sind keine radikalen Skeptiker und daher stehen wir nicht vor Entscheidung für eine der beiden Haltungen, bei der uns das Fehlen rationaler Gründe in Bedrängnis bringen und evtl. nach einer religiösen Antwort Ausschau halten ließe. Ebenso können wir die Frage nach dem Grund der Existenz und Beschaffenheit der Welt auf sich beruhen lassen, denn er würde an den Fakten nichts ändern, mit denen wir es im Leben zu tun haben. Praktische Grenzfragen sind hingegen existentielle Fragen, weil unser Selbstverständnis, unsere Haltung zu unserem eigenen Leben und Tun wie zu anderen Personen

[11] Hegel WS 12,S. 28.

von ihrer Beantwortung abhängt; für den Fall des Freiheitsproblems haben wir darauf schon in 2.4 hingewiesen. Wegen ihres Bezuges auf Transzendentes sind sie auch genuin religiöse Fragen. Heute stellen sich religiöse Probleme vorwiegend im praktischen Bereich, dort, wo es um Werte, Normen, Ziele und Sinnfragen geht. Seine theoretische Relevanz hat der Glaube weithin verloren. Die Theologen selbst haben aufgrund schmerzlicher Erfahrungen bei Konflikten mit den Naturwissenschaften den Anspruch aufgegeben, daß die (christliche) Religion etwas zu unserem Bild der Welt und ihrer Entwicklung beiträgt. Gott ist der Schöpfer der Welt, aber das wird nun so verstanden, daß daraus keine einzige Tatsache folgt, die physikalisch überprüfbar wäre, also auch keine einzige Tatsache, die für die Physik relevant wäre. Über die Art des Schöpfungsvorgangs wird nichts gesagt. Die Aussage von Gott als Schöpfer der Welt will nach heutigem Verständnis keine konkreten Fakten erklären, sondern ihre Bedeutung wird allein darin gesehen, daß die Welt als Werk Gottes einen Wert und Sinn hat, von dem in den Naturwissenschaften nicht die Rede ist, der aber für unsere Haltung zur Welt bedeutsam ist. Da es vor allem Sinnfragen sind, die heute den Zugang zur Religion bilden, erscheint das Transzendente primär als sinnstiftend, als Quelle unbedingter Werte, als ein größerer Horizont, in dem menschliches Leben einen Sinn erhält, den es im empirischen Bereich nicht findet.

Wenn Grenzfragen zunächst nur Hinweise auf Probleme sind, die bei einer immanenten Weltbetrachtung offen bleiben, so scheint *religiöse Erfahrung* einen direkten Zugang zu Transzendentem zu eröffnen. Solche Erfahrungen gibt es auch heute. Bevor wir darauf eingehen, ist jedoch eine Bemerkung über Erfahrung im allgemeinen angezeigt. Man unterscheidet oft zwischen dem, was in einer Beobachtung unmittelbar gegeben ist, und seinen Deutungen. So sehe ich z. B. unmittelbar, daß eine Katze auf einer Wiese sitzt, während die Behauptung, daß sie auf eine Maus lauert, eine Deutung dessen wäre, was ich unmittelbar sehe. Diese Unterscheidung hat im großen Ganzen ihren guten Sinn. Der Richter muß z. B. zwischen dem unterscheiden, was ein Zeuge tatsächlich gesehen hat, und seiner Interpretation des von ihm Wahrgenommenen. Die Grenzen zwischen dem Erfahrenen selbst und seinen Deutungen sind aber nicht scharf. Wenn man all das, was hypothetische Elemente enthält, also aufgrund der Beobachtungen nicht zweifelsfrei ist und sich damit als falsch erweisen kann, zur Deutung rechnet, während das unmittelbar Gegebene von hypothetischen Elementen frei sein soll, so wäre jede Aussage über das Beobachtete eine Deutung. Auch bei der Aussage „Eine Katze sitzt auf einer Wiese“ kann ich mich irren – es könnte sich z. B. um einen Fuchs handeln oder um eine Katzenattrappe. Katzen sind Säugetiere mit einer bestimmten anatomischen Organisation, mit bestimmten Verhaltensweisen und Fähigkeiten. Die Aussage, es handle sich um eine Katze, impliziert also eine Fülle von weiteren Aussagen, die keineswegs „unmittelbarer“ Inhalt der einzelnen Wahrnehmung sind. Der Versuch, das in einer Beobachtung unmittelbar Gegebene zu isolieren, es von allen hypothetischen Elementen zu befreien, führt konsequenterweise dazu, daß es durch Sätze der Form „Es erscheint mir, als ob das und das der Fall sei“ ausgedrückt wird, die nichts mehr über die Außenwelt besagen, sondern nur von meinen, für mich unbezweifelbaren Eindrücken reden. Das unmittelbar Gegebene ist dann aber sachlich irrelevant.[12] Sofern Beobachtungen etwas über die Außenwelt besagen, enthalten sie immer hypothetische Elemente. Frege sagt: „Mit dem Schritt, mit dem ich mir eine Umwelt erobere, setze ich mich der Gefahr des Irrtums aus“.[13] Hypothetische Elemente kommen schon mit der begrifflichen Bestimmung des Beobachtungsinhalts ins Spiel: Was „Katze“ bedeutet, was Katzen sind, ergibt sich aus unseren Annahmen über sie. Wenn zwei Leute völlig verschiedene Vorstellungen von den Objekten haben, die sie als „Katzen“ bezeichnen, würden wir nicht sagen, das Wort habe für sie dieselbe Bedeutung, es drücke für sie denselben Begriff aus. Begriffe sind in diesem Sinn *theoriebeladen*, also auch die Urteile, in denen wir sie verwenden.[14] Die Anwendung eines Begriffs F auf ein Objekt x schreibt ihm alle Eigenschaften G zu, von denen wir annehmen, daß allgemein gilt, daß alle F's die Eigenschaft G haben. Im Einzelfall kommen zusätzliche Annahmen oder Erwartungen hinzu. Wir rechnen z. B. nicht damit, daß ein Fuchs am hellen Tage und in der Nähe von Häusern

[12] Vgl. dazu Kutschera (1981), 4.2.

[13] Frege *Kleine Schriften*, hg. I. Angelelli, Darmstadt 1967, S. 358.

[14] Vgl. dazu Hanson (1958), Kap. 1 und die Bemerkungen oben in 2.3.

auf einer Wiese sitzt, und daher sehen wir das Tier auch dann nicht als Fuchs, wenn das aufgrund der Gestalt, wie wir sie wahrnehmen, durchaus möglich wäre. Beobachtungen sind so immer Beobachtungen im Licht von Theorien, oder bescheidener gesagt: Im Licht von Hintergrundsannahmen und Erwartungen. Das ergibt sich auch daraus, daß man sagen kann, ein Biologe sehe eine *Megalura corinna*, wo der Laie nur einen Schmetterling sieht, obwohl beide rein optisch dasselbe erfassen. Was wir wahrnehmen, hängt eben auch von dem ab, was wir wissen. Versteht man also das Wort „Deutung" in einem weiteren Sinn, in dem Deutung nicht immer das Ergebnis von Überlegungen ist, so kann man sagen, mit jeder Erfahrung verbinde sich zugleich eine Deutung.[15]

Die Diskussion religiöser Erfahrung in der Literatur ist insofern unbefriedigend, als sie meist als Erfahrung von Gott angesehen wird, also als eine Art Wahrnehmung Gottes, eine Begegnung mit ihm. Es liegt dann natürlich der Einwand nahe, daß ein transzendentes Wesen nicht Gegenstand sinnlicher Wahrnehmung werden kann, daß man ihm nicht begegnen kann wie etwa dem Papst. Man bestimmt also religiöse Erfahrung im Effekt so, daß sie unmöglich ist. Auch solche Autoren, die religiöse Erfahrung anerkennen, übernehmen diese Bestimmung vielfach unbesehen und konzentrieren sich dann auf mystische Erfahrung als einem Erleben, das sich grundsätzlich von

[15] Deutung ist freilich immer Deutung von etwas, das uns bereits gegeben ist; Wahrnehmung ist hingegen ein Vorgang, durch den uns erst etwas gegeben wird. Man wird also genauer sagen: Erfahrung ist ein Prozeß der Verarbeitung von Sinnesreizen — also von etwas, das uns in ihr gar nicht „gegeben" ist — durch unseren kognitiven Apparat. Dieser Prozeß verläuft weitgehend unbewußt, aber sein Ergebnis hängt auch vom System der Begriffe ab, über die wir verfügen, von unseren Informationen und Erwartungen, ebenso wie bei einer Interpretation des Wahrgenommenen. In Deutungen setzen wir also bewußt fort, was in der Wahrnehmung schon unbewußt begonnen hat. Wenn wir ein Wahrnehmungsurteil kritisch daraufhin prüfen, ob es durch das in der Wahrnehmung „tatsächliche Gegebene" abgedeckt ist, so ziehen wir die Grenzen des „Gegebenen" enger und sehen einen Teil des ursprünglich „Gegebenen" als Deutung an. Diese Verschiebbarkeit der Grenzen zwischen Gegebenen und Deutung zeigt, daß sie nicht eindeutig fixierbar ist.

normaler Erfahrung unterscheidet. Natur und Inhalt mystischen Erlebens läßt sich aber nach den Aussagen der Mystiker nur ganz unzulänglich beschreiben, und die meisten ihrer akademischen Advokaten dürften sie wohl kaum aus eigener Anschauung kennen. Lassen wir also mystische Erfahrung als eine außerordentliche und seltene Form religiöser Erfahrung zunächst einmal beiseite. Dann ist vor allem zu betonen, daß religiöse Erfahrung zwar eine Erfahrung von Transzendentem ist, daß das aber nicht ihr (direkter) Gegenstand zu sein braucht. Auch Erfahrungen, deren Gegenstände konkrete Dinge oder Vorgänge sind, haben religiösen Charakter, wenn diese Dinge darin eine über empirische Zusammenhänge hinausweisende Bedeutung erhalten.[16] Der Inhalt äußerer Erfahrung beschränkt sich ja allgemein nicht nur auf Optisches, Akustisches, Haptisches. Die Handlung eines Menschen kann z. B. Anzeichen oder Ausdruck seiner Gefühle, seiner Absichten oder seiner Gesinnung sein, und man kann dann sagen, daß man sie in der Wahrnehmung der Handlung erfährt. Wie wir gesehen haben, kann man nicht behaupten, erfahren werde nur die Handlung, nur sie sei das „unmittelbar Gegebene", der Rest sei Interpretation. Ebenso kann man den Wert einer Sache erfahren, ohne daß dabei Werte Objekte der Wahrnehmung wären. Macht man die Erfahrung, daß die Sache wertvoll ist, so ist sie selbst der Gegenstand, nicht ein abstrakter Wert.

Religiöse Erfahrung ist eine Form des *Erlebens*.[17] Erleben ist kein distanziertes Konstatieren von Fakten, sondern in ihm sind wir am Erlebten beteiligt, es spricht uns auch emotional an und der Gegenstand wird in seiner Bedeutung, seinem Wert erfaßt. Erleben ist also deutlich subjektiver als etwa wissenschaftliche Beobachtungen, aber das heißt nicht, daß es bloß subjektiv, also für die Erkenntnis der Sache selbst ohne Interesse wäre. Während planmäßige, sorgfältige wissenschaftliche Beobachtungen den Idealfall der Empirie bilden, findet sich der exemplarische Ausdruck des Erlebens in der Dichtung: Ihre Sprache läßt durch die Konnotation der Wörter, durch Bilder

[16] In diesem Sinn äußert sich auch Hick in (1970), S. 111.

[17] Zum Begriff des Erlebens und zur kognitiven Relevanz des Erlebens vgl. Kutschera (1988),1.1.

und Metaphern das Geschilderte anschaulich und gefühlsmäßig präsent und lebendig werden.

In mythischer Erfahrung kann Numinoses zum direkten Gegenstand werden, denn numinose Mächte sind in ihren konkreten Manifestationen präsent, sind also ähnlich direkt erfahrbar wie für uns Fremdseelisches. Hochgötter wie Zeus freilich, die sich nicht in bestimmten Formen manifestieren, sind nicht unmittelbar erfahrbar. Je größer die Distanz zwischen Transzendentem und der Welt des Endlichen ist, desto mittelbarer ist sein Erleben, desto mehr deutet es sich in dem, was wir erfahren, nur an. Ein im radikalen Sinn transzendenter Gott wie der des christlichen Theismus kann zwar nicht zum direkten Gegenstand von Erfahrung werden, damit ist aber religiöse Erfahrung nicht ausgeschlossen. Denn jede Erfahrung, in der Dinge oder Ereignisse in einem Licht, einer Bedeutsamkeit erlebt werden, die über ihre empirische, immanente Natur hinaus auf eine größere Wirklichkeit hinweist, hat religiösen Charakter. Eine solche Sicht der Dinge begegnet uns vielfach in der Kunst. Meist wird sie nicht explizit thematisiert, sondern durch die Schilderung der Gegenstände oder Ereignisse vermittelt. Thema ist sie z. B. in A. Tennysons Gedicht „Flower in the Crannied Wall“: Eine kleine Blume wird so erlebt, daß sich in ihr die Tiefe des Daseins, ein letzter Grund aller Dinge andeutet.[18] Schönheit wird oft nicht nur als sinnliche Qualität erfahren, sondern gewissermaßen als überirdischer Glanz, so daß in ihr eine größere Wirklichkeit spürbar wird.[19] So gibt etwa bei Platon die Erfahrung von Schönem den Anstoß zum Aufstieg des Geistes zum transzendenten Reich der Ideen. Schönheit ist für ihn der sichtbare Ausdruck dafür, daß Endliches Anteil am Ewigen hat. Kant charakterisiert in der *Kritik der Urteilskraft* das Erhabene so, daß man es auch als Erscheinung einer größeren Wirklichkeit bezeichnen kann. Ein Baum, eine Quelle, das Meer, ein Sonnenaufgang kann ferner als Sinnbild für etwas Nichtsinnliches,

[18] Dichterisch besser sind die Verse von William Blake (aus *Auguries of Innocence*): „To see a World in a Grain of Sand / And a Heaven in a Wild Flower, / Hold Infinity in the palm of your hand, / And Eternity in an hour.“

[19] Zum Begriff der Schönheit vgl. z. B. Kutschera (1988), S. 95ff.

Nichtempirisches erlebt werden. Im Sonnenhymnus des Franz von Assissi ist die Sonne Sinnbild Gottes. Ein Erlebnis oder eine Begegnung kann als schicksalhaft erfahren werden, so daß darin über alle äußeren Bedingtheiten oder Zufälligkeiten hinaus ein Sinn oder Ziel des Lebens deutlich wird oder eine das eigene Schicksal bestimmende Macht oder Fügung. Ähnlich können geschichtliche Ereignisse erlebt werden, z. B. der Zusammenbruch eines Reiches oder einer Gewaltherrschaft als Gericht. In der Katastrophe einer großen Unternehmung zeigt sich die Nichtigkeit menschlichen Tuns und Planens. Im Erleben von Geburt und Tod, Liebe und Leid wird man eines unbedingten Werts menschlichen Lebens inne, und im Erleben von Handlungen mit schwerwiegenden Folgen kann der unbedingte Charakter des Guten oder Bösen deutlich werden. Transzendentes als Wirklichkeit, die in ihrer Bedeutung und ihrem Wert über die Bedingtheiten des Immanenten hinausgeht, kann sich also im Erleben auf vielfältige Weise andeuten. Fast alle Dinge und Vorgänge können zum Zeichen oder Ausdruck für Jenseitiges werden.

In vielen religiösen Erfahrungen deutet sich Transzendentes nur mehr oder minder unbestimmt an. Es gibt aber auch Erfahrungen mit einem spezifischeren religiösen Gehalt, wenn z. B. eine unerwartete Heilung oder Errettung aus Gefahr als Akt der Vorsehung Gottes erlebt wird. Solchen Erfahrungen liegen bestimmte religiöse Ansichten zugrunde. Wie wir oben sahen, ist aber jede Erfahrung Erfahrung im Lichte von Annahmen, so daß man nicht sagen kann, hier handle es sich nicht um Erfahrungen, sondern lediglich um religiöse Interpretationen von Erfahrenem. Erfahrungen sind auch keine bloßen Projektionen oder Reflexe vorgängiger Annahmen, denn sie können diesen widersprechen und uns veranlassen, sie aufzugeben oder zu modifizieren. Nicht alles läßt sich im Licht jeder Annahme betrachten; der Versuch, es im Rahmen gewisser Vorstellungen zu begreifen, kann fehlschlagen. Können Erfahrungen aber Annahmen erschüttern, so können sie sie umgekehrt auch bestätigen. Es ist zwar richtig, daß spezielle religiöse Annahmen sich nicht mit Erfahrungen begründen lassen, wenn man dabei von solchen Erfahrungen ausgeht, die nicht schon durch vorgängige religiöse Annahmen geprägt sind. Religiöse Erfahrung ist keine neutrale Basis für die Erstbegründung religiöser Annahmen, aber dieses Modell einer Begründung als Einbahnstraße, die von empirisch unmittelbar Gegebenem zu Hypothesen und Theorien führt, funktioniert wegen der Theoriebeladenheit von Beobachtungsaussagen auch im Falle der Naturwissenschaften nicht. Empirische Legitimation ist eine Art wechselseitiger Anpassung von Erfahrungen und Theorien: eine Interpretation des Erfahrenen durch Theorien und eine Bestätigung der Theorien durch Beobachtungen. Damit läßt sich freilich nicht alles rechtfertigen: Wenn J. H. Newman z. B. in (1870) den Glauben an Gott mit der Tatsache des Gewissens begründen will, wobei er das Gewissen schon als Stimme Gottes interpretiert, so ist das unhaltbar, denn wer nicht an Gott glaubt, erfährt das Gewissen nicht als dessen Stimme, und auch der Glaubende wird diese Bezeichnung nur als Metapher ansehen. Hier ist der Unterschied zwischen dem Erfahrenen und seiner Interpretation eindeutig; das Phänomen des Gewissens läßt sich ohne Bezüge auf religiöse Ansichten als Bewußtsein von Recht oder Unrecht unseres eigenen Tuns oder Vorhabens beschreiben.

Religiöse Erfahrungen können auch innere Erfahrungen sein. Die Rede von „innerer Erfahrung" ist zwar insofern schief, als wir mit „Erfahrung" meist Erfahrung von Äußerem meinen, während es bei innerer Erfahrung um ein Innewerden oder Innesein eigenseelischer Zustände oder Vorgänge geht, wir wollen aber trotzdem die übliche Bezeichnung beibehalten. Nun kann auch das, was uns in innerer Erfahrung von uns selbst deutlich wird, transzendente Bedeutungen oder Bezüge haben. Wie wir sahen, wird in mythischer Erfahrung z. B. die Macht göttlicher oder kosmischer Kräfte im eigenen Innern erlebt. Auch uns werden gelegentlich tiefere Schichten in unserem Innern bewußt, Kräfte, Motive oder Gefühle, die normalerweise unterhalb der Schwelle unseres Bewußtseins liegen und sich unserer Kontrolle entziehen. Es kann uns ein bisher verborgener größerer Sinn unseres eigenen Tuns und Strebens deutlich werden. Daß wir auch dabei mit etwas Transzendentem konfrontiert werden können, zeigt ein Text von Augustin. Er stellt sich dort die Frage, was Schönheit sei — Schönheit versteht er noch in dem antiken Sinn, in dem das Schöne zugleich gut ist —, nach Kriterien für Schönheit, und sagt dann: „Ich fragte mich, woher ich die Maßstäbe nähme, nach denen ich über die Schönheit der Dinge, der himmlischen wie der irdischen urteilte und wodurch ich angemessen über diese wandelbaren Gegenstände zu urteilen und zu sagen vermöchte: „Dies soll so sein, jenes nicht". Und indem ich so fragte, wonach ich urteilte, wenn ich so urteilte, fand ich die unwandelbare und wahre Ewigkeit der Wahrheit über meinen wandelbaren Geist".[20] Augustin geht also aus von der Frage nach dem Wesen der Schönheit, wendet sie dann um in die Frage nach dem Maßstab seiner eigenen Urteile über Schönheit und dabei wird ihm plötzlich deutlich, daß er nicht sachlichen oder subjektiven Kriterien folgt, sondern – zunächst unbewußt – von einem Ideal geleitet wird, das in seinem eigenen Inneren gegenwärtig und wirksam, aber doch objektiv real ist.

Die Erfahrung Augustins ist eine mystische Erfahrung, in der Transzendentes im innersten „Seelengrund" als eine größere Wirklichkeit aufscheint, aber so, daß, wie wir im letzten Abschnitt sahen, der Subjekt-Objekt-Gegensatz aufgehoben ist. Es ist also weder eine äußere noch eine innere Erfahrung im normalen Sinn. Von mystischer Erfahrung wollen wir hier jedoch wie gesagt nicht weiter sprechen, da fundierte Aussagen hier wie auch sonst eine genauere Bekanntschaft mit den Phänomenen voraussetzt, über die man redet. Zudem kann sie als außergewöhnliche Erfahrungsform keine Stütze der allgemeinen Anschauungen einer Religion sein. In Religionen wie dem Hinduismus und Buddhismus spielen zwar Aussagen eine Rolle, die auf mystische Erfahrungen zurückgehen, aber für das allgemeine Bewußtsein haben sie eher den Charakter vieldeutiger Formeln, die das Mysterium des Transzendenten andeuten. Mystisches Erleben ist auch nicht reproduzierbar, nicht planmäßig erzeugbar. So werden im Buddhismus zwar Wege zur mystischen Erleuchtung angegeben und Praktiken der Meditation, aber es wird doch auch betont, daß Erleuchtung nichts ist, was sich erzwingen läßt. Auch Menschen, die bereits mystische Erlebnisse gehabt haben, also am besten wissen müßten, wie man dazu gelangt, können sie nicht nach Belieben wiederholen. Das gilt zwar im Grunde für alle Formen des Erlebens, aber für das mystische doch in besonderer Weise.

Es gibt also ein breites Spektrum religiöser Erfahrungen. Sie bilden einerseits die Grundlage religiöser Aussagen, andererseits sind sie aber auch von diesen geprägt. Daher unterscheiden sich ihre Gehalte in den verschiedenen Religionen erheblich. Auch vom Er-

[20] Augustinus *Confessiones* VII,17.

leben her zeigt sich Transzendentes vor allem in seiner sinn- und wertstiftenden Funktion.[21]

3.4 Komponenten und Merkmale von Religionen

Wir wollen nun versuchen, den Begriff *Religion* näher zu bestimmen. Das Wort bezeichnet einen Komplex von Lehren und Anschauungen, Normen, Haltungen und Praktiken, von gefühlsmäßigen Einstellungen, sprachlichen Ausdrucksformen, Symbolen und Zeichen, die das Leben einer Gemeinschaft bestimmen und sich in Institutionen ausprägen. Die Frage ist, wann ein solcher Komplex eine Religion darstellt. Offenbar dann, wenn es sich um religiöse Anschauungen, Normen, Praktiken usw. handelt. Religiös aber ist, was sich auf Transzendentes im Sinne von 3.2 bezieht. In dieser Hinsicht besteht in der religionswissenschaftlichen wie religionsphilosophischen Literatur breite Übereinstimmung. Voraussetzung für die Brauchbarkeit dieser Bestimmung ist freilich ein hinreichend weiter Begriff von Transzendenz. Auch damit ist natürlich im konkreten Einzelfall oft noch nicht klar, ob eine Anschauung als „religiös" zu bezeichnen ist. So stellen z. B. einige Formen des Theravada-Buddhismus eine Naturphilosophie, keine Religion dar. Andererseits haben aber auch sie eine polytheistische Göttervielfalt in sich aufgenommen, die zwar theoretisch zur Natur, zum Vergänglichen gezählt wird, praktisch aber doch für den Glauben eine zentrale Rolle spielt. Der Praxis nach zumindest sind also auch diese Formen des Buddhismus als Religionen anzusehen.

Wir wollen nun zunächst die Komponenten einer Religion etwas näher erläutern:

1) *Religiöse Anschauungen*

Die erste Komponente einer Religion bilden religiöse Anschauungen. Unter Anschauungen verstehen wir hier sowohl Annahmen wie

[21] Zu den Phänomenen religiöser Erfahrung — allerdings vorwiegend zu den ungewöhnlichen und seltenen — vgl. auch James (1902). Zur mystischen Erfahrung vgl. Kap. 16 und 17.

Sichtweisen. Annahmen werden in Aussagen über den jeweiligen Gegenstand formuliert. Eine Sichtweise hingegen läßt sich nicht allein durch solche Aussagen charakterisieren. Sie ist eine Weise des Erfahrens und Auffassens des Gegenstands, bestimmt ihn also unter subjektiven Aspekten. Sie läßt sich zwar mit Worten umschreiben, aber kaum vollständig auf den Begriff bringen. Religiöse Annahmen werden z. B. in den zentralen Formeln des Bekenntnisses formuliert oder in theologischen Doktrinen. Solche expliziten Aussagen finden sich in allen Religionen. Mindestens ebenso wichtig sind aber Sichtweisen. Wir haben ja schon in 1.4 gesehen, daß die Sprache der Religion den Gegenstand weniger objektiv beschreibt als dem Erleben präsentiert, ihn also in einem bestimmten Licht zeigt, seine Bedeutung für uns spürbar werden läßt. Sichtweisen sind zwar subjektiv und können sich bei den einzelnen Gläubigen deutlich unterscheiden[1], aber es gibt doch so etwas wie eine religionsspezifische Sicht der Dinge, gemeinsame Grundzüge der individuellen Sichtweisen. Eine Religion ist weniger eine Doktrin, ein System von Annahmen, als eine Weltanschauung, und die läßt sich nur partiell durch Aussagen charakterisieren, zumal sie eben nichts bloß Theoretisches ist, sondern auch praktische und emotionale Haltungen umfaßt. Eine Sichtweise der Dinge ist immer mit einer Deutung verbunden, in sie gehen auch bestimmte Vorstellungen und Annahmen über die Gegenstände ein, wie sich umgekehrt auch Annahmen aus Sichtweisen ergeben. Sichtweisen und Annahmen sind also nicht unabhängig voneinander. Zu den Sichtweisen gehören insbesondere auch Formen der Erfahrung; auf die Verbindung zwischen Annahmen über die Gegenstände und ihrer Auffassung in der Erfahrung haben wir schon im letzten Abschnitt hingewiesen. Die christliche Annahme z. B., daß die Welt das Werk eines vollkommenen und gütigen Gottes ist, legt eine ganz andere Sicht der Welt nahe als gnostische Lehren von der Welt als dem Werk eines bösen und unfähigen Demiurgen. Religiöse Anschauungen, auch explizite Annahmen, bilden einen unverzichtbaren Teil

[1] Auch explizite Aussagen werden freilich oft recht verschieden interpretiert und gewichtet.

einer Religion. Wir haben uns schon im 2. Kapitel davon überzeugt, daß solche fideistischen Konzeptionen, die das Element des Fürwahrhaltens gänzlich streichen wollen, unhaltbar sind.

2) *Religiöse Normen und Haltungen*

Religiöse Normen, Wertungen und Ideale sind solche, die einen religiösen Inhalt haben, d. h. sich auf Transzendentes oder das Verhältnis des Menschen zu ihm beziehen, oder religiös sanktioniert oder fundiert sind. Das Gebot: „Du sollst den Herrn, deinen Gott lieben mit ganzem Herzen, mit ganzer Seele und mit ganzer Kraft" (Deut 6,5) hat z. B. einen religiösen Inhalt, als Gebot Gottes ist es aber zugleich religiös sanktioniert. Das Gebot der Nächstenliebe hingegen ist nicht wegen seines Inhalts, sondern nur wegen seiner Begründung religiöser Natur. Transzendentes ist durch seine überragende Bedeutung für den Menschen charakterisiert und die Anerkennung dieser Bedeutung drückt sich in Haltungen wie Verehrung, Anbetung, Demut, Gehorsam, Liebe oder Furcht aus. Daher entsprechen jeder Konzeption einer transzendenten Wirklichkeit immer auch Normen religiösen Inhalts, insbesondere Gebote des Verhaltens gegenüber dem Göttlichen. So besteht der Glaube an Gott immer auch darin, daß man seinen Willen als Maßstab eigenen Verhaltens akzeptiert. Jede Religion enthält ferner einen mehr oder minder expliziten Sittenkodex; sie legt fest, wie Menschen miteinander umgehen sollen und z. T. auch, wie sie mit der Natur umgehen sollen. Der Weg zum Heil, den sie verkündet, führt in der Regel nur über das rechte sittliche Verhalten. Wichtiger als explizit formulierte Verhaltensnormen sind wiederum Haltungen und Einstellungen. Denn es geht nicht nur darum, religiöse Vorschriften zu erfüllen, sondern dem Willen oder der Heiligkeit Gottes gerecht zu werden und die rechte Gesinnung zu haben — ähnlich wie zum moralisch richtigen Handeln nicht nur ein normengerechtes Verhalten gehört, sondern das Tun des Guten um des Guten willen. Fundamentaler als die Gebote, nicht zu töten, zu betrügen oder zu stehlen, ist eine Haltung der Achtung vor dem Nächsten oder einer Liebe zu ihm, die auch in solchen Fällen unser Verhalten bestimmen kann, die sich durch allgemeine Regeln nicht erfassen lassen.

3) *Religiöse Gefühle und Einstellungen*

Da Transzendentes für den Menschen überragende Bedeutung hat, ist es immer auch Gegenstand religiöser Gefühle. Mit den Vorstellungen, die sich eine Religion von Gottheiten macht, verbinden sich schon bestimmte emotionale Einstellungen zu ihr. Zum Glauben an den christlichen Gott gehört z. B. wesentlich die Liebe zu ihm. Gottheiten sind Gegenstände der Ehrfurcht, der Verehrung, Anbetung, sie erwecken Vertrauen, Scheu oder Furcht. Zu den religiösen Gefühlen gehören aber auch Selbstwertgefühle im Angesicht des Göttlichen, also z. B. das Gefühl der Nichtigkeit, Ohnmacht oder Schuld, von dem in 3.1 die Rede war. Religiöse Gefühle beziehen sich ferner auf das menschliche Leben, z. B. als Lebensvertrauen, als Vertrauen auf göttliche Vorsehung, als Gefühl, „von guten Mächten wunderbar getragen" zu sein (Bonhoeffer). Sie gelten den Mitmenschen oder der Natur. Wie Normen und Haltungen sind also auch religiöse Emotionen entweder inhaltlich auf Transzendentes bezogen oder durch Vorstellungen vom Überwirklichen fundiert.

4) *Religiöse Sprache*

Die Anschauungen, Haltungen und emotionalen Einstellungen einer Religion werden in einer Sprache ausgedrückt, die zwar kein autonomes „Sprachspiel" ist, sondern sich weitgehend mit der normalen Sprache deckt, aber doch spezifische Vokabeln, Ausdrucksweisen, Formeln und Symbole enthält. Eine generelle Eigenart religiöser Aussagen besteht nach den Bemerkungen in 1.4 und 3.1 darin, daß sie Transzendentes weniger beschreiben als erlebnismäßig verdeutlichen. Es ist eben vor allem das für den Menschen wertmäßig, praktisch und emotional Bedeutungsvolle, Aussagen darüber müssen es also dem Erleben nahebringen und dazu muß die Sprache mehr ausdrücken, als sie — wörtlich genommen — sagt.[2] Von daher erklärt sich die Affinität von religiöser und dichterischer Sprache, von der schon früher die Rede war, und die große Rolle von Bildern und Metaphern.

[2] Vgl. dazu wieder die Aussagen zum Ausdruck i. e. S. in Kutschera (1988), 1.2.

5) *Kult*

Zu jeder Religion gehören Formen der Verehrung und des Umgangs mit dem Göttlichen, Heiligen oder allgemein dem Transzendenten. In ihnen drückt sich der Glaube in seiner ganzen Breite aus: die Anschauungen, die praktischen Haltungen und die emotionalen Einstellungen. Daher entwickelt jede Religion ihre speziellen Formen des Kults und aus ihnen läßt sich oft mehr über sie entnehmen als aus ihren Doktrinen. Da der Kult zu den konservativsten Elementen der Religion gehört, ist dabei freilich zu berücksichtigen, daß in ihm Formen aufbewahrt sein können, die den gegenwärtigen Anschauungen nicht mehr voll entsprechen. Jeder kultischen Feier und jedem Gebet liegt die Vorstellung der Präsenz des Göttlichen zugrunde. Es ist eine wichtige Funktion des Kults, die Gläubigen der Nähe und Wirklichkeit des Göttlichen zu versichern. Mit jeder rituellen Handlung verbindet sich ferner der Glaube an ihre reale Wirkung, an ihre Segens- und Heilskraft. Wie wir in 3.1 sahen, sind religiöse Feiern oft nicht bloß Gedächtnisfeiern, sondern Wiederholungen heiliger Ereignisse, in denen sich deren Wirksamkeit erneuert. Im mythischen Denken gilt die Annäherung an die Numina wegen ihrer Macht und Unbegreiflichkeit immer als gefahrvoll, bedarf also der Einhaltung bestimmter Formen. Schon der Zutritt zum Kult erfordert z. B. rituelle Reinigungen und in besonderen Fällen eine Vorbereitung durch Fasten und Askese. Auch im christlichen Gottesdienst steht am Beginn die Reinigung von Schuld und Sünde durch Bekenntnis und Vergebung, und in einem noch entschiedener moralischen Sinn ist für Jesus die Versöhnung mit dem Bruder Vorbedingung für das Darbringen des Opfers (Mt 5,23f.). Auch die Feier selbst vollzieht sich in genau festgelegten Worten und Handlungen. Das Opfer, eine der Grundformen des Kults, ist eine segenbringende Gabe an den Gott, und das Opfermahl ist Verwirklichung der Gemeinschaft mit ihm. Die großen Ereignisse im Leben: Geburt, Aufnahme der Jünglinge in die Gemeinschaft der Männer, Hochzeit, Ernte, Inthronisation des Königs werden durch heilige Handlungen erhöht. Allgemein dient der Kult der Heiligung und Stärkung des Lebens, der Vermittlung von Segen und Gnade, der Aufrechterhaltung der göttlichen Ordnung und der Abwehr feindlicher Mächte. In den verschiedenen Religionen hat der Kult unterschiedliche Bedeutung und ist dementsprechend auch mehr oder weniger entwickelt. Nach dem Verlust des Heiligtums in Jerusalem beschränkt sich z. B. der jüdische Gottesdienst auf Schriftlesungen, Ermahnungen und Gebete, ist also reiner Wortgottesdienst. Die Teilnahme am gemeinsamen Kult ist in der Regel entscheidender für die Zugehörigkeit zu einer Religionsgemeinschaft als das Bekenntnis zu Glaubensinhalten. Auch das private Gebet gehört zum Kult. Seine Form hängt entscheidend von der Vorstellung des Transzendenten ab. In primitiven Religionen, in denen Magie eine wichtige Rolle spielt, kann es z. B. den Charakter der Wortmagie, der Beschwörung haben. Ist das Göttliche ein unpersönlicher Weltgrund im Sinn des Pantheismus, so wird es sich auf den Lobpreis beschränken. Nur der Glaube an personale Götter ermöglicht ein Gebet in der Form eines Redens zu ihnen, von Bitte, Dank und Anruf.

6) *Religionsgemeinschaft und religiöse Institutionen*

Religion ist immer Religion einer Gruppe, einer Gemeinschaft. Eine private Religion gibt es nicht, nur private religiöse Anschauungen und Haltungen, die aber in der Regel Modifikationen der Anschauungen und Haltungen einer Religionsgemeinschaft sind. Religion ist in diesem Sinn ein soziales Phänomen. Der Glaubende findet eine Religion als Tradition vor, als Lebensform und Weltanschauung einer Gemeinschaft, in die er hineingeboren wird oder der er beitritt. Die Gemeinschaft organisiert sich in lockerer oder strengerer Form in Institutionen, z. B. einer Kirche, und zu den religiösen Pflichten gehören auch solche gegenüber der Gemeinschaft und ihren Institutionen.

Die genannten sechs Elemente sind wohl die wichtigsten Komponenten einer Religion. Religionen haben daneben auch spezielle Symbole, sie kennen heilige Tempel, Orte und Zeichen, sie verehren heilige Gestalten, Stifter oder Lehrer, aber all das ist für den allgemeinen Religionsbegriff eher sekundär. Die verschiedenen Komponenten einer Religion hängen offenbar eng zusammen, denn Haltungen und Normen wie gefühlsmäßige Einstellungen gründen sich auf Anschauungen, und diese beziehen sich umgekehrt nicht auf Gegenstände bloß theoretischen Interesses, sondern auf etwas, das für das ganze Leben bedeutungsvoll ist. Wir haben schon wiederholt betont, daß Transzendentes wesentlich durch seine Bedeutung für den Menschen bestimmt ist, durch die Gefühle und Haltungen, die es hervorruft, so daß religiöse Anschauungen immer mit solchen Gefühlen und Haltungen verbunden sind. Sie sind ferner gemeinsame Ansichten einer Religionsgemeinschaft und diese Gemeinsamkeit trägt und verstärkt sie. Religiöser Glaube ist ein fiduzieller Glaube, d. h. von emotionalen und voluntativen Einstellungen getragen und mit ihnen verbunden, und er ist immer zugleich auch Praxis: ein Verhalten, das von religiösen Anschauungen geprägt ist und ihnen Geltung im Leben verschafft, wie Teilnahme am religiösen Leben, vor allem am gemeinsamen Kult.

Wegen dieser Einheit kann man eine Religion ebenso als „Weltanschauung" bezeichnen wie als „Lebensform". Dabei sind freilich beide Bezeichnungen in einem umfassenden Sinn zu verstehen: Eine Weltanschauung ist dann nicht nur ein Ganzes von Anschauungen (Annahmen und Sichtweisen), nicht nur ein Weltbild und ein Selbstverständnis des Menschen, sondern auch eine damit verbundene praktische Haltung und emotionale Einstellung zu Welt und Leben. Sie ist dann auch nicht nur eine Anschauung der empirischen Wirklichkeit, sondern der Gesamtwirklichkeit, die eben für das religiöse Bewußtsein über das Wahrnehmbare hinausreicht. Eine Lebensform ist andererseits nicht nur eine Verhaltensform, eine praktische Haltung zur Welt, zum eigenen Leben und den Mitmenschen, sondern sie umgreift zugleich die Anschauungen und emotionalen Einstellungen, die sich damit verbinden. In diesem weiten Sinn wollen wir die beiden Wörter im folgenden verwenden. Sie sind dann synonym, wenn dem Wortsinn nach das eine auch mehr die noetische, das andere mehr die praktische Komponente betont. J. G. Fichte bezeichnet Religion als ein „Gesamtbewußtsein, aus dem heraus wir leben, handeln, Welt und Menschen betrachten".[3] Für Hegel ist sie ein Bewußtsein, das alle Lebensbereiche und Anschauungen prägt, die Mitte, die „Substanz" des Gesamtbewußtseins. Was er von der Religion der „unbefangenen Frömmigkeit" sagt, gilt im Grunde für jede Religion: Sie wird vom frommen Menschen „nicht abgeschlossen und abgeschieden von seinem übrigen Dasein und Leben gehalten, sondern verbreitet vielmehr ihren Hauch über alle seine Empfindungen und Handlungen, und sein Bewußtsein bezieht alle Zwecke und Gegenstände seines weltlichen Lebens auf Gott als auf die unendliche und letzte Quelle desselben. Jedes Moment seines endlichen Daseins und

[3] Vgl. a. Fichte WV,S. 474 und WVII,S. 227,248.

Treibens, Leidens und Freuens erhebt er aus seiner beschränkten Sphäre und bringt in dieser Erhebung die Vorstellung und Empfindung seines ewigen Wesens hervor."[4] W. James nennt Religion eine „total reaction to life".[5] All diese Bestimmungen betonen den umfassenden Charakter der Religion. Der Wert einer Religion ist für James ein Wert für unser Leben, für das des einzelnen wie jenes der Gemeinschaft. Daher kommt es für ihn, wie schon für Kant, nicht so sehr auf eine Erkenntnis des Transzendenten an, als auf seine Rolle für unser Leben. Theologische Aussagen, die keinen Unterschied für unser Leben machen, sind daher für ihn irrelevant. Dem kann man — trotz der pragmatistischen Färbung des Gedankens bei James — durchaus zustimmen, denn er leugnet keineswegs die Bedeutung von Ansichten über Transzendentes für unsere praktischen und emotionalen Einstellungen zum Leben.

Wenn auch alle Religionen sämtliche sechs genannten Komponenten enthalten und diese miteinander verbunden sind, so können die einzelnen Komponenten doch verschiedenes Gewicht in ihnen haben. Im Judentum spielt z. B. das praktische Element die zentrale Rolle. Glauben ist hier nicht in erster Linie ein Fürwahrhalten, sondern eine Praxis: Es geht darum, die Gebote Gottes zu erfüllen; daran sind seine Verheißungen gebunden. Das Christentum hingegen betont die noetische Komponente sehr stark und im Katholizismus auch die institutionelle; Glauben heißt hier vielfach, gewisse Sätze für wahr halten und ein treues Mitglied der Kirche sein. Die heidnisch-griechische Religion betonte vor allem den Kult; *Asebeia* sah man nur, wo jemand an den Kulthandlungen nicht teilnahm oder aber die Existenz von Göttern überhaupt leugnete.

Die Eigenart religiöser Weltanschauungen oder Lebensformen läßt sich durch einige Merkmale charakterisieren, die sich mehr oder minder direkt aus dem Begriff des Religiösen ergeben: Erstens wird

[4] Hegel WS 16, S. 16f.

[5] Vgl. James (1902),S. 35. Wie er dort betont, ist aber nicht jede Totalreaktion, nicht jede Haltung zur Gesamtwirklichkeit umgekehrt auch eine Religion, z. B. nicht eine skeptische oder agnostische Haltung. Wenn er freilich meint, Religion sei eine „ernsthafte, positive, tiefe, gefühlsmäßig bindende Reaktion", so ist das zu unbestimmt. Entscheidend ist der Bezug auf Transzendentes.

die empirische Welt und das menschliche Leben im Kontext einer umgreifenden, größeren Wirklichkeit gesehen; eine religiöse Weltanschauung ist grundsätzlich nichtimmanent. Das Endliche, Bedingte, Vergängliche wird mit einem Unendlichen, Unbedingten, Ewigen konfrontiert, und das wird nicht nur negativ, sondern positiv bestimmt. Das empirische Leben erscheint nicht als das Ganze menschlicher Existenz. Das gilt auch dann, wenn keine individuelle Fortexistenz über den Tod hinaus angenommen wird, denn das endliche Leben steht doch in Beziehung zum Ewigen und kann von dort her einen größeren Sinn erhalten. Der Mensch wird einerseits mit unbedingten Forderungen konfrontiert; er soll heilig werden, um mit dem heiligen Gott Gemeinschaft haben zu können (vgl. z. B. Lev 19,2; Mt 5,48). Andererseits wird ihm damit aber auch ein neuer Horizont von Werten und Zielen eröffnet. Er erfährt sich als nichtig vor Gott, zugleich kommt ihm aber durch dessen Zuwendung eine neue Würde zu. Die empirische Welt wird relativiert, aber die Dinge und Ereignisse in ihr erhalten auch eine neue Bedeutsamkeit durch ihre Beziehung zum Göttlichen.

Aus der Überlegenheit und dem höheren Realitätsgrad des Transzendenten ergibt sich zweitens, daß die religiöse Betrachtung der Dinge immer fundamentaler ist als die immanente, daß das Göttliche das Maß aller Dinge ist. Die Aspekte der Dinge *sub specie aeternitatis* sind immer entscheidender als ihre empirischen. Dieser *Prioritätsanspruch* ist allen Religionen eigen. Dasselbe gilt für den stärkeren *Absolutheitsanspruch*: Die transzendente Wirklichkeit ist ihrem Begriff nach nicht nur größer und wichtiger als die empirische, sondern sie ist überhaupt die höchste und umfassendste Realität. Religiöse Antworten sind daher – im Gegensatz zu jenen der Empirie und Vernunft – Antworten, die ihrem Sinn nach keine weiteren Rückfragen mehr offen lassen: Daß Gott sie erschaffen hat, ist die letzte Antwort auf Fragen nach dem Grund der Existenz der Welt. Daß Gottes Vorsehung unser Schicksal bestimmt, wenn auch ihre Wege unerforschlich sind, ist die letzte Antwort auf die Frage nach dem Leid.[6] Da die transzendente Wirklichkeit die maßgebliche Realität

[6] Coburn sieht in (1963a) eine wesentliche Funktion religiöser Aussagen darin, daß sie solche Letztantworten auf Grenzfragen geben.

ist, ergibt sich ferner ein *Universalitätsanspruch*: Für alle Phänomene des menschlichen Lebens, der Geschichte und der Natur sind religiöse Betrachtungen prinzipiell einschlägig und relevant. Eine bloß empirische Betrachtung bleibt auf allen Gebieten unvollständig und oberflächlich. Daß die religiösen Anschauungen das gesamte Leben prägen, das Selbstverständnis des Menschen und sein Weltbild, kann man nur von mythischen Religionen sagen. Unsere Weltanschauung und Lebensform ist weithin von religiösen Bezügen frei. Dennoch ist auch für das heutige Christentum der Universalitätsanspruch unverzichtbar. Religion handelt nicht nur vom Übernatürlichen, sondern auch von der Beziehung des Natürlichen zu ihm, und wo diese Beziehung nicht mehr präsent ist, verliert das Übernatürliche seine Relevanz für das Leben. Für jede Religion unterliegt das gesamte menschliche Leben prinzipiell religiösen Maßstäben. Wir sehen zwar Wirtschaft, Technik, Recht und Politik als Schöpfungen des Menschen an, nicht als von Gott gegeben oder durch religiöse Vorschriften geregelt, aber für alle Bereiche sind grundsätzlich moralische Kriterien einschlägig. Da diese in einer Religion letztlich religiös begründet werden, gilt das auch für religiöse Maßstäbe. Der Universalitätsanspruch ist heute also nicht aufgegeben, beschränkt sich aber vor allem auf das Grundsätzliche, das Moralische. Da Prioritäts-, Absolutheits- und Universalitätsanspruch inhaltlich eng zusammenhängen, wollen wir sie zusammen als ein einziges Merkmal von Religionen ansehen.

Ein drittes Merkmal ist dann der *Offenbarungscharakter* der Religionen. Das Göttliche ist epistemologisch transzendent, es übersteigt unsere eigenen Erkenntnismöglichkeiten. Es ist zwar erfahrbar, aber einen bestimmteren Inhalt erhält diese Erfahrung erst dann, wenn sie schon auf religiösen Ansichten beruht, also Erfahrung im Lichte des Glaubens ist. Als Hypothesen, die wir über das Göttliche entwerfen, als Vorstellungen, die wir uns davon machen, wären also religiöse Ansichten höchst unsichere und zweifelhafte Spekulationen. Wegen ihrer Bedeutung für unser Leben können sie aber nicht als bloße Spekulationen angesehen werden. Eine Orientierung des gesamten Lebens erfordert eine feste Grundlage. Zuverlässiges über die Götter ist nur von ihnen selbst zu erfahren, sie müssen sich uns selbst offenbaren, sei es direkt oder durch Boten, die in ihrem Auftrag und mit ihrer Autorität von ihnen künden. Offenbarung wird freilich nicht immer als geschichtliches Handeln eines Gottes verstanden, insbesondere dann nicht, wenn das Transzendente apersonal verstanden wird. Die Veden, die im Hinduismus als Offenbarung gelten, sind nicht von einem Gott geoffenbart, sondern ewige Wahrheit, die von Sehern geschaut wurde. Der Offenbarungscharakter religiöser Aussagen kann auch in Erfahrungen begründet sein, in denen sich Transzendentes zeigt. Generell werden aber jedenfalls die zentralen Aussagen einer Religion von den Glaubenden nicht als subjektive Ansichten oder Vorstellungen verstanden, sondern als zuverlässige Kunde vom Göttlichen. Die Überzeugung von der Zuverlässigkeit dieser Aussagen findet eine Stütze in ihrer gemeinsamen Anerkennung innerhalb der Religionsgemeinschaft. Durch ihre Lebensform, durch die Gemeinsamkeit ihrer Anschauungen, durch ihren Kult bezeugt sie die Realität des Göttlichen, das sie verehrt. Ein Glaube an das, was man nicht sieht, bliebe ohne die Stütze der Gemeinschaft prekär. Der Gemeinschaft und der Tradition kommt somit eine wichtige Rolle zu. Religion ist nicht nur deswegen ein soziales Phänomen, weil sie immer eine Lebensform vieler Menschen ist, sondern weil sie von Übereinstimmung getragen wird.

Ein viertes Merkmal von Religionen ist ihre *Heilszusage*. Jede Religion weist in irgendeiner Form einen Weg zum Heil. Unter „Heil“ wird dabei freilich recht Unterschiedliches verstanden: Es kann die Befreiung aus den konkreten Nöten und Bedrängnissen dieses Lebens sein, also ein erfülltes und gesegnetes Leben, oder die Erlösung von Schuld und damit die Überwindung der Ferne zu Gott, oder die Aufhebung der Schranken irdischer Existenz und die Vollendung des Lebens in einer ewigen Seligkeit. Heilsbringende Gottheiten, Erlöser und Befreier spielen in vielen Religionen eine zentrale Rolle. Sie erscheinen als Bezwinger von Ungeheuern und Dämonen, als Stifter sittlicher und staatlicher Ordnung, als Lehrer der Menschen in den verschiedenen Techniken, als Mittler zwischen einem remoten Hochgott und den Menschen oder als Vertreter menschlicher Interessen vor höheren göttlichen Instanzen. Im AT ist Gott zunächst der Retter des Volkes Israel aus der Bedrückung durch die Ägypter. Er gibt dem Volk eine neue Heimstatt, staatliche Selbständigkeit, Schutz vor Feinden, Fruchtbarkeit und eine gerechte soziale Ordnung. Nach der politischen Katastrophe 587 v. Chr. wendet sich der Blick mehr ins Eschatologische: Es geht nicht mehr nur um die Wiederherstellung Israels, sondern um die Verwandlung der Welt und ein neues Leben, das allen Nöten und Übeln dieser Welt enthoben ist. Im Christentum steht die Gestalt des Heilands im Mittelpunkt. Hauptanliegen des Buddhismus ist die Befreiung aus dem Kreislauf des Werdens und Vergehens und von den Schranken individueller Existenz überhaupt. In der griechischen Religion gibt es Götter der Polis, die sie beschützen und fördern; es gibt Götter, die man gegen die Naturmächte zur Hilfe ruft und die von Schuld befreien. Sie ist aber keine Erlösungsreligion, denn dem Menschen wird nur Hilfe von Fall zu Fall in Aussicht gestellt, nicht jedoch ein umfassendes und endgültiges Heil. Heil ist immer etwas, was der Mensch allein nicht bewirken kann, was ihm also vom Transzendenten her zukommen muß. In der Heilserwartung vor allem, die sich auf das Transzendente richtet, liegt dessen Bedeutung für den Menschen. Platon sah im Glauben an die Existenz von Göttern, deren Gerechtigkeit und ihre Sorge für die Menschen die Minimalia einer Religion.[7] Von einer Vorsehung, einem Handeln in der Geschichte, kann man nur bei der Annahme personaler Gottheiten sprechen. Bei apersonalen Konzeptionen des Transzendenten tritt an die Stelle der Vorsehung der Gedanke, daß man durch sittliches Handeln eine Harmonie mit dem Ewigen herstellen kann, in der es im eigenen Leben ordnend wirksam wird, oder daß man am Ewigen Anteil gewinnen kann und daraus die Kraft, die Nöte dieses Lebens zu bestehen.

Die Leistung einer Religion besteht für ihre Anhänger darin, daß sie ihnen ein tieferes Verständnis der Welt und des menschlichen Daseins vermittelt, eine Orientierung im Leben und die Hoffnung auf Heil. Es gibt ein Bedürfnis, Sinn im Leben und Leiden zu finden, das nur die Religion zu erfüllen vermag. Eine Religion gibt nicht nur Antworten auf so fundamentale Fragen wie „Woher kommen wir?“, „Wohin gehen wir?“, „Was ist der Mensch?“, „Was ist sein Ort in der Welt und seine Bestimmung?“, „Was sollen wir tun?“, „Was dürfen wir hoffen?“, sondern sie gibt Auskünfte, die frei sind von den Unsicherheiten unseres Vermutens und Erwägens, von den Beschränkungen unserer Erfahrung und unseres Denkens. Sie läßt uns die Welt und den Menschen *sub specie aeternitatis* sehen, sie zeigt uns

[7] Vgl. Platon *Gesetze X*, 885b.

ein Bleibendes über dem Wandel der Erscheinungen, absolute und nicht bloß relative Werte, und stillt die tiefe Sehnsucht des sich seiner Beschränktheit und Vergänglichkeit bewußten Menschen, Anteil an Ewigem zu haben. Darin liegt die Kraft der Religionen und sie beweist sich in den großen Opfern, die Menschen um ihrer religiösen Überzeugungen willen gebracht haben und bringen.

Zum Abschluß noch eine Anmerkung. Religiöser Glaube ist einerseits, wie wir betont haben, ein gemeinschaftlicher Glaube, der Glaube einer Religion. Andererseits ist er aber immer auch eine zutiefst persönliche Sache und in seinen individuellen Ausprägungen sehr vielfältig. Das gilt nicht nur von der Tiefe des Glaubens, also von dem Grad, in dem der gemeinsame Glaube das Leben des einzelnen bestimmt, sondern auch von seinen Inhalten. Da die Aussagen einer Religion vielfach nicht wörtlich zu verstehen sind und theologische Explikationen auch da, wo sie von den Kirchen als verbindlich erklärt werden, den meisten Gläubigen doch kaum bekannt und zugänglich sind, lassen schon die Aussagen verschiedene Interpretationen und Akzentuierungen zu. Noch vielfältiger sind die emotionalen Einstellungen, praktischen Haltungen und Heilserwartungen der einzelnen Gläubigen. Daher sind *die* Anschauungen, Haltungen und Einstellungen einer Religionsgemeinschaft meist nur typisch, nicht aber allgemeine für ihre Mitglieder. Die mögliche Vielfalt in der Einheit ist zudem eine Bedingung dafür, daß sich der einzelne mit seinen besonderen Anliegen und Erfahrungen den Glauben so aneignen kann, daß er sein Leben bestimmt.

3.5 Religionen als Antworten auf existentielle Fragen

Nicht alle Religionen sind allein oder primär Antworten auf existentielle Fragen. Wir haben ja in 3.1 betont, daß mythische Religionen zugleich Weltbilder vermitteln, also auch eine wichtige theoretische Funktion haben. Alle Religionen sind aber auch Antworten auf Lebensfragen, sie wollen Orientierung geben, etwas über das Ziel und den Wert menschlichen Lebens sagen, Hoffnung und Zuversicht in den Nöten des Daseins vermitteln. Nachdem heute Religion weitgehend ihre theoretischen Funktionen verloren hat, kommt ihrem existentiellen Gehalt die zentrale Bedeutung zu.

Die Ansichten und Normen einer Religion sind für das Leben des einzelnen von unterschiedlicher Relevanz. Es gibt Überzeugungen, wie z. B. die vom ewigen Leben, deren Annahme oder Ablehnung einen wesentlichen Unterschied macht, und andere, wie etwa das christliche Dogma von der Jungfrauengeburt, die das nicht tun. Elemente des Glaubens, die für das Leben von fundamentaler Bedeutung sind, bezeichnen wir als *existentiell relevant*. Der *existentielle Gehalt* des Glaubens ist dann der Komplex dessen, was an ihm existentiell relevant ist. Wenn wir im folgenden vor allem von Glaubensinhalten reden, so ist vorweg zu betonen, daß der existentielle Gehalt des Glaubens nicht nur in ihnen besteht, sondern auch in Sichtweisen, emotionalen Einstellungen und praktischen Haltungen.

Zunächst einige Vorbemerkungen zum Begriff existentieller Relevanz. Sie ist erstens keine Sache des Entweder-Oder, sondern des Mehr-oder-Weniger. Wenn wir also einfach von *der* existentiellen Relevanz gewisser Inhalte sprechen, so ist damit eine zentrale Bedeutung gemeint. Relevanz ist zweitens kontextabhängig: Eine Annahme kann für sich allein nicht oder kaum relevant sein, im Zusammenhang mit anderen aber Relevanz gewinnen. Die zentralen Glaubensinhalte einer Religion bilden einen Zusammenhang, so daß die einzelnen Inhalte immer auf dem Hintergrund des Ganzen zu sehen sind. Existentiell relevante Annahmen brauchen drittens inhaltlich nicht immer genau bestimmt zu sein. So ist z. B. christliche Lebenshaltung entscheidend durch die Hoffnung auf ewiges Leben geprägt, obwohl die Vorstellungen von einem solchen Leben weitgehend unbestimmt sind und jeder Versuch ihrer Klärung problematisch und spekulativ bleibt.[1] Diese Vagheit beeinträchtigt aber nicht die Kraft dieser Verheißung. Bei der Beschreibung existentiell relevanter Annahmen ist deren Inhalt also auch nur so weit zu präzisieren, als das zur Verdeutlichung ihrer existentiellen Bedeutung erforderlich ist. Am besten leistet das die religiöse Sprache, die nicht sachlich beschreibt,

[1] Zum Problem eines Fortlebens der Seele nach dem Tode oder einer Auferweckung der Toten vgl. z. B. Cullmann (1958), Geach (1969), Kap. 1–2, Penelhum (1973) und Hick (1976).

sondern das Bedeutsame i. e. S. ausdrückt[2]. Ein Versuch, den sachlichen Inhalt von religiösen Aussagen genauer zu bestimmen, ist zwar grundsätzlich legitim, das zentrale Interesse an der Religion gilt aber Fragen wie: „Was sollen wir tun?" und „Was dürfen wir hoffen?", nicht Spekulationen über das Pleroma, über Himmel und Hölle, etc. Existentiell relevant sind nur Aussagen, die dem Glaubenden Orientierung geben, Hoffnung, Vertrauen und Zuversicht, die seinem Leben Sinn und Ziel eröffnen. Das ist Aufgabe der Religion, nicht die Befriedigung metaphysischer Interessen. Existentielle Relevanz ist viertens immer Relevanz für jemand, im Blick auf seine Situation, Probleme, Ziele, Ansichten, Wertungen und Erfahrungen. Auch deswegen ist es problematisch , von *dem* existentiellen Gehalt des christlichen Glaubens zu reden. Wenn wir das im folgenden dennoch tun, so setzen wir dabei bestimmte Einstellungen voraus, von denen wir annehmen, daß sie nicht zu speziell sind.

Wir wollen nun die existentielle Relevanz religiöser Ansichten am Beispiel einiger zentraler Aussagen christlichen Glaubens verdeutlichen. Dabei gehen wir von bestimmten Lebenserfahrungen aus und zeigen dann, daß diese Aussagen Antworten darauf geben. Damit soll zugleich ihr Ort im Spektrum möglicher anderer Antworten deutlich gemacht werden. Wir formulieren zwei Überlegungen. Nach der ersten zeigt der Glaube einen größeren Horizont des Lebens auf, nach der zweiten ist er Grundlage für ein Vertrauen zum Leben. Beide Aspekte ergänzen sich.

Der Mensch ist das einzige Lebewesen, das sich seiner selbst bewußt ist, das über sich selbst reflektieren kann und sich selbst zum Problem wird. Er weiß von der Begrenztheit seiner Lebensspanne, vom Tod. Sein Planen, Handeln und Sorgen geht aber oft über das eigene Leben hinaus. Der Bauer pflanzt, wie Cicero sagt, Bäume, deren Früchte er nicht ernten wird. Der einzelne opfert seine Arbeit oder sein Leben für andere, für die Gesellschaft oder sein Volk. Er macht sich Sorgen, wie es seinen Angehörigen nach seinem Tod gehen wird. In Kunst und Wissenschaft wird etwas geschaffen, was über das eigene Leben hinaus wirken soll. Der einzelne nimmt so Teil an einem Leben, das über die Spanne seines eigenen Daseins

[2] Vgl. dazu wieder den Abschnitt 1.4.

hinaus reicht. Er ist sich des großen geschichtlichen Zusammenhangs bewußt, in dem er steht. Von diesem weiten Horizont seines Wissens und Interesses her erscheint das eigene Leben als eng begrenzt. Wir erfahren auch die nichtzeitlichen Beschränkungen unseres Daseins: Von unseren zahlreichen und weitreichenden Zielen und Plänen ist nur wenig realisierbar. Im Vergleich mit anderen, ihren größeren Fähigkeiten auf vielen Gebieten, ihren besseren Chancen, wird die Enge des eigenen Lebens deutlich. An ihnen erkennen wir die Fülle der Möglichkeiten des Wirkens und Erlebens und messen daran unser eigenes Dasein. Wir sind uns ferner der Abhängigkeit von vielen Umständen bewußt, von der Lebenssituation, von Familie, Volk und Kultur, in die wir hineingeboren werden, von unseren eigenen Anlagen und Fähigkeiten, von Zufällen, von politischen und ökonomischen Entwicklungen, auf die wir keinen Einfluß haben, von Schicksalsschlägen wie Krankheiten. Wir erleben oft unsere Ohnmacht gegenüber äußeren Verhältnissen, erfahren, daß wir unser Leben nicht frei bestimmen können, sondern Zufall und Schicksal ausgesetzt sind. Hinzu kommt das Bewußtsein der Vergänglichkeit aller Dinge, insbesondere des eigenen Lebens, unserer Erlebnisse, Leistungen und Fähigkeiten, von Besitz und menschlichen Bindungen zu anderen. Endlich sind wir uns der Bedingtheit aller Güter bewußt, der Relativität aller Werte und des Sinns all unseres Tuns. Wir erfahren, daß nirgends ein Vollkommenes, eindeutig und in jeder Hinsicht Gutes ist, ein bleibender Wert und Sinn. All diese Erfahrungen der Endlichkeit, Beschränktheit, Abhängigkeit, Vergänglichkeit und Bedingtheit können sich zu einem Gefühl der Nichtigkeit des eigenen Lebens verdichten, seiner Bedeutungslosigkeit im Strom der Geschichte, ja der Insignifikanz menschlichen Lebens überhaupt angesichts kosmischer Dimensionen. Wir erleben so immer wieder und in allen Bereichen eine bedrückende Diskrepanz zwischen dem weiten Horizont unseres Bewußtseins und Strebens und den engen Schranken unseres Daseins.

Es ist oft betont worden, daß diese Problematik zumindest eine Wurzel der Religionen ist. So meint E. Fromm in (1947) und (1950), religiöse Fragestellungen ergäben sich aus der Natur des Menschen. Selbstbewußtsein, Vernunft und Einbildungskraft hätten die Harmonie des tierischen Daseins zerstört. Der Mensch sehe sich als Teil der Natur und doch als ihr gegenüberstehend, er erkenne sein Ausgeliefertsein an ein zufälliges Schicksal, die Endlichkeit und Beschränktheit seines Lebens, seiner Fähigkeiten. Die eigene Existenz sei ihm zum Problem geworden, er müsse die verlorene Harmonie mit sich selbst und der Natur wiederherstellen und versuchen, seine Entfremdung von sich selbst, seinen Mitmenschen und der Natur zu überwinden. Diese Harmonie läßt sich nach Fromm nicht nur in theoretischen Entwürfen finden, sondern muß auch im Gefühl und Streben verankert sein. Das Bedürfnis nach Ganzheit, Integrität des Lebens und der Persönlichkeit führe zur Hingabe an transsubjektive Ziele, Ideen oder Mächte und drücke sich darin aus: „Da das Bedürfnis nach einem System der Orientierung und Hingabe einen wesentlichen Teil des menschlichen Daseins ausmacht, ist die Intensität dieses Bedürfnisses leicht zu verstehen. Tatsächlich gibt es keine stärkere Energiequelle im Menschen. Der Mensch kann nicht frei entscheiden, ob er Ideale haben will oder nicht, aber er hat die freie Wahl zwischen verschiedenen Idealen. Er kann sich für die Anbetung von Macht und Zerstörung entscheiden oder für die Hingabe an Vernunft und Liebe. Alle Menschen sind ‚Idealisten' und suchen etwas, das über die Befriedigung des rein Körperlichen hinausgeht. Sie unterscheiden sich nur in den Idealen, an die sie glauben. Sowohl die höchsten wie auch die satanischsten Manifestationen des menschlichen Geistes sind nicht Ausdruck des Fleisches, sondern dieses ‚Idealismus', des Geistes."[3] Wenn es dem Menschen nicht gelinge, meint Fromm, seine Energien in der Richtung auf ein „höheres Selbst" zu entfalten, lenke er sie auf niedrigere Ziele, schaffe sich ein Trugbild und hänge daran mit der gleichen Zähigkeit wie andere an religiösen Anschauungen. Ähnlich wie J. Dewey in (1934) will Fromm jedoch das Religiöse von einem Bezug auf Transzendentes trennen.[4] Er sieht den Kern religiöser Haltung in einer tiefen, nicht nur intellektuellen, sondern auch emotionalen Hinordnung des ganzenLebens auf ideale Werte — für ihn sind es im wesentlichen die humanitären Werte Freiheit, Selbstentfaltung, Vernunft und Liebe. Sein Gedanke ist also: Ein befriedigender Sinn des Lebens, der Beziehung zu anderen Menschen und zur Natur wird nicht in

[3] Fromm (1966), S. 35. Vgl. dazu auch M. Weber (1920), S. 569ff.

[4] Vgl. zu Dewey Anm. 14 zu 2.2.

der Welt gefunden, sondern muß hergestellt werden; seine Konstitution ist dem Menschen aufgegeben. Das ist z. T. sicher richtig. Wenn aber Fromm und Dewey sagen, der Glaube an eine transzendente Wirklichkeit sei eine falsche, ja verhängnisvolle Projektion der Ideale, so bleibt unklar, wie die Annahme unbedingter Werte mit einer immanenten Weltanschauung verträglich sein soll. Das Problem ist ja gerade, daß es in der empirischen Realität nichts Unbedingtes, Vollkommenes gibt. Als subjektive Ideale, die „bloß in den Köpfen einiger Menschen existieren", ohne Fundament in der Wirklichkeit, können sie aber nicht leisten, was sie leisten sollen, wie wir in 3.3 gesehen haben. Die Frage nach einem realen Fundament der Werte ist eine Grenzfrage, die sich ihrer Natur nach auf Transzendentes bezieht. Humanistische Werte sind sicher gut und schön, an der Endlichkeit, Beschränktheit, Abhängigkeit, Vergänglichkeit und Bedingtheit menschlichen Lebens, an der wir leiden, können wir aber nichts ändern. An der Verbesserung der Lebensbedingungen im kleineren oder größeren Kreis mitzuwirken ist zweifellos ein wertvolles Ziel, aber dieses Tun unterliegt denselben Fragwürdigkeiten wie alles menschliche Leben; sein Wert ist nur bedingt und oft problematisch, sein Erfolg ist von vielen Umständen abhängig, die sich der eigenen Kontrolle entziehen, und die erzielten Leistungen sind vergänglich. Das Problem bilden die grundsätzlichen Bedingungen menschlichen Lebens, nicht verbesserungsfähige Details. Die Frage nach dem Sinn und Wert unseres Lebens führt also nicht bloß zu religiösen Fragen, wie Fromm sie versteht, sondern zu echten religiösen Fragen, zur Frage nach einer größeren, unvergänglichen, unbedingten, d. h. transzendenten Wirklichkeit.

Religionen sind Antworten auf solche existentiellen Fragen. Sie stellen das menschliche Leben in einen größeren Horizont und verheißen Anteil am Ewigen. Der christliche Glaube ist ein Glaube an den einen, guten und allmächtigen Gott. Die höchste Wirklichkeit ist für ihn eine Person, die erkennt, fühlt, will und handelt. Sie ist insofern dem Menschen ähnlich, aber frei von den Schranken der Endlichkeit und der körperlichen Natur: Ewig, vollkommen gut, vollkommen frei und unabhängig, mit unbeschränkter Kraft des Erkennens und Tiefe des Empfindens. Die Fülle der Wirklichkeit erscheint hier also als Fülle personalen Lebens. Freiheit, Macht und Erkenntnisfähigkeit des Menschen als endlicher Person sind zwar eng begrenzt und was er aus sich selbst anstreben und tun kann, ist nur von bedingtem Wert. Er kann aber Anteil am Ewigen gewinnen, denn er ist berufen zur Gemeinschaft mit Gott, in die er gelangt, wenn er sich Gott von ganzem Herzen und mit all seinen Kräften zuwendet und seinen Willen tut. Damit erhält sein beschränktes Leben einen unbedingten Sinn und sein begrenztes Handeln einen unbedingten Wert. Mit der Verheißung ewigen Lebens erhält diese Botschaft eine neue Dimension: Das menschliche Leben gewinnt einen offenen Horizont über den Tod hinaus, und die Gemeinschaft mit Gott wird kein Ende haben. Mit der Verheißung ewigen Lebens verbindet sich die einer eschatologischen Vollendung der Welt. Die Schranken unseres Lebens, unter denen wir leiden, werden aufgehoben. Wir werden nicht aus der Welt erlöst, sondern Welt und Mensch werden so verwandelt, daß es kein Leid mehr gibt: „Er wird in ihrer Mitte wohnen, und sie werden sein Volk sein; und er, Gott, wird bei ihnen sein. Er wird alle Tränen von ihren Augen abwischen: Der Tod wird nicht mehr sein, keine Trauer, keine Klage, keine Mühsal. Denn was früher war, ist vergangen". (Offb. 21,3f.) Die Welt ist als Schöpfung Gottes gut. Quelle allen Übels ist die Abwendung der Menschen von Gott. Nur in der Orientierung am Willen Gottes kann er Gutes bewirken. Da dieser Wille zugleich die höchste Wirkursache ist und die Ordnungen in der Welt als seinem Werk diesem Willen entsprechen, ist ein Handeln gegen Gott zugleich ein Verstoß gegen die natürliche Ordnung der Dinge, kann also nur negative Folgen haben. Gott überläßt die Welt nach ihrer Erschaffung nicht sich selbst, sondern behält sie in seiner Hand. Er hat sich den Menschen geoffenbart, er lenkt die Geschichte der Völker und Menschen. Darin besteht seine Vorsehung.[5] Er respektiert aber in seinem

[5] Der Begriff der Vorsehung (*Pronoia, Providentia*) tritt zuerst bei Anaxagoras auf, der ein Walten göttlicher Vernunft in der Welt annahm. Zentrale Bedeutung gewann er in der Stoa, in der *Pronoia* auch ein Name für Gott ist. Die Vorsehung war ein Gegenbegriff zu *Tyche* als Macht des blinden Zufalls, der in der hellenistischen Welt eine große Rolle spielte. Im AT ist Geschichte immer Heilsgeschichte, so daß auch hier Vorsehung eine zentrale Rolle spielt, wenn auch erst in den späten Texten explizit von ihr die Rede ist. In Frage gestellt wurde sie in der apokalyptischen

Handeln die Freiheit der Menschen, er läßt zu, daß sie sich von ihm abwenden und ihrem eigenen Willen folgen. Vorsehung besagt auch, daß das Gute, selbst wo es scheitert oder untergeht, aufbewahrt wird, so daß es seinenWert und auch seine Wirksamkeit in einem größeren Zusammenhang behält. Das Vertrauen in die Vorsehung gibt also dem Menschen Zuversicht in seinem Leben und den Glauben an den Sinn dessen, was geschieht. Christlicher Glaube ist so eine Antwort auf die existentiellen Fragen, von denen wir ausgegangen sind. Er versichert den Glaubenden, daß seine Sehnsucht nach Ewigem und Gültigem ein Ziel findet, daß es jenseits des Vergänglichen und Bedingten ein Unvergängliches, Unbedingtes gibt. Er sichert ihm zu, daß er in diesem Leben Anteil am Ewigen gewinnen kann, daß sein Leben und Handeln einen unbedingten Sinn und Wert finden kann, daß eine Vorsehung waltet, die sein Leben wie die Geschichte der Menschheit an ein Ziel bringt. Damit kommt dem Endlichen und Vergänglichen eine neue Bedeutung zu: Es erscheint als erfüllbar mit ewigem Gehalt.

Bedingung des Heils, des Anteils am Ewigen ist freilich nach christlichem Glauben wie nach anderen Religionen eine radikale Umkehr. Das höchste Ziel soll nicht mehr die Erfüllung der eigenen Interessen sein, sondern die Erfüllung des göttlichen Willens. Gemeinschaft mit Gott ist nur möglich, wenn wir uns seine Gesinnung, seinen Willen zueigen machen. Es geht darum, die Schranken des Egoismus zu überwinden, nicht nur das eigene Wohl zu sehen, sondern mitzuwirken am universellen Heilsplan Gottes. In manchen Religionen und Philosophien erhält diese Forderung einen paradoxen Anstrich: Erfüllung durch Entsagen, durch Verzicht auf alles, was wir konkret unter Glück verstehen. Im christlichen Glauben geht es aber nicht um Weltentsagung, sondern zunächst einmal darum, im eigenen Leben und Tun objektive Normen und Werte zur Geltung zu bringen, und das ist schon ein Anspruch jeder Moral. Nach christlicher Überzeugung ist die Welt als Schöpfung Gottes ferner

Literatur, in der die Vorstellung auftaucht, daß sich Gott in der gegenwärtigen Zeit ganz von der Welt zurückgezogen habe. Demgegenüber wird der Gedanke der Vorsehung im NT nachdrücklich betont. (vgl. z. B. Mt 6, 25–34; 10, 29–31).

im Grunde gut, so daß also nicht gefordert wird, gegen die natürliche Wirklichkeit zu handeln, sondern im Einklang mit ihrer wahren Ordnung. Endlich ist der Wille Gottes nach christlichem Verständnis auch nicht einfach der Wille eines anderen. Man soll nicht den eigenen Willen aufgeben und einen fremden akzeptieren. Es ist eine zentrale Aussage des Glaubens, daß Gott gut ist. Das Gute ist aber nichts, was im subjektiven Interesse eines einzelnen liegt, für andere also etwas Äußeres und Fremdes bleibt, sondern etwas, dem jeder in Freiheit zustimmen kann, das er von sich aus wollen kann.

Ein zweiter Zugang zum existentiellen Gehalt christlichen Glaubens eröffnet sich von der Erfahrung der Ambivalenz der Erscheinungen her:[6] In der Welt gibt es Großartiges und Schönes, wie etwa die überaus reiche Formenwelt im Reich des Lebendigen, und daneben Abstoßendes, wie das Gesetz des Fressens oder Gefressenwerdens in der Natur. Auch in der menschlichen Gesellschaft und Geschichte steht Wertvolles neben Negativem: Große Leistungen in Wissenschaft, Kunst und Politik neben sinnloser Zerstörung, Fortschritt neben Rückfällen in Barbarei, menschliche Würde neben Niedrigkeit, Liebe neben Haß. Der Mensch ist ferner Teil der Natur und steht ihr doch erkennend und handelnd gegenüber. Seine Heimat ist die Erde, und doch sieht er sich als „Zigeuner am Rande des Universums", als Fremder in der Welt, die „für seine Musik taub ist und gleichgültig gegen sein Hoffen, Leiden oder Verbrechen".[7] Er begreift sich als frei und ist doch abhängig von allen möglichen Zufällen. Die Welt ist einerseits erkennbar, wir stellen fundierte Theorien über die Entwicklung des Universums in den ersten Sekundenbruchteilen nach dem Urknall auf, und doch sagt S. Weinberg, einer der Pioniere solcher Theorien: „Je begreiflicher uns das Universum wird, um so sinnloser erscheint es auch".[8] Angesichts dieser Ambivalenzen ist

[6] Diesen Weg geht auch Küng in (1978). Er sieht darin allerdings eine Möglichkeit der Begründung von Glaubensinhalten, während der Weg sich nach unserem Verständnis nur als Überlegung zur Begründung einer Glaubenshaltung eignet.

[7] J. Monod (1971), S. 211.

[8] Weinberg (1977), S. 212.

Leben nur aus einem Grundvertrauen heraus möglich: Aus einem Vertrauen darauf, daß die Welt trotz der vielfältigen Übel im Ganzen und im Grunde gut ist, daß auch in dem, was wir als schlecht erleben, ein uns verborgener Sinn liegt, oder daß es jedenfalls im Ganzen wenig Gewicht hat; aus einem Vertrauen, daß die Welt erkennbar ist. In der Philosophie ist die Notwendigkeit eines Grundvertrauens insbesondere in der Auseinandersetzung mit der Erkenntnisskepsis diskutiert worden — davon war bereits in 3.3 die Rede —, also unter theoretischem Aspekt, und schon Hume hat betont, daß ein radikales Erkenntnismißtrauen praktisch nicht durchzuhalten ist. Ebenso ist aber ein Vertrauen auf die Erkennbarkeit des moralisch Richtigen, von Sinn und Wert notwendig. Vertrauen ist auch im Umgang mit anderen Menschen unverzichtbar. Angesichts negativer Erfahrungen besteht es nicht in der Überzeugung, jeder Mensch sei, zumindest im Grunde seines Herzens, gut, sondern in einem Vertrauensvorschuß, den man anderen entgegenbringt, mit denen man zu tun hat. Ein grundsätzliches Mißtrauen macht letztlich jedes positive zwischenmenschliche Verhältnis, jede Kooperation unmöglich. Ein Vertrauen auf den Sinn menschlichen Daseins impliziert ferner einen Glauben an die Würde des Menschen, an einen Sinn der Geschichte, die Überzeugung, daß der Mensch mehr ist als ein Produkt von Zufall und Notwendigkeit. Für das eigene Leben braucht man ferner ein Lebensvertrauen. Das beinhaltet nicht die Annahme, es werde schon alles gut laufen, sondern die Zuversicht, daß sich immer wieder, egal wie ungünstig die Umstände sein mögen, ein Weg finden wird, den man gehen kann. Es besteht in der Hoffnung auf positive Erfahrungen und Möglichkeiten der Selbstverwirklichung in der Zukunft. Neben Vertrauen auf das eigene Schicksal braucht man endlich Selbstvertrauen: Vertrauen auf die eigene Fähigkeit, das Richtige zu erkennen und zu tun. Vertrauen auf die Kraft, sein Leben selbst zu gestalten, auch unter ungünstigen Umständen, auf Willenskraft und Selbstbeherrschung; das Gefühl, sich auf sich selbst verlassen zu können, ein Vertrauen auf den eigenen Wert, auf das eigene Schicksal, einen Sinn des eigenen Lebens. Grundvertrauen ist also eine zugleich noetische, emotionale und praktische Haltung. Es ist sicher bei verschiedenen Menschen unterschiedlich stark ausgeprägt, aber ein gewisses Maß davon ist notwendig. Ein Grundmißtrauen in all seinen Facetten vom radikalen Erkenntnismißtrauen über ein grundsätzliches Mißtrauen gegenüber anderen Menschen bis hin zum tiefen Minderwertigkeitsgefühl würde das Leben zutiefst beeinträchtigen.[9]

Wenn man auf das eigene Grundvertrauen reflektiert, wird man es nun nicht einfach als persönliche Einstellung ansehen, die sich aus Anlage und Umwelteinflüssen ergibt und die man so gewissermaßen zufällig hat. Denn damit bliebe offen, ob es ein Fundament in der Sache hat, also berechtigt ist, und dieser Zweifel würde es destabilisieren. Man kann auch nicht sagen, es bestätige sich in der Erfahrung, denn die Erfahrungen sind eben ambivalent — davon sind wir ja ausgegangen. Ein fundamentaler Wert und Sinn der Welt läßt sich nicht in ihr finden. Das Grundvertrauen ist nur berechtigt, hat nur dann eine reale Grundlage, wenn die Welt unserer ambivalenten Erfahrung nicht die ganze Wirklichkeit ist, sondern nur Teil einer umfassenderen, wertvolleren, d. h. transzendenten Realität. Einer solchen Realität versichern uns die Religionen. Sie sind einerseits vom Grundvertrauen getragen, andererseits haben sie aber Offenbarungscharakter, d. h. ihre Aussagen werden nicht nur als Spekulationen verstanden, in unserem Fall: als Versuche, einen Halt für das Grundvertrauen in der Realität zu konstruieren.

Wie wir sahen gibt es viele Konzeptionen von Transzendentem und unter ihnen auch viele, die ein Grundvertrauen zum Leben in dieser Welt stützen. Dazu ist der christliche Glaube an einen guten, personalen Gott, den Schöpfer der Welt unter drei Aspekten in besonderer Weise geeignet: Es ist erstens ein alter Gedanke, der auch schon bei der Diskussion des teleologischen Gottesbeweises zur Sprache kam, daß wir letztlich nur Produkte intelligenter Tätigkeit wirklich verstehen. Fakten lassen immer weitere Warum-Fragen offen, nur ein zweckmäßiges Tun oder ein Werk mit einem wertvollen Ziel, bei dem der Sinn zugleich der Grund ist, scheint uns voll verständlich zu sein.[10] Daher ist die Welt als Werk Gottes prinzipiell in einem tieferen Sinn verstehbar als eine bloß faktisch vorhandene. Vertrauen ist zweitens in erster Linie etwas, das wir Personen entgegenbringen, nicht Fakten oder Objekten. In christlicher Sicht wird das Grundvertrauen zum Vertrauen auf den guten und allmächtigen

[9] Vgl. dazu Erikson (1966), S. 62ff.

[10] Vgl. dazu z. B. Platon *Phaidon*, 97b-d.

Gott. Der christliche Gedanke einer Gemeinschaft mit Gott entspricht drittens der Vorstellung, daß das Leben des Menschen seine tiefste Erfüllung in der Gemeinschaft mit anderen Personen findet. Gott ist aber das „absolute Du", mit dem die tiefste Gemeinschaft möglich ist.[11] Er ist Ursprung und Ziel des Menschen. Der Fremdling im Universum braucht jenseits der Grenzen dieses Universums jemand, der nicht gleichgültig ist gegen sein Hoffen und Leiden. Das tiefste Grundvertrauen ist danach möglich als Vertrauen auf einen personalen Gott, der die Welt erschaffen hat, trägt und zur Vollendung führt, mit dem Gemeinschaft möglich ist, der antwortet und an den man sich wenden kann.

All das ist natürlich kein Argument für die Existenz Gottes. Man könnte ja auch so argumentieren: Die Welt wird als ambivalent erfahren, das praktisch notwendige Grundvertrauen findet also in ihr selbst keine Stütze; damit es als berechtigt erscheint, wird eine transzendente Realität angenommen, und damit es an Tiefe gewinnen kann, ein personaler Gott. Das wäre dann eine psychologische Erklärung des Glaubens als metaphysische Krücke des Grundvertrauens. Der christliche Glaube soll hier auch nicht als Bedingung der Möglichkeit eines berechtigten Grundvertrauens erklärt werden — dazu sind seine Inhalte zu speziell —, es sollte vielmehr nur seine Relevanz für die existentielle Frage der Berechtigung eines Grundvertrauens deutlich gemacht werden. In ihm findet das Grundvertrauen eine Stütze, von ihm her kann man sein Leben als sinnvoll und wertvoll begreifen.

Der existentielle Gehalt christlichen Glaubens umfaßt natürlich weit mehr als das, was hier zur Sprache kam. Wir haben uns nur auf wenige zentrale Inhalte konzentriert und auch die nur sehr abstrakt formuliert. Konkreten Gehalt gewinnen Aussagen über Gott, Mensch und Welt erst auf dem Hintergrund der gesamten religiösen Tradition als dem Depositum der geschichtlichen Erfahrung der Glaubenden. Worin at Glaube besteht, läßt sich in der kurzen Formel sagen: „Recht tun, Güte und Treue lieben, in Ehrfurcht den Weg gehen mit

[11] Vgl. dazu M. Buber *Ich und Du*, in *Werke* Bd. I, München 1962 — hier S. 128ff.

Gott" (Mich 6,8). Den konkreten Gehalt dieser Aussage erfaßt man jedoch nur vom Inhalt des gesamten AT her.

Antworten sind Antworten auf Fragen, richten sich also nach deren Inhalt. Da sich die existentiellen Fragen je nach den Lebenserfahrungen, Anliegen und Vorstellungen unterscheiden, aus denen sie entstehen, fallen auch die religiösen Antworten verschieden aus. Dem Leiden am Dasein, der Erfahrung, daß das gesamte Leben grundsätzlich leidvoll ist, entspricht im indischen Denken z. B. die Heilsidee einer Erlösung aus der Welt. Und da die individuelle Existenz, die Spannung zwischen Vergänglichkeit und Selbsterhaltungstrieb, als Quelle des Leidens erscheint, wird die transzendente Realität als apersonal begriffen und das Heil in der Auflösung der Individualität, im Aufgehen im All-Einen gesehen. Der christliche Glaube antwortet hingegen auf eine Erfahrung, in der die Welt ambivalent ist, und da die Personalität nicht als Quelle des Übels, sondern im Gegenteil als höchste Form der Realität erlebt wird, wird die transzendente Wirklichkeit personal verstanden. Lebenserfahrungen und Konzeptionen wandeln sich, die großen und alten Religionen zeichnen sich aber dadurch aus, daß ihre Antworten auch bei veränderten Lebensbedingungen und Erfahrungsformen relevant bleiben – sofern zumindest die Veränderungen nicht zu radikal sind. Ihre Aussagen haben einen Gehalt, der sich auf unterschiedliche konkrete Lebensprobleme beziehen läßt. Bei wörtlich zu verstehenden Aussagen ist unterschiedliche Interpretierbarkeit ein Mangel – die Interpretation muß ergänzen, was nicht im Inhalt liegt. Bei einem Ausdruck i. e. S., wie er nach 1.4 in religiösen Aussagen vorliegt, beleuchten verschiedene Interpretationen hingegen die Fülle des Gehalts, ähnlich wie das bei Kunstwerken der Fall ist, die verschiedenen Menschen und Zeiten Unterschiedliches sagen, ohne daß man behaupten könnte, daß es jeweils nur in das Werk hineinprojiziert würde. Da sich die Lebenserfahrungen der einzelnen Menschen im selben Kulturkreis und zur selben Zeit zudem oft erheblich unterscheiden, ist diese Interpretierbarkeit religiöser Aussagen immer eine Bedingung dafür, daß sie für das Leben vieler Menschen konkrete Relevanz gewinnen.

Auch die christliche Verkündigung hat sich ursprünglich auf eine Daseinserfahrung bezogen, die von unserer heutigen deutlich verschieden ist. Sie kommt besonders deutlich in gnostischen Lehren zum Ausdruck. „Gnosis" ist eine Sammelbezeichnung religiöser Lehren, Sekten und altkirchlicher Häresien.[12] Der gemeinsame Kern der Lehren läßt sich etwa so umreißen: Ausgangspunkt ist eine schon im Hellenismus in der gesamten Ökumene weit verbreitete Daseinserfahrung, in der sich der Mensch nicht mehr als freies Subjekt seines Lebens und der Geschichte erlebt, sondern als Objekt unheilvoller, überpersönlicher Kräfte, ausgeliefert undurchsichtigen Mächten des Schicksals und der Geschichte, die er nicht beeinflussen kann. Der Fortschrittsoptimismus ist in eine tief pessimistische Weltsicht umgeschlagen; die Welt ist dem Menschen fremd geworden, er kann sich in ihr nicht mehr frei entfalten und daher richtet sich seine Sehnsucht auf eine andere, transzendente Wirklichkeit. Dieser Existenzerfahrung entspricht eine Konzeption der Wirklichkeit: Die Entfremdung führt zu einer dualistischen Weltsicht. Das Materielle, Körperliche ist schlecht, das Wertvolle liegt im Innern der Seele, im Geistigen. Wie bei den Pythagoreern und Platon erscheint der Körper als Gefängnis oder Grab der Seele. Die eigentliche, wertvolle Realität ist die geistig-göttliche jenseits der körperlichen Welt. Ihr gehört der Mensch seiner wahren Natur nach zu, die Körperwelt ist hingegen von antigöttlichen, bösen Mächten beherrscht. Dieser Dualismus kann mehr oder minder prinzipiell sein: Das Reich der Finsternis, des Bösen und Materiellen wird entweder als gleich ewig und gleich ursprünglich wie das Reich des Lichts, des Göttlichen angesehen, oder es erscheint als gefallenes Göttliches oder gar als (eigentlich) Nichtseiendes, Illusorisches wie z. B. im hermetischen *Evangelium veritatis*. Diese Struktur der Welt und insbesondere die Situation des Menschen erfordert eine Erklärung, die in Form von aitiologischen Mythen gegeben wird. Ausgehend vom Prinzipiendualismus erscheint z. B. im Manichäismus das Weltdrama als Kampf der bösen Mächte gegen die guten, wobei aufgrund von Teilerfolgen des Bösen ein Teil des Lichts in die Gefangenschaft der Materie gerät, während in gnostischen Lehren, die von einem ursprünglichen Monismus ausgehen, die Bildung der Welt als Panne oder als Abfall eines himmlischen Wesens vom höchsten Gott verstanden wird. Typisch

[12] Zur Gnosis vgl. z. B. Wilson (1958) und Grant (1966), für eine Anthologie gnostischer Schriften Haardt (1967).

für die Gnosis, im Gegensatz zu Judentum und Christentum, ist die These, nicht Gott sei der Schöpfer der Welt, sondern ein böser Demiurg, der dann später mit dem Gott der Juden identifiziert wird. Der irdische Mensch — daneben gibt es in den meisten gnostischen Lehren wie bei Philon von Alexandria auch einen himmlischen Menschen als Ebenbild oder Sohn Gottes — ist vom Demiurgen geschaffen, göttliche Mächte haben ihm aber eine himmlische Seele als Lichtfunken gegeben. Ziel der Heilsgeschichte ist die Aussonderung des Lichtstoffes, der sich mit der Materie vermischt hat, und seine Heimführung ins Reich des Lichts. Mit dem Abschluß dieses Prozesses endet das gegenwärtige böse Äon und ein neues, gutes Äon beginnt — die Mächte des Bösen werden endgültig überwunden oder vernichtet. Die Gnosis ist — wie die zahlreichen Mysterienkulte griechischen und orientalischen Ursprungs, die sich zur gleichen Zeit überall ausbreiten, und ebenso wie das Christentum — eine Erlösungsreligion, die Antwort geben will auf die Erfahrung der Entfremdung und die Sehnsucht nach einem anderen Leben. Sie verspricht ihren Anhängern schon in diesem Leben Anteil an der himmlischen Wirklichkeit und nach dem Tode das Eingehen in sie. Das Heilsmittel ist *Gnosis*, d. h. Erkenntnis, vor allem der wahren Natur des Menschen, seines Ursprungs und seines Ziels — daneben auch der Struktur und Geschichte des Universums. Diese *Gnosis* ist keine rationale, selbständige Einsicht des Menschen, sondern wird ihm durch Offenbarung zuteil; sie reicht von mystischer Erfahrung bis hin zu einem magischen Wissen, etwa von Formeln, die der Seele nach dem Tod die Passage durch die Planetensphären ermöglichen. Diese Sphären werden von feindlichen Archonten beherrscht, die das Schicksal der Menschen bestimmen (die Gnosis verbindet sich mit den damals weit verbreiteten astrologischen Lehren, ebenso wie mit dem Dämonenglauben) — Symptom der Daseinserfahrung, des Gefühls der Unfreiheit und des Ausgeliefertseins an übermächtige, undurchsichtige Kräfte. Nach dem gnostischen Erlösermythos, der — wenn nicht überhaupt, so jedenfalls in seinen späteren Ausprägungen durch die christliche Erlösungslehre geprägt ist — steigt ein himmlischer Gesandter (oft der himmlische Mensch) durch die Planetensphäre herab, nimmt menschliche Gestalt an, um die feindlichen Mächte zu täuschen, erweckt die Menschen aus dem dumpfen Schlummer ihrer körperlichen Existenz und bringt ihnen die Heilsbotschaft von ihrem göttlichen Ursprung.[13] Er kehrt dann zum Himmel zurück und bereitet den Gläubigen den Weg dorthin. Es gibt aber in der Gnosis keine Menschwerdung eines himmlischen Wesens; der Gesandte nimmt nur zum Schein und äußerlich menschliche Gestalt an. Daher hat sich die Gnosis mit einem Doketismus verbunden, nach dem auch das Leiden Christi nur ein scheinbares ist.

Die Gnosis hat viele Gedanken aus der Philosophie (aus Spätplatonismus, Pythagoreismus und Stoa) aufgenommen, aus dem frühen Judentum (insbesondere aus hellenistisch-jüdischen Strömungen, wie sie uns bei Philon begegnen), aus den orientalischen Religionen und endlich aus dem Christentum.[14] Durch diese Integration verbreiteter Anschauungen, durch Ausdruck und Deutung der herrschenden Daseinserfahrung und als Erlösungsreligion fand sie ein breites Echo. Dabei haben ihr offenbar die höchst wirren und von Sekte zu Sekte unterschiedlichen pseudo-mythischen Einkleidungen ihrer Grundideen wenig geschadet. Rationale Philosophie hatte damals keine Konjunktur mehr — es gab sie bezeichnenderweise nur mehr in Form der Skepsis —, die Grenzen von Philosophie und Religion in Form mythischer Spekulationen waren wie am Beginn der Philosophie wieder verschwommen. Die vielen Parallelen christlicher mit gnosti-

[13] Vgl. dazu das „Perlenlied" aus den Thomasakten in Haardt (1967), S. 138ff.

[14] Eine Verbindung zwischen Gnosis und jüdischer Apokalyptik ergibt sich auch daraus, daß beide von orientalischen, insbesondere iranischen Religionen beeinflußt sind. Dort findet sich ebenfalls die Verbindung von Weltuntergang und Auferstehung der Toten sowie das Nebeneinander dieser allgemeinen Totenerweckung und eines allgemeinen Gerichts am Ende der Zeit mit einem individuellen Gericht gleich nach dem Tode und dem Übergang des Gerechten ins Paradies. Beides wird verknüpft durch die Annahme eines Zwischenzustands der Gestorbenen bis zum Anbruch des neuen Äons. (Vgl. noch das Nebeneinander von allgemeiner Totenerweckung in 1 Kor 15 und dem Übergang der Gestorbenen ins Paradies in der Lazarusperikope (Lk 16,19—31).) Ebenso findet sich in den iranischen Religionen der Dualismus (im monotheistischen Judentum erscheint jedoch Gott als Schöpfer des Geistes der Wahrheit wie des Geistes der Lüge) und der Prädestinationsgedanke.

schen Auffassungen ergeben sich — neben tatsächlichen Wechselwirkungen — oft daraus, daß diese Auffassungen über die Grenzen der Religionen hinweg sehr weit verbreitet waren.

Im NT finden sich, speziell bei Paulus und Johannes, manche Konzeptionen, die sich mit gnostischen decken oder berühren, so daß das Christentum bei der Abwehr gnostischer Lehren erhebliche Probleme hatte. Die Spannung zwischen Christentum und Gnosis erklärt sich aber nicht nur aus unterschiedlichen dogmatischen, speziell christologischen Aussagen, sondern aus grundsätzlich verschiedenen Leitbildern menschlicher Existenz. Der christliche Glaube hat sich gegenüber gnostischen Strömungen nicht durchgesetzt, weil sich die Daseinserfahrung so änderte, daß seine Antworten als angemessener empfunden wurden, sondern er selbst hat die Daseinserfahrung verändert. Daraus ergibt sich nun eine wichtige Ergänzung unserer Aussage, Religionen seien Antworten auf existentielle Fragen, die sich aus einer bestimmten Daseinserfahrung ergeben: Religiöse Anschauungen prägen umgekehrt auch die Art und Weise, wie das Leben und die Welt erfahren werden. Das Dasein wird im Licht des Glaubens gesehen. Diese Sichtweise muß sich zwar in der Erfahrung bewähren und Religionen sind Antworten auf Daseinserfahrungen, sie beeinflussen diese andererseits aber auch; ihre Antworten verändern oft die Sicht der Dinge.

4 Begründungsprobleme

4.1 Die Möglichkeit rationaler Rechtfertigung religiösen Glaubens

Nachdem wir uns vergegenwärtigt haben, was Religion und religiöser Glaube ist, wollen wir in diesem Kapitel auf das zentrale Thema dieser Arbeit zurückkommen und eine Antwort auf die Frage versuchen, ob und ggf. wie sich ein Glaube vernünftig rechtfertigen läßt. In diesem Abschnitt geht es zunächst allein um die prinzipielle Möglichkeit einer Rechtfertigung. Auf einige inhaltliche Probleme, die sich dabei stellen, gehen wir in den folgenden Abschnitten ein.

Die Frage der Rechtfertigung kann sich entweder auf das Glauben beziehen, also den Glauben als Haltung einer Person (den „Glaubensakt", wie man oft sagt, *fides qua creditur*) oder auf das, was geglaubt wird, die Glaubensinhalte *(fides quae creditur)*. Im Blick auf unsere Charakterisierung des Glaubens als Lebensform ist die erste dieser beiden Fragen die primäre, denn danach bilden Überzeugungen nur eine, wenn auch wichtige Komponente des Glaubens, und diese Komponente ist zudem, wie wir schon in 2.4 sahen, nicht selbständig gegenüber den anderen. Nach der Rechtfertigung von Annahmen ist also im Kontext der Rechtfertigung des Glaubens als Lebensform zu fragen. Daher erscheinen all jene Ansätze, die Rechtfertigung primär oder ausschließlich als Begründung von Glaubensinhalten auffassen, als verfehlt. Wie wir gesehen haben, führen sie auch zu keinem positiven Ergebnis: Die Mängel der Gottesbeweise (vgl. 1.2) zeigen, daß theoretisch-rationale Argumente nicht ausreichen. Daß auch Kants moralisches Argument die Annahme der Existenz Gottes nicht rechtfertigt, haben wir in 3.3 gesehen. In 2.4 wurde deutlich, daß Offenbarungen i. e. S. keine erste Grundlage für Aussagen über Gott bilden, und nach 3.3 kann zwar religiöse Erfahrung — speziell Offenbarung i. w. S. — religiöse Annahmen stützen, sie ist aber selbst schon von ihnen geprägt. Eine Begründung durch historische Tatsachen endlich bezieht sich entweder auf geschichtliche Offenbarungen oder auf Wunder, die nach den Überlegungen in 2.1 ebenfalls keine erste Grundlage für religiöse Ansichten bilden können. Generell müßte eine Begründung religiöser Annahmen von Prämissen ausgehen, die sich nur auf Erfahrungstatsachen beziehen. Aus denen folgen jedoch keine Sätze, die von einer transempirischen Realität handeln. Geht es hingegen um den Glauben als Haltung, als Entscheidung für eine Lebensform, so erhält das Rechtfertigungsproblem einen ganz anderen Charakter. Es stellt sich dann als Problem der praktischen Bewährung einer Haltung oder als Entscheidungsproblem dar.

Für den ersten Fall können wir auf den Gedanken aus 2.3 zurückgreifen, Religion sei ein Paradigma, das zu akzeptieren genau dann vernünftig ist, wenn es sich bewährt. Dieser Gedanke war zunächst daran gescheitert, daß Religion kein System von Annahmen ist, so daß nur eine sehr beschränkte Analogie zwischen Religionen und jenen Paradigmen besteht, die Kuhn diskutiert. Wir wollen daher den — wie wir sahen auch im theoretischen Feld problematischen — Paradigmenbegriff im folgenden nicht benützen, und eine Religion im Sinne von 3.4 als „Lebensform“ bezeichnen. Auch von einer Lebensform, einem Komplex von Anschauungen, Haltungen und Praktiken kann man sagen, sie bewähre sich mehr oder minder gut. Sie bewährt sich aber, anders als eine Theorie, nicht nur an objektiven Fakten, sondern im Leben, also praktisch, etwa in dem Sinn, wie sich auch Verhaltensregeln oder -strategien bewähren. Bewährung im Leben ist also das zentrale Kriterium für die Akzeptierbarkeit einer Religion. Der entscheidende Grund des einzelnen, sich zu einer Religion zu bekennen, besteht darin, daß er in ihr eine Lebensform findet, die ihm ein erfülltes Leben ermöglicht: Sichtweisen, die ihm ein tiefes und befriedigendes Verständnis der Welt, des Menschen und seiner Stellung in der Welt vermitteln, eine Haltung zu den anderen und zum eigenen Leben, die ihm gut und richtig scheint, wertvolle Ziele, ein Gefühl für den Wert des Lebens, des Menschen, der Welt, ein Lebens-, Selbst- und Weltvertrauen, einen Sinn seines Lebens. Die Religion bewährt sich für ihn darin, daß er in ihr den Weg zur Verwirklichung seiner tiefsten Lebensziele findet und sich in diesem Sinn mit ihr identifizieren kann. Entsprechend besteht der entscheidende Grund, sich nicht zu einer Religion zu bekennen, darin, daß sie sich im eigenen Leben nicht in diesem Sinn bewährt, daß man sich ihre Anschauungen und Haltungen nicht zu eigen machen kann. Es sind daher in der Regel nicht einzelne Gründe oder Erfahrungen, an denen sich Annahme oder Ablehnung einer Religion entscheidet. Sichtweisen, Haltungen oder Einstellungen beruhen nicht auf bestimmten Gründen. Einzelne Erfahrungen können sie bestätigen oder erschüttern, und besonders intensive Erfahrungen können auch den Ausschlag geben für Annahme oder Ablehnung des Glaubens, aber in der Regel wohl nur dann, wenn sich in ihnen eine Summe von Erfahrung verdichtet, so daß sie exemplarische Bedeutung erhalten. Diese relative Unabhängigkeit macht Sichtweisen und Einstellungen aber keinesfalls immun gegen Gründe und Erfahrungen. Wie das Vertrauen oder die Sympathie, die man jemand entgegenbringt, nicht unempfindlich ist gegenüber seinem Verhalten auf längere Sicht, so sind auch religiöse Haltungen nicht unabhängig von sich häufenden Erfahrungen oder Gründen.[1]

Bewährung im Leben ist ein vernünftiges, im Sinn des üblichen Begriffs auch rationales Kriterium. Es ist zwar vage, aber wir haben schon in 2.3 gesehen, daß es auch keine scharfen Kriterien dafür gibt, ob eine Theorie sich bewährt. In unserem Fall ist die Vagheit aber auch kein echtes Problem, denn es geht nicht um eine intersubjektive Bewährung, sondern um die Bewährung für den einzelnen, der also auch selbst entscheiden muß, ob sie vorliegt oder nicht. Grundsätzlich ist noch einmal zu betonen, daß man von praktischer

[1] Ein gemeinsamer Glaube kann sich auch im gemeinsamen Leben mehrerer Personen oder einer Gruppe bewähren; Religion soll ja im Sinne von 3.4 auch eine gemeinschaftliche Lebensform sein. Spricht man dagegen von einer Bewährung einer Religion für eine Gesellschaft, so verbindet sich damit ein anderer Bewährungsbegriff: der einer Bewährung einer Religion als Mittel zum Zweck. In diesem Sinn könnte man etwa sagen, eine Religion bewähre sich als Mittel zur Stabilisierung des sittlichen Verhaltens in einer Gemeinschaft. Darauf stützen sich pragmatische oder funktionale Erklärungen von Religionen (vgl. dazu 4.3). Eine Lebensform im Sinn von 3.4, die auch emotionale Einstellungen, Wertungen und Überzeugungen umfaßt, ist aber kein Mittel zu irgendeinem Zweck.

Bewährung im Gegensatz zu theoretischer immer nur relativ zu einem Subjekt reden kann. Eine Lebensform bewährt sich immer für jemanden, und dieselbe Lebensform, die sich für den einen bewährt, kann sich für den anderen nicht bewähren, denn sie bewährt sich immer nur im Blick auf persönliche Wertungen, Lebensziele oder -ideale.

Gegen den Gedanken einer Rechtfertigung des Glaubens durch seine Bewährung im Leben kann man nun mehrere Einwände erheben. Wir besprechen zunächst drei. Der erste besteht im Hinweis darauf, daß Lebensziele teilweise selbst schon von religiösen Vorstellungen geprägt sind; zur Religion als Lebensform gehören ja insbesondere auch Wert- und Sinnvorstellungen. Bewährt sich also eine Religion nur trivialerweise bzgl. ihrer eigenen Wertvorstellungen? Das kann man kaum behaupten. Die Vorstellungen einer Religion beeinflussen zwar die Werterfahrungen, die ihre Anhänger in ihrem Leben machen, determinieren sie aber nicht vollständig. Auch wissenschaftliche Paradigmen oder Theorien leiten die Deutung von Erfahrungsdaten, man kann aber offenbar nicht sagen, daß sie alle einschlägigen Beobachtungen determinieren, denn sonst könnten sie nicht an der Erfahrung scheitern und es gäbe keinen wissenschaftlichen Fortschritt. Analoges gilt für unser Werterleben. Es wird zwar oft durch vorgängige Ansichten beeinflußt, ist dadurch aber nicht festgelegt, bestätigt sie also nicht immer nur. Aufgrund einer eindrucksvollen Erfahrung vom Wert oder Unwert einer Handlung kann uns z. B. klar werden, daß unsere bisherigen Wertmaßstäbe unhaltbar sind, die eine gegenteilige Bewertung implizieren. Werterfahrung ist ebensowenig eine bloße Projektion von Vorurteilen auf den Gegenstand wie die Beobachtung wertneutraler Fakten.[2]

Ein zweiter Einwand gegen den Bewährungsgedanken richtet sich darauf, daß religiöser Glaube nicht nur in einer praktischen Haltung besteht, sondern auch in Annahmen. Nun können sich zwar auch Annahmen bewähren, aber sie bewähren sich wie Theorien und Hypothesen erstens nur an Erfahrungstatsachen und zweitens nicht nur für ein Subjekt, sondern in einem objektiven Sinn. Auf den

[2] Zum Problem der Rechtfertigung von Wertungen vgl. a. Kutschera (1982), Kap. 6

zweiten Punkt gehen wir später im Zusammenhang mit einem dritten Einwand ein. Zum ersten Punkt ist an das zu erinnern, was wir in Abschnitt 2.4 zum fiduziellen Glauben gesagt haben. Wir haben dort gegen die universelle Anwendbarkeit der Rationalitätskriterien von Descartes, Locke und Clifford argumentiert und betont, daß Überzeugungen oft auch von affektiven (emotionalen, valuativen und volitiven) Einstellungen getragen oder mitbestimmt werden. Die Annahme der Existenz Gottes ist z. B. für den Christen Voraussetzung seiner Haltung gegenüber der Welt, dem eigenen Leben und anderen Menschen. Eine Bewährung dieser praktischen Einstellungen ist daher eine wesentliche Stütze für die Annahme. An Gott glaubt man nicht aufgrund von sachlichen Argumenten für seine Existenz, sondern weil dieser Glaube unverzichtbarer Teil einer Lebensform ist, in der man Erfüllung seiner zentralen Anliegen findet, einen Sinn für sein Leben und die Quelle von Hoffnung und Zuversicht. Wie ebenfalls schon in 2.4 gesagt wurde, bedeutet das nicht, daß der Glaube an Gott nur eine Sache affektiver Einstellungen und damit immun gegen rationale Argumente ist. Glaube ist eine Haltung der ganzen Menschen und damit auch, aber eben nicht nur eine Sache des Verstandes. Zu betonen ist freilich, daß sich nur existentiell relevante Annahmen im Kontext praktischer Haltungen rechtfertigen lassen, denn nur sie machen einen Unterschied für diese Haltungen. Glaube bewährt sich zudem in religiösen Erfahrungen. Wie wir in 3.3 gesehen haben, sind sie zwar Erfahrungen im Lichte religiöser Ansichten und Einstellungen, können diese aber trotzdem bestätigen.

Der dritte Einwand ist, daß wir uns in 2.2 gegen eine funktionalistische Theorie der Konzeption der Religion gewendet haben, ihr nun aber mit dem Gedanken einer Legitimation durch Bewährung im Leben doch recht nahe kommen. Nach funktionalistischer Auffassung ist Religion ein Mittel zum Zweck. Ihre Aufgabe ist es, den Menschen die Fähigkeit zur „Kontingenzbewältigung“ zu vermitteln oder, im Sinn von 3.5, ein Grundvertrauen. Sie ist also gerechtfertigt, falls sie diese Funktion erfüllt; auf die Wahrheit ihrer Annahmen kommt es dabei nicht an. Ist nun die Bewährung im Leben, von der wir hier sprechen, nicht ebenfalls bloß eine Legitimation für einen Glauben als Mittel zum Zweck? Worin besteht also die wesentliche Differenz der hier vertretenen Auffassung des Glaubens von der funktionalistischen? Sie ergibt sich daraus, daß wir die doxastische

Komponente des Glaubens als wesentlich ansehen, während sie nach der funktionalistischen Theorie unwesentlich ist, und daß Bewährung im hier gemeinten Sinn etwas anderes ist als ein Erweis von Nützlichkeit. Nach der funktionalistischen Konzeption behält z. B. der christliche Glaube seine Funktion zur Kontingenzbewältigung auch für den, der nicht oder nicht mehr an die Existenz Gottes glaubt; auch er wird zu Gott beten, wenn er die beruhigende oder ermutigende Wirkung des Gebetes erfahren hat. Man hat diese Konzeption daher auch als „Placebo-Theorie" der Religion bezeichnet. R. Spaemann hat gegen sie zurecht eingewendet, daß jemand, der nicht glaubt, daß Gott existiert, auch kaum auf ihn vertrauen wird. H. Lübbe erwidert darauf in (1986), 4.1 lediglich, es sei empirisch erwiesen, daß die Aufklärung über die Wirkungslosigkeit eines Placebos viele Patienten nicht hindert, es weiter zu nehmen. Damit verfehlt er aber den entscheidenden Punkt: Wie weit auch immer das Festhalten an religiösen Praktiken, die man selbst für illusorisch hält, verbreitet sein mag, vernünftig ist sie jedenfalls nicht. Ein Placebo zu nehmen, auch wenn man sich davon überzeugt hat, daß es physisch wirkungslos ist, kann durchaus vernünftig sein, wenn es weiterhin das subjektive Befinden bessert — es erweist sich dann eben im eigenen Fall als psychologisch wirksam und diese Wirkung ist keine Illusion. Ein Medikament zu nehmen, um objektive gesundheitliche Störungen zu beseitigen, obwohl man an seine objektiven Wirkungen nicht glaubt, wäre hingegen offenbar unsinnig. Religionen machen Aussagen über das, was objektiv wahr und wichtig ist, und fordern uns auf, entsprechend zu handeln; sie sagen uns, worauf wir vertrauen können. Sie verlieren daher jeglichen Wert für den, der nicht an die Wahrheit ihrer Aussagen glaubt. Für den Funktionalisten kann sich ferner eine Religion nur in dem Sinn im Leben eines Menschen bewähren, daß sie seinen gegebenen Interessen dienlich sind, z. B. sein subjektives Wohlbefinden verbessert oder seine positiven Erwartungen steigert. Wir haben aber schon betont, daß uns Religionen in aller Regel gerade nicht in unseren Neigungen bestärken, sondern die Orientierung an höheren, transsubjektiven Normen und Zielen fordern. Eine Religion bewährt sich also nicht als Mittel zu unseren eigenen Zwecken, insbesondere nicht in subjektiven Empfindungen, sondern in Erfahrungen, in denen sich die Richtigkeit ihrer Sicht der Wirklichkeit bestätigt, der Wert ihrer praktischen Vorschriften, der

Sinn eines an ihren Zielen orientierten Lebens. Eine Glaubenshaltung bewährt sich für jemanden, aber nicht bloß so, daß er sich sagt: „Für meine Zwecke ist sie das Richtige", sondern in der Weise, daß er in der Überzeugung von der Wahrheit der ihr zugrunde liegenden Annahmen und der Geltung ihrer Normen bestärkt wird. Wahrheit und Geltung sind objektiv, das subjektive Moment liegt nur darin, daß sich diese Überzeugungen nicht durch Argumente mit allgemein akzeptierten Prämissen vermitteln lassen, sondern auf eigenen Erfahrungen beruhen. Was allgemein akzeptiert ist, ändert sich. Mit der Betonung der individuellen Glaubensentscheidung soll hier also nicht impliziert werden, daß es in religiösen Fragen nicht auf objektive Wahrheit ankommt, vielmehr soll betont werden, daß man den eigenen Glauben nicht von dem abhängig machen muß, was gerade allgemein akzeptiert wird.

Der Vorteil einer Charakterisierung des Rechtfertigungsproblems als Entscheidungsproblem liegt darin, daß damit deutlich gemacht wird, daß hier andere Rationalitätskriterien einschlägig sind als bei Begründungen:[3] Ob die Wahl einer Alternative in einer Situation der Entscheidung unter Risiko durch den Agenten rational ist, hängt erstens von den (subjektiven) Wahrscheinlichkeiten ab, die er jenen Umständen zumißt, von denen die Ergebnisse der Alternativen abhängen, und zweitens von den Werten, die die möglichen Resultate der Alternativen für ihn haben, also von seinen Präferenzen. Eine Entscheidung ist daher nicht objektiv (d. h. für jedermann) rational, sondern nur relativ zu doxastischen und valuativen Einstellungen des Agenten. In derselben Situation kann für den einen die eine Alternative, für einen anderen die andere rational sein. Die Entscheidungstheorie kann also nicht sagen: „Man wähle in einer Situation mit den und den Alternativen, diese oder jene!", sondern sie kann lediglich Kriterien für rationale Entscheidungen angeben, die sich auf subjektive Einstellungen des Agenten beziehen. Entsprechend gilt: Für die Entscheidung für einen Glauben als Lebensform gibt es keine objek-

[3] Von Entscheidungsproblemen war schon in 2.4 die Rede. Für eine ausführliche Beschreibung der einschlägigen Rationalitätskriterien vgl. Stegmüller (1969),S. 385ff. und (1973),Teil I.

tiven, sondern nur subjektive Kriterien der Rationalität. Der Nachteil einer Charakterisierung des Rechtfertigungsproblems als Entscheidungsproblem liegt darin, daß das übliche Modell der Entscheidungstheorie hier nicht anwendbar ist. In ihm geht es um die Wahl einer einzelnen Handlung oder Verhaltensstrategie, wobei die relevanten Präferenzen oder Bewertungen und die Wahrscheinlichkeitsannahmen der Agenten vorgegeben sind. Dieses Modell versagt, wo es , wie bei der Entscheidung für eine Lebensform, auch um die Wahl von Bewertungsmaßstäben und Annahmen geht. Es wäre zwar möglich, das Modell der Entscheidungstheorie für solche Fälle zu verallgemeinern, aber darauf können wir verzichten, da die einschlägigen inhaltlichen Fragen schon unter dem Stichwort „Rechtfertigung als Bewährung" diskutiert wurden.

Bewährt sich ein religiöser Glaube als Haltung (*fides qua creditur*) für jemanden, ist dessen Entscheidung für ihn subjektiv rational, so folgt daraus nicht, daß die Glaubensinhalte (*fides quae creditur*), die Annahmen und Normen richtig sind. Wir haben jedoch gesehen, daß ein Nachweis der Richtigkeit der Glaubensinhalte, der noch keine religiösen Voraussetzungen macht, kaum möglich ist. Wer glaubt, sieht natürlich die Inhalte seines Glaubens als richtig an, er ist sich aber doch bewußt, daß sein Glaube ein Wagnis ist, weil sich diese Inhalte nicht objektiv als wahr erweisen lassen. Auch wenn man das anerkennt, ergibt sich aber folgender Einwand gegen unser Modell der Rechtfertigung: Der Begriff subjektiver Rationalität, wie er in der Entscheidungstheorie verwendet wird und wie auch wir ihn benützt haben, entspricht nicht jenem, auf den man sich sonst vielfach bezieht: dem einer Rationalität im intersubjektiven Sinn. Für ihn gibt es allgemeine Kriterien und die Auszeichnung einer Annahme als rational besagt danach, daß sie die Vermutung der Richtigkeit für sich hat, da sie nach Maßstäben oder mit Verfahren gewonnen wurde, die nach allgemeiner Überzeugung in der Regel richtige Annahmen ergeben. Hält es jemand für sehr wahrscheinlich, daß er demnächst im Lotto gewinnen wird und verschuldet sich im Blick darauf hoch, so ist das zwar subjektiv rational, d. h. relativ zu seinen Erwartungen, aber nicht rational im normalen Sinn, denn seine Erwartungen sind eben nicht vernünftig. Ebensowenig würden wir es als rational ansehen, wenn ein Philatelist für eine von ihm begehrte Briefmarke einen Preis zahlt, der sowohl den Marktwert wie seine finanziellen Möglichkeiten weit übersteigt. Subjektiv ist das zwar rational, wenn der Besitz der Marke für ihn einen überragenden Wert hat, aber es ist eben nicht vernünftig, ihm einen so hohen Wert zuzuordnen. Subjektive Rationalität impliziert also nicht Rationalität im intersubjektiven Sinn, denn subjektive Wahrscheinlichkeiten und Präferenzen können unvernünftig sein. Bezogen auf existentielle Entscheidungen heißt das: Ihre subjektive Rationalität ist noch nicht hinreichend, um sie auch als vernünftig bezeichnen zu können.

Der intersubjektive Rationalitätsbegriff, auf den in diesem Einwand Bezug genommen wird, ist nun zwar in vielen Fällen brauchbar und wichtig, aber er ist erstens vage, so daß es für seine Anwendungen keine eindeutigen Kriterien gibt. Am klarsten ist er für Überzeugungen. Eine rationale Überzeugung muß z. B. durch sorgfältige Beobachtungen gewonnen oder aus allgemein anerkannten Prämissen mit anerkannten Argumentationsformen abgeleitet worden sein. Schon hier ist aber die Grenze zwischen rationalen und nichtrationalen Annahmen nicht scharf. Wie sorgfältig muß die Beobachtung sein und wie korrekt ein Beweis? Rational sind ja nicht nur wahre Annahmen. Auch ein Beweis, der einen nichttrivialen Fehler enthält, zeichnet also die Annahme der Konklusion wohl als rational aus. Aber wie krass dürfen die Fehler im Beweis sein? Gravierender ist das Problem bei subjektiven Wahrscheinlichkeiten. Im Lottobeispiel könnte man z. B. sagen, daß die subjektive Wahrscheinlichkeit für sechs Richtige aufgrund der Beobachtung der relativen Häufigkeit der Zahlen, die sich in den bisherigen Ziehungen ergaben, extrem gering ist. Rational wäre also nur eine subjektive Wahrscheinlichkeit, die die bisherigen Ergebnisse berücksichtigt. Solche bedingten Wahrscheinlichkeiten hängen aber sehr stark von der Wahrscheinlichkeitsbewertung ab, von der man ausgeht. Insbesondere kann man durch Bildung bedingter Wahrscheinlichkeiten nur dann aus Erfahrungen lernen, wenn man von Wahrscheinlichkeiten ausgeht, die bestimmte Bedingungen erfüllen. Es gibt aber keine begründeten Kriterien dafür, in welchen Fällen die Wahrscheinlichkeiten diese Bedingungen erfüllen sollen.[4] Man kann nur sagen, daß man in bestimmten Fällen

[4] Vgl. dazu z. B. Kutschera (1981), 9.4.

eben allgemein von Wahrscheinlichkeitsbewertungen solcher Art ausgeht. Hier wird ein zweiter Punkt deutlich: Kriterien intersubjektiver Rationalität sind vielfach nicht sachlich begründet, sondern folgen lediglich dem, was allgemein akzeptiert wird. Besonders problematisch sind allgemeine Standards der Rationalität für subjektive Präferenzen. Maßstab ist hier allein die allgemeine Einschätzung vom Wert der Dinge, der sich z. B. in ihrem Marktwert ausdrückt. Ein Marktwert ist aber nur für bestimmte Objekte definiert, nicht für Lebensziele, für Erlebnisse, Freundschaften usf. Wieso sollte es unvernünftig sein, daß jemand bereit ist, für eine Sache mehr zu opfern als die meisten anderen, wenn ihm an ihr mehr liegt als ihnen? Man kann nur fordern, daß er sich seine Präferenzen gut überlegt und sich die zu erwartenden Folgen der Zustände klar macht, die er anstrebt. Die Forderung einer intersubjektiven Rationalität des Glaubens setzt so im Effekt nur voraus, daß man auch in Glaubensdingen den Ansichten der meisten folgen soll, und das ist wenig überzeugend. Für eine zutiefst persönliche, das eigene Leben betreffende Entscheidung können nur eigene Überzeugungen und Bewertungen den Ausschlag geben, so daß es nicht sinnvoll ist, mehr zu fordern als subjektive Rationalität.

Bezieht man die Rechtfertigungsfrage auf die Glaubenshaltung, so läßt sich also die Vernünftigkeit der Annahme oder Ablehnung eines bestimmter Glaubens für jedermann nicht nachweisen. Da philosophische Untersuchungen auf allgemein akzeptierbare Resultate abzielen, muß sich die Religionsphilosophie dann darauf beschränken, die Natur des Rechtfertigungsproblems zu verdeutlichen und die Möglichkeit einer subjektiv-rationalen Rechtfertigung religiöser Glaubenshaltungen aufzuweisen. Wir könnten daher unsere Überlegungen zum Problem des Verhältnisses von Vernunft und Glauben hier abschließen. Unser bisheriges Ergebnis ist aber doch recht abstrakt geblieben. Konkretes ließe sich freilich nur sagen, wenn man einerseits spezielle Voraussetzungen über die subjektiven Bedingungen einer Glaubensentscheidung macht, insbesondere über fundamentale Lebenserfahrungen und -ziele, und sich andererseits auf bestimmte Religionen bezieht. Das letztere würde uns aber weit über die Religionsphilosophie hinaus in theologisches Gebiet führen. Es gibt jedoch auch Probleme von allgemeiner Bedeutung, denen der Versuch einer Rechtfertigung religiösen Glaubens begegnet, insbesondere Probleme, die sich aus dem transzendenten Bezug religiösen Glaubens ergeben, aus seinem Offenbarungsanspruch und seinem sozialen Charakter. Darauf wollen wir in den folgenden Abschnitten eingehen, um die Dimensionen der Rechtfertigungsfrage zumindest etwas näher zu beleuchten.

4.2 Das Problem der Transzendenz

Im Abschnitt 3.5 haben wir Religionen als Antworten auf existentielle Fragen charakterisiert, die sich aus bestimmten Daseinserfahrungen ergeben. Keine Religion ist mit allen Formen der Sicht menschlichen Lebens verträglich. Sie kommt daher in eine ernste Krise, wenn ihre Antworten dem allgemeinen Lebensverständnis nicht mehr entsprechen und den Fragen, die sich aus ihm ergeben. Heute kann man von einer Krise der Religion schlechthin sprechen, weil die Annahme jeder Art von transzendenter Wirklichkeit weithin als fragwürdig angesehen wird. Eine Bezugnahme auf Transzendentes wird daher nicht mehr als Lösung existentieller Probleme akzeptiert. Hegel spricht in den *Vorlesungen über die Philosophie der Religion* von einer „Entzweiung des Bewußtseins" in das religiöse und das weltliche in seiner Zeit. War Religion früher die „Substanz des Gesamtbewußtseins", so hat man (seit der Renaissance) auf allen Gebieten — dem der Wissenschaft, der Politik, der gesellschaftlichen und wirtschaftlichen Organisation — autonome Ordnungen und Verfahrensformen entwickelt. Diese „Welt der Endlichkeit" bildet nun unser Universum, „so daß die Erkenntnis nichts außer diesem System für dasselbe nötig hat ... Wissenschaft bildet so ein Universum der Erkenntnis, das für sich Gottes nicht bedarf, außerhalb der Religion liegt und mit ihr direkt nichts zu schaffen hat. In diesem Reich ergeht sich das Erkennen in seinen Verhältnissen und Zusammenhängen und hat damit allen bestimmten Stoff und Inhalt auf seiner Seite, und für die andere Seite, die Seite des Unendlichen und Ewigen, bleibt nichts übrig."[1]

[1] Hegel WS 16, S. 23f.

Religion wird so aus dem Bereich des Erkennbaren und für Erkenntnis Relevanten ausgegrenzt, aufs subjektive Gefühl und Gemüt verwiesen und verliert seine „Substanz" und Signifikanz. Die „Substanz des Gesamtbewußtseins" ist nun das wissenschaftliche Weltbild. Hegel sagt: „Wenn Gott aus dem Gebiet der vernünftigen Einsicht ausgeschlossen ist, so bleibt allerdings nichts übrig, als ihm das Gebiet der zufälligen Subjektivität, das des Gefühls anzuweisen, und man muß sich nur wundern, daß Gott überhaupt noch Objektivität zugesprochen wird".[2] Religion vermag auf Dauer aber auch das Gefühl nicht mehr anzusprechen, wenn sie die Vernunft nicht mehr anspricht, denn Gefühle verblassen, wenn die objektive Realität ihrer Gegenstände fraglich wird. So entsteht aus der Entzweiung des Bewußtseins, von der Hegel spricht, eine rein immanente Weltsicht, wie sie heute weithin herrscht.

Der systematische Einwand gegen die Annahme einer transzendenten Wirklichkeit wurde schon in 1.4 formuliert: Unser einziger Zugang zur Außenwirklichkeit ist Erfahrung. Eine transempirische Realität ist also unerkennbar. Es gibt auch keine empirischen Hinweise auf ihre Existenz, denn alle empirischen Phänomene lassen sich immanent erklären. Ferner beschränkt sich unsere Sprache und damit unser Begriffssystem auf mögliche Gegenstände der Erfahrung, so daß wir über eine transempirische Realität nicht einmal vernünftig reden, also auch keine sinnvollen Annahmen darüber machen können. Daher kann man auch bei existentiellen Entscheidungen eine solche Realität rationalerweise nicht in Rechnung stellen. Eine Entscheidung für ihre Annahme oder für eine Lebenshaltung, die diese Annahme impliziert, kann also grundsätzlich nicht vernünftig sein. Darauf haben wir schon früher erwidert: Der Einwand setzt erstens eine totale Verschiedenartigkeit zwischen empirischer und transzendenter Realität voraus, wie sie nicht alle Religionen annehmen. Der Sinn von Aussagen beschränkt sich zweitens nicht auf ihren wörtlichen und begrifflich präzisen Inhalt. Drittens setzt der Einwand unrealistisch scharfe und eindeutige Grenzen des Erfahrbaren voraus. Es ist z. B. schon umstritten, ob es eine direkte Erfahrung von Fremdpsychischem gibt, oder ob nur Physisches direkt erfahrbar ist. Es

[2] A. a. O., S. 57.

gibt ferner ästhetische und religiöse Erfahrungen, die grundsätzlich verschieden sind von jenen, die in den Wissenschaften eine Rolle spielen. Nach den Überlegungen in 3.3 ist auch Transzendentes erfahrbar. Der Ausschluß solcher Erfahrungsformen bedeutet also eine Einengung des Erfahrungsbegriffs, die zwar für bestimmte Zwecke sinnvoll ist, die Aussage, daß alles Wirkliche im Sinn wissenschaftlicher Empirie erfahrbar ist, drückt jedoch keine beweisbare Tatsache aus, sondern nur die Bestimmung eines speziellen Realitätsbegriffes. Die Annahme einer Realität, für die sich im Bereich unserer Erfahrungen – im unverkürzten Sinn dieses Wortes – nirgends Spuren finden, wäre sicher problematisch, aber die transzendenten Wirklichkeiten, von denen die Religionen sprechen, sind nicht von dieser Art.

Die Annahme von nicht direkt Erfahrbarem ist nicht grundsätzlich problematisch. Auch in den Naturwissenschaften werden die sichtbaren Phänomene mit nicht Sichtbarem erklärt, und es gibt nur wenige Spätempiristen, die theoretische Konstrukte wie Quarks und Gravitationsfelder nicht als real ansehen. Die Sprache über diese Konstrukte ist durch die Beobachtungssprache nicht eindeutig festgelegt. Die Annahmen über sie werden zwar durch die Gesetze der Theorie mit solchen über Beobachtbares verbunden, aber nicht so, daß man ihre Existenz direkt widerlegen könnte – angesichts von Beobachtungen, die der Theorie widersprechen, kann man immer sagen: Nur spezielle Aussagen über die theoretischen Konstrukte waren falsch. Auch hier muß sich die Annahme solcher Konstrukte bewähren. Ferner gehören Begriffe, Propositionen, Funktionen, Zahlen und Mengen nicht zum Bereich des Empirischen, wie weit man es immer verstehen mag. Die Mathematik, mit der die Physik arbeitet, setzt aktual unendliche Klassen solcher Entitäten voraus und damit deren objektive Existenz. Die empirische Welt, von der die Naturwissenschaften reden, ist zudem die Welt, wie sie uns in unseren Beobachtungen erscheint. Wir haben aber keinen Grund für die Annahme, daß uns die gesamte Außenwirklichkeit – alles, was es außer uns noch gibt – erfahrungsmäßig vollständig zugänglich ist. Es ist auch fragwürdig, ob man die empirische Welt als einen in sich geschlossenen, autonomen Bereich ansehen kann, wenn die Physik statistische Grundgesetze annimmt, denn der Zufall ist eben das, was sich nicht erklären läßt. Wir haben ebenfalls keinen Grund für die

Annahme, die äußere Wirklichkeit erscheine uns in der Erfahrung so, wie sie an sich ist. Ein solcher naiver Realismus wird zwar heute nicht angenommen, wohl aber, daß die Physik die Welt so darstellt, wie sie ist. Das ist aber nur ein naiver Realismus auf höherer Stufe, denn die Welt in der Sicht der Physik ist ja auch nur eine Konstruktion auf der Grundlage schlichter Erfahrungen. Es ist eine durchaus anthropozentrische Sicht, wenn man die Grenzen dessen, was ist, mit den Grenzen dessen identifiziert, was wir direkt oder indirekt wahrnehmen können. *Unsere* Sicht der Dinge ist natürlich notwendig anthropozentrisch, aber der Gedanke, daß es etwas jenseits dieser Grenzen gibt, hat nichts Abwegiges an sich. Ein Grund, warum sich die Grenzen der Realität gerade mit den Grenzen unserer Wahrnehmungsfähigkeit decken sollten, ist nicht in Sicht. Unsere Theorien erweisen sich immer wieder als unvollständig; ob das gegenwärtig Unerklärbare sich mit neuen Theorien rein immanent erklären lassen wird, wissen wir zunächst nicht. Pascal sagt: „La dernière démarche de la raison est de reconnaître qu'il y a une infinité de choses qui la surpassent; elle n'est que faible, si elle ne va jusque'à connaître cela."[3]

Problematisch ist so weniger die Annahme einer transzendenten Wirklichkeit überhaupt als deren positive Bestimmung in einer Religion, also z. B. der Glaube an einen personalen Gott. Nun haben wir im letzten Abschnitt betont, daß sich solche Annahmen nur im Kontext praktischer Haltungen rechtfertigen lassen. Es geht also nicht nur um die Frage, ob eine immanente oder eine bestimmte nichtimmanente Sicht der Wirklichkeit die besseren Gründe für sich hat. Die Antwort darauf wäre einfach, weil unser Wirklichkeitsverständnis weithin durch die Wissenschaften geprägt ist. Da für uns in der Regel nur eine Religion eine echte Alternative ist, stellt sich das Problem einer Entscheidung für oder gegen sie als Wahl zwischen zwei Alternativen dar: der immanenten Weltanschauung (als immanenter Sicht der Wirklichkeit und einer ihr entsprechenden praktischen Haltung) und der Lebensform dieser Religion. Bei Entscheidungen zwischen zwei oder mehreren Alternativen geht es darum zu prüfen, welche die relativ beste ist. Für eine Alternative zählen also nicht nur solche Gründe, die ihren Wert unabhängig von dem der

[3] Pascal W XIII, S. 196 (Fr.267).

anderen belegen, sondern für sie spricht auch all das, was gegen die anderen Alternativen spricht. Geht es um einen religiösen Glauben, so ist daher auch nicht nur auf dessen inhärente Problematik zu sehen, sondern man muß sich auch jene der immanenten Weltanschauung klar machen.

Eine *immanente Weltauffassung* besteht zunächst darin, daß man die empirische Wirklichkeit als die ganze Realität ansieht. Es gibt diese unsere Welt, das Universum, das mit dem Urknall entstanden ist, und sonst nichts. Diese Immanenzthese ergibt noch kein inhaltlich näher bestimmtes Weltbild. Unser heutiges Weltbild ist von den Naturwissenschaften geprägt. Da diese sich nur mit verschiedenen Ausschnitten und Aspekten der empirischen Wirklichkeit befassen, liefern sie selbst ebenfalls noch keine umfassende Konzeption der Wirklichkeit. Die ergibt sich erst durch die Extrapolation von Ansatz und Resultaten der Naturwissenschaften im *Szientismus*. Nach ihm ist nur das wirklich, was Gegenstand der Naturwissenschaften ist oder dazu gemacht werden kann, so daß die gesamte Wirklichkeit als prinzipiell naturwissenschaftlich beschreibbar und erklärbar erscheint. Das gilt auch für psychische, geistige und kulturelle Phänomene, die zwar gegenwärtig noch nicht physikalisch oder biologisch erklärbar sind, für die aber eine solche Erklärbarkeit angenommen wird. Wenn wir im folgenden von „immanenter Weltsicht“ sprechen, ist diese szientistische gemeint, obwohl die Bezeichnung an sich weiter ist. Das immanente Weltbild ist also kein Resultat wissenschaftlicher Erkenntnis und nichts Fertiges, sondern die vorläufig unberechtigte Vorwegnahme möglicher Ergebnisse der Forschung. Man kann nur sagen, daß es heute im Prinzip möglich ist, das organische Leben physikalisch zu erklären, und daß man immer engere Zusammenhänge zwischen psychischen Vorgängen und physiologischen Prozessen im Gehirn entdeckt. Es ist zu erwarten, daß diese Entwicklung immer weiter voranschreitet. Niemand wird aber bestreiten, daß wir tatsächlich noch ungeheuer weit von einer physikalischen Erklärung z. B. der geistigen Prozesse entfernt sind, die Newton zur Formulierung seiner Grundgesetze der Mechanik führten, oder der französischen Revolution. Berechtigt ist der Szientismus zunächst also nur als Forschungsprogramm, als Projekt, auf allen Gebieten nach einer physikalischen Beschreibung und Erklärung der Phänomene zu suchen. Es gibt zwar theoretische Argumente, die gegen die vollständige Realisierbarkeit dieses Projektes sprechen, aber darauf wollen wir hier nicht eingehen[4]. Hier kommt es uns darauf an, daß die immanente Betrachtung der Wirklichkeit — zumindest vorläufig — nicht schon als richtig erwiesen ist, sondern daß man sich für sie entscheidet, und daß diese Entscheidung gravierende Konsequenzen für das Selbstverständnis der Menschen hat und sich damit nicht nur als theoretische, sondern als existentielle Entscheidung darstellt.

Unser wissenschaftliches Weltbild ist, im Gegensatz zum lange herrschenden aristotelischen, nicht statisch, sondern dynamisch: Die Welt hat einen Anfang mit dem Urknall vor ca. 13 Milliarden Jahren, das Universum expandiert noch heute mit unvorstellbar großer Geschwindigkeit, und die Materie (die Elemente), die Sterne und Sternsysteme, insbesondere unser Planetensystem, die Gestalt unserer Erde und das Leben auf ihr sind Resultate von Entwicklungsprozessen, das Ergebnis von „Zufall und Notwendigkeit", wie der Titel von J. Monods bekanntem Buch lautet. Entsprechend hat die evolutionäre Betrachtungsweise ein ganz neues Gewicht bekommen. Das, was man — besonders im Bereich des Lebendigen — früher für nur teleologisch erklärbar hielt, mit der Annahme eines Schöpfers oder Demiurgen, der die Welt zweckmäßig und sinnvoll eingerichtet hat, erscheint nun kausal erklärbar, im biologischen Bereich durch zufällige Mutationen und Selektion. Die Evolutionstheorie Darwins und die Auffassung, daß geistige und kulturelle Schöpfungen als Produkte des Menschen letztlich auch einer biologischen Erklärung zugänglich sind, hat die Verdrängung der teleologischen Weltbetrachtung durch die kausale vollendet, die mit der Neuzeit beginnt.[5] Teleologische Erklärung ist nur mehr im Sinn funktionaler Erklärung zulässig. Von einem Ziel der kosmischen Entwicklung, das nicht nur deren Endzustand wäre — etwa als *big crunch*, als Kollaps des Universums —, sondern ihre Vollendung, also ein Zustand höchsten Werts, kann man nicht reden: Die kosmische Evolution wie die Evolution des Lebens auf unserer Erde ergibt sich nach den Naturgesetzen aus den Anfangsbedingungen, und da wir heute physikalische Grundgesetze

[4] Vgl. dazu Kutschera (1981),Kap. 6 und 8.

[5] Vgl. dazu die Bemerkungen zum teleologischen Gottesbeweis in 1.2.

annehmen, die das Geschehen nicht vollständig determinieren, auch aus zufälligen Ereignissen. Da es uns hier um die existentiell relevanten Züge des heutigen Weltbilds geht, ist insbesondere deren Menschenbild von Interesse. Damit wird nun die Grenze zwischen wissenschafltich gesicherten und szientistisch-extrapolierenden Aussagen überschritten. Der Mensch ist zunächst Teil der Natur, Produkt natürlicher, zunächst biologischer und dann kultureller Evolution, und das gilt auch für sein seelisch-geistiges Leben. Er hat keine eigenständig geistige Natur, sondern seine intellektuellen wie seelischen Fähigkeiten und Anlagen ergeben sich aus seiner physiologischen Konstitution; geistige Leistungen sind Gehirnleistungen. Von einer Freiheit des Menschen kann man nur in dem Sinn reden, daß er eine — jeweils durch die Umstände begrenzte — Fähigkeit hat, zu tun, was er will. Seine Interessen sind aber das Produkt von Erbanlage und Umwelteinflüssen, insbesondere auch einer sozialen Konditionierung. Eine Fähigkeit, seine eigenen Präferenzen selbst zu bestimmen oder zu beeinflussen, hat er nicht. Menschliches Verhalten ist also zumindest auf dem Wege über Interessen determiniert. Auch wenn man keine strikte Determination des Verhaltens annimmt, sondern nur eine statistische, läßt sich ein durch zufällige Ereignisse bestimmtes Verhalten nicht als freie Selbstbestimmung ansehen. Das Leben des Individuums endet mit dem Tod, denn es gibt keine vom Körper unabhängige Seele, die das Ende der körperlichen Existenz überleben könnte. Psychische und geistige Prozesse sind Vorgänge im Gehirn, und mit dessen Zerstörung enden auch sie. Auch die Spezies Mensch ist vergänglich, ebenso wie alle anderen biologischen Spezies. Spätestens mit dem Erlöschen der Sonne in ca. 5 Milliarden Jahren wird das Leben auf der Erde aufhören. Angesichts der räumlichen wie zeitlichen Dimensionen des Kosmos ist die Menschheit in ihm nur eine ephemere Erscheinung. Die anthropozentrische Vorstellung, die Erde bilde den Mittelpunkt des Universums, sie sei als Wohnstätte für den Menschen eingerichtet und in ihr letztlich alles für seine Zwecke, ist durch die Wissenschaften gründlich revidiert worden. Die alten Fragen der Religion und Philosophie: „Woher kommen wir?“, „Wohin gehen wir?“, „Was ist die Bestimmung des Menschen?“ finden in der immanenten Weltanschauung folgende Antworten: Der Mensch ist Produkt der biologischen und kulturellen Evolution, die sich ebenso wie jene aus Zufall und Notwendigkeit ergibt. Sein Wesen — das die Frage nach seinem Ursprung mit anzielt — ist bestimmt durch seine biologischen Erbanlagen und sein kulturelles Lebensmilieu, und unterliegt mit ihnen dem Wandel. Die Zukunft des einzelnen wie der Menschheit insgesamt ist der Tod. Menschliches Leben gehört ganz der empirischen Natur an, es hat keinen Anteil an einer Wirklichkeit, die, anders als die Natur, der Vergänglichkeit enthoben wäre. Eine „Bestimmung" des Menschen oder der Menschheit in dem mit der Frage gemeinten Sinn einer Aufgabe, eines Ziels oder Sinns des Lebens, mit dessen Erreichung es eine bleibende, unbedingte Bedeutung erhielte, gibt es nicht. ‚Bestimmung des Menschen' ist ein teleologischer Begriff, der in einer rein kausalen Betrachtung keinen Platz hat. Hier läßt sich nur von einer Determination reden. Wert hat etwas immer nur für jemand aufgrund seiner faktischen Präferenzen, aufgrund der Tatsache, daß er es gerade anstrebt. Es gibt also keine objektiven oder ewigen Werte. Objektive Geltung haben nur Fakten. Da Werte kein Gegenstand der Naturwissenschaften sind, wird ihnen auch im szientistisch geprägten Weltbild die objektive Realität abgesprochen: Was es gibt sind nur subjektive Bewertungen und die lassen sich aus den natürlichen Anlagen, den Erfahrungen und Lebensbedingungen des einzelnen erklären.

Dieses Weltbild wird vielfach als Fortschritt angesehen, als Grundlage eines neuen Selbstverständnisses, das den Menschen von Zwängen und Ängsten befreit und ihm ein glücklicheres Leben ermöglicht; ihm wird also eine positive existentielle Relevanz zugeschrieben. Kants Argumentationsschema in der praktischen Philosophie war: Sollen impliziert Können; nun ist es evident, daß wir moralische Pflichten haben, also sind wir auch frei, sie zu erfüllen. Hier wird nun umgekehrt argumentiert: Da es klar ist, daß wir nicht frei sind, haben wir auch keine moralischen Pflichten. Das Phänomen der Verpflichtung wird psychologisch erklärt: Gesellschaftliche Verhaltenskonventionen werden durch Erziehung und Erfahrung „internalisiert" und die mit ihnen verbundenen Sanktionen werden als eine Art Zwang erlebt, der von diesen Normen selbst ausgeht. Ist der einzelne Produkt von Vererbung und Milieu, so kann man von ihm nicht verlangen, daß er sich besser verhält, als er das tut; er „darf" gewissermaßen so sein, wie er eben ist. Nicht er ist verantwortlich für seine Fehler, sondern seine Umwelt. Man kann nur durch Erziehung und Veränderungen der Lebensbedingungen eine Besserung der Menschen bewirken. Insbesondere braucht der einzelne sich nicht zu bemühen, ein besserer Mensch zu werden, denn er kann ja seine Präferenzen und damit die Ziele seines Verhaltens nicht selbst verändern. Wo es keine Freiheit im Sinn der Selbstbestimmung gibt, gibt es auch keine Schuld und Verantwortung. Gibt es ferner keine objektiven Werte, so ist jeder berechtigt, seine eigenen Interessen zu verfolgen. Es gibt keine Pflichten, die ihm Beschränkungen auferlegen. Wenn wir einsehen, daß das, was wir als moralische Verpflichtung ansehen und was uns oftmals bewegt, gegen unsere eigenen Interessen zu handeln, aufgrund von Erziehung internalisierte soziale Forderungen sind, verlieren sie ihren verbindlichen Charakter: Wir glauben nicht mehr, daß gewisse Verhaltensweisen objektiv geboten sind, sondern sehen in ihnen nur Anforderungen der Gesellschaft, die wir je nach unserer Interessenlage erfüllen oder nicht erfüllen werden. „Moralische" Forderungen sind dann nichts anderes als Klugheitsregeln, die uns in gewissen Situationen gebieten, des eigenen Vorteils auf längere Sicht wegen die Interessen anderer zu berücksichtigen.[6] Wir haben auch keine Aufgaben, die wir in unserem Leben erfüllen sollen. Unserem Leben ist zwar ein Ende, aber kein Ziel gesetzt; wir können uns also eigene Ziele setzen. Ist der Tod das radikale Ende unserer Existenz, so gibt es auch keine Sanktionen in einem künftigen Leben, also nichts, was uns hindern würde, eine Maximierung unseres Wohlergehens in diesem Leben anzustreben. Ist endlich die empirische Realität die ganze Wirklichkeit, so gibt es keinen Gott, dessen übermächtigem Willen sich der Mensch gegenüber sieht. Es verschwindet die Angst vor einer bedrohlichen und unbegreiflichen Macht, die den ohnehin beschränkten Genuß beeinträchtigt, den uns dieses Leben bietet.

Viele empfinden diese Entlastung von Pflichten, Verantwortung, Schuld und metaphysischen Ängsten zweifellos als positiv, so daß das immanente Weltbild ihren emotionalen und voluntativen Grundeinstellungen entgegenkommt. Es ist aber doch auffällig, daß seine Propagandisten ihm oft Vorzüge zuschreiben, die es nicht haben kann. Die Aufklärung ist unter dem Banner der Freiheit und der

[6] Vgl. dazu Kutschera (1982), Kap. 4.

Selbstbestimmung des Menschen angetreten, leugnet aber, daß es Freiheit gibt. Die bloße Handlungsfreiheit, die Möglichkeit, in vielen Situationen tun zu können, was man tun will, die der Szientismus allein anerkennt, ist, wie Kant sagt, nicht mehr als die „Freiheit des Bratenwenders“, der ja auch seiner inneren Tendenz (der durch das Aufziehen einer Feder bewirkten Tendenz, sich zu drehen) folgen kann. Für Kant wie im normalen Sinn kann man von Freiheit nur dann sprechen, wenn wir jedenfalls in gewissem Umfang die Fähigkeit haben, auch unsere Präferenzen zu bestimmen. Für ihn ist Freiheit insbesondere die Fähigkeit, gegen unsere egoistischen und materiellen Interessen als Sinneswesen das moralisch Gute zu wollen und zu tun. Er bestimmt also den Begriff der Freiheit nicht nur negativ, als Freiheit von etwas, sondern positiv als Freiheit zum Guten. An dieser Freiheit hängt für ihn die Würde der Person. Freiheit ist ferner Voraussetzung dafür, daß wir uns die Fähigkeit der Selbstbestimmung zuschreiben können, die Möglichkeit, unser Leben jedenfalls zum Teil aktiv selbst zu gestalten. Ohne Freiheit wäre es auch unmöglich, an einer Verbesserung der sozialen Zustände mitzuwirken, wie das die Aufklärung fordert: Prägt die Gesellschaft unsere Präferenzen, so doch wohl in der Regel so, daß die bestehenden Zustände damit stabilisiert werden. Freiheit ist ferner Voraussetzung für Verantwortung, und die hat ja nicht nur den negativen Aspekt, daß wir für eigenes Fehlverhalten haftbar gemacht werden können, sondern auch den positiven Aspekt, daß uns wichtige Aufgaben übertragen sind. Die Freiheit, die man anderen zuschreibt, ist nach Kant endlich die Bedingung dafür, daß wir sie als Personen, nicht als Sachen ansehen können. Es bleibt unklar, wie sich die Forderung der Achtung vor dem anderen, die eine unverzichtbare Mindestanforderung im Umgang mit ihm darstellt, begründen lassen soll, wenn man ihn gewisermaßen als lebenden Automaten versteht. Das Motto „Durch Unfreiheit zur Freiheit!“ ist wenig überzeugend.

Seit der Aufklärung spricht man ferner viel von der Würde und den unverzichtbaren Rechten des Menschen. Das nachdrückliche Eintreten für Menschenrechte ist auch zweifellos eine der positivsten Züge unserer Zeit. Die Rede von Menschenwürde und Menschenrechten verliert jedoch ihren Sinn, wenn es keine objektiven Werte gibt. Der Wert eines Menschen ist dann immer nur sein Wert für ihn selbst oder für einen anderen, und der letztere kann durchaus negativ sein. Wenn man von der Würde eines Menschen spricht, meint man aber nicht nur, daß einem selbst unter irgendwelchen Aspekten an ihm etwas liegt, daß er z. B. nützlich ist für unsere eigenen Zwecke. Rechte eines Menschen sind Pflichten anderer ihm gegenüber. Die Rede von Pflichten hat aber von vornherein einen objektiven Sinn: Es wäre sinnlos zu sagen, ich hätte die Pflicht, das zu tun, was mir am nützlichsten scheint — das werde ich ohnehin zu tun suchen. Subjektive Interessen begründen keine Pflichten. Meine Vorliebe für Schokoladeneis verpflichtet mich nicht, es zu essen, und dieselbe Vorliebe eines anderen verpflichtet mich nicht, es ihm zu kaufen. In der Abschaffung von Pflichten sieht man gern eine Befreiung, man übersieht dabei aber, daß es ohne Pflichten auch keine Rechte gibt: Ein Recht einer Person gegenüber einer anderen ist nichts anderes als eine Pflicht dieser zu einem gewissen Verhalten der ersteren gegenüber. Pflichtlosigkeit impliziert also Rechtlosigkeit. Und wenn wir umgekehrt allen Menschen gewisse Grundrechte zuerkennen, so ist das nur möglich, wenn wir auch objektive Pflichten anerkennen. Man kann auch nicht sagen, die Einforderung von Menschenrechten sei als Propaganda für eine Gesetzgebung zu verstehen, die Rechte erst begründe. Denn wenn diese Propaganda legitimer oder besser sein soll als jene für die Abschaffung von Menschenrechten, so bedarf das einer Begründung. Die setzt aber den Bezug auf Normen voraus, die nicht bloß subjektiv sein können. „Weil ich es will" oder „Weil wir es wollen" ist keine Begründung für eine Forderung an andere.

Bei vielen Anhängern einer immanenten Weltanschauung ist so ein Konflikt zwischen ihr und den praktischen Folgerungen deutlich, die sie daraus ziehen möchten. Die weitreichenden tatsächlichen Folgen dieser Anschauungen werden ihnen nicht bewußt. Andere sehen sie und können sie mit ihrem Selbstverständnis, ihren Wertkonzeptionen und ihrem Sinnverlangen nicht in Einklang bringen, glauben jedoch, dieses Weltbild aus Vernunftgründen akzeptieren zu müssen. Dann kann ein tragisches Verständnis menschlicher Existenz entstehen: Ein tragischer Konflikt ergibt sich, wo jemand so stark an bestimmten Idealen orientiert ist, daß er nicht davon ablassen kann, sie zu verfolgen, ohne sich selbst aufzugeben, obwohl er weiß, daß er dabei scheitern muß. Was für ein Mensch jemand ist, bestimmt sich ja wesentlich auch aus seinen Idealen und Zielen, und es gibt Ideale, die man nur um den Preis der eigenen Identität aufgeben kann. Wir haben in Abschnitt 3.5 von der Endlichkeit, Vergänglichkeit, Beschränktheit und Bedingtheit menschlichen Lebens gesprochen und von ihrem Gegensatz zur Weite des Bewußtseins und Strebens, aus dem die Frage nach einem größeren, transzendenten Horizont des Lebens entsteht. In immanenter Sicht der Dinge gibt es keinen solchen größeren Horizont, es bleibt beim Gegensatz von tatsächlicher Endlichkeit und der Sehnsucht nach einem größeren Leben, nach einem unbedingten Sinn des Lebens, nach Dauer dessen, was groß und schön ist. Wer einerseits erkennt, daß sein Leben und alles, womit er es darin zu tun hat, bedingt und vergänglich ist, andererseits aber seine Wertmaßstäbe und Ziele dem nicht anzupassen vermag, sieht sich in einer tragischen Situation. Der Mensch muß ihm als Fehlkonstruktion der Natur erscheinen: Als endliches, vergängliches, bedingtes und in seinen Lebensmöglichkeiten eng beschränktes Wesen mit einer zu dieser seiner Realität völlig disparaten Streben nach Unendlichem, Unvergänglichem und Unbedingtem. Unser Selbstverständnis ist ferner weithin dadurch geprägt, daß wir uns als verantwortlich betrachten für unser eigenes Leben, für andere, für die Gemeinschaften, in denen wir leben. Unser Ziel ist es nicht nur, unseren persönlichen Nutzen zu maximieren, sondern an überindividuellen Aufgaben und Zielen mitzuwirken, gerade auch in wissenschaftlicher Tätigkeit. Wir sehen uns auch zu einem bestimmten Verhalten gegenüber anderen verpflichtet und das bedeutet nicht nur eine lästige äußere Anforderung, sondern nach Kant liegt unsere Würde als Person darin, daß wir Pflichten haben und erfüllen. Wir verstehen uns zudem als Subjekt eigenen Rechts, wir erheben Anspruch auf freie Selbstbestimmung und Achtung durch andere. All das bestimmt in fundamentaler Weise unser Selbstverständnis. Verantwortung setzt aber Freiheit voraus, und Pflichten und Rechte sind objektive Normen. Wenn man die aufgrund einer immanenten Weltauffassung nicht anerkennen kann, zugleich aber dieses Selbstverständnis nicht preisgeben kann und will, so entsteht ein Konflikt zwischen praktischer Haltung und rationaler Überzeugung: Unsere Wertkonzeptionen, an denen unser Selbstverständnis hängt und die für uns daher unverzichtbar sind, haben keine Grundlage in der Realität, die wir theoretisch anerkennen. Wir müssen sein wollen, was wir nicht sind, uns Maßstäbe des Handelns zu eigen machen, die keine Entsprechung in der Wirklichkeit haben.

Kants Konzeption der menschlichen Person läßt sich durch folgende Postulate charakterisieren:

1) Es gibt erkennbare und für uns verbindliche objektive Normen.
2) Wir haben die Freiheit zur Selbstbestimmung, insbesondere die Fähigkeit, unser Handeln an solchen objektiven Normen auszurichten.
3) Der Mensch hat eine unverlierbare Würde und unverlierbare Rechte.
4) Das Leben hat einen unbedingten Sinn und Wert.

All diese Postulate haben in immanenter Weltsicht kein Fundament in der Realität, sind also unhaltbar.

Diese tragische Spannung zwischen unserem Weltbild und unserem existentiellen Anliegen wird von Naturwissenschaftlern oft klarer gesehen als von szientistisch orientierten Philosophen. Wir haben schon J. Monod zitiert: „Wenn er diese Botschaft [von allem Leben als Produkt von Zufall und Notwendigkeit] in ihrer vollen Bedeutung aufnimmt, dann muß der Mensch aus seinem tausendjährigen Traum erwachen und seine totale Verlassenheit, seine radikale Fremdheit erkennen. Er weiß nun, daß er seinen Platz wie ein Zigeuner am Rande des Universums hat, das für seine Musik taub ist und gleichgültig gegen seine Hoffnungen, Leiden oder Verbrechen."[7] Und ebenso S. Weinberg: „Welches kosmologische Modell sich auch immer als zutreffend erweisen mag – für uns wird es nicht besonders tröstlich sein. Die Vorstellung, daß wir ein besonderes Verhältnis zum Universum haben, daß unser Dasein nicht bloß eine Farce ist, die sich aus einer mit den ersten drei Minuten [nach dem Urknall] beginnenden Kette von Zufällen ergab, sondern daß wir irgendwie von Anfang an vorgesehen waren – dieser Vorstellung vermögen wir Menschen uns kaum zu entziehen ... Man begreift kaum, daß [unsere vertraute Umwelt] nur ein winziger Bruchteil eines überwiegend feindlichen Universums ist. Noch weniger begreift man, daß dieses gegenwärtige Universum sich aus einem Anfangszustand entwickelt hat, der sich jeder Beschreibung entzieht, und seiner Auslöschung durch unendliche Kälte oder unerträgliche Hitze entgegen

[7] Monod (1971), S. 211.

geht. Je begreiflicher uns das Universum wird, um so sinnloser erscheint es auch."[8]

Der Existentialismus, der eine immanente Weltsicht voraussetzt, hat die verzweifelte, ja absurde Situation des Menschen, die sich daraus ergibt, eindrucksvoll formuliert. Der Protest des Menschen gegen die Bedingungen seiner Existenz, ist ihm der letzte, wenn auch wiederum absurde Akt seiner Selbstbehauptung. Auch ein so nüchterner Mann wie B. Russell spricht von „Verzweiflung". Er schreibt: „That Man is the product of causes which had no prevision of the end they were achieving; that his origin, his growth, his hopes and fears, are but the outcome of accidental collocations of atoms; that no fire, no heroism, no intensity of thought and feeling, can preserve an individual life beyond the grave; that all the labours of the ages, all the devotion, all the inspiration, all the noonday brightness of human genius, are destined to extinction in the vast death of the solar system, and that the whole temple of Man's achievement must inevitably be buried beneath the débris of a universe in ruins – all these things, if not quite beyond dispute, are yet so nearly certain, that no philosophy which rejects them can hope to stand. Only within the scaffolding of these truths, only on the firm foundation of unyielding despair, can the soul's habitation henceforth be safely built."[9]

[8] Weinberg (1977), S. 212.

[9] *A free man's worship* in Russell (1918), S. 47f. – Bei anderen Vertretern des Szientismus, wie z. B. bei B. F. Skinner, ist freilich von Verzweiflung keine Rede. Der Titel seines Buches *Beyond Freedom and Dignity* (1971) zeigt die Richtung an, in der die Reise gehen soll. Für viele wäre sie allerdings zum Verzweifeln. Zum Verzweifeln ist es aber auch wie Skinner, ein in der Erforschung des Verhaltens von Ratten hoch verdienter Mann, alle negativen und fragwürdigen Aspekte dieser Reise ignoriert. Sein Anliegen ist die Entwicklung von Techniken, mit denen man die Menschen dahin bringen kann, friedlich und kooperativ zusammenzuleben, also die Entwicklung effektiverer Formen von Dressur, als man sie bisher zur Verfügung hat. Nichts gegen Friede und Kooperation im allgemeinen, aber konkret geht es doch wohl um die Frage, welche Ziele die Leute gemeinsam verfolgen sollen und ob die durch Dressur beseitigte Freiheit nicht zu den höchsten Zielen zählt. Zielsetzungen bleiben aber bei Skinner

Einer der ersten, denen die radikalen Konsequenzen der „Abschaffung Gottes", also einer rein immanenten Weltsicht bewußt geworden ist, war F. Nietzsche. Er hat sich scharf gegen den blinden Optimismus der Aufklärer gewendet, denen die radikalen Konsequenzen dieser Sicht gar nicht klar sind. In der *Fröhlichen Wissenschaft* erzählt er die Geschichte vom „tollen Menschen": „Habt ihr nicht von jenem tollen Menschen gehört, der am hellen Vormittage eine Laterne anzündete, auf den Markt lief und unaufhörlich schrie: „Ich suche Gott! Ich suche Gott!" – Da dort gerade Viele von Denen zusammen standen, welche nicht an Gott glaubten, so erregte er ein grosses Gelächter. Ist er denn verloren gegangen? sagte der Eine. Hat er sich verlaufen wie ein Kind? sagte der Andere. Oder hält er sich versteckt? Fürchtet er sich vor uns? Ist er zu Schiff gegangen? ausgewandert? – so schrieen und lachten sie durcheinander. Der tolle Mensch sprang mitten unter sie und durchbohrte sie mit seinen Blicken. „Wohin ist Gott?" rief er, „ich will es Euch sagen? *Wir haben ihn getödtet*, – ihr und ich! Wir Alle sind seine Mörder! Aber wie haben wir diess gemacht? Wie vermochten wir das Meer auszutrinken? Wer gab uns den Schwamm, um den ganzen Horizont wegzuwischen? Was thaten wir, als wir diese Erde von ihrer Sonne losketteten? Wohin bewegt sie sich nun? Wohin bewegen wir uns? Fort von allen Sonnen? Stürzen wir nicht fortwährend? Und rückwärts, seitwärts, vorwärts, nach allen Seiten? Giebt es noch ein Oben und ein Unten? Irren wir nicht wie durch ein unendliches Nichts? Haucht uns nicht der leere Raum an? Ist es nicht kälter geworden? Kommt nicht immerfort die Nacht und mehr Nacht? Müssen nicht Laternen am Vormittage angezündet werden? Hören wir noch Nichts von dem Lärm der Todtengräber, welche Gott begraben?" "[10] Später heißt es im gleichen Werk: „Das größte neuere Ereignis, – dass „Gott todt ist", dass der Glaube an den christlichen Gott unglaubwürdig geworden ist – beginnt bereits seinen ersten Schatten über Europa zu werfen. Für die Wenigen wenigstens, deren Augen, deren *Argwohn* in den Augen stark und fein genug für dies Schauspiel ist, scheint eben irgend eine Sonne

außer Betracht, ebenso die Frage, wie der Dresseur zu dressieren sei (und dessen Dresseur usf.), damit er kein Unheil stiftet.

[10] Nietzsche W III,S. 480ff.

untergegangen, irgend ein altes tiefes Vertrauen in Zweifel umgedreht: ihnen muss unsre alte Welt täglich abendlicher, misstrauischer, fremder, „älter" scheinen. In der Hauptsache aber darf man sagen: das Ereigniss selbst ist viel zu gross, zu fern, zu abseits vom Fassungsvermögen Vieler, als dass auch nur seine Kunde schon *angelangt* heissen dürfte; geschweige denn, dass Viele bereits wüssten, *was* eigentlich sich damit begeben hat – und was Alles, nachdem dieser Glaube untergraben ist, nunmehr einfallen muss, weil es auf ihm gebaut, an ihn gelehnt, in ihn hineingewachsen war: zum Beispiel unsere ganze europäische Moral. Diese lange Fülle und Folge von Abbruch, Zerstörung, Untergang, Umsturz, die nun bevorsteht: wer erriethe heute schon genug davon, um den Lehrer und Vorauskünder dieser ungeheuren Logik von Schrecken abgeben zu müssen, den Propheten einer Verdüsterung und Sonnenfinsternis, deren Gleichen es wahrscheinlich noch nicht auf Erden gegeben hat?"[11]

Nietzsche selbst fühlte sich zwar „bei der Nachricht, daß der „alte Gott tot" ist, wie von einer neuen Morgenröte angestrahlt" und sah eine neue Weite menschlicher Möglichkeiten, aber sein Versuch, die nächstliegende Konsequenz des Todes Gottes, den Nihilismus als Überzeugung von der Wert- und Sinnlosigkeit menschlichen Lebens zu überwinden, führte in *Also sprach Zarathustra* nur zum Kult des allen moralischen Bedenken enthobenen Willens zur Macht, der aus dem Nihilismus nicht herausführt. Nun ist zwar eine immanente Weltsicht nicht notwendig nihilistisch, relative Werte kann sie durchaus anerkennen, und praktisch verbindet sie sich oft mit einem Humanismus, der sich zur Freiheit, Menschenwürde und Solidarität bekennt. Wir haben aber gesehen, daß zumindest ein entschiedener Humanismus, wie er sich in den kantischen Postulaten ausdrückt, in dieser Weltsicht keine Grundlage findet. Nietzsche hatte den Mut, deren weitreichende existentielle Konsequenzen klar ins Auge zu fassen. Er hat gesehen, daß von ihr her auch der Humanismus nicht haltbar ist.

Sowohl einer immanenten wie einer religiösen Weltanschauung liegt eine existentielle Entscheidung zugrunde. Beide lassen sich rein theoretisch weder hinreichend begründen noch widerlegen. Eine

[11] A. a. O. S. 573.

immanente Sicht hat heute zweifellos die stärkeren theoretischen Gründe für sich. Für den Glauben an eine transzendente Realität sprechen andererseits die stärkeren praktischen Gründe, sofern es uns auf den Wert und Sinn menschlichen Lebens ankommt, denn die finden in der empirischen Welt keinen Halt.

4.3 Erklärungen religiöser Anschauungen

Nimmt man an, daß es keine transzendente Wirklichkeit gibt, so stellt sich das Problem, wie das Entstehen religiöser Ansichten und ihre Akzeptanz zu erklären ist. Es ist nicht problematisch, warum die Leute zu der Ansicht kommen, der Mond sei rund, da er tatsächlich rund ist und die Menschen Augen im Kopfe haben, um das festzustellen. Würde hingegen jemand ernsthaft der Ansicht sein, der Mond sei würfelförmig, so wäre das eine Anomalie, die einer Erklärung bedürfte. Religiöse Vorstellungen sind zwar insofern normal als sie weit verbreitet sind, das schließt aber nicht aus, daß sie tatsächlich kein Fundament in der Sache haben, daß sie, wie S. Freud sagt, Illusionen sind. Läßt sich erklären, warum eine Person *a* glaubt, daß ein bestimmter Sachverhalt besteht, so folgt daraus natürlich nicht, daß er nicht besteht, wie der Fall des runden Mondes zeigt. Auch eine Erklärung, die zeigt, daß *a*'s Annahme nicht rational begründet ist, impliziert das nicht. Ist *a* z. B. aufgrund eines Traums der Überzeugung, daß ein Freund am nächsten Tag einen Verkehrsunfall erleiden wird, so ist damit nicht ausgeschlossen, daß das tatsächlich eintritt. Erklärungen von Überzeugungen, auch von nicht auf rationalem Weg gewonnenen, sind also keine Widerlegungen dessen, was diese beinhalten. Man kann nur sagen: Wenn mir eine Ansicht zweifelhaft ist und mir eine plausible Erklärung dafür geliefert wird, wieso andere dazu kommen, sie zu vertreten, und diese Erklärung zeigt, daß ihre Überzeugung nicht sachlich fundiert ist, so kann mich das in meiner Vermutung bestärken, daß die Annahme falsch ist.[1]

[1] S. Freud sagt: „Es liegt nicht im Plane dieser Untersuchung, zum Wahrheitswert der religiösen Lehren Stellung zu nehmen. Es genügt uns, sie

Es gibt nun eine Vielzahl von historischen, psychologischen und soziologischen Erklärungsversuchen für religiöse Anschauungen.[2] Wir können hier nur auf einige hinweisen. Viele Typen von Erklärungen finden sich schon in der griechischen Aufklärung. Kritik an Vorstellungen der traditionellen Religion hatten schon Xenophanes und Heraklit geübt. Nun wurde aber rationale Begreifbarkeit (in einem durchaus modernen Sinn) zum Kriterium der Realität. Protagoras und Euripides meinten, Verstand und Überlegung seien die besten Propheten[3], und wandten sich damit gegen die Mantik, von der Sophokles im *König Oedipus* sagte, mit ihr fiele der Glaube an die Götter. Mythischem Denken stand man nun, knapp 300 Jahre nach Homer, schon ohne Verständnis gegenüber, es erschien einfach als primitiv. Das Numinose als das letztlich Unbegreifliche wurde als nicht existent angesehen — bei Aristophanes verwirft Sokrates, der als Sophist erscheint, die Götter als ungültig gewordenes Geld — und so versuchte man, religiöse Vorstellungen zu erklären. Ein wichtiger Anstoß zur Problematisierung der eigenen Religion war

in ihrer psychologischen Natur als Illusionen erkannt zu haben. Aber wir brauchen nicht zu verhehlen, daß diese Aufdeckung auch unsere Einstellung zu der Frage, die vielen als die wichtigste erscheinen muß, mächtig beeinflußt. Wir wissen ungefähr, zu welchen Zeiten die religiösen Lehren geschaffen worden sind und von was für Menschen. Erfahren wir noch aus welchen Motiven es geschah, so erfährt unser Standpunkt zum religiösen Problem eine merkliche Verschiebung. Wir sagen uns, es wäre ja sehr schön, wenn es einen Gott gäbe als Weltenschöpfer und gütige Vorsehung, eine sittliche Weltordnung und ein jenseitiges Leben, aber es ist doch sehr auffällig, daß dies alles so ist, wie wir es uns wünschen müssen. Und es wäre noch sonderbarer, daß unseren armen, unwissenden, unfreien Vorvätern die Lösung all dieser schwierigen Welträtsel geglückt sein sollte". ((1974) Bd. IX, S. 167.)

[2] Vgl. dazu insbesondere E. E. Evans-Pritchard (1965) — ein insgesamt sehr gutes Buch, in dem vor allem anthropologische (ethnologische) Theorien zur Genese primitiver Religionen vom anthropologischen Standpunkt aus kritisiert werden. Vgl. ferner Phillips (1976), Kap. 3—6 und Mackie (1982), Kap. 10.

[3] Vgl. z. B. Euripides *Helena*, 757: „Der beste Seher ist Verstand und kluger Sinn".

auch die Begegnung mit fremden Religionen. Man sah, wie stark sich die religiösen Anschauungen verschiedener Kulturen unterscheiden, und kam so zur Auffassung, die Götter existierten nicht wirklich *(physei)*, sondern nur kraft Konvention *(nomo)*. Bei Euripides sagt Hekuba, Konvention stehe über den Göttern, weil sie es sei, kraft derer wir an Götter glauben.[4] Eine bedeutende Rolle spielte auch die moralische Kritik an den Göttern, mit der diese menschlichen Maßstäben des Richtigen unterworfen wurden. Es wurde der verderbliche moralische Einfluß der Religion betont. So sagt Aristophanes, der Übeltäter könne sich immer mit dem Hinweis auf ein ähnliches Verhalten der Götter entschuldigen.[5] Kritisiert wurde auch, daß der Verbrecher sich durch Opfer vor den Göttern von seiner Schuld befreien könne. Auch die Naturphilosophie stellte die traditionellen Vorstellungen infrage. Anaxagoras erklärte die Sonne — den alles sehenden *Helios*, bei dem man die heiligsten Eide schwor — als glühenden Stein. Gab es bei ihm noch einen göttlichen Nous als ersten Beweger, so ließ der Atomismus Demokrits für Göttliches in der Natur keinen Raum mehr. Protagoras hat den religiösen Agnostizismus klassisch formuliert, wenn er sagt: „Über die Götter allerdings habe ich keine Möglichkeit zu wissen, weder daß sie sind, noch daß sie nicht sind, noch wie sie etwa an Gestalt sind; denn vieles gibt es, was das Wissen hindert: Die Nichtwahrnehmbarkeit und daß das Leben des Menschen kurz ist".[6] Ein wichtiger Einwand war auch das Übel in der Welt. Vom sophistischen Theodicee-Argument gegen die Existenz von Göttern war schon in 1.3 die Rede.[7] Vielfach wurde

[4] Euripides *Hekuba* 799ff.

[5] Aristophanes *Wolken*, 1079. Hume meint (DNR, S. 252f.): „It is certain, from experience, that the smallest grain of natural honesty and benevolence has more effect on men's conduct than the most pompous views, suggested by theological theories and systems". Humes (allerdings recht verschlüsselte) Aussagen zur Religion in DNR und NHR sind weithin ein spätes Echo antiker Argumente.

[6] Vgl. B4 und A12.

[7] Eine Fundgrube skeptischer Thesen, die in der Antike vertreten wurden, ist Sextus Empiricus (*Grundzüge des Pyrrhonismus*, Buch III, und *Gegen die Gelehrten*, Bücher IX und X).

die Annahme von Göttern auf Unwissenheit zurückgeführt: Phänomene, die man auf natürliche Weise nicht zu erklären vermochte, werden im religiösen Denken mit übernatürlichen Ursachen erklärt.[8] Das ist auch eine der heute am meisten diskutierten Typen von Erklärungen religiöser Anschauungen.

1. *Religiöse Anschauungen als Relikte primitiven Denkens*

Alle bedeutenden Religionen haben ihre Wurzeln in der Zeit mythischen Denkens. In ihm ergibt sich die Annahme von Numina aus der animistischen, panpsychistischen Weltsicht, die sich wiederum erklärt aus der Projektion subjektiver Komponenten der Erfahrung in den Erfahrungsgegenstand, also aus dem Mangel einer klaren Differenzierung subjektiver und objektiver Erfahrungskomponenten. Aus dieser Weltsicht läßt sich auch die Genese von Göttergestalten erklären und teilweise sogar historisch belegen. Trotz aller Wandlungen der Gottesvorstellungen ist die Annahme einer transzendenten Wirklichkeit letztlich ein Relikt primitiven Denkens. L. Lévy-Bruhl sagt: „In jedem menschlichen Geist, wie weit seine intellektuelle Entwicklung auch fortgeschritten sein mag, bleibt ein unausrottbarer Rest primitiver Denkweise vorhanden", und M. P. Nilsson meint: „Primitive Mentalität ist eine recht gute Beschreibung für das geistige Verhalten der meisten Menschen unserer Tage, ausgenommen ihre technische, bzw. bewußt intellektuelle Tätigkeit".[9] In diesen Residuen primitiver Mentalität unter der rationalen Oberfläche wurzeln die religiösen Ansichten, die noch heute vertreten werden.

Dieser Erklärungsansatz taugt nicht viel. Erstens folgt aus der Tatsache, daß religiöse Grundvorstellungen heutiger Religionen, wie z. B. die des Judentums und damit auch des Christentums, in *Zeiten* mythischen Denkens zurückreichen, nicht, daß sie nur *Produkte* mythischen Denkens sind. Auch die Ansicht, daß Pferde vier Beine haben, reicht in Zeiten mythischen Denkens zurück, ohne deswegen

[8] Auch Hume zitiert zustimmend (vielleicht nach J. Dryden): „Ignorance is the mother of devotion" (NHR, § 15).

[9] Vgl. a. Lévy-Bruhl (1926),S. 346 und Nilsson (1941),S. 40. Für T. Ling sind Religionen Relikte abgestorbener Zivilisationen, vgl. (1973), S. 26.

Produkt mythischen Denkens zu sein. Zweitens ist die Bezeichnung mythischen Denkens als „primitiv" im abwertenden Sinn dieses Wortes unangebracht. Homer war sicherlich nicht primitiver als Günther Grass. Mythisches Denken ist zwar nicht rational in unserem Sinne, aber das gilt auch für die Sprache unserer Dichtung. Im übrigen ist unser Denken auch nicht rational im mythischen Sinn. Daß sich für uns unser eigener Rationalitätsbegriff von selbst versteht, besagt noch nicht, daß er der bessere ist. Wie vernünftig ist eine Technik, die die Grundlagen menschlichen Lebens zerstört? „Primitiv" ist also weniger das mythische Denken als pauschale negative Werturteile darüber. Drittens bleibt unerklärt, wieso sich Reste mythischen Denkens in den Religionen so hartnäckig halten. Könnte der Grund nicht ein ähnlicher sein wie bei der hartnäckigen Ansicht, Pferde hätten vier Beine? Oder könnte es nicht, wie Kant meint (auch nicht gerade ein Primitiver), Fragen geben, die sich dem Menschen unabweislich stellen, die sich aber (in unserem Sinn des Wortes) rational nicht beantworten lassen? Wieso haben viele Pioniere der modernen Wissenschaft wie Kepler, Descartes, Pascal, Leibniz und Newton religiöse Ansichten vertreten, und zwar nicht nur privat und ohne Zusammenhang mit ihrer intellektuellen Arbeit, sondern in ihr selbst? Vorstellungen haben als subjektive Akte, Zustände oder Produkte natürlich immer subjektive Komponenten, und sind damit durch die jeweilige Weltanschauung geprägt. Daraus folgt aber nicht, daß das Vorgestellte nur eine Fiktion dieser Weltanschauung ist. Endlich haben wir in 3.2 und 3.3 gesehen, daß nicht alle Konzeptionen von Transzendentem mythischem Denken entspringen, sondern daß dabei z. B. auch philosophische Spekulationen und mystische Erfahrungen eine Rolle spielen.

2. *Ludwig Feuerbach*

L. Feuerbach hat im *Wesen des Christentums* (1841) eine Erklärung religiöser Anschauungen, Haltungen und Einstellungen skizziert, die mit der unter (1) besprochenen gewisse Ähnlichkeiten aufweist. Er bezieht sich zwar nicht auf mythisches Denken, aber doch auf eine primitive Bewußtseinsstufe, der er die Religion zuordnet. Sein Grundgedanke ist, daß der Mensch auf dieser Stufe seine Vorstellungen einer idealen Wirklichkeit zu einer transzendenten Wirklichkeit vergegenständlicht. Er projiziert all die Aspekte der erfahrenen Realität, die ihm als wertvoll und bedeutend erscheinen in unendlicher Steigerung in diese Realität und abstrahiert dabei von allen negativen Aspekten der Welt, allen Widrigkeiten und Beschränkungen — Feuerbach bezieht sich dabei auf Anselms Bestimmung Gottes als *id quo maius nihil cogitari potest*. Diese Projektion ist unbewußt: Der Mensch begreift seine Ideale erst in ihrer Vergegenständlichung, erst in ihr werden sie im bewußt. Er weiß so nicht, daß die supranaturale, göttliche Wirklichkeit tatsächlich nur ein Spiegel seiner unbewußten Sehnsüchte ist. Von daher versteht sich nach Feuerbach auch die Heilszusage der Religionen: Das Göttliche erfüllt unsere tiefsten Sehnsüchte, weil es deren Projektion ist. Der Projektionsmechanismus und die psychologischen Gesetze, die ihm zugrundeliegen, bleiben freilich bei Feuerbach im Dunkeln. Er spricht in (1841) kaum von Religionen im allgemeinen, sondern fast nur vom Christentum. Er erwähnt lediglich, daß eine Weltanschauung, die ästhetisch oder theoretisch bestimmt ist, also den Wert der Phänomene in der Außenwelt betont, zu polytheistischen oder pantheistischen Gottesvorstellungen führe. Dem Theismus soll hingegen eine Anschauung zugrundeliegen, nach der das innere Wesen des Menschen, seine Vernunft, sein Wille und sein Gefühl die höchste Form der Realität ist. Dieses innere Wesen des Menschen wird in der religiösen Projektion personalisiert: Gott wird als Person gedacht, der das ideale innere Wesen des Menschen repräsentiert. In diesem Sinn sagt er, Anthropologie sei das innerste Wesen der Theologie. Gott wird also mit den Kategorien begriffen, in denen wir uns selbst verstehen.[10] Unser Ideal Gottes entnehmen wir der menschlichen Gattung: Der einzelne Mensch ist durchaus beschränkt und endlich, im Leben der Gattung begegnet ihm aber ein größeres, unendliches Leben, eine höhere Lebensfülle, die sich in den vielfältigen Lebensformen, Aktivitäten und Leistungen der Individuen zeigt, eine größere Macht, als er sie

[10] Feuerbach meint sogar, der Mensch sei für sich notwendigerweise das Maß des Vollkommenen, aber das paßt kaum zu dem, was er zum Polytheismus und Pantheismus sagt. — Zur Religionskritik Feuerbachs und den unten referierten Kritiken von Freud und Marx vgl. auch die Darstellung in Küng (1978), Teil C.

hat, eine größere Mannigfaltigkeit des Fühlens und Erlebens. Der Einzelne gewinnt so im Blick auf die Gattung Mensch eine Konzeption eines vollkommeneren Lebens. „Das Bewußtsein des Unendlichen ist nichts anderes als das Bewußtsein von der Unendlichkeit des Bewußtseins", meint Feuerbach, und für ihn ist Religion „Selbstanbetung des Menschen".[11] Wenn der Mensch nun vor allem sein inneres Leben als wertvoll begreift, so wird er sich Gott als rein geistiges Wesen vorstellen, das von allen Schranken körperlicher Existenz befreit ist, dessen Erkennen alles umfaßt und durchdringt, das also allwissend ist, als Wesen, dessen Macht nicht durch Naturgesetze und äußere Widerstände eingeengt ist, das also allmächtig ist, als Wesen, bei dem Wollen und Sollen nicht in Konflikt miteinander stehen, das also moralisch perfekt ist, und als Wesen, dessen Gefühl von allen Beschränkungen frei ist — als reine und allumfassende Liebe. Gott ist so das Bild einer allen Schranken und Widrigkeiten körperlichen Lebens enthobenen menschlichen Existenz.[12] Feuerbach sagt: „Die Religion ist Reflexion, die Spiegelung des menschlichen Wesens in sich selbst". Des Menschen „Glaube ist das Bewußtsein dessen, was ihm heilig ist; aber heilig ist dem Menschen nur, was sein Innerstes, sein Eigenstes, der letzte Grund, das Wesen

[11] Feuerbach (1841), S. 37.

[12] Feuerbach hat in (1841) auch versucht, viele christliche Vorstellungen — z. B. über Trinität, Inkarnation, Schöpfung und Gnade — aus diesem Projektionscharakter der Gottesvorstellung abzuleiten. Das kommt aber meist auf eine Umdeutung dieser Vorstellungen hinaus. So vermischt sich bei ihm mit der Erklärung christlicher Vorstellungen eine reduktionistische Deutung. Das Ganze ist aber primär nicht als Reduktionismus, sondern als Erklärungsversuch zu verstehen, da Feuerbach ja Religion, als einer primitiven Bewußtseinsstufe angehörig, aufheben und durch eine rein immanente Weltanschauung ersetzen will. Er meint, in der Religion seien Widersprüche angelegt, die insbesondere deutlich würden, wenn die Religion — für ihn primär eine Sache des Gefühls — in der Theologie zum Gegenstand wissenschaftlicher Reflexion wird. Im Schlußkapitel von (1841) sieht er die Zeit einer historischen Wende, der Entlarvung der Religion als einer Illusion des primitiven Bewußtseins gekommen; nun gelte es in einer rein immanenten Weltanschauung, einer Moralität der Humanität ihren bedeutsamen Kern aufzubewahren.

seiner Individualität ist". „Der Glaube an Gott ist der Glaube an menschliche Würde". „In der Persönlichkeit Gottes feiert der Mensch die Übernatürlichkeit, Unsterblichkeit, Unabhängigkeit und Unbeschränktheit seiner eigenen Persönlichkeit".[13]

Die Bestätigung seiner These sieht Feuerbach u. a. darin, daß Gott im Christentum als Maß wahren, vollkommenen Menschseins angesehen wird („Seid heilig wie euer Vater im Himmel", zitiert er); in seliger Verklärung nimmt der Mensch einst an der ewigen Fülle des Lebens Gottes teil, auch er wird ewig leben, vollkommen erkennen und vollkommen gut sein. Ferner wird auf die Ambivalenz der Gottesvorstellung hingewiesen: Einerseits ist Gott der Andere, ein Gegenüber, andererseits ist er im innersten Seelengrund präsent, seine Stimme ist die unseres eigenen Gewissens, er kennt unsere geheimsten Gedanken und Gefühlsregungen, er soll in uns sein und leben und erscheint so als unser wahres, ideales Ich. Zudem ist Gott auch der den Menschen liebende Gott, er ist damit – insbesondere durch die Inkarnation – wesentlich dem Menschen zugewandt und das Liebesband zwischen Gott und Mensch wird in der *unio mystica* als Einheit erfahren. Endlich wird in der Vereinigung mit Gott das Heil des Menschen gesehen; Heil ist aber dort, wo man ganz man selbst sein kann, wo das Leben unbehinderte Verwirklichung des innersten Selbst ist, so daß die Vereinigung mit Gott als Realisierung dieses Innersten erscheint.

Die Gedanken Feuerbachs verdienen trotz vieler Vagheiten, Inkonsistenzen und z. T. auch Absurditäten („Das Herz kennt keinen anderen Gott ... als sich selbst", „Die Liebe liebt nur sich selbst" usf.) durchaus Interesse, denn wenn auch die psychologischen Mechanismen der Projektion im Dunkeln bleiben, so hat er sich doch bemüht, den Erklärungswert seiner Konzeption nachzuweisen. Sein Kerngedanke läßt sich auch so darstellen, daß er die beiden Zugänge zum religiösen Glauben von menschlicher Daseinserfahrung her, auf die wir in 3.5 hingewiesen haben, so auffaßt, wie das dort schon als Möglichkeit angedeutet wurde: Die Sehnsucht nach einem größeren Leben wird zur alleinigen Stütze der Annahme einer transzendenten Wirklichkeit, das Ideal eines vollkommenen Lebens findet seine

[13] Feuerbach (1841), Bd. I, S. 122,123,170,178.

Verwirklichung in Gott und der Gemeinschaft mit ihm. Abgesehen davon, daß in Feuerbachs Erklärungen die zu erklärenden Phänomene oft einseitig und verkürzt dargestellt und christliche Vorstellungen umgedeutet werden, ist grundsätzlich folgendes einzuwenden: Erstens ist es trivial, daß Vorstellungen von Gott durch menschliche Ansichten, insbesondere Wertvorstellungen geprägt sind. Wird Gott als vollkommenes Wesen gedacht, so wird er naturgemäß als rein geistiges Wesen aufgefaßt, wenn das Geistige gegenüber dem Körperlichen als grundsätzlich wertvoller angesehen wird; versteht sich der Mensch als das in der empirischen Welt am höchsten stehende Wesen, so wird er Gott als idealisierte Person begreifen. Vorstellungen sind immer „Projektionen“ unserer Begriffe, Ansichten und Wertmaßstäbe auf die Gegenstände, aber daraus folgt nicht, daß auch das Vorgestellte eine Projektion ist. Vorstellungen sind immer subjektiv, aber das Vorgestellte ist es nur, falls es sich um ein Phantasieprodukt handelt. Es wäre also zu zeigen, daß Gottesvorstellungen keinen realen Bezug haben. Das setzt Feuerbach im Effekt voraus, sonst wäre sein Erklärungsversuch kaum sinnvoll. Haben sie aber keinen realen Bezug, so wird der Gedanke einer Projektion problematisch. Verständlich ist die Projektion von subjektiven Komponenten des Erlebens auf den Gegenstand im mythischen Denken, z. B. die Auffassung des Bedrohlichen als Wesen, das uns bedroht. Nicht ohne weiteres verständlich ist hingegen eine Projektion ins Leere, die nicht einen realen Gegenstand ausgestaltet, sondern einen fiktiven kreiert. Man könnte diesen Projektionsprozeß wohl nur historisch plausibel machen, indem man sagt, daß die höchsten Ideale des Menschen auf die aus mythischem Denken entstandenen Gottesvorstellungen übertragen worden sind. Dabei könnte man z. B. auf die Ethisierung der Gottesvorstellungen verweisen, von der in 3.2 die Rede war. Eine solche Projektion würde es verständlich machen, daß der Glaube an Götter noch über die Zeit mythischen Denkens hinaus wirksam geblieben ist. Zweitens könnte eine Religion nach Feuerbach immer nur unsere Ideale und Wertvorstellungen bestätigen. Es bleibt dann unverständlich, daß uns der christliche Gott als Fordernder begegnet, daß seine Gebote unsere Wünsche, Interessen und Ziele zutiefst infrage stellen. Offen bleibt drittens auch, wieso Gott in religiöser Erfahrung als der ganz Andere und als *tremendum* (R. Otto) erscheinen kann, vor dem wir uns als nichtig erleben. Feuerbach meint: Indem wir unsere Ideale auf Gott projizieren, unterscheiden wir uns von ihm durch den negativen Rest. Gott ist das Ideal, der Mensch die Realität, das endliche, beschränkte, bedingte, vergängliche Wesen. Daher erleben wir vor Gott unsere Nichtigkeit. Wenn „der Glaube an Gott ... der Glaube an menschliche Würde" ist, so bleibt aber dieses Erleben unverständlich: Gott müßte vielmehr nur als *fascinans* erscheinen, wir müßten uns vor ihm unserer eigenen Würde bewußt werden, nicht eines ontologischen Defizits, sondern lediglich der Diskrepanz zwischen dem, was wir eigentlich sein wollen, und dem, was wir tatsächlich sind. Viertens wird Gott im christlichen Glauben nicht als idealisierter Mensch begriffen, sondern als ein den Menschen prinzipiell überragendes Wesen. In Gott begegnet der Christ auch keinem Superego, keinem idealisierten Selbst, sondern einer anderen Person. Für Feuerbach ist Gott daher die Hypostasierung des idealen Wesens der Menschheit. Dieses Wesen ist aber keine Person. Feuerbachs Erklärungsversuch enthält also viele Ungereimtheiten und Lücken.

3. *Religiöse Anschauungen als Projektion von Wünschen oder Ängsten*

Der Grundgedanke ist hier derselbe wie in den Erklärungen unter (1) und (2): Subjektive Gefühle werden in eine supranaturale Wirklichkeit projiziert. Während aber die bisher diskutierten Erklärungen diese Projektion als Resultat primitiven Denkens begreifen, berufen sich die jetzt zu besprechenden Erklärungsmodelle auf individualpsychologische Mechanismen. Schon Demokrit sah den Ursprung der Religion in der Furcht: Bedrohliche Naturerscheinungen habe man als Bedrohungen unsichtbarer, übermächtiger Wesen aufgefaßt und religiöse Riten als Verfahren zu ihrer Besänftigung entwickelt.[14] Prodikos hingegen nahm Dankbarkeit als Grund der Gottesvorstellung an: Der Mensch habe die ihm nützlichen Naturkräfte vergöttlicht und in besonderer Weise verehrt.[15]

[14] Vgl. Demokrit A75. Auch Hume sagt: „terror is the primary principle of religion" (DNR, 259) und meint, Quelle aller religiösen Vorstellungen sei die Angst vor einer ungewissen Zukunft (NHR, § 13 (S. 81)).

[15] Vgl. Prodikos B5.

Sigmund Freud geht bei seiner Erklärung der Religionen von der Ähnlichkeit zwischen der religiösen Haltung zu Gott und der Haltung des Kindes zum Vater aus.[16] Das Kind erlebt den Vater einerseits als schützend und helfend, andererseits aber als übermächtig; es hat Furcht vor seiner Strafe, der Vater legt ihm Triebverzichte auf. Seine Gefühle ihm gegenüber sind daher ambivalent zwischen Zuneigung und Feindschaft. Sie steigern sich im Oedipus-Komplex, wenn die Mutter vom Knaben begehrt und der Vater als sexueller Rivale erlebt wird. Aus Angst vor dem Vater und dem Verlust seiner Freundschaft werden Triebe ins Unbewußte verdrängt. Die infantile Situation der Abhängigkeit bleibt auch dem Erwachsenen und so schafft er sich in Gott eine ideale Vatergestalt: „Wenn nun der Heranwachsende merkt, daß es ihm bestimmt ist, immer ein Kind zu bleiben, daß er des Schutzes gegen fremde Übermächte nie entbehren kann, verleiht er diesen die Züge der Vatergestalt, er schafft sich die Götter, vor denen er sich fürchtet, die er zu gewinnen sucht und denen er doch seinen Schutz überträgt. So ist das Motiv der Vatersehnsucht identisch mit dem Bedürfnis nach Schutz gegen die Folgen der menschlichen Ohnmacht; die Abwehr der kindlichen Hilflosigkeit verleiht der Reaktion auf die Hilflosigkeit, die der Erwachsene anerkennen muß, eben der Religionsbildung, ihre charakteristischen Züge".[17] Die Genese und die psychologischen Mechanismen dieser Projektion erläutert Freud so, daß er vom Leben in einer Urhorde ausgeht, in der der Vater der Alleinherrscher ist, den alleinigen Anspruch auf die Frauen hat, und die Söhne, wenn sie erwachsen werden, aus der

[16] Vgl. Freud *Totem und Tabu* (1912/13) (in Freud (1974), Bd. IX, S. 291ff.), *Die Zukunft einer Illusion* (1927) (ebenda S. 139ff) und *Der Mann Moses und die monotheistische Religion* (1939) (ebenda S. 459ff). – W. James hat schon in (1902) eine Erklärung religiöser Anschauungen skizziert, die sich auf das Unbewußte bezieht. Er meint, Inhalte des Unbewußten könnten wie im Traum ins Bewußtsein dringen und würden da als gegenständliche Realität erfahren. Man könnte auch an die Bemerkungen in 3.1 erinnern, nach denen im mythischen Denken eigenseelische Kräfte als göttlich erlebt und gedeutet werden, aber James bezieht sich nicht auf mythisches Denken, sondern auf heutige religiöse Erfahrungen.

[17] A. a. O. S. 158.

Horde hinausdrängt. Die Söhne hätten dann einmal den Vater überwältigt und ihn getötet. Aus Schuldgefühlen sei diese Tat, und das Töten von Stammesangehörigen überhaupt tabuisiert worden; der Grund des Mordes, das Verlangen nach den Frauen sei dadurch beseitigt worden, daß auch der Inzest mit einem Tabu belegt wurde. Dieser Urmord wird damit für Freud zur Quelle aller ethischen Gebote, aller sozialen Ordnungen, ja der ganzen Kultur.[18] Die Vatersehnsucht blieb jedoch, das Verlangen nach einer Schutzmacht, und so wurde im Totemismus — für Freud die Urform der Religion — die Vatervorstellung auf das Totemtier als Gott des Stammes übertragen — Freud erinnert dabei an kindliche Tierphobien, bei denen die negative Rolle des Vaters auf ein Tier projiziert wird. Auch in der Religion lebt aber die Ambivalenz des Vaterverhältnisses weiter. Freud sieht in dieser Projektion eines innerseelischen Konflikts auf einen Gegenstand eine psychische Entlastung. Die Projektion von Empfindungen in die Außenwelt im Animismus hat für ihn dieselbe Funktion. Er meint, die Natur würde so für den Menschen verständlicher und er habe im Umgang mit anderen Menschen Techniken entwickelt, die ihm die Zuversicht geben, daß er auch die Mächte der Natur besänftigen und sie sich geneigt machen kann. Den monotheistischen Gott endlich sieht er als ideale Wiederbelebung des Urvaters der Horde an. Freud geht also von einer Entsprechung des religiösen Verhältnisses zu Gott zum kindlichen Verhältnis zum Vater aus und erklärt dann religiöse Anschauungen als Massenneurosen.[19] Das Entwicklungsgesetz individueller Neurosen wiederholt sich nach ihm in der Geschichte der Religion.

Religiöse Anschauungen sind also nach Freud Illusionen, d. h. Systeme von Überzeugungen, die wesentlich durch (unbewußte) Wünsche motiviert werden. Die Stärke des Glaubens liegt so nicht in Argumenten, sondern in der Kraft der Wünsche, die sie befriedigen: „Diese [religiösen Doktrinen], die sich als Lehrsätze ausgeben, sind nicht Niederschläge der Erfahrung oder Endresultate des Denkens, es sind Illusionen, Erfüllungen der ältesten, stärksten, dringendsten Wünsche der Menschheit; das Geheimnis ihrer Stärke ist

[18] A. a. O. S. 439.
[19] Vgl. a. a. O. S. 504.

die Stärke dieser Wünsche. Wir wissen schon, der schreckende Eindruck der kindlichen Hilflosigkeit hat das Bedürfnis nach Schutz – Schutz durch Liebe – erweckt, dem der Vater abgeholfen hat, die Erkenntnis von der Fortdauer dieser Hilflosigkeit durchs ganze Leben hat das Festhalten an der Existenz eines – aber nun mächtigeren Vaters verursacht. Durch das gütige Walten der göttlichen Vorsehung wird die Angst vor den Gefahren des Lebens beschwichtigt, die Einsetzung einer sittlichen Weltordnung versichert die Erfüllung der Gerechtigkeitsforderung, die innerhalb der menschlichen Kultur so oft unerfüllt geblieben ist, die Verlängerung der irdischen Existenz durch ein zukünftiges Leben stellt den örtlichen und zeitlichen Rahmen bei, in dem sich diese Wunscherfüllungen vollziehen sollen. Antworten auf Rätselfragen der menschlichen Wißbegierde, wie nach der Entstehung der Welt und der Beziehung zwischen Körperlichem und Seelischem, werden unter den Voraussetzungen dieses Systems entwickelt; es bedeutet eine großartige Erleichterung für die Einzelpsyche, wenn die nie ganz überwundenen Konflikte der Kinderzeit aus dem Vaterkomplex ihr abgenommen und einer von allen angenommenen Lösung zugeführt werden".[20] Die Stärke der Wünsche, deren (vermeintliche) Erfüllung an den religiösen Vorstellungen hängt, verbietet zugleich jeden Zweifel, jedes kritische Hinterfragen: Zweifel erscheint als Sünde.

Zur Kritik ist zu sagen: Erstens folgt aus Ähnlichkeiten zwischen kindlichen Haltungen zum Vater und religiösen Haltungen zu Gott nicht, daß die letzteren im Grunde nichts anderes sind als die ersteren. Freud verfällt hier selbst in jenes Denken, das er als „magisch" bezeichnet und durch die Verwechslung ephemerer Ähnlichkeiten mit kausalen oder Identitätsbeziehungen kennzeichnet. Zweitens ist eine Neurose eine psychische Fehlhaltung, eine Fehlanpassung. Glaubende haben aber weder die für Neurosen typischen körperlichen Symptome (wie Kopfschmerzen, Herzklopfen, Erbrechen, Impotenz), noch kann man so verbreitete Haltungen wie Religionen als pathologische Phänomene ansehen. Zumindest auf gewissen Entwicklungsstufen sind sie durchaus normal. Drittens ist die Erklärung der Religionen (ja der ganzen Kultur) aus dem Oedipuskomplex

[20] A. a. O. S. 164.

schlicht absurd. Abgesehen davon, daß sie allenfalls auf theistische Religionen zutrifft, ist der Urmord eine abwegige Konstruktion: Auch in Affenhorden können Söhne den Vater umbringen, aber von einer Religion der Affen ist der Wissenschaft nichts bekannt. Eine Rückprojektion unserer Vorstellungen, die sich mit der Rolle des Vaters verbinden, der Gefühle und Wertungen, auf die Zeit von Urhorden entbehrt jeder Grundlage. Viertens bleibt unklar, wieso die Projektion ambivalenter Gefühle eine psychische Entlastung bewirkt und einem Wunschdenken entsprechen soll. Gerade der ambivalente Charakter der Götter, die Tatsache, daß sie nicht nur schützen, sondern auch bedrohen, daß viele Religionen nicht nur ewige Seligkeit, sondern auch ewige Höllenstrafen in Aussicht stellen, impliziert doch, daß sie nicht einfach entlasten. Ist ein innerseelischer Konflikt schlimmer als eine Bedrohung durch übermächtige Wesen? Bloßes Wunschdenken würde wohl allenfalls eine Vorstellung ergeben, nach der Gott nicht straft, sondern allen bedingungslos ein seliges Leben schenkt. Es ist eben nicht so, wie Freud behauptet, daß nach religiösen Vorstellungen „alles so ist, wie wir es uns wünschen müssen“.[21] Fünftens läßt sich die Analogie zwischen Vater- und Gottesgestalten einfacher daraus verstehen, daß sich Gottesvorstellungen naturgemäß an Phänomenen aus dem Bereich menschlicher Erfahrungen richten, und daß in patriarchischen Gesellschaften der Vater eine Leitfigur ist. Gott wird unter vielen Bildern vorgestellt, z. B. auch als König, Hirt, Licht und Quelle, ohne daß man deswegen nach Erklärungen mit Königs- oder Lichtkomplexen suchen müßte. Endlich ist die allgemeine Verbreitung des Oedipuskomplexes wissenschaftlich umstritten.[22]

4. *Soziologische Erklärungen religiöser Anschauungen*

Kritias hat im *Sisyphos* die Götter als Fiktionen der Regierenden dargestellt, die den Zweck haben, ein gesetzeskonformes Verhalten

[21] A. a. O., S. 167.

[22] Für weitere psychologische Erklärungen der Religion vgl. C. G. Jung *Psychologie und Religion*, ^{4}1962 und *Der moderne Mensch auf der Suche nach einer Seele*, 1933, sowie E. Fromm (1950).

auch dort zu sichern, wo staatliche Sanktionen dazu nicht ausreichen. Er erklärt also Religion als politische List: „Es gab eine Zeit, da war der Menschen Leben ungeordnet und tierhaft und der Stärke untertan, da gab es keinen Preis für die Edlen noch auch ward Züchtigung den Schlechten zuteil. Und dann scheinen mir die Menschen Gesetze aufgestellt zu haben als Züchtiger, auf daß das Recht Herrscherin sei (zugleich von allen?) und die Frevelei zur Sklavin habe. Und bestraft wurde jeder, der sich nun verging. Dann, als zwar die Gesetze hinderten, offen Gewalttaten zu begehen, sie aber im Verborgnen solche begingen, da, scheint mir, hat (zuerst) ein schlauer und gedankenkluger Mann die (Götter)furcht den Sterblichen erfunden, auf daß ein Schreckmittel da sei für die Schlechten, auch wenn sie im Verborgnen etwas täten oder sprächen oder dächten. Von dieser Überlegung also aus führte er das Überirdische ein: ‘Es ist ein Daimon, in unvergänglichem Leben prangend, mit dem Geiste hörend und sehend, denkend im Übermaß, sich selbst gehörend (?), göttlich Wesen in sich tragend, der alles unter Sterblichen Gesprochene hören, alles Getane schauen kann. Wenn du aber mit Schweigen etwas Schlechtes planst, so wird das nicht verborgen sein den Göttern; denn dafür ist die Vernunft (zu stark) in ihnen’. Mit diesen Reden führte er die lockendste der Lehren ein, mit lügnerischem Wort die Wahrheit verhüllend. Es wohnten aber, sagte er, die Götter an einem Ort, dessen Benennung die Menschen am meisten erschrekken mußte, woher, wie er erkannte, die Ängste den Sterblichen kommen und die Hilfen für ihr mühselig Leben, aus dem sich drehenden Gewölbe dort oben, wo er die Blitze wahrnahm und das furchtbare Donnergetöse und den sternaugigen Himmelsbau, der Zeit, des weisen Baumeisters, schönes Buntwerk, wo die strahlende Masse des Sonnengestirns wandelt und von wo der feuchte Regen zur Erde herabkommt. Und rings um die Menschen stellte er solche Schrecken, durch die er in seiner Rede der Gottheit eine schöne Wohnung gab und an einem geziemenden Ort, und er löschte die Gesetzlosigkeit durch die Satzungen (?) ... So, denke ich, hat zuerst einer die Sterblichen dazu bestimmt, zu glauben, es gebe das Geschlecht der Götter“.[23]

[23] Kritias *Sisyphos* (B25), Diels (1952) II, S. 386–89. Vgl. a. Platons „edle Lüge“ im *Staat* III, 414f.

Diese Theorie der Religion hat später auch Polybios in Rom vertreten. Karl Marx spricht hingegen von einer politischen Ausbeutung bereits bestehender religiöser Anschauungen. Er unterscheidet sich von Feuerbach dadurch, daß er Religion nicht als Spiegel eines abstrakten menschlichen Wesens begreift, sondern als Reflex realer Lebensbedingungen.[24] Das Bewußtsein, die Weltanschauung (insbesondere die religiöse) ist für ihn ein gesellschaftliches Produkt, das die Lebensbedingungen wiederspiegelt. "Der *Mensch macht die Religion*, die Religion macht nicht den Menschen. Und zwar ist die Religion das Selbstbewußtsein und das Selbstgefühl des Menschen, der sich selbst entweder noch nicht erworben oder schon wieder verloren hat. Aber *der Mensch*, das ist kein abstraktes, außer der Welt hockendes Wesen. Der Mensch, das ist *die Welt des Menschen*, Staat, Sozietät. Dieser Staat, diese Sozietät produzieren die Religion, ein *verkehrtes Weltbewußtsein*, weil sie eine *verkehrte Welt* sind. Die Religion ist die allgemeine Theorie dieser Welt, ihr enzyklopädisches Kompendium, ihre Logik in populärer Form, ihr spiritualistischer Point-d'honneur, ihr Enthusiasmus, ihre moralische Sanktion, ihre feierliche Ergänzung, ihr allgemeiner Trost- und Rechtfertigungsgrund. Sie ist die *phantastische Verwirklichung* des menschlichen Wesens, weil das *menschliche Wesen* keine wahre Wirklichkeit besitzt."[25] F. Engels erklärt diese Wiederspiegelung nach dem üblichen Schema einer Personifikation von Mächten: „Nun ist alle Religion nichts andres als die phantastische Widerspiegelung, in den Köpfen der Menschen, derjenigen äußern Mächte, die ihr alltägliches Dasein beherrschen, eine Widerspiegelung, in der die irdischen Mächte die Form von überirdischen annehmen. In den Anfängen der Geschichte sind es zuerst die Mächte der Natur, die diese Rückspiegelung erfahren und in der weitern Entwicklung bei den verschiednen Völkern die mannigfachsten und buntesten Personifikationen durchmachen ... Aber bald treten neben den Naturmächten auch gesellschaftliche Mächte in Wirksamkeit, Mächte, die den Menschen ebenso fremd und im Anfang ebenso unerklärlich gegenüberstehn, sie mit derselben scheinbaren Naturnotwendigkeit beherrschen, wie die Naturmächte selbst.

[24] Vgl. Marx *Thesen über Feuerbach*, § 6 in MEW III,S. 6.

[25] Marx *Zur Kritik der Hegelschen Rechtsphilosophie* (1844), MEW I,S. 378.

Die Phantasiegestalten, in denen sich anfangs nur die geheimnisvollen Kräfte der Natur widerspiegelten, erhalten damit gesellschaftliche Attribute, werden Repräsentanten geschichtlicher Mächte. Auf einer noch weitern Entwicklungsstufe werden sämtliche natürlichen und gesellschaftlichen Attribute der vielen Götter auf einen allmächtigen Gott übertragen, der selbst wieder nur der Reflex des abstrakten Menschen ist. So entstand der Monotheismus der geschichtlich das letzte Produkt der spätern griechischen Vulgärphilosophie war und im jüdischen ausschließlichen Nationalgott Jahve seine Verkörperung vorfand. In dieser bequemen, handlichen und allem anpaßbaren Gestalt kann die Religion fortbestehn als unmittelbare, das heißt gefühlsmäßige Form des Verhaltens der Menschen zu den sie beherrschenden fremden, natürlichen und gesellschaftlichen Mächten, solange die Menschen unter der Herrschaft solcher Mächte stehn. ... Auf einer gewissen Stufe, die alle Kulturvölker durchmachen, assimiliert er sie [die Naturkräfte] sich durch Personifikation. Dieser Personifikationstrieb schuf eben überall Götter, und der consensus gentium des Beweises vom Dasein Gottes beweist eben nur die Allgemeinheit dieses Personifikationstriebs als notwendiger Durchgangsstufe, also auch der Religion. Erst die wirkliche Erkenntnis der Naturkräfte vertreibt die Götter oder den Gott aus einer Position nach der andern ... Dieser Prozeß [ist] jetzt so weit, daß er theoretisch als abgeschlossen angesehen werden kann."[26] Die Rede von einer „phantastischen Widerspiegelung" natürlicher Verhältnisse in einer übernatürlichen Wirklichkeit entspricht soweit nur gängigen Vorstellungen, mit dem einzigen Unterschied, daß Marx meint, die sozialen und ökonomischen Lebensbedingungen bestimmten das Weltbild einer Epoche.[27] Das hat er freilich nicht belegt, und das Umgekehrte gilt mindestens im gleichen Maß, wie M. Weber betont hat. Sicher ist aber, daß soziale oder politische Verhältnisse das Bild prägen können, das man sich von den Göttern macht. Andererseits ist Religion für Marx aber auch ein Mittel zur Festigung gegebener

[26] MEW XX,S. 294f. und 582f.

[27] Ähnlich behauptet auch Lévy-Bruhl in (1922), die gesellschaftlichen Verhältnisse und Institutionen prägten das Weltbild und das Denken einer Kultur.

sozialer Ordnungen, ein Mittel der Ausbeuter, die Ausgebeuteten nieder zu halten.[28] Religion ist „Opium des Volks“[29], eine Illusion, die ihn auf das Jenseits vertrösten und ihn mit seinem Elend versöhnen soll. Seine Kritik der Religion hat damit eine politische Funktion, sie soll das Bewußtsein und damit dann auch die sozialen Verhältnisse verändern. „Die Aufhebung der Religion als des *illusorischen* Glücks des Volkes ist die Forderung seines *wirklichen* Glücks. Die Forderung, die Illusionen über seinen Zustand aufzugeben, ist die *Forderung, einen Zustand aufzugeben, der der Illusionen bedarf*. Die Kritik der Religion ist also im *Keim* die *Kritik des Jammertales,* dessen *Heiligenschein* die Religion ist“.[30]

Es ist sicher richtig, daß eine Weltanschauung zu einer kulturellen Lebensform gehört und daß sich diese in ihr in gewisser Weise wiederspiegelt. Man kann aber kaum behaupten, daß die seit vielen Jahrhunderten feststehenden zentralen christlichen Doktrinen Produkte der sozialen und ökonomischen Verhältnisse sind, die sich in dieser Zeit ja mehrfach grundlegend gewandelt haben. Man hat sich nur bemüht, die religiösen Ansichten auf die jeweiligen Verhältnisse zu beziehen, hat sie dabei aber nicht nur als Instrument der Rechtfertigung, sondern auch immer wieder als Mittel der Kritik verwendet.

Andere soziologische Theorien der Religion sind von Anthropologen wie E. Durkheim und B. Malinowski entwickelt worden.[31] Nach Durkheim ist Religion ein System kollektiver Anschauungen und Praktiken, durch das die Gesellschaft und ihr Verhältnis zu den Individuen repräsentiert wird – ähnlich wie für Feuerbach die menschlische Gattung. Der verborgene Sinn der Religion ist es, den Zusammenhalt in der Gemeinschaft, das Gefühl der Zusammengehörigkeit zu stärken. Der gemeinsame Vollzug der Riten erzeugt eine Stimmung, in der das individuelle Bewußtsein in einem kollektiven aufgeht und die Gemeinschaft sich in ihren heiligen Gegenständen selbst erfährt. Für Malinowski sind Religionen von ihren Riten her

[28] Vgl. MEW XIX,S. 536 und 539f. und XXII,S. 302f. und 306f.

[29] Vgl. Marx *Zur Kritik der Hegelschen Rechtsphilosophie*, MEW I,S. 378.

[30] A. a. O. S. 379.

[31] Vgl. z. B. Durkheim (1912) und Malinowski (1948).

zu verstehen und religiöse (im Gegensatz zu magischen) Riten dienen nicht dazu, etwas zu erreichen, sondern haben primär kathartische Funktion: In ihnen reagieren die Gläubigen ihre Ängste, Frustrationen, Aggressionen und Spannungen ab. Damit erklärt er den mimetischen Charakter vieler Riten, bei denen das Tun-als-ob die Erreichung des gewünschten Ziels suggeriert. Genauer wollen wir auf diese Theorien hier jedoch nicht eingehen, da sie von Evans-Pritchard in (1965) bereits einer treffenden Kritik unterzogen worden sind und wir uns hier auf religionsphilosophische Erklärungen konzentriert haben. Auch für diese gilt die Feststellung Evans-Pritchards, daß alle pauschalen Erklärungen heute von den Fachleuten nicht mehr ernsthaft diskutiert werden, weil sie erstens der Fülle der Phänomene nicht gerecht werden und zweitens Behauptungen über den Ursprung von Entwicklungen aufstellen, die sich nicht durch Fakten oder Zeugnisse belegen lassen. Der Ursprung der Religion wird aller Voraussicht nach ebenso im Dunkeln bleiben wie jener der Sprache. Mackie meint in (1982) zwar ebenfalls, alle pauschalen Erklärungen religiöser Anschauungen seien unzureichend, behauptet dann aber doch, diese Anschauungen seien gut erklärt. Viele unzulängliche Erklärungen ergeben aber noch keine brauchbare. Man kann nur sagen: Es gibt Ansätze zur Erklärung religiöser Vorstellungen, die zwar nicht hinreichen, konkrete Religionen abzuleiten — das erscheint schon deswegen als illusorisch, weil sie ja unbeschadet ihres Offenbarungscharakters auch kreative Entwürfe darstellen, so daß der Versuch der Erklärung einer Religion vergleichbar ist mit jenem einer Erklärung von Shakespeares *Macbeth* —, die aber mögliche Ansatzpunkte für das Entstehen solcher Vorstellungen aufweisen, z. B. im mythischen Denken. Dadurch wird aber, wie eingangs betont wurde, die Frage der Richtigkeit dieser Vorstellungen nicht tangiert.

Erklärungsversuche für religiöse Anschauungen sind nun nicht nur für denjenigen von Interesse, der an keinerlei transzendente Wirklichkeit glaubt, sondern auch für den Anhänger einer Religion, der ja bzgl. anderer Religionen ebenfalls ein Ungläubiger ist. Er ist zwar in der Regel weniger an einer Erklärung seiner eigenen Ansichten interessiert, wohl aber an der anderer religiöser Vorstellungen. Der Christ wird etwa den indischen Gott Shiva nicht als existent ansehen, also den Glauben der shivaitischen Sekten des Hinduismus an ihn als Glauben an eine Illusion verstehen. Dann steht er vor der

Frage, wie sich der Glaube an Shiva erklären läßt. Jede Antwort konfrontiert ihn aber mit der zweiten Frage, ob sich diese Erklärung mit den notwendigen Modifikationen nicht auch auf seinen eigenen, christlichen Glauben übertragen läßt. Auch wenn man Shiva nicht einfach als „Illusion" bezeichnet, sondern z. B. sagt, daß sich in seiner Gestalt religiöse Erfahrungen von der kreativen wie zerstörerischen Kraft des Lebens verdichtet haben, bleibt das Problem bestehen: Wieso ist der christliche, d. h. letztlich der at Gott nicht entsprechend zu verstehen, etwa als Personifizierung der obersten Macht, die alles Geschehen in der Welt bestimmt? Man kann nicht ein Erklärungsmodell im eigenen Fall als unbrauchbar, in Anwendung auf andere Religionen aber als brauchbar ansehen, ohne relevante Unterschiede zwischen den Fällen aufzuweisen. Dieses Problem verschwindet zwar nicht, wenn man Glauben nicht primär als Fürwahrhalten versteht, sondern als Haltung, aber es verliert doch an Gewicht: Dann kommt es vor allem auf die Bewährung des Glaubens im eigenen Leben an, und um die zu bejahen muß man nicht leugnen, daß sich andere Religionen für das Leben anderer bewähren können.

4.4 Der Wandel religiöser Ansichten

Religionen haben Offenbarungscharakter. Ihre Aussagen werden von den Gläubigen nicht als menschliche Ansichten verstanden, sondern als zuverlässige, autoritative Kunde vom Göttlichen. Die Zuverlässigkeit der Kunde setzt eine getreue Tradition voraus und daher wird in jeder Religion auch die Konstanz ihrer zentralen Lehren behauptet. Historische Forschungen zeigen nun aber, daß sich in allen alten Religionen die Vorstellungen von der Welt, dem Menschen und seiner Beziehung zum Transzendenten wie auch jene vom Transzendenten selbst im Laufe der Zeit z. T. erheblich verändert haben. Damit wird der Offenbarungsanspruch problematisch und es stellt sich die Frage, ob religiöse Lehren wirklich mehr sind als wandelbare menschliche Ansichten. Diese Diskrepanz zwischen dem Selbstverständnis und der historischen Entwicklung der Religionen bildet heute ein weiteres ernsthaftes Problem für den Glauben.

Wir wollen es im folgenden am Beispiel des christlichen Glaubens verdeutlichen. Bei ihm stellt es sich mit besonderer Dringlichkeit. Die christliche Religion ist ebenso wie die jüdische und islamische eine geschichtlich fundierte Religion: Ihr Glaube beruft sich auf geschichtliche Ereignisse, die als Handlungen Gottes oder Offenbarungen verstanden werden, und auf die geschichtlichen Glaubenszeugnisse, die in ihren heiligen Schriften enthalten sind. Man kann daher die heutigen Formen christlichen Glaubens nicht in Abstraktion von ihrer Tradition betrachten und sagen: „Es kommt für die Glaubensentscheidung heute nicht darauf an, was tatsächlich passiert ist und was Christen früher geglaubt haben; zur Debatte steht allein, was heute geglaubt wird", denn zu dem, was heute geglaubt wird, gehört wesentlich die Bezugnahme auf geschichtliche Ereignisse und Personen und auf das apostolische Glaubenszeugnis, den Glauben der frühen Gemeinde. Christlicher Glaube stützt sich auf deren Verkündigung, wie sie im NT enthalten ist, und bezieht sich durch sie auf Ereignisse im Leben Jesu und seine Botschaft. Wegen dieses geschichtlichen Fundaments ist christlicher Glaube in besonderem Maße historischer Kritik ausgesetzt. Im älteren Buddhismus kommt es nur auf die Wahrheit der Lehre an und darauf, daß auf dem von ihm gewiesenen Weg die Erlösung tatsächlich erreichbar ist. Die Person Buddhas als des Begründers der Lehre spielt systematisch gesehen keine essentielle Rolle — ähnlich wie die Wahrheit einer physikalischen Theorie unabhängig von der Autorität ihres Schöpfers ist und von Annahmen über seine Person. Der christliche Glaube ist hingegen ein Glaube an Jesus als den Christus, und daher ist es für ihn entscheidend, wer Jesus tatsächlich war, was er tatsächlich gesagt und getan hat.

Zu den heiligen Schriften des Christentums zählt auch das AT. Der Gott, von dem Jesus spricht, ist derselbe Gott, von dem das AT redet. Das NT verkündet Jesus als den im AT verheißenen Messias, und bezieht sich damit direkt auf at Vorstellungen. Daher ist auch der Wandel des at Glaubens für den christlichen relevant. Die Bildung des at Kanons, die Abgrenzung der maßgeblichen Schriften und die Fixierung ihres verbindlichen Textes, hat mit Sammlungen und Redaktionen in der Zeit des Exils und danach begonnen, einer Zeit der Rückbesinnung und der Neuorientierung an den religiösen Grundlagen des Lebens, und wurde für den Pentateuch etwa um 400 v. Chr. abgeschlossen. Der Prophetenkanon hat wohl um 200 v. Chr. seine endgültige Gestalt angenommen – das 167–163 v. Chr. entstandene Buch Daniel ist darin nicht mehr aufgenommen worden. Die späteren Texte der Septuaginta (LXX) haben keinen Eingang mehr in den hebräischen Kanon gefunden, der also schon Mitte bis Ende des 2. Jahrhunderts v. Chr. im wesentlichen seinen Abschluß gefunden haben könnte. Die zusätzlichen Schriften der LXX haben ungeachtet ihres Interesses für die Geschichte (vor allem 1 Makk), für die religiösen Vorstellungen dieser späteren Zeit (z. B. Tob) und das Eindringen der griechischen Ideenwelt (Weish) für die at Theologie insgesamt auch wenig Gewicht. Die meisten Bücher des AT sind in ihrer vorliegenden Form Resultat längerer Traditions- und Bearbeitungsprozesse.[1] Selbst wenn sich deren einzelne Stadien nicht mehr genau ermitteln lassen, kann die Textkritik doch auf viele spätere Ergänzungen und Neuinterpretationen verweisen. Alle Texte haben, sofern sie nicht erst in nachexileischer Zeit entstanden sind (also nach dem Ende des babylonischen Exils 538 v. Chr.), in dieser Zeit ihre Endredaktion erfahren. Die Theologie der Redaktoren überlagert zwar die Vorstellungswelt ihrer Vorlagen, aber nicht so konsequent, daß deren Spuren gänzlich getilgt wären. So wird bei aller Kontinuität des Glaubens doch ein teilweise tiefgreifender Wandel deutlich. Es ist zwar schwierig, Stadien der Entwicklung zu unterscheiden, unverkennbar ist aber, daß schon mit der Prophetie des 8. Jahrhunderts, noch stärker aber mit jener des 7. und 6. Jahrhunderts und dann mit den deuteronomistischen Bearbeitungen des Pentateuch und der Geschichtsbücher Jos bis Kön neue theologische Gedanken auftreten.

Der inhaltliche Wandel des at Glaubens soll durch einige Beispiele belegt werden: Jahwe erscheint zunächst als Stammes-, dann als Volksgott im Rahmen einer polytheistischen Vorstellungswelt und erst später als universaler und einziger Gott, als Schöpfer der Welt – darauf wurde schon in 3.2 hingewiesen. Er ist ein „eifersüchtiger Gott", der in Israel keine anderen Götter neben sich duldet. Das ist eine der ältesten Grundbestimmungen at Glaubens: Jahwe ist der einzige Gott Israels, neben ihm kennt das Volk keine anderen Götter oder numinosen Naturmächte. Daß tatsächlich doch immer wieder fremde Kulte ins religiöse

[1] Zur Entstehung des AT vgl. z. B. R. Smend (1978) und R. Rendtorff (1983), zur at Theologie W. Zimmerli (1972) und W. Eichrodt (1933).

Leben des Volkes eindrangen, wurde als Bruch des Bundes verstanden und Grund der Strafen, die Gott dann über es kommen ließ. Zunächst handelte es sich also beim at Glauben um einen Henotheismus, d. h. nur ein einziger Gott wird vom Volk verehrt. Dieser Henotheismus verband sich mit einem Polytheismus, der auch Götter anderer Völker annahm. So ist z. B. in Dtn 32,8f. davon die Rede, daß „der Höchste" am Beginn der Zeiten die Menschheit in Völker nach der Zahl der Götter aufgeteilt habe und jedem Gott ein Volk übergab; Jahwe habe sich Jakob (Israel) gewählt.[2] Israel hat seinen Gott aber immer als den mächtigsten der Götter verstanden (vgl. z. B. Dtn 32,43 und Ps 82); seine Macht über Ägypten und die frühen Nachbarvölker hat sich in der Geschichte erwiesen. Schon beim Jahwisten nimmt aber das Gottesbild universale Züge an: Gott erscheint als Schöpfer (Gen 2,4b-23), zwar nicht der gesamten Welt, aber alles Lebendigen, insbesondere des Menschen.[3] Im Schöpfungsbericht der Priesterschrift (aus dem Exil oder danach, Gen 1,1—2,4a) ist er dann der Schöpfer des Himmels und der Erde.[4] Bei den Propheten des 8. Jahrhunderts wird er als Herr der Weltgeschichte gesehen (vgl. auch 2 Kön 19,21—28; Jes 7,18; 10,5ff.; 14,24—27; 41,1—5; Pss 47; 105,7), in der Prophetie des 7. Jahrhunderts begegnet uns dann ein eindeutiger Monotheismus: Die fremden Götter

[2] Polytheistische Gedanken finden sich auch in Gen 6,4 und Ps 82, wo von Göttersöhnen die Rede ist bzw. einem Gericht Jahwes über andere Götter.

[3] Der Schöpfungsglaube war wohl kein ursprünglicher Bestandteil des Jahweglaubens und ist im AT lange nicht so zentral wie der Exodus-Sinai-Glaube. Vielleicht stammt der Schöpfungsglaube aus kanaanitischen Quellen. Darauf könnte — so Zimmerli in (1972), S. 25 — die Mechisedek-Episode (Gen 14,18—20) hinweisen; Mechisedek ist ein Priester des höchsten Gottes, des Schöpfergottes (*El aeljon)* aus Jerusalem.

[4] Als Wort für „schaffen" wird ein Verb verwendet, dessen Subjekt nur Gott sein kann und das kein Formen aus vorgegebenem Stoff ausdrückt. Von einer *creatio ex nihilo* spricht erst 2 Makk 7,28. Deutlich ist in Gen 1,1—2,4a aber die Tendenz zur Elimination von numinosen Elementen fremder Religionen, in deren Umkreis die ersten Schöpfungsmythen entstanden. So sagt Jes 45,7, Gott habe auch die Finsternis geschaffen, die nach Gen 1,2 am Anbeginn über dem Urchaos lag; damit soll betont werden, daß die Schöpfung keine Auseinandersetzung mit ewigen Urmächten war. Vgl. dazu Zimmerli (1972), S. 26.

werden als nichtig, als nicht existent erklärt. Die (im at Glauben untersagte) Verehrung von Götterbildern bei anderen Völkern wird nun so gedeutet, daß diese Bilder selbst die Götter sind, und so fällt der Nachweis ihrer Leblosigkeit und Ohnmacht, der Absurdität fremder Religionen nicht schwer (vgl. Jer 10,2–15; Jes 41,21–29; Pss 96,5; 115,4–7, besonders ausführlich Jes 44,9–20 und Bar 6,3–72). Es gibt keinen Gott außer Jahwe (1 Kön 8,60; 2 Kön 5,15; 19,19; Jes 43,12f.; 44,6–8; 46,9), ein anderer Glaube als der an ihn ist bloßer Aberglaube. Nach der eschatologischen Heilsverkündigung endlich werden sich in der Endzeit auch alle anderen Völker zum Gott Israels bekennen, so daß er zum Gott aller Menschen wird (vgl. Jes 2,2–4; 19,25; 45,14.22–24; Mich 4,1–3; Zef 3,9f.; Sach 2,15; 14,16).

Seit der Zeit der großen Prophetie wird auch das ethische Element des Gottesglaubens stärker betont. Das Gesetz, das die Grundlage des religiösen, sozialen und politischen Lebens bildet, wird im AT mit dem Bund am Sinai verknüpft und als direkt von Gott gegeben angesehen. Es ist freilich unverkennbar, daß dieses Gesetz die zeitbedingte Lebensform des Volkes wiederspiegelt. In die Formulierung des Dtn sind auch viele Bestimmungen, insbesondere auch kultischer Art, eingegangen und zur Legitimation auf den Sinai-Bund zurückprojiziert worden, die offensichtlich späteren Ursprungs sind und z. T. auf die josianische Reform in der 2. Hälfte des 7. Jahrhunderts oder noch spätere Zeiten zurückgehen. Es ist kaum möglich, jene Gebote, die sich von Anfang an mit dem Jahwe-Glauben verbanden, herauszudestillieren. Auch der Dekalog (Ex 20,1–17; Dtn 5,6–21) ist vermutlich eine spätere Zusammenfassung, aber er ist doch wohl repräsentativ für den schon immer zentralen Kern. Die ersten drei Gebote – die Ausschließlichkeit der Jahweverehrung, das Bildverbot[5], die Sabbatheiligung sind vermutlich Gebote, die von

[5] Das Bildverbot bezieht sich in Ex 20,4 nicht nur auf die Herstellung von Götterbildern, sondern generell auf die von Bildern irgendwelcher himmlischer oder irdischer Personen oder Gegenstände. Darin drückt sich auch die alte Vorstellung aus, daß im Bild (wie im Namen) die Sache selbst präsent und in gewisser Weise verfügbar ist, so daß die Herstellung von Bildern eine Art schöpferische Tätigkeit ist, mit der der Mensch in die Schöpfungsmacht Gottes eingreift.

Anfang an zum Jahwe-Glauben gehörten.[6] Das Verbot des Tötens ist ein religiöses Urgebot (vgl. a. Gen 9,5f.), und mit jeder Religion verbinden sich immer auch soziale und moralische Regelungen, wobei das, was wir als „moralisch" bezeichnen, ursprünglich oft einen religiösen Sinn hat; so kann sich z. B. das Gebot, das in einer Notlage verkaufte Land im Jobeljahr zurückzugeben, auf den Glauben gründen, die Landverteilung sei von Gott selbst verfügt. Israel war nicht nur auf seinen Gott, sondern auch auf sein Gesetz stolz. Im Dtn 4,7f. heißt es, kein Volk habe Götter, die ihm so nahe seien wie Jahwe seinem Volk, keines habe Gesetze, die so gerecht seien, wie die Israels. In der Tat enthält dieses Gesetz auch sehr deutliche soziale Züge. Die mögen zwar in späterer Zeit verstärkt worden sein, aber Witwen, Waisen und Arme, also sozial Schwache und Hilfsbedürftige, wurden immer als unter dem besonderen Schutz Gottes stehend angesehen (vgl. z. B. Ex 22,21–26). Israel hatte also in vielen Punkten tatsächlich Anlaß zum Stolz auf sein Gesetz. Auch viele Vorschriften, die uns heute als recht barbarisch anmuten wie z. B. die Wiedervergeltung „Auge um Auge, Zahn um Zahn" (Ex 21,23–25; Lev 24,17–20), sind Gerechtigkeitsregeln, deren Einhaltung immerhin einen wesentlichen Fortschritt gegenüber maßloser Rache bedeutete. Das Gesetz der Blutrache (vgl. Num 35,19.21.27) ist auf dem Hintergrund von Zuständen zu sehen, in denen ein staatliches Gewaltmonopol nicht realisierbar war, so daß der einzelne selbst für sein Recht sorgen mußte. Ferner ist in der Entwicklung eine deutliche Tendenz spürbar, die einer bloßen Gesetzesfrömmigkeit entgegensteht. Im Schema, dem Credo Israels (Dtn 6,4–9; 11,13–21) wird die Liebe zum Gesetz als Liebe zum Gebot Gottes und damit zu ihm selbst gefordert: „Höre, Israel! Jahwe ist dein Gott, Jahwe allein. Darum sollst du den Herrn, deinen Gott, lieben mit ganzem Herzen, mit ganzer Seele und mit ganzer Kraft. Die Worte, auf die ich dich

[6] Das Sabbatgebot mag seinen Ursprung in Vorstellungen aus der Umgebung Israels gehabt haben, nach denen es im Mondmonat bestimmte Unheilstage gab, etwa im Abstand von einer Woche, an denen man keine wichtigen Vorhaben unternahm. Der Sabbat hat aber im AT als Heilstag einen anderen Charakter angenommen, obwohl im alten Begriff eines heiligen Tages Glück– wie Unglückbringendes näher beieinander liegen.

heute verpflichte, sollen auf deinem Herzen geschrieben stehen. Du sollst sie deinen Söhnen wiederholen. Du sollst von ihnen reden, wenn du zu Hause sitzt und wenn du auf der Straße gehst, wenn du dich schlafen legst und wenn du aufstehst. Du sollst sie als Zeichen um dein Handgelenk binden. Sie sollen zum Schmuck auf deiner Stirn werden. Du sollst sie auf die Türpfosten deines Hauses und in deine Stadttore schreiben". Hier geht es eindeutig um die Gesinnung und damit um den Geist des Gesetzes (vgl. a. Pss 1; 19; 119). Insbesondere werden auch die zahlreichen kultischen Vorschriften relativiert und als der primäre Kern des Gesetzes erscheint das soziale, moralische Verhalten: Gott will Gerechtigkeit, nicht Opfer (Am 5,21–24; Hos 6,6; Mich 6,6–8; Jes 1,11–17; 58,3–10). Die Gebote sozial gerechten Verhaltens in Lev 19,11–18 münden in das Gebot der Nächstenliebe: „Du sollst Deinen Nächsten lieben wie dich selbst". Der Nächste ist hier der zum Volk Israel Gehörige oder der Fremde, der sich im Land aufhält (Lev 10,19; 19,34). Wer die Hilfsbedürftigen unterstützt, sich um die Notleidenden kümmert, seinem Feind vergibt, Gerechtigkeit übt und den Schwachen und Armen zu ihrem Recht verhilft, der allein dient Gott und erkennt ihn wirklich (Jer 22,16).[7] Gottes Gebot ist, Liebe und Recht zu bewahren (Hos 12,7), „Recht tun, Güte und Treue lieben, in Ehrfurcht den Weg gehen mit Gott" (Mich 6,8). Der Glaube an die Gerechtigkeit Gottes, selbst dort, wo sie unerforschlich bleibt, ist eine Konstante des at Glaubens. Die Vorstellung, die man sich von ihr machte, hat sich naturgemäß mit den Maßstäben menschlicher Gerechtigkeit geändert. So heißt es z. B. anfangs (Ex 20,5; 34,7; Dtn 5,9), Gott strafe die Schuld der Väter noch an den Söhnen, Enkeln und Urenkeln. In Dtn 24,16 wird dann gesagt, im menschlichen Bereich sei eine solche Sippenhaft verboten. In Jer 31,29f. ist davon die Rede, daß Gott in der endzeitlichen Heilsordnung jeden allein für seine eigene Schuld bestrafen werde, während kurz darauf Ezechiel verkündet: „Wie kommt ihr dazu, in Israel zu sagen: „Die Väter essen saure Trauben, und den Söhnen werden die Zähne stumpf?" So wahr ich lebe – Spruch Jahwes – keiner von euch in Israel soll mehr dieses Sprich-

[7] Die Gotteserkenntnis, von der das AT spricht, ist nicht so sehr ein kognitives Phänomen, als Anerkennung und Befolgung der Gebote.

wort verwenden. Alle Menschenleben sind mein Eigentum, das Leben des Vaters wie das Leben des Sohnes, sie gehören mir. Nur wer sündigt, soll sterben" (Ez 18,2–4). In diesem „Umdenken Gottes" spiegelt sich ein verändertes menschliches Selbstverständnis: Der frühe Mensch begreift sich nicht als Individuum in unserem Sinn, als Subjekt eigenen Werts, Rechts und Schicksals, sondern er identifiziert sich sehr stark mit seiner Familie, seiner Sippe und seinem Volk. Sein Leben ist so Teil eines übergreifenden Kollektivlebens und hat darin einen größeren Horizont.[8] Was seine Familie betrifft, betrifft auch ihn, so daß die Strafe an den Söhnen und Enkeln auch Strafe am Vater ist. Mit einem Mitglied der Familie wird sie selbst, und damit alle ihre Angehörigen schuldig. Bei einer solchen Konzeption ist also die Strafe an Verwandten keine Ungerechtigkeit. Sie wird es erst dann, wenn der Einzelne sich als Individuum begreift und die Idee einer vererbbaren Schuld als abwegig erscheint.[9] Jahwe ist der Gott Israels. An anderen Völkern hat er zunächst kein Interesse. Sind sie Feinde Israels, so auch seine. Die Strafen über Ägypten, die Weisung, die Bewohner der eroberten Städte auszurotten (vgl. z. B. Num 31,1–18; Dtn 20,16–18; Jos 11,20), lassen keine allgemeine Menschenfreundlichkeit Jahwes erkennen; von der ist erst in Sir 18,3 und Weish 1,6; 7,22f. die Rede. Die für unser Empfinden entsetzliche Brutalität der Kriegsführung jener Zeit, deren Urheber

[8] Daher impliziert auch die Verheißung zahlreicher Nachkommen die Zusage der Fülle eigenen Lebens, die Verheißung der Fortdauer der Familie oder der Dynastie so etwas wie ein Fortleben. Der Brauch der Leviratsehe, die Verpflichtung zur Ehe mit der Witwe eines nahen Verwandten, um ihm Nachkommenschaft zu erwecken (vgl. Rut), wurzelt in dieser Konzeption.

[9] Zimmerli meint in (1972), S. 95f, die Formulierung in Ex 20,5 bedeute keine Abfolge von Strafen durch mehrere Generationen hin, sondern einen vernichtenden Schlag, der die Familie auslöscht. Dagegen spricht aber erstens die auch in anderen Religionen verbreitete Vorstellung, daß eine ganze Familie durch eins ihrer Mitglieder schuldig wird, und zweitens die Tatsache, daß im AT öfter von einer Strafe Gottes erst an den Nachkommen die Rede ist, vgl. z. B. die Vernichtung des Hauses Ahab (1 Kön 21,20f. und 2 Kön 10,1–11).

wie Opfer Israel war, spiegelt sich auch in seinem Gottesbild, und wird dadurch wiederum legitimiert.

Gewandelt hat sich auch die Konzeption vom Verhältnis zwischen Gott und den Menschen und damit die emotionale Einstellung Gott gegenüber. Dieses Verhältnis wird am Anfang durch Gottesfurcht und Gehorsam charakterisiert. Gottesfurcht hat viele Aspekte: Sie ist nicht nur die Furcht vor der Macht Gottes, sondern auch das Bewußtsein der Nichtigkeit und Ohnmacht des Menschen vor dem heiligen Gott, von seiner Unerforschlichkeit und Unverfügbarkeit. Das Wort „heilig“ ist zunächst nicht im ethischen Sinn zu nehmen, sondern in jenem, den R. Otto in (1917) herausgearbeitet hat, also im Sinn des gefährlich Machtvollen, Unberührbaren, Unbegreiflichen, dem man mit Scheu begegnet. Gottesfurcht ist dann aber auch die Achtung vor der Erhabenheit Gottes, seiner Größe und Heiligkeit im Sinne von Wertkategorien. Sie ist, wie Gotteserkenntnis, endlich nicht nur eine innere, sondern auch eine praktische Haltung: sie beweist sich in der Befolgung seiner Gebote. Gottesfurcht und Gehorsam sind für das at Gottesverhältnis immer entscheidend geblieben, aber ihr Charakter hat sich geändert und es sind auch andere Komponenten hinzugekommen. Das Verhältnis Gottes zu seinem Volk wird als Liebe beschrieben (z. B. Ex 4,22f.; Dtn 7,8; 10,15; Jes 26,11). Gott liebt sein Volk wie ein Vater — er wird nun als „Vater Israels“ bezeichnet (Dtn 1,31; 8,5; Jes 1,2.4; 63,8; 64,7; Jer 3,19), als Vater der Kinder des Volkes —, oder wie eine Mutter ihr Kind (Jes 49,15; 66,13; vgl. a. Hos 11,4). Zuerst bei Hosea (1—3) wird sein Verhältnis zu Israel auch unter dem Bild ehelicher Liebe beschrieben, der Liebe des Mannes zu seiner (treulosen) Frau (vgl. a. Jer 3,1—10; Ez 16;23; Jes 50,1; 54,6). Zum zentralen Gebot für den Menschen wird daher auch im Schema (Dtn 6,4—9) die Liebe zu Gott (s. a. Ps 31,24f.). Das Element numinoser Scheu und Furcht tritt so deutlich zurück. Es entsteht — gerade in der Zeit der nahenden politischen Katastrophe, als es so scheint, als habe sich Gott endgültig von seinem Volk abgewendet — ein neues Gefühl der Nähe Gottes zu den Menschen und der Menschen zu Gott, ein tieferes Vertrauen, nicht auf die Zusagen am Sinai, sondern auf die bleibende Liebe Gottes. Der Gehorsam soll aus dem Herzen kommen, Gott ist das Leben des Volks (Dtn 30,20), der Mensch lebt nicht vom Brot allein, sondern vom Wort Gottes (Dtn 8,3). In Ps 27,1 heißt es: „Der Herr ist mein Licht und mein Heil". Gott ist hier nicht nur eine numinose Gestalt, ein Helfer in Notlagen, sondern wird existentiell als Heil des Lebens verstanden.

Besonders einschneidend war ferner das Aufkommen eschatologischer Verheißungen als angesichts des Untergangs der staatlichen Selbständigkeit, der Zerstörung Jerusalems und des Endes des Hauses Davids das Heil im politischen Feld in weite Ferne entschwand. Die Heilszusage Gottes an sein Volk bezieht sich zunächst auf zahlreiche Nachkommenschaft und den Besitz des Landes für die zunächst noch halbnomadischen Stämme. Es ist eine Verheißung rein diesseitigen (politischen, sozialen, wirtschaftlichen) Glücks, eines Glücks auch nicht für den einzelnen, sondern für das Volk als Ganzes. Von einem jenseitigen, spirituellen Heil ist nicht die Rede, schon deswegen, weil es im AT bis in die Spätzeit hinein keinen Glauben an ein ewiges Leben gibt. Charakteristisch dafür ist die Antwort Abrahams auf die Heilszusage Gottes (Gen 15,2), in der er sich als Segen Gottes nichts anderes vorstellen kann als zahlreiche Nachkommenschaft. Ein universeller Horizont des Heils deutet sich vor der Eschatologie nur in Gen 12,3 an, wo gesagt wird, Abraham solle zum Segen für alle Geschlechter der Erde werden. Wenn das dem Jahwisten zuzuordnen ist, wäre es eine sehr frühe Ausweitung des Erwählungsgedankens. Eine Umdeutung der Heilsverheißung vollzieht sich, als die erste Zusage Gottes erfüllt ist (vgl. Jos 21,43–45; 23,14; 1 Kön 8,56), das Volk das Land in Besitz genommen hat und unter David zu einer selbständigen und starken politischen Macht geworden ist. In der Königszeit wird sie nun auf die Dynastie Davids bezogen; in deren Fortbestehen wird die Garantie für das politische Heil gesehen. Als die Hoffnung auf den Fortbestand des Königtums 586 v. Chr. mit der Zerstörung Jerusalems und dem Ende der Dynastie Davids erlischt, wendet sich die Heilserwartung ins Eschatologische. Ist die Heilsverheißung bei Amos auch evtl. spätere Hinzufügung, so gehört sie doch jedenfalls von Hosea an zum originalen Bestand der Prophetie. Bei den Propheten des Exils (Ezechiel, Obadja, Deuterojesaja) richtet sie sich auf die Zeit nach dem Ende der Verbannung. Auch nach der Rückkehr aus dem Exil handelt es sich zunächst noch um eine eschatologische Naherwartung (vgl. Hag 2,6; in 2,21–23 wird der Statthalter Serubbabel aus dem Hause Davids zum Messias erklärt, ebenso in Sach 4 und 6,9–15), die sich dann nach dem Ausbleiben des verheißenen Zustandes auf eine unbestimmte Zukunft verschiebt.[10] Davor wird nun ein Gericht an „den Völkern" (den Feinden und Beherrschern des Landes) erwartet (vgl. die 1., 2. und 8. Vision des Sacharja) oder ein großer Endkampf Gottes gegen die feindlichen Mächte (Ez 38f.; Sach 14). Das Heil wird zunächst in einer endgültigen Wiedergewinnung von politischer Unabhängigkeit und Wohlstand gesehen, tiefer dann in einer neuen, gerechten Ordnung des Lebens. Gott wird den Söhnen Israels ein neues Herz geben, ein Herz aus Fleisch, nicht aus Stein (Ez 11,19f.; 36,26f.), er wird seinen Geist über sie ausgießen, so daß sie sich ihm in unverbrüchlicher Liebe und Treue zuwenden (Jes 32,15; 44,3–5; Joel 3,1f.). Er wird in der Mitte seines Volkes wohnen (Zef 3,17). Es wird ein Reich der Gerechtigkeit und des Friedens aufgerichtet (Jes 32,1–5; 54,8–10), Gott wird König sein (Obd 21) und einen neuen Bund mit seinem Volk schließen (Hos 2,20–22; Jes 55,3; Jer 31,31–34; 32,40). Diese Erwartung weitet sich dann in das Bild einer neuen Erde und eines neuen Himmels (Jes 24,3–6.18–20 und 65,17; 66,22), eines paradiesischen Zustands (Jes 11,6–9). Alle Völker werden nach Zion wallfahrten und Gott anbeten, er wird der Gott aller Menschen sein. Der Tag Jahwes, der bei Amos zunächst ein Tag des Gerichts Gottes an Israel ist (Am 5,16–20), dann auch an den Völkern (Zef 1,2–8; 2,4–15; 3,8), wird bei Maleachi, dem letzten Propheten des hebräischen Kanons, zum endzeitlichen Gericht (Mal 3,16–20). Das endgültige Gottesreich wird von einem Messias aufgerichtet, von dem zuerst Jesaja spricht (Jes 9,5f.; 11,1–5.10). Mit dieser Messiasverkündigung wird zunächst die Verheißung an David aufgenommen, in der seinem Haus ewige Herrschaft zugesprochen wird (2 Sam 7,16). Daher ist der Messias aus dem Hause Davids (Jes 11,1.10; Mich 5,1–3; Jer 23,5f.; 33,15–17.20f.; Ez 34,23f.; 37,24). In den vier Liedern vom Gottesknecht bei Deuterojesaja (Jes 42,1–9; 49,1–9; 50,4–9; 52,13–53,12) werden dann noch andere Züge in das Bild des Heilsbringers eingetragen: Er lädt die Schuld des Volkes auf sich und befreit es von seinen Sünden, indem er den Tod auf sich nimmt.

[10] Charakteristisch dafür ist die Szene in Dan 9, wo Daniel über den Sinn der Verheißung Jeremias nachsinnt, der den Heilszustand für 70 Jahre nach dem Beginn des Exils vorausgesagt hatte; ein Engel deutet diese Zahl nun in 70 Jahrwochen um. Die Frage „Wie lange noch?" (vgl. 8,13; 12,6) durchzieht das ganze Buch.

Er ist der Knecht Gottes, sein Sohn. Beides sind zwar auch Bezeichnungen für ganz Israel, aber bei Deuterojesaja deutlich auch auf eine individuelle Person bezogen.

Ein entscheidender Wandel hat sich endlich auch in der Ansicht vom Tod vollzogen. Bis hin zu Jesaja wird der Tod im AT allgemein als endgültig angesehen (vgl. z. B. Pss 88,6.11–13; 115,17; Koh 3,19–20; 9,4–6; Bar 2,17; Sir 41,1–3). Eine Formel dafür ist, daß Tote Gott nicht preisen – vorgebracht oft als Argument gegenüber Gott, den vom Tod Bedrohten zu erretten (vgl. z. B. Pss 6,6; 30,10; Jes 38,18). Gerechte und Ungerechte erleiden im Tod dasselbe Schicksal (Koh 9,2). Es ist gelegentlich von einem Schattenreich des Todes die Rede, aber das ist kaum mehr als ein Bild für die Leblosigkeit. Aus der Vision des Ezechiel (Ez 37,1–14) von der Auferweckung der Gebeine Israels kann man nicht auf einen Auferstehungsglauben schließen: Es ist nur Bild der Wiedererweckung des Volkes zu neuem Leben. Auch in Jes ist die Aussage nicht eindeutig: In 14,9f.; 38,18f. erscheint der Tod als endgültig, in 26,19 ist zwar von einer Auferstehung der Toten Israels die Rede, das kann jedoch ein Bild für die Wiederherstellung Israels sein. In 25,8 heißt es aber, Gott werde am Ende der Tage den Tod für immer beseitigen.[11] Erst Daniel redet eindeutig von einer Auferstehung der Söhne des Volkes (Dan 12,2f.): „Von denen, die im Lande des Staubes schlafen, werden viele erwachen, die einen zum ewigen Leben, die anderen zur Schmach, zur ewigen Abscheu“. Dieser Auferstehungsglaube, der sich (als Hoffnung) auch in 2 Makk 7,14 findet (vgl. a. 12,43–45 und Ps 49,16), und sich in Weish mit dem platonischen Glau-

[11] Die Wundererzählungen von Totenerweckungen durch Elia und Elisa (1 Kön 17,17–23 und 2 Kön 4,18–37 –, die letztere Geschichte ist offenbar als Parallele zur ersteren gestaltet worden) hat nichts mit einem Auferstehungsglauben zu tun, ebensowenig die Erzählung von der Aufnahme Elias in den Himmel (2 Kön 2,11), von wo er nach Mal 3,23f vor dem Tag Jahwes wiederkommen wird, um das Volk zur Umkehr zu bewegen. Die Andeutung der Auferstehung in Hiob 19,25–27 ist unsicher, da der Tod in diesem Buch sonst als endgültig erscheint. Der „Löser“ kann hier auch ein Rechtsvertreter sein, der das Recht Hiobs nach dessen Tod vor Gott zur Geltung bringen wird. Eine Auferstehungshoffnung begegnet uns aber in Pss 16,10; 49,16; 73,23f.

ben an die Unsterblichkeit der Seele verbindet (Weish 3,1–10; 5,15f. sowie 8,20; 9,15), hat sich aber im at Glauben nicht allgemein durchgesetzt: Noch in Sir, dem konservativen Gegenstück zu Weish, erscheint der Tod als endgültig, und zur Zeit Jesu wurde noch über die Frage diskutiert (vgl. Mk 12,18–27), s. a. Apg 23,6–8). Danach hat sich der Glaube an ein ewiges Leben weithin durchgesetzt und damit vollzog sich ein tiefgreifender Wandel im menschlichen Selbstverständnis.

Alle christlichen Konfessionen haben einen gemeinsamen Ursprung, den Glauben der Urkirche, und berufen sich darauf, daß sie in der Tradition des apostolischen Zeugnisses vom Wirken, Sterben und Auferstehen Jesu stehen. Sie alle stützen sich ferner auf denselben Kanon nt Schriften als die Grundlage ihrer Botschaft. Der Maßstab für die Abgrenzung dieses Kanons war der apostolische Ursprung der Schriften. Nun ist es zwar heute wahrscheinlich, daß die meisten nt Schriften nicht von Aposteln selbst geschrieben wurden, wie man das bei der Abgrenzung des Kanons annahm, der sich seit etwa 200 herauszubilden begann und am Ende des 4. Jahrhunderts seinen Abschluß gefunden hat.[12] Das schließt aber einen apostolischen Ursprung dieser Schriften auf dem Weg über mündliche oder schriftliche Traditionen nicht aus. Bedeutsamer ist die Einsicht, daß die Evangelien keine historischen Berichte sind, sondern Verkündigungen, in denen die Person Jesu und sein Wirken gedeutet werden. Es sind – in einem weiten Sinn des Wortes – theologische Schriften, und eine genauere Betrachtung zeigt, daß es sich dabei um verschiedene Theologien handelt. Daraus erklären sich auch manche Widersprüche. So bezeugen z. B. Markus und Lukas Jesus als den im AT verheißenen Messias. Ihre Geburtsgeschichten haben daher den Zweck, Jesus als Davididen zu erweisen. Dazu geben sie unterschiedliche Stammbäume Jesu (bzw. Josefs) an. Bei Matthäus stammt die Familie Jesu ferner (nach Mich 5,1–3) aus der Davidsstadt Bethlehem und läßt sich erst nach der Rückkehr aus Ägypten (die wiederum wohl nach Hos 11,1 gestaltet wurde: „Aus Ägypten habe ich meinen Sohn gerufen" – gemeint ist dort Israel) in Nazareth nieder,

[12] Zur Entstehung der nt Schriften vgl. z. B. Wikenhauser (1953) und Lohse (1983), zur nt Theologie Conzelmann (1967) und Kümmel (1969).

während sie bei Lukas dort ansässig ist und nur zur Volkszählung nach Bethlehem zieht. Deutungen werden oft in der Form von Berichten gegeben. Ein Beispiel sind die „Ich-bin"-Aussagen im vierten Evangelium, die wohl zumeist nicht Aussagen Jesu über sich selbst wiedergeben, sondern Bekenntnisse der Gemeinde. Aus der Überzeugung heraus, daß Jesus der Messias ist, werden Einzelheiten von Jesus „berichtet", die at Verheißungen erfüllen. Das Bekenntnis zur göttlichen Vollmacht oder Göttlichkeit Jesu schlägt sich ferner in Form unterschiedlicher Wunderberichte nieder. Es ist zwar möglich, aus den synoptischen Evangelien ein Bild des historischen Jesus zu gewinnen, aber nur in Umrissen, so daß viele Fragen offen bleiben.[13]

Ein zweites, in unserem Zusammenhang wichtigeres Problem ergibt sich daraus, daß es deutliche Unterschiede in den Theologien der verschiedenen nt Schriften gibt, die sich nicht nur auf Nebensächlichkeiten beziehen, sondern auch auf die Deutung von Person und Heilstat Jesu. Der christliche Glaube geht von der Ostererfahrung aus, von der her Jesus eine einzigartige heilsgeschichtliche Bedeutung zukommt. Die frühe Kirche hat sich vor allem um deren Verständnis bemüht und dabei zunächst sehr unterschiedliche Konzeptionen verwendet. Die synoptische Verkündigung bewegt sich vor allem im Vorstellungskreis des AT und des zeitgenössischen Judentums und versucht, die Person Jesu von deren Heilsgestalten her zu begreifen. Es ist umstritten, ob das Messiasbekenntnis Petri (Mt 16,15f.) eine Bildung des Gemeindeglaubens ist oder original, aber auch andere Stellen deuten auf eine Hoffnung der Jünger hin, Jesus sei der Messias, „der Israel erlösen werde" (vgl. Mt 16,21–23; Lk 24,19–21), mit ihm beginne schon das endzeitliche Handeln Gottes. Der Messias des AT wie der frühjüdischen Apokalyptik[14], der „Gesalbte Gottes" (Christus), ist der endzeitliche König aus dem Hause Davids, der das Reich Israel wiederherstellen und es zu einem Reich

[13] Vgl. dazu z. B. Kümmel (1969), Kap. I.

[14] Als „frühjüdisch" wird grob gesagt die Zeit des Hellenismus und der Spätantike bezeichnet. Vielfach wird sie auch „spätjüdisch" genannt, aber das setzt voraus, daß das Christentum die legitime Fortsetzung des jüdischen Glaubens sei, ist also eine nicht historisch, sondern theologisch geprägte Bezeichnung.

der Gerechtigkeit machen wird, eine irdische, keine göttliche Gestalt (vgl. z. B. Jer 23,4–6; 33,15–17 und 4 Esr 7,28–33; syr Apk Bar 39,7–40,3; 72,1–74,4). Diese Vorstellung eines messianischen Reiches suchte man mit jener vom Endgericht und dem neuen Himmel und der neuen Erde so zu verbinden, daß dieses Reich der neuen Schöpfung vorausgehen werde (vgl. 4 Esr 7,28–33; Apk 20). Daneben gab es (im Anschluß an Sach 4,11–14; 6,9–15, vgl. a. die „Ordnung der Einigung" aus Qumran, IQS IX,11) noch einen Messias als endzeitlichen Hohenpriester aus dem Hause Aaron, der aber – abgesehen vom Hebräerbrief – in den nt Schriften keine Rolle spielt. Im AT wie in den frühjüdischen apokalyptischen Schriften begegnen uns auch noch andere Heilsbringer, die zwar nicht als „Messias" bezeichnet wurden, aber diese endzeitlichen Gestalten sind nicht immer klar voneinander geschieden. Es gibt den leidenden Gottesknecht nach Jes 52,13–53,12, der die Schuld des Volkes auf sich nimmt (vgl. a. den „Durchbohrten" in Sach 12,10–13,1 und den schon im Judentum messianisch gedeuteten Ps 22). Und es gibt den Menschensohn (oder einfach „Mensch"). In Dan 7,13f. wird diese Bezeichnung – wie 7,22 zeigt – kollektiv im Sinne der „Heiligen des Höchsten", d. h. Israels gedeutet. Im äthiopischen Henoch bezieht sie sich dagegen auf eine individuelle, himmlische Gestalt, die der Schöpfung vorausgeht. Der Menschensohn ist endzeitlicher Richter und Licht der Völker; er offenbart die Geheimnisse der Weisheit Gottes. Gott hat ihn bisher nur den Auserwählten geoffenbart, erst am Ende der Zeiten wird er allen offenbar werden (vgl. 45,3–6; 46,1–6; 48,2–7; 51,3; 61,8f.).[15] Merkwürdig ist, daß Henoch, der in 46,1ff. in seiner Vision den Menschensohn bei Gott sieht und den Engel fragt, wer das sei, nach seiner Himmelfahrt selbst von Gott zum Menschensohn eingesetzt wird (71,14–17). Diese Einsetzung

[15] Henoch ist der Vater des Metuschelach (Metusalem), der nach Gen 5,24 in den Himmel aufgenommen wurde. Er gewann im frühen Judentum beispielhafte Bedeutung als Mann der Gotteserkenntnis (Sir 44,16; 49,14) und Lehrer von Wissenschaft und Weisheit (Jub 4,17–19). Der aeth Hen entstand im 2. oder 1. Jahrhundert v. Chr. Es ist eine Sammlung von ursprünglich wohl hebräischen Texten, deren Kenntnis in nt Zeit weit verbreitet war (vgl. Jud 14f.).

eines Menschen zum präexistenten Menschensohn bleibt auch dann bemerkenswert, wenn die Kapitel 46 und 71 zu verschiedenen Henoch-Traditionen gehören. Im 4. Buch Esra (geschrieben am Ende des 1. Jahrhunderts n. Chr.) tritt sowohl der Messias auf, der am Ende dieses Äons 400 Jahre herrschen wird, um dann mit allen übrigen Menschen zu sterben, bevor das neue Äon anbricht (7,28–33) – in 6,7ff. erscheint freilich das messianische Reich als Beginn des neuen Äons –, als auch der Menschensohn (13,1–56). Der fungiert hier als Welterlöser, der die Ordnung des neuen Äons schafft. Das Verhältnis dieser beiden Gestalten bleibt dabei unbestimmt: Einerseits sind sie als Mensch und als himmlische Gestalt und als zwei Äonen zugehörig unterschieden, andererseits werden beide „Sohn Gottes" genannt. Auch in aeth Hen 52,4 wird der Menschensohn mit dem Messiastitel „Gesalbter Gottes" bezeichnet. Man kann also nicht sagen, daß sich mit der Bezeichnung „Menschensohn" in der Apokalyptik feste Vorstellungen verbanden.

Auch Jesus selbst sah in seinem Wirken schon den Beginn der Gottesherrschaft: „Wenn ich mit dem Finger Gottes die Dämonen austreibe, so ist die Gottesherrschaft zu euch gekommen" (Lk 11,20). Auf die Anfrage Johannes des Täufers: „Bist du der Kommende oder sollen wir auf einen anderen warten?" antwortet er mit einem Zitat aus Jes (35,5f.; 61,1): „Blinde sehen, Lahme gehen, Aussätzige werden rein, Taube hören, Tote werden auferweckt und Armen wird die Frohbotschaft verkündet" (Mt 11,2–5). So fordert er mit dem Glauben an die Nähe des Gottesreichs auch den Glauben an seine Person und Sendung (Mk 8,38). Dennoch hat Jesus – das kann man nach den synoptischen Texten freilich nur vermuten, da sie ihn ja als Messias verkünden – sich selbst nicht als „Messias" bezeichnet; das wäre schon aus dem Grund verständlich, daß zu seiner Zeit recht fragwürdige „Messiasse" aufgetreten waren wie z. B. Judas von Gamala (vgl. a. Apg. 5,36f.). Darauf weist vor allem das „Messiasgeheimnis" bei Markus hin, mit dem vielleicht eine Weigerung Jesu, als Messias aufzutreten, mit der Verkündigung des Evangeliums in Einklang gebracht werden soll (vgl. auch Stellen wie Mk 8,31f.). Daß er aber als Messiasprätendent angesehen werden konnte, zeigt die Tatsache, daß der Hohe Rat ihn bei Pilatus wegen angeblicher politischer Ansprüche und Agitationen verklagte, die Art seiner Hinrichtung und die (in ihrer Echtheit freilich umstrittene) Inschrift am Kreuz (Mk 15,26). Die Anwendung des Messiastitels auf Jesus bedingte freilich eine Veränderung der Vorstellungen, die sich damit traditionellerweise verbanden. So fehlt im nt Messiasbild das politische wie das nationale Element — Christus erscheint als universaler Heilsbringer. Das versteht sich z. T. sicher daraus,daß die Synoptiker zu einer Zeit schreiben (ca. 70—80), in der die Judenchristen schon in der Minderheit waren und der Bruch mit dem Judentum endgültig vollzogen war. Aber Jesus hatte ja auch — anders als der Messias der Tradition — das Reich Israel nicht wieder hergestellt. Andererseits werden apokalyptische Züge in das Messiasbild eingetragen: Die Vorstellung des endzeitlichen Weltenrichters, des Menschensohns, wobei Jesus (wie Henoch) nach seiner Auferstehung und Himmelfahrt in diese Würde eingesetzt wird, was sich — solange noch der Gedanke eines Herabsteigens Jesu in die Welt fehlt — wie gesagt schlecht damit verträgt, daß der Menschensohn der Tradition eine präexistente himmlische Gestalt ist. Daneben finden sich auch andere Titel für Jesus: Er ist der „heilige Knecht", der „Gottesknecht" (Apg 3,13.26; 4,27.30). Das sind at Bezeichnungen für den Gerechten, z. B. einen Propheten. Mit diesem Titel wird nicht immer auf den leidenden Gottesknecht nach Jesaja angespielt, aber klar ist der Bezug darauf in den letzten Worten Jesu am Kreuz nach Markus und Matthäus. Die Synoptiker bezeichnen Jesus ferner als „Sohn Gottes". Das berührt sich mit der griechischen Bezeichnung *Pais Theou* für den Gottesknecht (*Pais* ist Kind wie Knecht). In der at Tradition ist „Sohn Gottes" zunächst ein Königstitel.[16] Dieser Titel hatte rechtliche, keine genetische Bedeutung; er implizierte Adoption, nicht Abstammung. Die Worte (Ps 2,6f.): „Mein Sohn bist du, heute habe ich dich gezeugt", auf die Mk 1,11 anspielt, entstammen der Inthronisationszeremonie, die auf ägyptische Vorbilder zurückgeht. Dort

[16] Als „Sohn Gottes" wird im AT auch Israel bezeichnet, und die Kinder des Volks als „Söhne Gottes". Auch einzelne Gerechte werden „Söhne Gottes" genannt (z. B. Sir 4,10; Weish 2,10—20). Weish spricht auch im gleichen Sinn von *Pais* und *Hyios Theou* (Sohn Gottes). „Gottessohn" war aber keine spezifische Bezeichnung für den Heilsbringer, wenn sie auch in 4 Esr auf den Messias angewendet wird (vgl. a. Test XII, Levi 18). Vgl. dazu a. Joh.10, 34—36.

war freilich der König ein von Gott gezeugtes, also selbst göttliches Wesen, in Israel wurde er hingegen erst bei der Inthronisation von Gott adoptiert. So bezog sich auch dieser Titel zunächst auf den Erhöhten, den Gott zum Herrscher einsetzte (vgl. Apg 2,36; Röm 1,4). Nach Markus vollzieht sich die Einsetzung zum Sohn Gottes schon bei der Taufe, und mit der Geschichte der wunderbaren Geburt erhält dann die Bezeichnung auch eine genetische Implikation, wenn hier auch der Gedanke einer Präexistenz noch keine Rolle spielt.[17] Eine dritte, alte Bezeichnung Jesu ist „Der Herr". Bei Paulus ist das ebenfalls ein Titel für den Auferstandenen, in den Evanglien aber auch eine Anrede, die freilich in einem ausgezeichneten Sinn verwendet wird. In der LXX wird Gott generell als *Kyrios* bezeichnet, zunächst drückt der Titel in Anwendung auf Jesus aber nicht Göttlichkeit aus, sondern die Herrscherwürde des Erhöhten und sein Verhältnis zu den Christen, insbesondere ist er Ausdruck des apokalyptischen Christusbildes.

Die paulinische Theologie ist aus dem Glauben der hellenistischen Gemeinde entstanden, einer bereits sehr frühen Christologie, die sich im außerjüdischen Ideen sehr viel aufgeschlosseneren Diasporajudentum entwickelt hat, dem ja auch Paulus selbst entstammte. In Phil 2,6–11 führt Paulus einen Christushymnus an, der nun eine Deutung der Person Jesu enthält, die sich von jener der (palästinischen) Urgemeinde und der Synoptiker deutlich unterscheidet. Christus – diese Bezeichnung wird nun vor allem als Eigenname verwendet – ist der von Gott in die Welt gesandte Gottessohn, eine präexistente göttliche Gestalt, die sich ihrer Göttlichkeit entäußerte, erniedrigte und Mensch wurde, damit wir, wie Paulus in Gal 4,4 sagt, freigekauft

[17] In einigen alten Handschriften enthält Mt 1,16 den Satz: „Josef, der mit der Jungfrau Maria verlobt war, zeugte Jesus, der Christus genannt wird". Da damit der Stammbaum Josefs erst zu dem Jesu wird, war das vielleicht die ursprüngliche Version. – Der Gedanke, daß Jungfrauen Kinder von Gott empfangen können, findet sich schon bei Philon von Alexandrien (De cherub. 40–52). Er ist dort freilich nicht ganz eindeutig ausgesprochen, weil er zunächst im Kontext einer allegorischen Interpretation der Frauen der Patriarchen als Tugenden entwickelt wird. Auch in Mt 13,55; Lk 4,22; Joh 1,45; 6,42 erscheint Jesus als Sohn des Josef.

werden und die Sohnschaft erlangen (Gal 3,26: „Ihr seid alle durch den Glauben Söhne Gottes in Christus Jesus"). Diesen Christus hat Gott erhöht und ihm die Herrscherwürde über alle Wesen im Himmel und auf Erden verliehen. Auch in Kol 1,15—20 wird ein alter Christushymnus zitiert, nach der Christus das Ebenbild Gottes ist, der Erstgeborene der Schöpfung, durch den und auf den hin alles erschaffen ist, das Sichtbare wie das Unsichtbare. Die Erlösungstat Christi wird dabei kosmologisch gesehen: Er versöhnt die ganze Schöpfung mit Gott und in ihm wird sie vollendet. Hier weiten sich also Christologie und Soteriologie ins Kosmologische (vgl. dazu insbesondere den Römerbrief). Die Messiasvorstellung wird überboten durch die Deutung Jesu als Gottessohn, nun nicht durch Adoption, sondern in einem genetischen Sinn: Er ist eine göttliche Gestalt, Bild Gottes (2 Kor 4,4, vgl. a. Kol 1,15), der durch seine Menschwerdung die Schöpfung erlöst und heimholt. Die Auferstehung ist nicht Erhöhung des Menschen Jesus und seine Einsetzung in Macht, sondern eine Heimkehr des Gottessohns aus seiner menschlichen Lebensform in seine göttliche Herrlichkeit. Dieser Gedanke vom himmlischen Gesandten bedeutet einen tiefgreifenden Wandel der Christologie.

Das vierte Evangelium ist weithin eine Christologie in Evangelienform, eine sehr freie Gestaltung von Predigt und Wirken Jesu aus seiner Deutung als Gottessohn. Jesus erscheint hier als der göttliche Mensch, der von einer Aura göttlicher Hoheit umgeben ist. Seine Wunder sind teilweise ins Überirdische gesteigert; er ist allwissend (16,30). Die Aussage, Jesus sei der Messias, spielt praktisch keine Rolle. Es wird daher auch kein Wert darauf gelegt, daß er dem Geschlecht Davids entstammt (vgl. 7,41f.). Auch von einer Jungfrauengeburt ist nicht die Rede. Es fehlt ferner das Bild des leidenden Gottesknechts. Das wird besonders deutlich in der Änderung der letzten Worte Jesu am Kreuz (Bei Mk und Mt: „Mein Gott, mein Gott, warum hast du mich verlassen?" (nach Ps 22,2), bei Lk: „Vater, in deine Hände lege ich meinen Geist" (Ps 31,6)) in: „Es ist vollbracht" (19,30)). Die schnelle Verbreitung und Anerkennung dieses Evangeliums erklärt sich wohl nicht nur daraus, daß es zu einer Zeit, als die Bedeutung des Judentums in der Kirche abnahm, ein Christusbild zeichnete, das von ihm weitgehend abgelöst war, und daß es trotz allen Theologisierens eindrucksvoller geschrieben ist als die synoptischen Evangelien und dichte Szenen und bildkräftige Aussagen enthält, sondern vor allem daraus, daß sein Christusbild dem gewandelten Glauben mehr entsprach als das der Synoptiker. Wie bei Paulus ist Christus – diese Bezeichnung fungiert auch bei Johannes weithin als Name, nicht als Messiastitel – der präexistente Sohn Gottes, der göttliche Logos, in dem und durch den alles erschaffen ist (1,1–3).[18] Die zentrale Bezeichnung für Christus ist nun „der Sohn", jene für Gott „der Vater". Damit und mit der Aussage „Das Wort war Gott" (1,1) ist der entscheidende Schritt zur Konzeption einer zweiten göttlichen Person getan, die „wahrer Gott vom wahren Gott" ist. Den Logos könnte man noch als Hypostase einer Macht oder als Emanation Gottes ansehen, den Sohn nicht mehr. Er ist vom Vater in die Welt gesandt: „So sehr hat Gott die Welt geliebt, daß er seinen einzigen Sohn dahingab, damit jeder, der an ihn glaubt, nicht zugrunde geht, sondern das ewige Leben hat" (3,16).

Mit der Deutung der Person Jesu ändert sich auch das Verständnis seiner Heilstat. Wie Jesus selbst seinen Tod und die Notwendigkeit seiner Passion (z. B. Mk 8,31) verstand, läßt sich aufgrund der synoptischen Evangelien kaum ausmachen. Die letzten Worte am Kreuz nach Ps 22,2 (der schon im Judentum auf den leidenden Gottesknecht bezogen wurde) sind zwar vermutlich Deutung, aber das schließt natürlich nicht aus, daß sie dem Selbstverständnis Jesu entsprechen. Das Becherwort wird von den Synoptikern und Paulus verschieden überliefert. Sieht man 1 Kor 11,25: „Dieser Kelch ist der Neue Bund in meinem Blut" als original an, so ist damit (unter Bezugnahme auf die prophetische Verkündigung eines endzeitlichen Bundes Gottes mit seinem Volk z. B. bei Jer 31,31–34) gesagt, daß durch seinen Tod dieser neue Bund zustande kommt. Von einem Opfer- oder Sühnetod ist zwar nicht die Rede, aber der Gedanke eines Eintretens für die vielen im Leid gehört jedenfalls zur Vorstellung des Gottesknechts. Wenn auch die Ankündigung seiner Auf-

[18] Die Bezeichnung Christi als Logos kommt nur im Prolog vor. Sie steht in deutlicher Parallele zur personifizierten Weisheit und zum Begriff des Logos bei Philon. Es fehlen aber im Evangelium alle Spekulationen über den Logos.

erstehung aus dem Rückblick gestaltet sein mag, verstand Jesus seinen Tod doch jedenfalls als Durchgang zum ewigen Leben (Lk 12,50). Die Synoptiker und Paulus sehen den Tod Jesu als Kulminationspunkt des Heilsgeschehens, die Deutung ist aber nicht einheitlich. Eine alte Vorstellung ist die, daß Jesus damit das Schicksal der Propheten teilt (Mt 23,29–32.35f.; Lk 13,33f.). Sein Tod wird ferner als Loskauf bezeichnet (Mk 10,45; Gal 3,13; 4,5; 1 Kor 6,20; 7,23; 1 Petr 1,18f.; 1 Tim 2,6), als Opfer – als Passahopfer (1 Kor 5,7) oder als Bundesopfer (Hebr 13,20) – meist aber als Sühne für die Schuld der Menschen. Dabei wird auch die jüdische Vorstellung mitgewirkt haben, daß das Martyrium des Gerechten eine Sühne für die Sünden des Volkes ist.[19] Diese Vorstellungen heben sich aber nicht deutlich voneinander ab, sondern verfließen ineinander. Es ist jedenfalls schon ein Bekenntnis der Urgemeinde, daß Jesus für unsere Sünden gestorben ist (Mk 10,45; 1 Kor 15,3; vgl. auch die Ausgestaltung des Becherwortes in Mk 14,24 gegenüber 1 Kor 11,25). Die Heilsbedeutung Christi wird bei den Synoptikern vor allem unter eschatologischem Aspekt gesehen. Mit ihm hat die Endzeit begonnen. Er sammelt die Erwählten Gottes um sich und führt sie durch das kommende Gericht in das ewige Friedensreich. Der Glaube besteht also in der Anerkennung Jesu als des von Gott gesandten Heilsbringers, im Bekenntnis zu ihm als dem Herrn und in der Erwartung, aus seiner Hand das ewige Heil zu empfangen. Es ist begreiflich, daß aufgrund dieser Naherwartung nicht die geschichtliche Gestalt Jesu im Mittelpunkt des Interesses stand, sondern Christus als der kommende Herr.

Für Paulus ist die Situation des Menschen vor dem Kommen Christi vor allem dadurch gekennzeichnet, daß er unter der Macht der Sünde und des Todes steht. Durch Adam ist die Sünde in die Welt gekommen und mit ihr der Tod (Röm 5,12). Anders als im AT tritt hier die Konzeption einer Erbsünde deutlich hervor. Die Sünde erscheint als Verhängnis, ja als Macht, der der Mensch ausgeliefert ist. Jeder einzelne wird aber auch selbst schuldig, ist also vor Gott

[19] Vgl. dazu z. B. den Bericht vom Tode des Rabbi Akiba, abgedr. in Leipold und Grundmann (1971), Bd. I, S. 215.

verantwortlich für seine Sünden.[20] Bei Paulus kommen zwei Gedanken hinzu: Der Mensch ist aufgrund seiner „fleischlichen Natur" notwendig sündig (Röm 7,14–24). Der Gegensatz Fleisch – Geist fällt teilweise einfach mit dem zwischen Leib und Seele zusammen, daneben mit dem zwischen Menschlichem (oder allgemein: Kreatürlichem) und Göttlichem, wobei die Schwäche und Hinfälligkeit des Fleisches betont wird. Von daher wird „Fleisch" dann vor allem auch zum Ausdruck für das Menschliche in seinem Widerspruch zum Göttlichen (vgl. z. B. Gal 5,17). Dann sind Fleisch und Geist gewissermaßen moralische Kategorien, die miteinander unvereinbar sind, und der Mensch lebt entweder ganz „aus dem Fleisch" (läßt sich durch seine körperlichen und egoistischen Triebe leiten) oder ganz „aus dem Geist" (d. h. ist ganz auf Gottes Willen hin orientiert). Fleisch und Geist sind bei Paulus aber nicht nur moralische, sondern ontologische Kategorien, denn sie verhalten sich wie Sterblichkeit und Unsterblichkeit. Wie es im (normalen Sinn des Wortes) geistige Sünden dessen gibt, der aus dem Fleisch lebt (wie z. B. Stolz), so gibt es auch eine geistige Bestimmung des Fleisches (1 Kor 15,44ff.), einen geistigen Leib, eine Erlösung des Leibes (Röm 8,23; Phil 3,21). Das „Fleisch" beherrscht den Menschen vor der Erlösung durch Christus, er kann nicht tun, was er eigentlich tun will und als gut erkennt (Röm 7,14–20). Zweitens sagt Paulus, die Sünde im vollen Sinn, als wissentliche Übertretung der Gebote Gottes, sei erst durch das Gesetz in die Welt gekommen (Röm 4,15; 5,12–14) – bei den Heiden tritt an seine Stelle das allgemeine Sittengesetz, das sie in ihrem Gewissen erkennen (Röm 2,12–15). Das Gesetz erscheint bei Paulus geradezu als Mittel Gottes, die sündige Verfaßtheit des Menschen offenbar zu machen, ja als Anstachelung zur Sünde (Röm 5,20; 7,7–11). Unter der Macht der Sünde kann man sich den Geist dieses Gesetzes nicht zu eigen machen, kann es also nur als äußere Forderung erfahren, die mit dem eigenen Wollen nicht zusammenstimmt (Röm 7,14–23). Das Gesetz ist zwar Ausdruck des göttlichen Willens

[20] Diese Konzeption – Macht der Sünde über den Menschen seit Adam und eigene Verstrickung in Schuld – ist schon frühjüdisch. Vgl. z. B. syr Apk Baruch 54,14–16. Dort wie in 4 Esr wird die Eigenverantwortlichkeit des Menschen für seine Schuld deutlich betont.

und als solches heilig und gut (Röm 7,12), aber es bewirkt im Effekt nur eine noch tiefere Verstrickung des Menschen in Schuld. Der Mensch lebt also vor dem Kommen Christi in einer tiefen, ausweglosen Verstrickung in Schuld, die einerseits Verhängnis ist — eine Art Atmosphäre der Ungerechtigkeit, Gewalt, des Bösen, in der wir aufwachsen und leben —, andererseits aber auch vom einzelnen durch eigenes Zutun vermehrt wird. Der Mensch steht unter den Mächten dieser Welt (Gal 4,3), und kann sich aus eigener Kraft nicht aus dieser unheilvollen Situation befreien. Der gute Wille ist ohnmächtig. „Ich unglücklicher Mensch, wer wird mich aus diesem, dem Tod verfallenen Leib erretten?" (Röm 7,24f.) — der „dem Tod verfallene Leib" ist das dem Tod verfallene Leben in Schuld. Die Erlösung aus dieser Situation kann nur von Gott ausgehen, kann nur durch Gnade, nicht durch menschliches Verdienst erfolgen. Ist Christus also der Erlöser, der uns loskauft, und die Mächte der Finsternis besiegt, so kann er kein Mensch sein, sondern nur eine von Gott gesandte göttliche Gestalt. Da ist die Funktion des Präexistenzgedankens bei Paulus. Im Zentrum seiner Aussagen zum Heilswirken steht das christliche Urbekenntnis: Jesus ist für unsere Sünden gestorben. Diese Formel versieht Paulus mit verschiedenen Erläuterungen und Erklärungen. Christus ist der neue Adam, das Urbild des neuen geistigen Menschen. Wie in Adam — der die ganze Menschheit repräsentiert — alle Menschen (gewissermaßen kollektiv) schuldig wurden, so werden durch Christus — der nach paulinischer Lehre wiederum die Gesamtheit der neuen, geistigen Menschheit repräsentiert — alle gerechtfertigt, die an ihn glauben (Röm 5,12—21; 12,5; 1 Kor 6,15; 12,13—27; vgl. a. Eph 1,22f.).[21] Im Tod Christi, der ohne Sünde war

[21] Der Akt der Erlösung wird dabei ins Kosmologische ausgeweitet: Die ganze Schöpfung, nicht nur die Menschheit, ist mit dem ersten Adam der Vergänglichkeit unterworfen worden, und wird durch Christus — vollständig am Ende der Zeiten — von dieser Vergänglichkeit erlöst und vollendet (Röm 8,19—22). Damit erfüllt sich die Erlösungstat Christi letztlich im Werden des neuen Himmels und der neuen Erde, von dem in Jes 65,17; 66,22 die Rede ist. Nach frühjüdischer Vorstellung besteht eine Art Schicksalsgemeinschaft zwischen Mensch und Welt (vgl. z. B. aeth. Hen. 80,2—8; Jub 3,28f.). Der Mensch wird nicht aus der Welt erlöst, sondern mit ihr.

und die Gestalt des Sündenfleisches nur angenommen hatte, ergeht Gottes Gericht nicht über einen Sünder, sondern über die Sünde als solche, die fleischliche Natur (Röm 8,3). Die wird nun dem Tod überantwortet und hat damit keine Macht mehr über den Gläubigen; sie ist mit Christus gekreuzigt, und er hat mit Christus Anteil an der Auferstehung zu einem neuen, geistigen Leben (Röm 6,2–11).

Nach Johannes vollzieht sich die Heilstat Christi entscheidenderweise schon in seiner Inkarnation. Mit ihm kam das Licht in die Welt (1,9; 3,19), er brachte als erster Kunde vom Vater (1,18; 17,6), in ihm als Abbild des Vaters hat Gott sich und seine Liebe den Menschen geoffenbart: „Wer mich sieht, sieht den Vater" (8,19; 12,45; 14,9f.). In Christus, das ist die zentrale Aussage von Johannes, vollzieht sich also die entscheidende Offenbarung Gottes, nur durch ihn haben wir Zugang zum Vater: „Ich bin der Weg, die Wahrheit und das Leben; niemand kommt zum Vater außer durch mich" (14,6). Die Offenbarung ist primär die Person Christi, nicht das, was er sagt und tut. Der Gedanke der Vergebung der Sünden geht bei Johannes weitgehend in dem der Befreiung vom Tod zum Leben auf. Von einer Erbsünde ist bei ihm nicht die Rede, er setzt aber natürlich voraus, daß die Menschen vor dem Kommen Christi in Sünde verstrickt waren. Die Entscheidung für oder gegen Gott vollzieht sich jedoch für ihn wesentlich erst vor Christus: *Die* Sünde ist, nicht an Christus zu glauben (16,9; 12,48), und mit dem Glauben ist man von Sünde frei (vgl. 15,3). Auch die Deutung des Todes Jesu als Sühne für die Schuld der Menschen tritt hinter den Gedanken des Gerichts zurück, das hier, ebenso wie das ewige Leben, nicht als zukünftig, sondern präsent erscheint: Wer nicht glaubt, ist schon gerichtet (3,18) und mit der Ablehnung Christi richtet die Welt sich selbst. Dieses Gericht ist zugleich ein Sieg Christi über die Mächte der Finsternis (12,31). Zur Deutung des Todes Christi bei Johannes gehören aber auch die Aussagen, erst seine Auferstehung werde die Jünger zur endgültigen Erkenntnis bringen (14,19f.), sein Tod sei die Voraussetzung für die Verbreitung des Evangeliums (12,24), und wenn er nicht zum Vater heimkehre, werde der Paraklet nicht kommen, der immer bei den Gläubigen bleibt und seine Stelle vertritt (16,7; vgl. a. 14,16f.).

Das NT ist eine durch Abgrenzung und Ausscheidung entstandene Sammlung christlicher Schriften aus apostolischer Zeit, die von der alten Kirche als diejenigen Schriften erklärt wurden, die ein zuverlässiges Zeugnis von der Heilstat Gottes durch Christus geben. Dabei wurde erstens vorausgesetzt, daß all diese Schriften im wesentlichen dasselbe verkünden bzw. sich ergänzen, und daß sie zweitens in dem Sinn inspiriert sind, daß sie keine Deutungsversuche des Heilsgeschehens und der Heilswirklichkeit darstellen, sondern – ihrem wörtlichen Sinn nach – wahre und eindeutige Beschreibungen, die uns dieses Geschehen, so wie es war, und diese Wirklichkeit, so wie sie ist, vor Augen stellen. Diese Voraussetzungen sind aufgrund der Bibelkritik fragwürdig geworden: Wo die Kirche seit dem Beginn der Bildung des Kanons um 200 Einheit sah, sehen wir heute Vielfalt, wo sie historische Berichte sah, sehen wir unterschiedliche Theologien. Es stellt sich also erstens die Frage nach der Einheit in der Vielfalt der nt Schriften, nach ihrem gemeinsamen inhaltlichen Kern, ohne den von *der* Botschaft des NT nicht die Rede sein könnte. Und es stellt sich zweitens die Frage, ob und in welchem Sinn man für diesen gemeinsamen Kern, Offenbarungscharakter beanspruchen kann.

Die erste Frage zu beantworten ist Sache der Theologie. Wir wollen dazu nur drei Anmerkungen machen. Glaube als Haltung ist immer der Glaube von Menschen und auch als gemeinsamer Glaube letztlich der von Personen. Er ist daher subjektiv in dem Sinn, daß er in Überzeugungen, Anschauungen und Haltungen von Menschen besteht. Da man Gott nur mit den jeweils verfügbaren Begriffen und Vorstellungen verstehen, über ihn nur in der gegebenen Sprache reden und sein Handeln nur ausgehend von vorhandenen menschlichen Maßstäben begreifen kann und sich Begriffe, Vorstellungen, Sprachen und Maßstäbe verändern, wandeln sich naturgemäß auch die religiösen Ansichten, und der Glaube trägt die Züge seiner Zeit. Das, was von einer Person oder Sache geglaubt wird, ist aber von ihr selbst zu unterscheiden. Ein Wandel in den Überzeugungen impliziert nicht, daß sie verschiedene Gegenstände haben. Auch unsere Ansichten über den Kosmos haben sich erheblich verändert, ihn selbst verstehen wir aber als konstanten, objektiven Gegenstand dieser Ansichten. Für die Einheit des Glaubens ist zunächst entscheidend, daß er bei allen inhaltlichen Veränderungen doch immer der Glaube an denselben Gott war und ist.

Wir haben schon wiederholt betont, daß die Relevanz religiöser Aussagen auf der Ebene des Gehalts liegt, nicht auf der des Inhalts. Jesus spricht meist in Gleichnissen von Gott. Dem wörtlichen Sinn nach sind das fiktive Geschichten von fiktiven Königen, Hausvätern oder Weinbauern. Ihre religiöse Signifikanz liegt allein darin, daß sie Gott in einem bestimmten Licht zeigen. Zwei Sätze, deren Inhalte miteinander unverträglich sind, können nicht zugleich wörtlich wahr sein, sie können aber beide einen richtigen Gehalt haben. Die Kohärenz von Aussagen kann nun auf der Ebene des Gehalts erheblich größer sein als auf der Ebene der Inhalte. Religiöse Aussagen sind vielfach Ausdruck religiöser Erfahrungen. Verschiedene Menschen und Zeiten haben Gott in unterschiedlicher Weise erfahren, und doch besteht ein Zusammenhang dieser Erfahrungen, insbesondere wenn man ihren geschichtlichen Kontext berücksichtigt. Das Bild Jahwes als Kriegsgott und Helfer im Kampf in Davids Danklied (2 Sam 22) läßt sich z. B. verstehen als Bild Gottes als Helfer seines Volkes in der Not, wie es sich einer Zeit darstellte, in der dieses Volk in immer neuen Kämpfen seine Existenz behaupten mußte. Ähnlich wird man die Aussage, Jesus sei der Messias, als Ausdruck des Bekenntnisses verstehen, daß in ihm das Heil Gottes zu uns gekommen ist, ausgedrückt in einer Vorstellung der Zeit, und dann steht sie nicht im Widerspruch zu Aussagen, die Jesus mit anderen Heilsbringern der Tradition identifizieren.

Wir haben endlich auch schon mehrfach gesagt, daß es vor allem auf den existentiellen Gehalt religiöser Aussagen ankommt, nicht auf metaphysische Deutungen. Auch unter diesem Aspekt besteht eine größere Einheitlichkeit und Konstanz der christlichen Tradition als wenn man spekulativ-theologische Deutungen einbezieht. Gotteserkenntnis realisiert sich nach dem Verständnis des AT wie des NT in der Befolgung der Gebote Gottes, grundsätzlich in der Zuwendung zum Nächsten, nicht in theoretischen Ansichten über Gott. Christologien sind kein Ersatz für die Nachfolge Christi und dafür auch nicht notwendig. Glaube ist eine personale Beziehung zu Gott. Diese Beziehung zum unsichtbaren Gott verwirklicht sich in der Liebe zum Nächsten: „Wenn jemand sagt: Ich liebe Gott!, aber seinen Bruder haßt, ist er ein Lügner. Denn wer seinen Bruder nicht liebt, den er sieht, kann Gott nicht lieben, den er nicht sieht“ (1 Joh 4,20).

Wenn nun der gemeinsame Kern der nt Botschaft nicht auf der Ebene der Inhalte, sondern auf jener der existentiellen Gehalte zu suchen ist, so ergibt sich für die zweite Frage nach seinem Offenbarungscharakter, daß er nur i. w. S. als Offenbarung zu bezeichnen ist. Eine Auffassung der Aussagen des NT als wörtlich wahr und durch göttliche Autorität bezeugt, ist mit ihren inhaltlichen Differenzen kaum verträglich. Diese Differenzen bilden aber kein Hindernis, die Aussagen nicht nur als Ausdruck von Meinungen der Verfasser anzusehen, sondern von kognitiv relevanter Erfahrung, und diese Ansicht kann sich darin bestätigen, daß die Texte auch uns zur Offenbarung i. w. S. werden.

Der Wandel in den religiösen Traditionen ist also nicht so gravierend, wenn man weniger auf den wörtlichen Sinn als auf den existentiellen Gehalt der Aussagen sieht. Tut man das, so muß man jedoch die Annahme einer Offenbarung i. e. S. aufgeben, die traditionell als entscheidende Stütze des Glaubens gilt. Von der Problematik dieser Ansicht war aber schon in 2.1 die Rede.

Zwei weitere Probleme, die mit dem gerade erörterten verwandt sind, sollen hier nur kurz erwähnt werden. Das erste ergibt sich aus der Tatsache, daß viele Religionen Vorstellungen aus anderen übernommen haben. Die jüdische Eschatologie ist z. B. nachhaltig von der iranischen beeinflußt worden. Iranischen Ursprungs ist etwa der Gedanke eines Totengerichts neben einer Wiedererweckung aller Toten zu einem Gesamtgericht am Ende der Zeiten, an einen himmlischen Heilbringer, dessen Reich tausend Jahre währen wird, bevor Gott die alte Welt vernichtet und einen neuen Himmel und eine neue Erde schafft, von ewigen Höllenstrafen der Ungerechten und einer ewigen Herrschaft der Gerechten mit Gott. Iranisch ist auch die Lehre von einem Erlöser, einem himmlischen Gesandten, der z. T. mit dem Urmenschen gleichgesetzt wird, der inkarniert, von einer Jungfrau geboren wird und einst die Toten richtet. Es gibt auch starke Parallelen in den Aussagen der jüdischen und christlichen Apokalyptik über die Zeit der Drangsal vor dem Ende der Welt und der iranischen Prophezeihung des Hystaspes, die in den zwei letzten Jahrhunderten v. Chr. im vorderen Orient weit verbreitet war. Auch die Erzählung von den drei Magiern (*Magoi*, Angehöriger der iranischen Priesterkaste), die dem Jesuskind Schätze darbringen (Mt

2,1f.; 9–11), entspricht iranischen Erwartungen von der Geburt des Erlösers. Es ist möglich, daß diese Gedanken von jüdischen Gemeinden der Diaspora rezipiert worden sind und daß die christliche Erzählung auch die Funktion hatte, Jesus als Erfüllung solcher Erwartungen auszuweisen.[22] Vorstellungen fremder Religionen wurden zwar nicht völlig unverändert übernommen, sondern den eigenen Ansichten angepaßt, aber ihr Ursprung verträgt sich jedenfalls schlecht mit der Annahme, sie seien inspiriert – sofern nicht die andere Religion als Vorstufe der eigenen anerkannt und ihr ebenfalls Offenbarungscharakter zugesprochen wird, aber dann handelt es sich nicht, wie in unserem Beispiel, um eine fremde Religion. Geht es hingegen nur um Offenbarung i. w. S., so liegt keine grundsätzliche Schwierigkeit darin, daß Konzeptionen fremder Religionen zum Ausdruck eigener religiöser Erfahrungen oder Erwartungen verwendet werden.

Das zweite Problem ergibt sich aus der Vielfalt der Religionen. Sie hat oft als Argument für die Subjektivität religiöser Annahmen und einer Skepsis in religiösen Fragen gedient. Von der Erschütterung des griechischen Polytheismus durch die Bekanntschaft mit fremden Religionen war schon die Rede. In buddhistischen Texten findet sich das Gleichnis von den Blindgeborenen:[23] Ein König ließ einst alle Blindgeborenen der Stadt zusammenholen und ihnen einen Elefanten zeigen. Der eine betastete dessen Kopf, andere einen Stoßzahn, den Rüssel, den Rumpf, einen Fuß und den Schwanz. Auf die Frage, wie denn ein Elefant sei, antworteten sie dem König entsprechend, er sei wie ein Kessel, eine Pflugschar, die Deichsel eines Pfluges, ein Kornspeicher, eine Säule oder ein Besen. Sie gerieten in Streit darüber, wie ein Elefant wirklich sei, lautes Geschrei erhob sich und sie schlugen mit Fäusten aufeinander ein. Diese Geschichte erzählt Buddha den Mönchen, die ihm vom Streit der Wanderasketen verschiedener religiöser Sekten über Endlichkeit oder Unendlichkeit, Vergänglichkeit oder Unvergänglichkeit der Welt und Endlichkeit oder Ewigkeit der menschlichen Seele berichtet hatten. Er sagt ihnen, genau so wie mit den Blindgeborenen verhalte es sich mit den

[22] Vgl. dazu Widengren (1965), III und IV.
[23] Vgl. Mensching (1955), S. 38ff. (aus *Udana* VI,4).

Asketen. Blind, in Unkenntnis der Wahrheit und dessen, worauf es ankommt streiten sie sich: „Es klammern sich manche Asketen und Brahmanen an diese (Dinge); es streiten sich und geraten in Widerspruch die Menschen, die (nur) einen Teil sehen". Die Pointe dieses Gleichnisses ist nicht generell agnostisch, Buddha verspottet vielmehr nur Spekulationen über Fragen, die über menschliche Erkenntnis hinausgehen und für das Heil der Menschen irrelevant sind. Nun ist es sicher nicht so, daß alle Religionen in ihrem existentiellen Gehalt übereinstimmen, aber bei einer Entscheidung für eine von ihnen stehen in der Regel nur wenige echte Alternativen zur Verfügung. Die Vielfalt der Religionen ist so eher ein akademisches Problem.

4.5 Das Theodiceeproblem

In den letzten drei Abschnitten haben wir Probleme erörtert, denen jeder religiöse Glaube begegnet. Schwierigkeiten für einen bestimmten Glauben können sich darüber hinaus aus seinen speziellen Lehren ergeben, wobei es allerdings für die Frage seiner Bewährung im Leben nur auf existentiell relevante Doktrinen ankommt. Schwierigkeiten bilden aber nicht nur positive Aussagen, sondern auch offene Fragen, Fragen die uns im Leben bedrängen, auf welche die betreffende Religion aber keine zureichende Antwort gibt. Es ist zwar nicht Aufgabe einer Religion, alle Fragen zu beantworten, aber existentiell wichtigen Problemen muß sie sich stellen. Die Leistung der Religion besteht, wie wir in 3.5 betont haben, ja gerade darin, Antwort auf solche Probleme zu geben.

Vom Theodiceeproblem war schon in 1.3 die Rede. Dort ging es um die Frage, ob die Annahme eines guten, allmächtigen, allwissenden Gottes mit der Tatsache gravierender Übel in der Welt verträglich ist. Der Hinweis auf die logische Verträglichkeit beantwortet sie aber noch nicht. Das bedrängende Problem ist, warum Gott schweres, unverschuldetes Leiden zuläßt. Eine existentiell bedeutsame Antwort müßte einen Sinn des Leidens aufweisen, und damit helfen, es zu bestehen. Die Auskunft, es sei möglich, daß es einen verborgenen Sinn hat, genügt nicht. Man will den Sinn erkennen, und wenn man keinen Sinn zu erkennen vermag, wird der Glaube an Gott problematisch, und für viele Menschen scheitert er gerade an diesem Punkt. Auf einige philosophische Antworten sind wir schon eingegangen. Sie enthalten zwar bedenkenswerte Aspekte, bleiben aber letztlich unbefriedigend: Daß Übel der notwendige Preis für Freiheit sind, kann man nur von moralischen Übeln behaupten, und auch bei ihnen ist die Frage, ob z. B. die Freiheit eines Massenmörders ein so hohes Gut ist, daß es das Leid seiner Opfer und ihrer Angehörigen aufwiegt. Normalerweise sind wir nicht dieser Meinung und sperren Gewalttäter ein. Daß die Existenz von Übeln eine notwendige Bedingung des menschlichen oder allgemein: des endlichen oder körperlichen Daseins ist, kann man nicht generell behaupten. Menschliches Leben ohne Krebs ist durchaus vorstellbar, und im übrigen verschiebt man damit nur die Frage: Warum muß der Mensch unter den Bedingungen solcher Endlichkeit existieren? Daß wir nicht das ganze Bild sehen, also den Wert oder Sinn der gesamten Welt in ihrer ganzen zeitlichen Entwicklung nicht beurteilen können und nicht einmal die langfristigen Folgen der Vorgänge übersehen, ist zwar richtig, aber wenig hilfreich: Erstens ergibt sich aus der Erkenntnis der Möglichkeit eines Sinns des Leidens in einer größeren Perspektive noch keine Erkenntnis eines spezifischen Sinns im Einzelfall, und zweitens könnte sich in dieser größeren Perspektive umgekehrt ja auch vieles als negativ erweisen, was wir als positiv ansehen. Häufig sagt man auch, zur Vollkommenheit der Welt gehöre, daß in ihr alle Möglichkeiten realisiert sind, die Fülle des Seins. Danach muß es auch Unvollkommenes, Endliches und Vergängliches geben.[1] Gewinnt die Welt aber an Vollkommenheit, wenn es in ihr Schlechtes gibt? Auch dieser Gedanke bleibt rein akademisch. Bezeichnend ist, daß die Stoiker, die sich mit dem Problem der Theodicee besonders intensiv befaßt haben, letztlich zu der These Zuflucht nahmen, es gäbe keine unverschuldeten Übel: Die Person sei etwas Geistiges, vom Körperlichen Unabhängiges, werde also nicht von körperlichen Übeln betroffen, sondern leide nur unter ihren eigenen sittlichen Mängeln; wahres Glück bestehe in Tugend und sei so autark und gegenüber äußeren Einwirkungen immun. Damit leugnet man letztlich das Phänomen, das man erklären wollte.

[1] Vgl. dazu z. B. Thomas ST I, 48,2.

Im AT wird das Übel, sowohl das moralische wie auch das physische, aus einer Schuld des Menschen gegenüber Gott erklärt. Zunächst wird, wie wir schon im letzten Abschnitt sahen, das Theodiceeproblem auf das Schicksal des Volkes bezogen. Das Unheil, in das es beim Zug durch die Wüste und im Verlauf der Landnahme gerät, erscheint immer als Strafe für eine vorausgehende Schuld, eine Mißachtung der göttlichen Gebote. In der Königsgeschichte wird dieses geschichtstheologische Schema dann auch auf die Könige als Repräsentanten des Volkes übertragen. Das Leben des einfachen Mannes, des Individuums, wird erst später zum Thema. Hier stellt sich nun aber das Problem der Theodicee mit größerer Schärfe: Das Leben des einzelnen ist begrenzt und es ist unübersehbar, daß der Gerechte oft im Unglück endet und der Schurke im Glück – im Tod sind sie aber alle gleich (Koh 9,2). Die Krise der alten Theodicee wird besonders deutlich im Buch Hiob.[2] Die drei Freunde versuchen die alte Regel von der Korrespondenz von Unglück und Schuld auf den vom Leid geschlagenen Hiob anzuwenden und ihm klar zu machen, daß sein Unglück Resultat einer Schuld sein muß. Der weiß sich aber schuldlos und protestiert gegen diese Argumentation und damit gegen diese Art von Theodicee. Es mag zwar sein, daß kein Mensch vor Gott gänzlich schuldlos ist, aber das ist dann ein konstitutioneller Mangel, keine Schuld im eigentlichen Sinn; die Natur des Menschen ist von Gott erschaffen, der Mensch kann also nichts dafür.[3] Hiob fordert Gott auf, sich vor ihm zu rechtfertigen und der Sinn der Reden Gottes ist, daß Gott diese Zumutung mit dem Hinweis auf seine überragende Macht und Weisheit ablehnt. Hiob beugt sich dem mit den Worten: „Vom Hörensagen nur hatte ich von dir vernommen, nun aber hat mein Auge dich geschaut“ (Hiob 42,5). Er erhält jedoch von Gott recht gegenüber seinen Freunden,

[2] Das Buch Hiob beruht auf einer alten Tradition, ist aber mehrfach ergänzt und bearbeitet worden, so daß der Sinn nicht mehr ganz klar ist. In die Rahmenerzählung (1,1–2,10; 42,7–17) wurde zunächst der Dialog Hiobs mit den drei Freunden eingeschoben, später noch die Reden Elihus.

[3] Hiob 14,1–6. Das impliziert auch eine Abweisung der alten Konzeption ontologischer Nichtigkeit des Menschen gegenüber Gott als Schuld, eine „modernere“ Konzeption von Schuld.

d. h. Gott selbst lehnt das alte Theodiceeschema ab. Schon vorher (34,33) hatte Elihu gesagt, Gott sei gerecht, habe es aber nicht nötig, sein Handeln vor menschlichen Maßstäben der Gerechtigkeit zu legitimieren oder sich ihnen anzupassen. Gottes Tun, das aus seiner überlegenen Weisheit hervorgeht und auf das Ganze von Welt und Geschichte zielt, ist für den Menschen unerforschlich (Koh 3,11; 8,17; Sir 11,4). „So hoch der Himmel über der Erde ist, so hoch erhaben sind meine Wege über eure Wege, und meine Gedanken über eure Gedanken" (Jes 55,9). Für den Menschen bleibt so angesichts der scheinbaren Ungerechtigkeit in der Welt nur das Vertrauen auf einen übergeordneten Sinn allen Geschehens. Später tritt der Gedanke in den Vordergrund, daß sich das Leid aus der Verfassung des menschlichen Daseins ergibt, die aus Schuld entstanden ist und sich durch immer neue Schuld verschlimmert. Durch den Sündenfall Adams hat der Mensch seine Herrschaft über die Natur zu einem erheblichen Teil verloren, so daß er nun mit Mühe dem Acker seine Nahrung abgewinnen muß. Die Geschichte von Adam an ist eine Geschichte des Schuldigwerdens vor Gott. Schon Adams Sohn Kain ist ein Mörder, und das Maß des Unrechts ist zur Zeit Noahs so angewachsen, daß Gott beschließt, die Menschen von der Erde zu vertilgen. Das Übel in der Welt, die Not des täglichen Lebens und die „Zerstreuung der Völker" nach dem Turmbau zu Babel, d. h. die gegenseitige Fremdheit und Feindschaft unter den Völkern, wird also als Konsequenz der Gesamtsumme menschlicher Schuld gesehen. Danach ist das konkrete Leid nicht mehr nach dem alten Schema von (persönlicher) Schuld und Strafe erklärbar. Gedeutet wird nur die Gesamtverfassung des menschlichen Daseins. Das Theodiceeproblem wird also im AT vor allem durch eine kausale Erklärung beantwortet: Der Grund des Leidens ist Schuld. Gefordert wäre aber auch eine teleologische Begründung, die es erlaubt, dem Leiden Sinn abzugewinnen. Hat jemand durch einen Verkehrsunfall eine dauernde Querschnittslähmung erlitten, so ist der Hinweis, daß er ihn selbst verschuldet hat, keine Antwort auf die Frage, wie er seinem Leiden einen Sinn abgewinnen und es bewältigen kann. Eine teleologische Erklärung ergab sich, als das Leid als Strafe für eine Sünde verstanden wurde, die den Zweck hat, eine Umkehr des Menschen zu Gott zu bewirken. Die Gesamtverfassung des menschlichen Lebens läßt sich aber nicht so begreifen, denn der einzelne kann die Gesamtschuld der Menschheit nicht durch seine persönliche Reue und Umkehr einholen. Es bleibt so nur die Zuversicht, daß Gott dem Leiden einen Sinn geben wird, daß im Schicksal des einzelnen wie in der Geschichte ein verborgener Sinn waltet. Die Hoffnung des AT richtet sich auf eine Beseitigung des Leidens am Ende der Zeiten, über das gegenwärtige Leiden verbreitet sich aber kein Licht. Mit dem Gedanken ewigen Lebens verliert zwar der Tod seine Endgültigkeit und das gegenwärtige Leben wird in einen größeren Horizont gestellt, so daß das Leiden als vorübergehend erscheint, aber es behält doch Gewicht und so bleibt die Frage nach seinem Sinn. Das Theodiceeproblem findet so im at Glauben keine konkret hilfreiche Lösung. Er vermittelt dem Menschen mit dem Glauben an einen guten und gerechten Gott nur die Zuversicht, daß das Leiden einen Sinn hat. Da der aber unbegreiflich bleibt, kann diese Zuversicht in der Begegnung mit konkretem, schwerem Leid auch fragwürdig werden.

Die Antworten des NT zum Theodiceeproblem gehen zunächst nicht über jene des AT hinaus. Für den Christen stellt es sich aber doch in anderem Licht dar. Schon im AT ist vom leidenden Gott die Rede. Gott liebt sein Volk, er leidet unter dessen Abkehr von ihm und unter den Strafen, mit denen er es zur Umkehr bewegen muß. Nach christlichem Glauben ist Gott in einem noch tieferen Sinn ein leidender Gott, da er das Leiden seines Sohnes mitträgt. Die Frage ist dann nicht mehr: „Wie kann Gott es zulassen, daß wir leiden?“, sondern: „Was ist der Sinn des Leidens, auf das Gott sich selbst einläßt?“. Ferner tritt das Theodiceeproblem im NT aufgrund der Naherwartung des Reiches Gottes zunächst in den Hintergrund: Die Hoffnung auf baldige Heilung läßt die gegenwärtige Not leichter ertragen. Diese Zuversicht bleibt auch nach dem Schwinden der Naherwartung, und sie behält ihre Kraft auch dann, wenn der Sinn des Leidens letztlich auch vom NT her dunkel bleibt.

Das Theodiceeproblem führt auf die grundsätzlichere Frage nach Grund und Sinn der Verfassung menschlichen Daseins. In 3.5 wurde betont, daß wir diese Verfassung: die Endlichkeit, Vergänglichkeit, Bedingtheit, Abhängigkeit unseres Lebens nicht als unserem Wesen gemäß erleben. Sie entspricht zwar unserer empirischen Natur, aber viele Religionen versichern uns, daß wir einen göttlichen Lebensfunken in uns tragen oder zu einer ewigen, vollkommeneren Existenz bestimmt sind. Die Frage ist dann aber, was der Sinn dieses Lebens ist, das dieser Bestimmung so unangemessen ist, der Sinn eines Lebens fern von der himmlischen Heimat. In der griechischen Religion entspricht die Grundverfassung des Lebens dem Wesen und der Stellung des Menschen in der Welt. Er leidet unter ihr, aber Frömmigkeit heißt, diese Verfassung anzunehmen. Die Grundsünde ist die Hybris, der Versuch, sich über die Grenzen erheben zu wollen, die dem Menschen gesteckt sind. Sein zu wollen wie Gott (Gen 3,5) ist auch im AT die Ursünde des Menschen, und Gott versagt ihm daraufhin ewiges Leben, damit er im Tod seine Nichtigkeit erkennt. Im AT ist nicht von einem göttlichen Funken oder ewigem Leben die Rede. In der älteren Schöpfungsgeschichte des Jahwisten (Gen 2, 4b-25) wird die Hinfälligkeit des Menschen betont: Er ist, wie die Tiere, aus Lehm geformt, aus Staub und Asche, wie Abraham sagt (Gen 18,27; vgl. a. Ps 39,5–7). In der jüngeren Schöpfungsgeschichte der Priesterschrift (Gen 1,1–2,4a) ist statt dessen von der Gottebenbildlichkeit des Menschen die Rede (Gen 1,27). Die wird aber nicht in einem Anteil an der göttlichen Natur gesehen, einer Wesensverwandtschaft, sondern in der Herrschaft über die Erde als einem Abglanz der Allmacht Gottes. Der Mensch ist seinem Wesen nach endlich, seine besondere Beziehung zu Gott ergibt sich erst durch die Erwählung im Bund mit Abraham und insbesondere mit dem Volk am Sinai. Aus dieser Erwählung, nicht aus seiner Natur, kommt ihm seine besondere Würde zu. Die Grundverfassung des menschlichen Daseins wird hier also noch nicht als Problem gesehen. Das stellt sich erst später mit den Gedanken ewigen Lebens und einer endzeitlichen Vollendung der Welt. Nun erscheint diese Welt als unvollkommen. Vollendung heißt nicht nur Restitution des paradiesischen Zustands vor dem Sündenfall, sondern eine grundsätzliche Verwandlung der Welt. Dann ist aber die Frage, welchen Sinn dieses gegenwärtige, unvollkommene Vorstadium hat. Eine Antwort darauf findet sich im AT nicht. In Weish 2,23 wird die Gottebenbildlichkeit in einem stärkeren Sinn verstanden: Das innerste Wesen des Menschen ist dem Gottes ähnlich. Der Mensch ist von vornherein zur Unvergänglichkeit erschaffen, der Tod kam erst durch menschliche Schuld in die Welt. Da jedoch die Sünde Adams kaum die gesamte körperliche Natur des Menschen verändert hat, bleibt auch hier die Frage offen. Im NT wird sie ebenfalls nicht beantwortet. Der Glaubende weiß sich zwar schon hier als erlöst und hat schon jetzt Anteil am ewigen Leben, aber ist doch nicht aus diesem Leben erlöst. Es bleibt bei der Generalthese, daß die gegenwärtige Verfassung menschlichen Lebens Resultat von Schuld ist, aber das wird nicht mit der Tatsache vereinbart, daß sie zum Teil einfach der realen Natur des Menschen entspricht. Später wurde oft der Gedanke vertreten, daß die Ferne von Gott Bedingung für die Entfaltung menschlicher Freiheit sei: Im Angesicht Gottes und der Ewigkeit „mit ihrer furchtbaren Majestät" könnte der Mensch sich nicht frei für oder gegen Gott, für oder gegen das Gute entscheiden.[4] Die Begrenzung seines Horizonts auf die Welt ermögliche es ihm, sich zu verhalten, als gäbe es keinen Gott. Die Diskrepanz zwischen dem Guten und dem Nützlichen in dieser Welt sei Bedingung für eine ernsthafte Entscheidung für das Gute; erst in den Opfern, die wir für das Gute bringen, verwirkliche sie sich. Nun soll zwar auch im künftigen ewigen Leben Freiheit nicht aufgehoben sein, aber dann haben wir uns bereits endgültig entschieden. Diese Idee ist jedenfalls ein Ansatz zur Beantwortung des Problems, sie findet aber in der Bibel keinen Anhalt. Die Grundverfassung des menschlichen Daseins bleibt dort ein offenes Problem. In vielen Religionen gibt es aitiologische Mythen, die ihre Ursache angeben, ihr Sinn wird aber nicht überzeugend deutlich gemacht. Religionen bieten also keine umfassenden Antworten auf alle existentiell relevanten Probleme an.

Neben den bisher genannten Problemen, denen religiöser Glaube begegnet, gibt es noch eine Reihe weiterer, die ebenfalls allgemeine Bedeutung haben. Von ihnen seien hier nur noch kurz zwei erwähnt, die sich mit dem sozialen Charakter der Religionen verbinden. Das erste ist das Erscheinungsbild einer Religion in der Geschichte. Als Lebensform begegnet sie uns nicht in Büchern, sondern im Verhalten ihrer Anhänger und Institutionen; nicht in den Verhaltensnormen, zu denen sie sich bekennen, sondern in ihrer tatsächlichen Praxis. Dieses Erscheinungsbild weist z. B. im Fall der Christen und ihrer Kirchen auch durchaus negative Züge auf. In Religionskriegen, Inquisitionsverfahren, Ketzer- und Hexenverfolgungen sind von ihnen

[4] So z. B. noch Kant in KpV, A263ff.

unzählige Verbrechen verübt worden. Dabei kann man nicht behaupten, sie seien trotz des Glaubens begangen worden, denn oft wurden sie gerade im Namen des Glaubens und aus religiöser Überzeugung verübt. *Tantum religio potuit suadere malorum*, sagt schon Lukrez.[5] Daß auch von Atheisten und atheistischen Staaten Verbrechen begangen wurden, ist kein Einwand, denn es geht darum, daß Christen offenbar auch keine besseren Menschen sind, daß ihr Glaube anscheinend nicht die Kraft hat, sie zum Guten zu bewegen. Es gibt zweifellos auch viele positive Erscheinungen und Leistungen des Christentums, aber die finden sich auch sonst. Auch dieses Problem hat erhebliches Gewicht. Grundsätzlich ist aber zwischen dem Glauben und dem Verhalten jener zu unterscheiden, die sich dazu bekennen. Wir messen schließlich auch nicht den Wert der demokratischen Staatsform am Verhalten irgendwelcher Staaten, die sich als „Demokratien" bezeichnen, oder jenem all der Leute, die sich „Demokraten" nennen. Auch von Demokratien sind viele Verbrechen verübt worden, oft im Namen der Demokratie. Würden freilich Demokratien oder Demokraten in aller Regel Unheil stiften, so wäre das ein schwerwiegendes Argument dafür, daß Demokratie nichts taugt. Ebenso wäre es ein Argument gegen den christlichen Glauben, wenn Christen und christliche Kirchen in der Regel gegen Grundgebote der Moral verstoßen würden. Davon kann aber ernstlich nicht die Rede sein. Der Hinweis auf die hellen neben den dunklen Farben im Erscheinungsbild löst das Problem aber noch nicht, denn es spricht eben nicht eindeutig für den Glauben. Es kommt also darauf an, innerhalb des Christentums als eines sozialen und geschichtlichen Phänomens das wahrhaft Christliche von dem zu unterscheiden, was nur äußerlich „christlich" zu nennen ist. Nur dann kann man z. B. sagen, die Tötung Andersdenkender widerspreche dem wahren Geist christlichen Glaubens. Da Ketzerverbrennungen jedoch von den Kirchen mit Billigung breitester Schichten der Christenheit praktiziert worden sind, kann dann der Glaube der Religionsgemeinschaft nicht mehr generell das Maß rechten Glaubens sein.

Das führt nun auf das zweite Problem: In allen großen Religionen und auch in deren Konfessionen oder Sekten gibt es unterschiedliche

[5] Lukrez *De rerum natura* I,101.

Traditionen des Glaubensverständnisses und der Glaubenshaltung. Sie stellen nicht immer nur verschiedene Akzentuierungen desselben Glaubens dar, sondern sind auch teilweise miteinander unverträglich. Für das Leben kommt es ja weniger auf gemeinsame Bekenntnisformeln und Riten an als auf konkrete Haltungen, Einstellungen und Anschauungen. Alle christlichen Traditionen berufen sich auf dieselbe Offenbarung, dieselben nt Schriften, legen sie aber unterschiedlich aus, und der Streit der Konfessionen zeigt, daß es keine zureichenden äußeren Kriterien dafür gibt, welche ihrer Deutungen die richtige ist. Man kann sich also nicht einfach für eine Religion entscheiden, sondern steht vor dem sehr viel komplexeren Problem, sich für ein bestimmtes Glaubensverständnis entscheiden zu müssen. Damit erweist sich auch die Gemeinsamkeit, die wir oben als Stütze religiöser Überzeugungen bezeichnet haben, bei näherem Zusehen als begrenzt und prekär.

Wir haben diese Probleme hier nicht aufgeführt, um eine Lösung zu versuchen, sondern um die Aspekte von Glaubensentscheidungen zu verdeutlichen. Sie alle sind keine Hindernisse, an denen eine Entscheidung für einen religiösen Glauben scheitern müßte, wohl aber echte Schwierigkeiten, denen sie sich stellen muß, ebenso wie eine Entscheidung dagegen die Probleme zu bewältigen hat, die sich mit einer immanenten Weltsicht verbinden. Eine praktische Konsequenz der Einsicht, daß jede der beiden Alternativen ernsten Einwänden begegnet, ist der Respekt vor der jeweils anderen Wahl: Keine ist objektiv unvernünftig, jeder muß selbst prüfen, welche Haltung sich in seinem Leben bewährt und welchen Weg er gehen will.

Anhang

1) Zum ontologischen Gottesbeweis

A) *Anselms Beweis im Kapitel II des Proslogion*

„Ergo, domine, qui das fidei intellectum, da mihi, ut quantum scis expedire intelligam, quia es sicut credimus, et hoc es quod credimus. Et quidem credimus te esse aliquid quo nihil maius cogitari possit. An ergo non est aliqua talis natura, quia ‚dixit insipiens in corde suo: ‚non est deus‘ “? Sed certe ipse idem insipiens, cum audit hoc ipsum quod dico: ‚aliquid quo maius nihil cogitari potest‘, intelligit quod audit; et quod intelligit in intellectu eius est, etiam si non intelligat illud esse. Aliud enim est rem esse in intellectu, aliud intelligere rem esse. Nam cum pictor praecogitat quae facturus est, habet quidem in intellectu, sed nondum intelligit esse quod nondum fecit. Cum vero iam pinxit, et habet in intellectu et intelligit esse quod iam fecit. Convincitur ergo etiam insipiens esse vel in intellectu aliquid quo nihil maius cogitari potest, quia hoc cum audit intelligit, et quidquid intelligitur in intellectu est. Et certe id quo maius cogitari nequit, non potest esse in solo intellectu. Si enim vel in solo intellectu est, potest cogitari esse et in re, quod maius est. Si ergo id quo maius cogitari non potest, est in solo intellectu: id ipsum quo maius cogitari non potest, est quo maius cogitari potest. Sed certe hoc esse non potest. Existit ergo procul dubio aliquid quo maius cogitari non valet, et in intellectu et in re“.
„Gib mir, Herr, der Du dem Glauben Einsicht schenkst, daß ich erkenne, so weit es passend ist, daß Du existierst, wie wir glauben, und daß Du bist, was wir [von Dir] glauben. Nun glauben wir, daß Du etwas bist, zu dem nichts Größeres gedacht werden kann. Oder gibt es nichts von dieser Art, weil der Törichte in seinem Herzen sagt: Es gibt keinen Gott? Aber auch dieser Törichte versteht sicher, was er hört, wenn er hört, was ich sage: „etwas, zu dem nichts Größeres gedacht werden kann“; und was er versteht, ist in seinem Verstand, wenn er auch nicht einsieht, daß es wirklich existiert. Etwas anderes nämlich ist es, eine Sache im Verstand zu haben, als einzusehen, daß sie existiert. Wenn z. B. ein Maler [ein Bild] plant, das er ausführen wird, hat er es in seinem Verstand, aber er erkennt noch nicht, daß es existiert,

weil er es noch nicht gemalt hat. Wenn er es schon gemalt hat, hat er es im Verstand und erkennt, daß es realiter existiert, weil er es schon gemalt hat. Daher muß auch der Törichte einsehen, daß etwas, zu dem nichts Größeres gedacht werden kann, im Verstande existiert, weil er das versteht, was er hört, und alles, was verstanden wird, im Verstand ist. Und es ist sicher, daß das, zu dem nichts Größeres gedacht werden kann, nicht allein im Verstande existieren kann. Wenn es nämlich nur im Verstande existiert, so ist es möglich zu denken, es existiere auch wirklich, was größer ist. Wenn also das, zu dem nichts Größeres gedacht werden kann, nur im Verstande existiert, so ist dasselbe, zu dem nichts Größeres gedacht werden kann, etwas, wozu etwas Größeres gedacht werden kann. Aber das ist sicherlich unmöglich. Es existiert also ohne Zweifel etwas, zu dem nichts Größeres gedacht werden kann, sowohl im Verstand wie auch realiter".

Der Text Anselms läßt mehrere Deutungen zu. Wir geben vier mögliche Rekonstruktionen an.[1] Dabei verwenden wir die übliche logische Symbolik und schreiben „Gx" für „x ist ein Gott", „Ex" für „x existiert" und „$x<y$" für „y ist größer (vollkommener) als x".

I) *Rekonstruktion in der freien Logik*[2]

1) $Gx := \neg \bigvee y(x<y)$
2) $\bigvee xGx$
3) $\bigwedge x(\neg Ex \supset \bigvee y(x<y))$
4) $\bigwedge x(Gx \supset Ex)$
5) $\bigvee x(Gx \wedge Ex)$ (also $\bigvee.\, xGx$).

Dem Text nach wäre statt (3) spezieller $\bigwedge x(Gx \wedge \neg Ex \supset \bigvee y(x<y))$ zu setzen; aus $\bigvee y(x<y)$ folgt jedoch nach (1) $\neg G(x)$, so daß wir (4) erhalten. Der Gedanke ist bei Anselm aber wohl jener, der durch (3) ausgedrückt

[1] Für andere Rekonstruktionen vgl. z. B. Barnes (1972).

[2] Die freie Logik unterscheidet sich von der normalen Prädikatenlogik, in der alle Namen (d. h. alle Gegenstandskonstanten) existierende Objekte bezeichnen, dadurch, daß es in ihr auch Namen für nichtexistierende Objekte gibt. Der Grundbereich, über dem die Sprache interpretiert wird, enthält also mögliche Objekte. Existierende Objekte bilden eine (evtl. leere) Teilmenge davon. Mit den Quantoren $\bigwedge x$ und $\bigvee x$ wird über mögliche Objekte quantifiziert. Definiert man $\bigvee.\, xA[x] := \bigvee x(Ex \wedge A[x])$ und $\bigwedge.xA[x] := \bigwedge x(Ex \supset A[x])$, so wird mit $\bigvee.$ und $\bigwedge.$ über existierende Objekte quantifiziert. Es gilt also nicht generell $A[a] \supset \bigvee.\, xA[x]$, sondern nur $A[a] \wedge Ea \supset \bigvee.\, xA[a]$, und nicht generell $\bigwedge.xA[x] \supset A[a]$, sondern nur $\bigwedge.xA[x] \wedge Ea \supset A[a]$. Vgl. dazu z. B. Kutschera (1976), 1.7.

wird: Zu jedem Objekt, das nicht existiert, gibt es ein größeres — nämlich eins, das sich von ihm nur dadurch unterscheidet, daß es existiert.[3] (5) folgt aus (2) und (4).

Bei dieser Rekonstruktion ergeben sich die Probleme, auf die schon im Abschnitt 1.2 des Textes hingewiesen wurde:

a) Die Definition (1) ist fragwürdig, da nicht klar ist, wie der Ausdruck „y ist größer als x" zu verstehen ist.

b) Die Prämisse (2) wird nicht korrekt begründet. Aus der Tatsache, daß ein Prädikat wie „Gx" verständlich ist, folgt nicht, daß es ein mögliches Objekt gibt, auf das es zutrifft. Man könnte nur sagen: Ist das Prädikat „Gx" verständlich, d. h. sinnvoll (was wir unter (a) freilich bezweifelt haben), so drückt es einen Begriff aus, und von diesem *Begriff* kann man dann sagen, er existiere *in intellectu*. Könnte man zeigen, daß er erfüllbar ist, daß also gilt MVxGx (M sei der Möglichkeitsoperator), so würde auch daraus (2) noch nicht folgen, denn MVxGx besagt, daß es in einer *möglichen* Welt ein (mögliches) Objekt gibt, das dort die Eigenschaft hat, ein Gott zu sein, während VxGx besagt, daß es ein mögliches Objekt gibt, das in der *realen* Welt ein Gott ist. Aus MVxGx folgt (2) nur mit der Zusatzannahme, daß Gx (bzw. $x<y$) ein essentielles Attribut ist. Wie wir unter II sehen werden, erhält man damit aber die stärkere Konklusion NV. xGx, die Anselm erst in Proslogion III beweisen will.[4] Der Schluß von der Existenz eines Begriffes auf ein mögliches Objekt, das ihn erfüllt, ist jedenfalls nicht ohne zusätzliche Prämissen möglich. Man könnte auch annehmen — obwohl das kaum zum Text des *Proslogion* paßt —, (2) sei die Rechtfertigung von (1) als Realdefinition. In der Syllogistik gilt der Schluß von einem Satz der Form SaP (Alle S sind P) auf den Satz SiP (Einige S sind P), in unserem Fall also der Schluß von „Alle Götter existieren" auf „Es gibt einen existierenden Gott", da man dort immer nichtleere Begriffe voraussetzt, also Begriffe, die auf mindestens ein Objekt zutreffen. Syllogistisch kann man daher auch direkt von (4) auf (5) schließen. Da man in der Syllogistik freilich nur von existierenden Objekten redet, wäre für die Rechtfertigung von (1) statt (2) die stärkere Prämisse V. xGx zu begründen. Darauf hat sich Gassendi in seinem Einwand gegen das ontologische Argument bei Descartes bezogen, wenn er sagt: Um den Begriff ‚Gott' durch (1) definieren zu können, ist zunächst zu zeigen, daß es

[3] Die stärkere These $\bigwedge xy(\neg Ex \wedge Ey \supset x<y)$ braucht man Anselm nicht zu unterstellen.

[4] Wegen der modallogischen Regel $A \vdash NA$ ergibt sich das freilich auch direkt aus dem Beweis in *Proslogion* II, dessen Prämissen und Konklusion ja analytisch wahre Sätze sein sollen.

einen Gott gibt; dann ist aber der restliche Beweis überflüssig. Man wird Anselm jedenfalls keinen Fehlschluß von (4) auf (5) vorwerfen können, der vorläge, wenn man (4) im Sinne der modernen Logik so verstünde, daß der Satz auch wahr ist, falls es keinen Gott gibt. Dann läge eine simple Verwechslung von Existenz im Sinne von E mit Existenz (Erfülltsein) im Sinne von Vx vor. Für Anselm war (2) eine entscheidende Prämisse, die bei einem solchen Fehlschluß unnötig wäre.[5]

c) Die Annahme, Existenz sei ein Vollkommenheitsmerkmal, ist wenig plausibel.

Der zentrale Fehler des Arguments bei dieser Rekonstruktion ist der unter (b) aufgewiesene.

II) *Rekonstruktion in der Modallogik*

Wir setzen hier modallogische Interpretationen voraus, in denen jede mögliche Welt von jeder anderen aus zugänglich ist. Besagt also iRj, daß die Welt j von der Welt i aus gesehen zugänglich (möglich) ist, so soll für alle Welten i und j, die in der Interpretation betrachtet werden, iRj gelten. Notwendigkeit wird damit im Sinn einer analytischen Notwendigkeit, d. h. als Wahrheit in allen möglichen Welten gedeutet. Es gelten dann die Gesetze des modallogischen Systems S5.[6] M steht für „Es ist möglich, daß ..“, N für „Es ist notwendig, daß . . .“. Im übrigen soll mit Vx und Λx wieder im Sinn der freien Logik über mögliche Objekte quantifiziert werden, sonst wären die durch (3') und (4') wiedergegebenen Annahmen von Anselm überflüssig. Die zweite Rekonstruktion des anselmischen Beweises sieht dann so aus:

1') $Gx := \neg MVy(x<y)$[7]

[5] G. Frege hat in „Über die Grundlagen der Geometrie II“ (1903) (vgl. (1967), S. 269) darauf hingewiesen, daß man im Gegensatz zu $Gx \supset Ex$ nicht VxGx als Bedeutungspostulat für das Prädikat Gx ansehen kann; andernfalls, sagt er, wäre der ontologische Gottesbeweis glänzend gerechtfertigt. Er deutet dabei freilich, wie das in der Logik sonst üblich ist, die Aussage VxGx im Sinne von V. xGx.

[6] Zur Modallogik vgl. z. B. Kutschera (1976), Kap. 2.

[7] Ch. Hartshorne meint in (1962), Kap. 2, es gebe zwei Deutungen der Bestimmung (eines) Gottes als perfektes Wesen: Neben jener, die (1') (bzw. (1)) ausdrückt, die, nach der x ein Gott ist, wenn x in keiner möglichen Welt größer (perfekter) ist, als er tatsächlich (in unserer Welt) ist. Diese zweite Auffassung schreibt er Anselm zu, was offenbar absurd ist, da nach ihr ein Gott weder in unserer Welt noch in anderen Welten

2′) $M\bigvee xGx$
3′) $N\bigwedge x(\neg Ex \supset M\bigvee y(x<y))$
4′) $N\bigwedge x(Gx \supset Ex)$
5′) $N\bigwedge x(Gx \supset NGx)$
6′) $M\bigvee xGx \supset M\bigvee xNGx$
7′) $M\bigvee xNGx$
8′) $MN\bigvee xGx$
9′) $N\bigvee xGx$
10′) $N\bigvee x(Gx \wedge Ex)$ (also $N\bigvee.\, xGx$).

Hier besagt (3′) nicht mehr als (3) in der Rekonstruktion I, da ja dort (3) analytisch gelten sollte. (4′) folgt wieder logisch aus (3′), (5′) folgt nun aus (1′). (6′) folgt logisch aus (5′), (7′) folgt aus (6′) mit (2′); aus (7′) folgt (8′) und daraus (9′). (10′) folgt aus (9′) mit (4′). Der Grundgedanke dieses Arguments ist unabhängig von der Definition des Gottesbegriffs nach (1′): Ist G irgendein (wohldefinierter) Gottesbegriff und gelten (2′), (4′) und (5′), so ergibt sich die Konklusion (10′).

Zur Kritik des Arguments bei dieser Konstruktion ist zunächst zu (1′) und (3′) dasselbe zu sagen wie zu (1) und (3) unter I. Zur Rechtfertigung von (2′) wäre zu zeigen, daß G bei der vorausgesetzten Interpretation nicht aus analytischen Gründen leer ist, d. h. daß es eine mögliche Welt gibt, in der $\bigvee xGx$ gilt. Es ist nun zwar sehr plausibel, daß die Existenz Gottes nicht analytisch unmöglich ist, aber diese Plausibilität schwindet, wenn der Gottesbegriff im Sinn von (1′) definiert ist, denn dann ist die Existenz eines Gottes nur dann möglich, wenn sie notwendig ist, und dann ist es nicht analytisch möglich, daß es keinen Gott gibt. Wir würden im Sinn der normalen Rede von Gott hingegen sagen, weder seine Existenz noch seine Nichtexistenz seien analytisch unmöglich.

das vollkommenste Wesen zu sein braucht. Er selbst schlägt als „neoklassische Definition“ vor: „God cannot conceivably be surpassed or equalled by any other individual, but he can surpass himself, and thus this actual state is not the greatest possible state“ (a. a. O., S. 35). Hartshorne meint dabei nicht, daß Gott in einer anderen Welt noch größer wäre als in unserer, sondern daß er in unserer Welt einmal größer sein wird als er jetzt ist – er lehnt die Vorstellung eines unveränderlichen Gottes ab. Die Existenz eines sich zunehmend perfektionierenden und in jedem Zeitpunkt größten Wesens, ist aber – was immer man sich darunter vorstellen mag – nicht leichter beweisbar als jene eines immer schon perfekten Wesens.

Aus (4') (also (3')) und (5') folgt, daß notwendige Existenz eine Wesenseigenschaft Gottes ist. Diesen Gedanken entwickelt Anselm aber erst im Argument in Proslogion III, und erst dort beweist er auch die Behauptung (10'). Diese Rekonstruktion entspricht also dem Text weniger gut als I.

III) *Rekonstruktion mit Kennzeichnungen*

Wir entwickeln diesen Gedanken hier nur in der freien Logik, also als Alternative zu I. Die Übertragung des Gedankens auf den modallogischen Fall ergibt sich ohne weiteres. Anselm geht in seinem Argument unvermittelt von „*aliquid* quo maius cogitari nequit" zu „*id* quo maius cogitari nequit" über. Während man den ersten Ausdruck im Sinne von Gx verstehen wird, liegt es nahe, den letzteren im Sinn von ιxGx aufzufassen.[8] Nimmt man nun an, daß Anselm schon das *aliquid* im Sinn einer Kennzeichnung versteht, so würde das Argument so aussehen:

1″) $g := \iota x \neg \vee y(x < y)$.
2″) $\vee x \neg \vee y(x < y)$
3″) $\wedge x(\neg Ex \supset \vee y(x < y))$
4″) $\wedge x(\neg \vee y(x < y) \supset Ex)$
5″) $E(g)$.

Hier ist nun „g" („Gott") ein Name. Da ein Kennzeichnungsausdruck nur dann sinnvoll ist, wenn es genau ein Objekt gibt, das den kennzeichnenden Begriff erfüllt, wäre hier also (2″) als nachträgliche Begründung für die Korrektheit von (1') anzusehen, und es würde noch die Bedingung fehlen: $\wedge xz(\neg \vee y(x < y) \wedge \neg \vee y(z < y) \supset x = z)$. Man müßte dazu etwa auf Proslogion VI zurückgreifen, wo gesagt wird, Vollkommenheit impliziere Allmacht, und dann argumentieren, daß es nicht zwei allmächtige Wesen geben kann, da das eine nicht verhindern kann, was das andere bewirken kann. Im übrigen stellen sich bzgl. (2″) und (3″) dieselben Probleme wie bzgl. der entsprechenden Annahmen (2) und (3) in I. (5″) folgt logisch aus (1') und (4″), sofern (1') eine korrekte Definition ist.

Da Analoges für eine Rekonstruktion mit einer Definition $g := \iota x \neg M \vee y(x < y)$ in einer modallogischen Sprache gilt, bleibt also I jene Rekonstruktion, die dem Text am besten entspricht.

[8] Auch die Variable x in ιx bezieht sich auf mögliche Objekte, ιxFx ist also jenes *mögliche* Objekt, das die Eigenschaft F hat. Man kann wieder definieren $\iota.xFx := \iota x(Fx \wedge Ex)$ — das existierende Objekt mit der Eigenschaft F.

B) *Anselms Argument im Kapitel III des Proslogion*

„Quod utique sic vere est, ut nec cogitari possit non esse. Nam potest cogitari esse aliquid, quod non possit cogitari non esse; quod maius est quam quod non esse cogitari potest. Quare si id quo maius nequit cogitari, potest cogitari non esse: id ipsum quo maius cogitari nequit, non est id quo maius cogitari nequit; quod convenire non potest. Sic ergo vere est aliquid quo maius cogitari non potest, ut nec cogitari possit non esse".
„Und dieses Wesen [zu dem es kein Größeres gibt] existiert so wahrhaft, daß nicht einmal gedacht werden kann, es existiere nicht. Denn es kann etwas gedacht werden, von dem man nicht denken kann, es existiere nicht; und das ist größer als etwas, von dem man denken kann, es existiere nicht. Wenn also das, zu dem kein Größeres gedacht werden kann, als nichtexistierend gedacht werden kann, ist dasselbe, zu dem kein Größeres gedacht werden kann, nicht dasjenige, zu dem ein Größeres nicht gedacht werden kann, was unverträglich ist. Daher existiert etwas, zu dem nichts Größeres gedacht werden kann, so wahrhaft, daß man nicht einmal denken kann, es existiere nicht".

I) *Rekonstruktionen in Analogie zu jenen des ersten Arguments*

Wir können dieses zweite Argument, dessen stärkere Konklusion nun ist, daß Gott notwendigerweise existiert – daß es unmöglich (undenkbar) ist, daß er nicht existiert – wieder in den drei (bzw. vier) angegebenen Versionen formulieren, wobei nun natürlich auch in A,I eine modallogische Sprache verwendet werden muß, was aber nicht bedeutet, daß wir (1) und (2) in A,I durch (1′) bzw. (2′) in A,II ersetzen müssen. Diese Rekonstruktionen ergeben sich aber in einfacher Weise, wenn man beachtet, daß nun die Prämisse (3) in A,I zu ersetzen ist durch
3a) $\bigwedge x(\neg NEx \supset \bigvee y(x<y))$ bzw. in A,II durch
3′a) $\bigwedge x(\neg NEx \supset M\bigvee y(x<y))$.
Damit ergibt sich
4a) $\bigwedge x(Gx \supset NEx)$, bzw.
4′a) $N\bigwedge x(Gx \supset NEx)$.
Wir erhalten also als Rekonstruktion in Entsprechung zu A,I nun:
1) $Gx := \neg \bigvee y(x<y)$
2) $\bigvee xGx$
3a) $\bigwedge x(\neg NEx \supset \bigvee y(x<y))$
4a) $\bigwedge x(Gx \supset NEx)$
5a) $\bigvee x(Gx \wedge NEx)$.
Einfacher erhält man die Notwendigkeit der Existenz Gottes aus A,I mit Hilfe der modallogischen Regel: Ist A beweisbar, so auch NA.

II) *Die Rekonstruktion von Ch. Hartshorne*

Hartshorne hat in (1962), Kap.2 den Beweisgedanken von Anselm so rekonstruiert: Schreiben wir A für V. xGx, so wird aus
1) $N(A \supset NA)$ und
2) MA auf
3) A
geschlossen. Das ist modallogisch korrekt (nach dem Brouwerschen Axiom $A \supset NMA$, das auch in S5 gilt, folgt A aus MNA). R. M. Adams findet das „Anselmsche Prinzip" (1) in der Erwiderung Anselms auf die Kritik Gaunilos (vgl. Adams (1971), S.40ff), und Hartshorne gibt dafür in (1962) verschiedene Argumente an, die aber recht fragwürdig sind. Am einfachsten erhält man (1) aus der Forderung $N \wedge x(Gx \supset NEx)$ (vgl. (4'a) unter I) und der Annahme, Gott sei ein essentielles Attribut, woraus $N \wedge x(Gx \supset NGx)$ folgt. (1) ist aber auch nicht die problematische Prämisse, sondern (2). Und zu (2) sagt Hartshorne lediglich, die Annahme A sei nicht kontradiktorisch, „also" gelte MA. Dieser Schluß ist aber unhaltbar: Auch $\neg A$ ist nicht kontradiktorisch, nach demselben „Schluß" müßte also auch gelten $M\neg A$, d. h. $\neg NA$, und daraus folgt mit (1) $\neg A$.

C) *Das Modalitätsargument von Leibniz*

Wir betrachten zunächst die im Text angegebene Version:
1) $Gx := NEx$
2) MVxNEx
3) VxNEx.
Hier soll sich (2) aus der Tatsache ergeben, daß die Annahme VxNEx widerspruchsfrei ist. *Logisch* widerspruchsfrei ist sie sicher, d. h. es gibt Interpretationen der modallogischen Sprache – auch solche, wie wir sie oben unter A,II vorausgesetzt haben –, in denen dieser Satz wahr ist. Daraus folgt aber natürlich nicht, daß der Satz MVxNEx in allen (solchen) Interpretationen wahr ist. Tatsächlich ist das auch nicht richtig. Man kann nur sagen: Ist *V* eine bestimmte Interpretation, wie wir sie oben betrachtet haben, und ist der Satz VxNEx in *V* nicht *analytisch* falsch, d. h. gibt es Welten, in denen er gilt, so ist der Satz MVxNEx in *V* analytisch wahr. Mit der Wahl einer solchen Interpretation legen wir aber fest, daß MVxNEx gilt; ein evidentermaßen wahrer oder beweisbarer Satz ist das nicht. Leibniz zeigt also nur – wie er das Anselm vorwarf –: *Wenn* (2) gilt, so gilt auch (3). Das ist nun in der Tat eine modallogische Wahrheit, denn aus MVxNEx folgt (in S5) VxMNEx und daraus VxNEx. Man kann aber auch eine andere Interpretation *V'* wählen, in der es keine notwendig existierenden Objekte gibt; in ihr gilt also analytisch $N\neg$VxNEx, also $\neg$VxGx. Selbst wenn man durch irgendwelche Plausibilitätsargumente Interpretationen auszeichnet, in denen es Ob-

jekte gibt, die in allen Welten existieren, so können das mehrere sein. Man müßte also noch spezieller von Interpretationen ausgehen, bei denen es nur ein Objekt gibt, das in allen Welten existiert, und das dürfte auch kein Mensch, Hase oder Regenschirm sein, sondern eben ein Gott. Damit hätte man aber alles vorausgesetzt, was man beweisen wollte. Man kann die Modaloperatoren M und N auch nicht im Sinn einer logischen Möglichkeit bzw. Notwendigkeit verstehen, denn dann gelten die üblichen prädikatenlogischen Gesetze der Modallogik nicht mehr, die man zum Übergang von (1) und (2) zu (3) benötigt, da sich die Objektbereiche in den verschiedenen Interpretationen unterscheiden, und die Annahme (2) ist falsch, da es eben nicht in allen Interpretationen notwendigerweise existierende Objekte gibt.

N. Rescher bezeichnet in (1967),S. 67f. folgendes Argument als „Modales Argument“[9]:

1) $\neg MVxNEx \supset \neg MVxEx$
2) $MVxNEx \supset VxNEx$
3) $\neg VxNEx \supset \neg VxEx$
4) $VxEx$
5) $VxNEx$.

Hier ist (2) ein (in S5) modallogisch gültiger Satz, (3) folgt modallogisch aus (1) und (2), (4) ist eine unbestreitbare Prämisse, aus der zusammen mit (3) die Konklusion (5) folgt. (1) ist nun aber keine modallogisch wahre Prämisse: Aus $\neg MVxNEx$ folgt (in S5) modallogisch nur $\Lambda xM\neg Ex$. Man wird hier Leibniz freilich keinen logischen Fehler unterstellen können. Die Prämisse (1) ergibt sich vielmehr bei ihm aus dem Prinzip vom zureichenden Grund, nach dem alles, was nicht selbst notwendigerweise existiert, einen Grund seiner Existenz in einem anderen, letztlich in einem notwendigerweise existierenden Objekt haben muß (einem *ens a se*). Aus (*)$VxEx \supset VxNEx$ folgt aber $MVxEx \supset MVxNEx$, also durch Kontraposition die Prämisse (1). Leibniz wollte damit wohl auch die Lücke schließen, die er an Anselms Argument moniert hat und seine Definition Gottes als eines notwendigerweise existierenden Wesens dadurch als korrekte Realdefinition erweisen, daß er zeigte $MVxNEx$. Mit dem Prinzip (*) vom zureichenden Grund und (4) erhält man aber schon die Konklusion. Im Sinn dieses Gedankens wäre das Argument dann besser so zu rekonstruieren:

1′) $VxEx \supset VxNEx$
2′) $MVxEx \supset MVxNEx$
3′) $MVxEx$
4′) $MVxNEx$

[9] Rescher bezieht sich dabei auf WG IV, S. 359f, 401f, 406.

5′) $MVxNEx \supset VxNEx$
6′) $VxNEx$.
Hier ist (1′) das Prinzip vom zureichenden Grund (*), aus dem (2′) folgt. (3′) ist eine Abschwächung der Prämisse (4). (4′) folgt aus (2′) und (3′), (5′) ist (2) und ein modallogisch wahrer Satz, und (6′) folgt aus (4′) und (5′).

D) *Gödels Gottesbeweis*

Im Nachlaß Kurt Gödels finden sich zwei Blätter mit der Überschrift „Ontologischer Beweis" vom 10.2.1970. Gödel diskutierte den Gedanken im Februar 1970 mit D. Scott, der drei Seiten dazu schrieb, die ebenfalls im Nachlaß liegen. Fotokopien davon waren bald im Umlauf und Scott trug den Beweis in Seminaren vor. Eine Darstellung hat J. H. Sobel in (1987) publiziert. In diesem Beweis wird die problematische Definition des Gottesbegriffs bei Anselm durch gewisse Annahmen über positive Eigenschaften ersetzt, aus denen sich dann auch auf logisch stringente Weise ergibt, daß es genau eine Entität gibt, die alle positiven Eigenschaften hat. Logisch gesehen ist der Gödelsche Beweis die überzeugendste Version des ontologischen Arguments. Der Beweis verwendet die Modallogik, aber man kann die Grundgedanken auch in der extensionalen Logik angeben.[10]

I) *Die extensionale Version:*

Extensional betrachtet man nur Umfänge von Eigenschaften, also Klassen. Statt „Eine Eigenschaft F ist positiv" sagt man daher „Eine Klasse X ist positiv", symbolisch $X \in P$. Es soll nun gelten:

1) $X \in P \equiv \bar{X} \notin P$ (Jede Klasse X ist entweder selbst positiv oder ihr Komplement ist positiv)
2) $\cap P \in P$ (Der Durchschnitt aller positiven Klassen ist selbst positiv)
3) $X \subset Y \wedge X \in P \supset Y \in P$ (Alle Oberklassen positiver Klassen sind positiv).

Setzt man nun

D1) $G := \cap P$, (G ist die Klasse der Götter)

so gilt:

a) $P \neq \Lambda$ (Nach (1); Λ ist die leere Menge).
b) $V \in P$ (Nach (3); V sei die Allklasse).
c) $\Lambda \notin P$ (Nach (b) und (1))
d) $X \in P \supset X \neq \Lambda$ (Nach (c))

[10] Vg. dazu Essler (1987), S. 310ff.

e) $\bigvee X(X \in G)$ (Nach (2),(d))

f) $x \in G \wedge y \in G \supset x = y$.

Denn gilt $x \in G$ und $\{x\} \notin P$, so $\overline{\{x\}} \in P$, also wegen D1 $\neg x \in G$, im Widerspruch zur Annahme; also gilt für $x \in G$ $\{x\} \in P$, d. h. $G = \{x\}$. $\{x\}$ ist die Menge, die genau das Element x enthält. Nach (e) und (f) gilt also: Es gibt genau einen Gott.

Dieser Beweis ist formal korrekt, inhaltlich aber nichtssagend. Gilt $x \in G$, so hat x zwar alle positiven Eigenschaften, aber damit ist x noch kein vollkommenes Wesen im üblichen Sinn. Die Annahmen über positive Eigenschaften sind intuitiv nicht plausibel. Nach (1) müßte entweder Rot oder Nichtrot positiv sein, wir sehen beide Eigenschaften aber als wertmäßig indifferent an. Ferner kann dieselbe Eigenschaft (z. B. großes Gewicht) bei einem Objekt (etwa einer Dampfwalze) positiv sein, bei einem anderen (z. B. einer Armbanduhr) hingegen negativ. Sehen wir ferner z. B. die Eigenschaft, eine größere Geschwindigkeit zu haben als v von einer gewissen Zahl v_o an als positiv an, so wären alle Klassen $\{x{:}v_o < v < v(x)\}$ positiv, ihr Durchschnitt wäre aber leer, im Widerspruch zu (e). Auch die Bedingung (3) leuchtet nicht ohne weiteres ein: Wieso soll ‚intelligent oder dumm sein', positiv sein, weil das für ‚intelligent' gilt? Man kann aber (3) einfach als Postulat für einen Begriff ‚positiv im weiteren Sinn' ansehen, so daß Klassen i. w. S. positiv sind, die eine i. e. S. positive Teilklasse enthalten.

Wie der Beweis von (e) und (f) zeigt, kann man umgekehrt auch genau ein Objekt x als „perfekt" auszeichnen und die positiven Klassen durch $X \in P \equiv x \in X$ bestimmen. Dann gelten (1), (2), (3) und nach D1 $G = \{x\}$. Zu jedem Objekt läßt sich also eine Klasse P angeben, die dieses Objekt als perfekt auszeichnet. Für einen Gottesbeweis käme es auf eine intuitiv überzeugende Bestimmung der Klasse P an. Ohne sie ist der Beweis nicht mehr als eine formale Spielerei.

II) *Die intensionale Version*

Hier kann man nun von *Eigenschaften* (bzw. Intensionen von einstelligen Prädikaten) reden. Es werden (1) und (2) zu

1') $P(F) \equiv \neg P(\bar{F})$ (es sei $\bar{F}x := \neg Fx$)

2') $P(\cap P)$ (es sei $\cap P(x) := \bigwedge f(P(f) \supset fx)$).

(3) wird ersetzt durch

3') $N \bigwedge x(Fx \supset Gx) \wedge P(F) \supset P(G)$.

Die Definition D1 wird zu

D1') $Gx := \bigwedge f(P(f) \supset fx)$.

Es gelten dann die (a) bis (f) unter (I) entsprechenden Sätze, wobei V durch den Begriff $x = x$ ersetzt wird, Λ durch $x \neq x$, und $P \neq \Lambda$ durch $\bigvee fP(f)$.

Gödel will nun auch beweisen, daß es *notwendigerweise* einen Gott gibt. Dazu führt er zwei neue Begriffe ein:

D2′) $Es(F,x) := Fx \land \bigwedge g(gx \supset N \bigwedge y(Fy \supset gy))$ – F ist ein *essentielles Attribut* von x.

D3′) $E(x) := \bigwedge f(Es(f,x) \supset NVyfy)$ – x *existiert essentiell.*

Mit den beiden Zusatzaxiomen

4′) $P(F) \supset NP(F)$,

5′) $P(E)$

ergeben sich dann die Sätze:

a′) $\bigwedge x(Gx \supset Es(G,x))$ – Gottsein ist ein essentielles Attribut aller Götter.

Denn aus D1‘ folgt $P(F) \supset \bigwedge x(Gx \supset Fx)$, also $N(P(F) \supset \bigwedge x(Gx \supset Fx))$, also $NP(F) \supset N \bigwedge x(Gx \supset Fx)$. Es sei Gx, Fx und $\neg P(F)$, dann ist nach (1′) $P(\bar{F})$, also nach D1, $\bigwedge x(Gx \supset \neg Fx)$, im Widerspruch zur Annahme $Gx \land Fx$. Es gilt also $Gx \land Fx \supset P(F)$. Mit (4′) gilt also $Gx \land Fx \supset NP(F)$, also $\bigwedge x(Gx \supset \bigwedge f(fx \supset N \bigwedge x(Gx \supset fx))$.

b′) NVxGx.

Denn aus D1, folgt mit (5′) $\bigwedge x(Gx \supset Ex)$, wegen VxGx (vgl. (e) unter A) gibt es also ein x mit $Gx \land Ex$. Nach D3‘ also $Es(G,x) \supset NVxGx$, mit (a’) folgt aber Es(G,x), also NVxGx.

Auch hier gilt dieselbe Kritik wie oben: (3′) ist zwar gegenüber (3) eingeschränkt, aber man kann wieder für ein beliebiges Objekt x setzen $P(F) := Fx$. Ferner würde man normalerweise sagen: F ist eine essentielle Eigenschaft von x gdw. NFx gilt. (Oder: F ist eine essentielle Eigenschaft, d. h. $\bigwedge y(NFy \lor N\neg Fy)$, und F ist Eigenschaft von x, d. h. Fx. Daraus folgt NFx, aber die Umkehrung gilt nicht.) Aus D2′ folgt aber nicht, daß F eine essentielle Eigenschaft ist oder eine essentielle Eigenschaft von x: F braucht nicht in allen Welten auf x zuzutreffen. In den meisten Interpretationen wird es auch keine essentiellen Attribute von x im Sinn von D2‘ geben, denn x hat in einer Welt nicht nur Eigenschaften g, die Oberbegriffe von F sind. Setzen wir $Fy := y=x$, so gilt $Es(y=x,x) \equiv \bigwedge g(gx \supset Ngx)$, d. h. selbst die Eigenschaft, mit x identisch zu sein, ist nur eine essentielle Eigenschaft von x, wenn x in der realen Welt nur essentielle Eigenschaften im normalen Sinn hat. D2′ ist also intuitiv inadäquat. Da aus D2‘ für Es(F,x) und $gy := y=x$ folgt $N \bigwedge y(Fy \supset y=x)$, also $N(Fx \lor \bigwedge y \neg Fy)$, gilt ferner $E(x) \equiv \bigwedge f(Es(f,x) \supset Nfx)$; da die Menge der essentiellen Eigenschaften von x (im Sinn von D2″) in der Regel leer ist, gilt also in der Regel auch Ex. – Da es nur um (b,) geht, hätte man sich D2′, D3′ und (4′),(5′) sparen können: Weil VxGx allein aus Definitionen und Axiomen für P abgeleitet werden kann, folgt daraus NVxGx einfach mit der modallogischen Regel $A \vdash NA$.

2) Zu Attributen Gottes

A) *Allmacht*

Das Problem der Bewirkung unbewirkter Sachverhalte

Wir schreiben „K" für „(Analytisch) kontingent", „B" für „Bewirkt" und „B*" für „Kann bewirken"; „g" sei wieder ein Name für Gott.[11] Das Problem von A. Plantinga läßt sich dann allgemein so darstellen: Es sei p irgendein Sachverhalt mit Kp. Dann kann nicht gelten $B^*(g,p \wedge \neg B(g,p))$. Denn aus $B(g,p \wedge \neg B(g,p))$ folgt $B(g,p) \wedge B(g,\neg B(g,p))$, also $B(g,p) \wedge \neg B(g,p)$. Es gilt also $\neg MB(g,p \wedge \neg B(g,p))$ und daher $\neg B^*(g,p \wedge \neg B(g,p))$. Nun kann aber durchaus gelten $K(p \wedge \neg B(g,p))$, d. h. $M(p \wedge \neg B(g,p)) \wedge M(\neg p \vee B(g,p))$. Aus Kp folgt ja $M\neg p$, also $M(\neg p \vee B(g,p))$, und alles Übel ist nach traditioneller Ansicht ein p, für das gilt $M(p \wedge \neg B(g,p))$. Damit ist aber die Definition (c) der Allmacht aus dem Abschnitt 1.3 unhaltbar, nach der für alle Sachverhalte p gilt: $Kp \supset B^*(g,p)$, also auch $Kp \supset MB(g,p)$. Umgekehrt folgt aus (c) für Kp auch $\neg M(p \wedge \neg B(g,p))$, also $N(p \supset B(g,p))$, d. h. alle bestehenden kontingenten Sachverhalte sind durch Gott bewirkt – auch die Übel.

B) *Allwissenheit und Freiheit*

I) *N. Pikes Argument gegen die Verträglichkeit von Allwissenheit und menschlicher Freiheit*

N. Pike hat sein Argument in (1965) und (1970), Kap.4 formuliert und es in (1977) gegen die Kritik von A. Plantinga in (1974), IB verteidigt. Wir beziehen uns hier auf die letztere Arbeit. Der dort angegebene Gedanke läßt sich in der in Kutschera (1986) verwendeten Logik mit zeitabhängigen Modalitäten so rekonstruieren („$G_t(x,p)$" stehe für „x glaubt im Zeitpunkt t, daß p der Fall ist"):

Allwissenheit im Zeitpunkt t läßt sich definieren durch:

$A_t(x) := \bigwedge p(p \equiv G_t(x,p))$ – x ist in t allwissend.

Dabei seien die p,s Sachverhalte, die durch ewige Sätze ausgedrückt werden. Setzen wir $A(x) := \bigwedge t A_t(x)$, so ist die essentielle Allwissenheit Gottes so auszudrücken:

(1) $NA(g)$.

Pike behauptet nun:

(2) $G_t(g,F(a,t')) \wedge t<t' \supset N_{t'}F(a,t')$.

[11] Zur Logik des Wortes „Bewirken" vgl. Kutschera (1986).

Ist a ein Mensch, so besagt das: Weiß Gott in t, daß a im späteren Zeitpunkt t' F tun wird, so hat a in t, nicht die Möglichkeit, F zu unterlassen, d. h. er handelt in t' nicht frei.[12] Der Beweis sieht so aus: Es gelte $G_t(g,F(a,t'))$ und $t<t'$. Dann gilt (a) $N_{t'}(G_t(g,F(a,t')))$, denn der Sachverhalt $G_t(g,F(a,t'))$ bezieht sich auf einen von t' aus gesehen vergangenen Zustand, so daß es in t, nicht möglich ist, daß er nicht besteht (d. h. er gilt in allen möglichen Welten, die mit der realen bis einschließlich t übereinstimmen). Würde nun gelten $M_{t'}\neg F(a,t')$, so wegen (a) $M_{t'}(\neg F(a,t') \wedge G_t(g,F(a,t')))$, also $M_{t'}\neg A_t(g)$, also $M_t\neg A(g)$, im Widerspruch zu (1). Es muß also $N_{t'}F(a,t')$ gelten.

Dieses Argument läßt sich wie folgt verallgemeinern zu einem Beweis von (2') $\bigvee xNA(x) \supset N\bigwedge p(p\supset \bigwedge tN_tp)$:
Es gelte $\bigvee xNA(x)$. g sei eine solche Person, so daß NA(g) wahr ist. Gilt p in einer Welt w, so gilt also auch $G_t(g,p)$ für alle t. Würde nun für ein t in w gelten $M_t\neg p$, so gäbe es einen Zeitpunkt $t'<t$ mit $G_{t'}(g,p)$. Da $G_{t'}(g,p)$ in einem von t aus gesehen früheren Zeitpunkt gilt, gilt $G_{t'}(g,p)$ in allen Welten, die bis t mit w übereinstimmen, also gilt in w $N_t(G_{t'}(g,p))$. Mit $M_t\neg p$ erhalten wir so $M_t(\neg p \wedge G_{t'}(g,p))$, d. h. $M_t(\neg A_{t'}(g))$, also $M_t(\neg A(g))$ in w, im Widerspruch zu NAg. Für jede Welt w gilt also: Besteht p in w, so gilt $\bigwedge tN_tp$ in w. Damit ist (2') bewiesen. (2') besagt: Eine essentiell allwissende Person kann es nur geben, wenn alle möglichen Welten deterministisch sind. Da wir das schon für die reale Welt nicht annehmen, folgt: Es kann keine essentiell allwissende Person geben.

Plantingas Kritik an Pikes Argument ist insofern nicht stichhaltig, als er nur sagt, aus $G_t(g,F(a,t'))$ folge mit (1) nicht $N(G_t(g,F(a,t')))$. Das ist zwar richtig, aber wie Pike in (1977) betont, benötigt man nicht diesen Satz, sondern nur (a). Nun gilt aber auch (a) nicht. Dazu müßte gelten: Stimmt die Welt w, mit (der realen Welt) w bis t' überein, so besteht der Sachverhalt $G_t(g,F(a,t'))$ auch in w', wenn er in w besteht. Aus (1) folgt jedoch $N\bigwedge tt'(G_t(g,p) \supset G_{t'}(g,p))$, d. h. die Aussage „$G_t(g,p)$" bezieht sich ihrem Sinn nach nicht nur auf einen von t aus gesehen vergangenen Zustand, sondern auch auf Künftiges; $G_t(g,p)$ ist wegen (1) analytisch äquivalent mit $\bigwedge tG(g,p)$ (Gott glaubt immer, daß p). Gilt in w $\bigwedge tG_t(g,p)$, so folgt also nicht, daß das auch in w' gilt, falls w' nur bis zu einem Zeitpunkt t mit w

[12] N bezeichnet also die analytische Notwendigkeit, die Geltung eines Satzes in allen Welten und Zeiten. N_t bezeichnet hingegen eine zeit— und weltabhängige Notwendigkeit, die Geltung eines Satzes in allen Welten, die bis einschließlich t mit der fraglichen Welt übereinstimmen. Vgl. dazu wieder Kutschera (1986).

übereinstimmt.[13] Anders ausgedrückt: Sieht man die Überzeugungen Gottes als zeitlos an, läßt also von vornherein den Index t in $G_t(g,p)$ weg, so funktioniert das Argument von Pike nicht mehr: „G(g,p)“ ist dann ein ewiger Satz und aus der Koinzidenz der Welten w und w′ bis zu irgendeinem Zeitpunkt t folgt dann nicht mehr, daß er in w‘ gilt, falls er in w gilt; $N_{t'}G(g,p)$ gilt dann in w′ nur, falls NG(g,p) gilt. Das folgt aber nicht daraus, daß G(g,p) in w gilt. In diesem Sinn ist dann auch Plantingas Kritik an Pike berechtigt.

[13] Hier liegt also derselbe Fehler vor wie beim Meisterargument des Diodoros Kronos und im Argument von Aristoteles in *De interpretatione*, Kap. 9. Vgl. dazu Kutschera (1986a).

Literaturverzeichnis

Adams, R. M.: *The logical structure of Anselm's arguments*, The Philosophical Review 80 (1971), 28–54

Adams, R. M.: *Middle Knowledge and the Problem of Evil*, American Philosophical Quarterly 14 (1977), 109–17

Alston, W.: *Philosophy of Language*, Englewood Cliffs/N. J. 1964

Anselm v. Canterbury: *Opera Omnia*, 5 Bde. hg. F. S. Schmitt O. S. B., Edinburgh 1946ff

Ayer, A. J.: *Language, Truth and Logic*, London [1]1936, [2]1946

Baillie, J.: *The Idea of Revelation in Recent Thought*, London 1956

Barnes, J.: *The Ontological Argument*, London 1972

Blanshard, B.: *Symbolism*, in Hook (1961), 48–54

Braithwaite, R. B.: *An Empiricist's View of the Nature of Religious Belief*, in Mitchell (1971), 72–91

Broad, C. D.: *Hume's theory of the credibility of miracles*, Proceedings of the Aristotelian Society n. s. 18 (1916/17), 77–94

Buren, P. van: *The Secular Meaning of the Gospel*, [1]New York 1963, [2] Harmondsworth 1968; dt. *Reden von Gott in der Sprache der Welt*, Zürich/Stuttgart 1965

Buren, P. van: *The Edges of Language*, London 1972

Burke, K.: *The Rhetoric of Religion*, Boston 1961

Burrill, D. R. (Hg.): *The Cosmological Arguments*, New York 1967

Cahn, St. M. und Shatz, D. (Hg.):*Contemporary Philosophy of Religion*, Oxford 1982

Cannon, W. B.: *‚Vodoo' Death*, American Anthropologist, n. s. 44 (1942), 169–81

Cargile, J.: *Pascal's wager*, Philosophy 41 (1966), abgedr. in Cahn und Shatz (1982), 229–36

Carnap, R.: *Meaning and Necessity*, [2]Chicago 1956

Cassirer, E.: *Philosophie der symbolischen Formen*, Bd. 2: *Das Mythische Denken*, [1]1925, Darmstadt [4]1964

Castaneda, H.-N.: *Omniscience and Indexical Reference*, The Journal of Philosophy 64 (1967), 203–10

Charlesworth, M. J.: *St. Anselm's Proslogion with A Reply on Behalf of the Fool and The Author's Reply to Gaunilo* (lat.-engl., mit Einl. und Kommentar), Oxford 1965

Clarke, S.: *A Discourse Concerning the Being and Attributes of God, The Obligations of Natural Religion, and the Truth and Certainty of Christian Revelation*, [5]London 1738

Coburn, R.: *Professor Malcolm on God*, Australasian Journal of Philosophy 41 (1963),143–62

Coburn, R.: *A neglected use of theological language*, Mind 72 (1963),369–85; abgedr. in High (1969) (1963a)

Comte, A.: *Système de Politique Positive*, Bd. 1 (1851); Nachdr. Osnabrück 1967

Conzelmann, H.: *Grundriß der Theologie des Neuen Testaments*, München 1967

Craig, W. L.: *The Cosmological Argument from Plato to Leibniz*, London 1980

Crombie, I. M.: *Theology and Falsification*, in Flew and MacIntyre (1955), 109–30

Cullmann, O.: *Immortality of the Soul or Resurrection of the Dead?*, London 1958

Descartes, R.: *Oeuvres de Descartes*, hg. Ch. Adam und P. Tannery, 12 Bde., Paris 1897–1910 (AT)

Dewey, J.: *A Common Faith*, New Haven/Conn. 1934

Diels, H.: *Die Fragmente der Vorsokratiker*, hg. W. Kranz, 3 Bde. Zürich [6]1951/1952

Dietl, P.: *On miracles*, American Philosophical Quarterly 5 (1967) 130–34

Dodds, E. R.: *The Greeks and the Irrational*, Berkeley 1966, dt. Darmstadt 1970

Dore, C.: *Theism*, Dordrecht 1984

Durkheim, E.: *Les formes élémentaires de la vie religieuse*, Paris 1912, [5]1968

Durrant, M.: *The Logical Status of ‚God'*, London 1973

Eichrodt, W.: *Theologie des Alten Testaments*, 3 Bde., Göttingen [1]1933–39, I: [8]1968, II/III: [6]1974

Eliade, M.: *Myth and Reality*, New York 1963

Erikson, E. H.: *Identity and the Life Cycle*, New York 1959; dt. Frankfurt a. M. 1966

Essler, W., Brendel, E. und Martinez, R.: *Grundzüge der Logik II*, Frankfurt a. M. 1987

Evans-Pritchard, E. E.: *Theories of Primitive Religion*, Oxford 1965

Feuerbach, L.: *Das Wesen des Christentums*, Leipzig 1841; hg. W. Schuffenhauer, Berlin 1956

Fichte, J. G.: *Sämtliche Werke*, hg. I. H. Fichte, 8 Bde. Berlin 1845f.; Nachdr. Berlin 1971 (W)

Findlay, J. N.: *Can God's Existence be Disproved?* Mind 57 (1948) abgedr. in Flew und MacIntyre (1955), 47–56

Flew, A.: *God and Philosophy*, London 1966
Flew, A.: *Divine Omnipotence and Human Freedom*, in Flew and MacIntyre (1955), 144–69
Flew, A., Hare, R. M. und Mitchell, B.: *Theology and Falsification – A Symposium*, University (1950/51), abgedr. in Mitchell (1971) und in Flew and MacIntyre (1955), S. 96–130
Flew, A. und MacIntyre, A.: *New Essays in Philosophical Theology*, London 1955
Frankfort, H. und H. A., Wilson, J. A., Jacobsen, Th., Irvin, W. A.: *The Intellectual Adventure of Ancient Man – An Essay on Speculative Thought in Ancient Near East*, Chicago 1946
Freud, S.: *Studienausgabe*, 10 Bde, hg. A. Mitscherlich, A. Richards, J. Strachey, Frankfurt a. M. 1974
Fromm, E.: *Psychoanalysis and Religion*, New Haven/Conn. 1950; dt. Zürich 1966
Fromm, E.: *Man for Himself – An Inquiry into the Psychology of Ethics*, New York 1947, dt. *Psychoanalyse und Ethik*, Stuttgart 1982
Gaskin, J. C. A.: *Miracles and the religiously significant coincidence*, Ratio 16 (1975), 72–81
Geach, P. T.: *God and the Soul*, New York 1969
Geach, P. T.: *Omnipotence*, Philosophy 48 (1973), 7–20
Glasenapp, H. v.: *Die Religionen Indiens*, Stuttgart 1943
Glasenapp, H. v.: *Die fünf großen Religionen*, Teil I: *Brahmanismus, Buddhismus, Buddhismus und chinesischer Universismus*, Düsseldorf 1952
Glasenapp, H. v.: *Der Pfad zur Erleuchtung*, Düsseldorf 1956
Granet, M.: *La Pensée Chinoise*, Paris 1934, dt. München 1971
Grant, R. M.: *Gnosis and Early Christianity*, New York² 1966
Haardt, R.: *Die Gnosis – Wesen und Zeugnisse*, Salzburg 1967
Hanson, N. R.: *Patterns of Discovery*, Cambridge 1958
Hartshorne, Ch.: *The Logic of Perfection*, La Salle/Ill. 1962
Hegel, G. W. F.: *Werke in 20 Bänden* (Suhrkamp), Frankfurt a. M. 1969ff. (WS)
Heimbeck, R. S.: *Theology and Meaning*, London 1969
Hempel, C. G.: *Aspects of Scientific Explanation*, New York 1965
Hempel, C. G.: *Grundzüge der Begriffsbildung in der empirischen Wissenschaft*, Düsseldorf 1974
Hepburn, R. W.: *From World to God*, Mind 72 (1963), 40–50, abgedr. in Mitchell (1971)
Hick, J.: *Meaning and Truth in Theology*, in Hook (1961), 203–10
Hick, J. (Hg.): *The Existence of God*, London 1964
Hick, J. (Hg.): *Faith and the Philosophers*, London 1964 (1964a)
Hick, J.: *Sceptics and Believers*, in Hick (Hg.) 1964 (1964b)

Hick, J.: *Christianity at the Center*, London 1968
Hick, J.: *Arguments for the Existence of God*, New York 1970
Hick, J.: *Death and Eternal Life*, New York 1976
Hick, J. und McGill, A. (Hg.): *The Many-Faced Argument*, London 1968
High, D. M. (ed.): *New Essays on Religious Language*, Oxford 1969, dt.: *Sprachanalyse und religiöses Sprechen*, Düsseldorf 1972
Hölscher, U.: *Anfängliches Fragen*, Göttingen 1968
Holland, R. F.: *The Miraculous*, American Philosophical Quarterly 2 (1965), 43–51, abgedr. in Phillips (1967),147–63
Hook, S. (Hg.): *Religious Experience and Truth*, New York 1961
Hudson, W. D.: *Wittgenstein and Religious Belief*, London 1975
Hume, D.: *The Natural History of Religion and Dialogues concerning Natural Religion*, hg. A. W. Colver und J. V. Price, Oxford 1976 (NHR und DNR).
Ikeda, D.: *Der Buddha lebt*, Frankfurt 1988
James, W.: *The Will to Believe and Other Essays*, London 1896
James, W.: *The Varieties of Religious Experience*, [1]New York 1902, Neuaufl. 1963
Jaspers, K.: *Der philosophische Glaube angesichts der Offenbarung*, München 1962
Keightley, A.: *Wittgenstein, Grammar and God*, London 1976
Kemp Smith, N.: *Is divine existence credible?*, Proceedings of the British Academy 1931, in Kemp Smith: *The Credibility of Divine Existence*, New York 1967, 375–97
Kenny, A.: *The Five Ways – St. Thomas Aquina's Proofs of God's Existence*, London 1969
Kenny, A. (Hg.): *Aquinas – A Collection of Critical Essays*, Notre Dame/Ind. 1969 (1969a)
Kenny, A.: *The God of the Philosophers*, Oxford 1979
Kerényi, K. (Hg.): *Die Eröffnung des Zugangs zum Mythos*, Darmstadt [2]1976
Kierkegaard, S.: *Gesammelte Werke*, hg. E. Hirsch u. a., 36 Abteilungen in 26 Bden., Düsseldorf 1950–69
Kretzmann, N.: *Omniscience and Immutability*, The Journal of Philosophy 63 (1966), 409–21
Kümmel, W. G.: *Die Theologie des Neuen Testaments*, Göttingen [1]1969, [5]1987
Küng, H.: *Christ sein*, München 1974
Küng, H.: *Existiert Gott?*, München 1978
Kuhn, T. S.: *The Structure of Scientific Revolutions*, Chicago [1]1962, [2]1970
Kutschera, F. v.: *Wissenschaftstheorie*, 2 Bde., München 1972
Kutschera, F. v.: *Einführung in die intensionale Semantik*, Berlin 1976
Kutschera, F. v.: *Grundfragen der Erkenntnistheorie*, Berlin 1981
Kutschera, F. v.: *Grundlagen der Ethik*, Berlin 1982

Kutschera, F. v.: *Bewirken*, Erkenntnis 24 (1986), 253–81

Kutschera, F. v.: *Zwei modallogische Argumente für den Determinismus: Aristoteles und Diodor*, Erkenntnis 24 (1986), 203–17 (1986a)

Kutschera, F. v.: *Ästhetik*, Berlin 1988

Kutschera, F. v.: *Bemerkungen zur gegenwärtigen Realismusdiskussion*, in: W. L. Gombocz, H. Rutte, W. Sauer (Hg.): *Traditionen und Perspektiven der analytischen Philosophie* (Festschrift für R. Haller), Wien 1989, 490–521

LaCroix, R.: *The Impossibility of Defining Omnipotence*, Philosophical Studies 32 (1977), 181–90

Leeuw, G. van der: *Phänomenologie der Religion*, Tübingen 1933, [2]1956

Leibniz, G. W. v.: *Philosophische Schriften*, hg. C. I. Gerhardt, 7 Bde., Berlin 1875–90; Nachdr. Hildesheim 1960/61 (WG)

Leibniz, G. W. v.: *Hauptschriften zur Grundlegung der Philosphie*, übers. A. Buchenau, hg. E. Cassirer, 2 Bde., Hamburg [1]1904/06, [3]1966 (W)

Leipold, J. und Grundmann, W. (Hg): *Umwelt des Urchristentums*, 3 Bde., Berlin I: [3]1971, II: [3]1972, III: [4]1976

Lenzen, W.: *Glauben, Wissen und Wahrscheinlichkeit*, Wien 1980

Lévy-Bruhl, L.: *Les fonctions mentales dans les sociétés inferieures,* [1]1910: dt: *Das Denken der Naturvölker*, [2]Wien 1926

Lévy-Bruhl, L.: *La mentalité primitive*, Paris 1922; dt: *Die geistige Welt der Primitiven*, [1]München 1927; Nachdr. Düsseldorf 1959

Lévy-Strauss, C.: *Anthropologie structurale*, 1958; dt: Frankfurt a. M. 1967.

Lewis, D.: *Attitudes de dicto and de se*, The Philosophical Review 88 (1979), 513–43

Ling, T.: *The Buddha*, London 1973

Lohse, E.: *Die Entstehung des Neuen Testaments,* Stuttgart [4]1983

Lübbe, H.: *Religion nach der Aufklärung*, Graz 1986

MacDonald, A. J.: *Berengar and the Reform of Sacramental Doctrine*, London 1930

MacIntyre, A.: *The logical status of religious belief*, in MacIntyre (Hg.): *Metaphysical Beliefs*, London 1957, 158–201

MacIntyre, A.: *The End of Ideology and the End of the End of Ideology*, abgedr. in: *Against the Self-Images of the Age,* New York 1971, 3–11

Mackie, J. L.: *Evil and Omnipotence*, Mind 64(1955), abgedr. in Mitchell (1971) und Pike (1964)

Mackie, J. L.: *The Miracle of Theism*, Oxford 1982; dt. Stuttgart 1985

Malcolm, N.: *The groundlessness of belief,* in Malcolm: *Thought and Knowledge,* Ithaca 1977

Malinowski, B.: *Magic, Science and Religion, and Other Essays*, Garden City/ N. Y. 1948; dt. Frankfurt a. M. 1973

Martin, C. B.: *The perfect good*, in Flew and MacIntyre (1955), 212–26

Marx, K. und Engels, F.: *Werke,* Berlin 1956ff. (MEW)
Mascall, E. L.: *He Who Is*, London 1954
Mascall, E. L.: *Existence and Analogy*, London [1]1949, [2]1966
Mavrodes, G. I.: *Defining Omnipotence*, Philosophical Studies 32 (1977), 191–202
McInery, R. M.: *The Logic of Analogy: An Interpretation of St. Thomas*, Den Haag 1961
McPherson, T.: *The Argument from Design*, London 1972
McTaggart, J. E.: *Some Dogmas of Religion*, London 1906
Mensching, G.: *Buddhistische Geisteswelt*, Baden-Baden 1955
Mill, J. St.: *Three Essays on Religion*, London 1874
Mitchell, B. (Hg.): *The Philosophy of Religion*, London 1971
Mitchell, B.: *The Justification of Religious Belief*, [1]London 1973, [2]1981
Mondin, B.: *The Principle of Analogy in Protestant and Catholic Theology*, Den Haag 1963
Monod, J.: *Zufall und Notwendigkeit* (a. d. Frz.), München 1971
Morris, Ch.: *Signs, Language and Behavior*, New York [1]1946, [2]1955
Newman, J. H.: *An Essay in Aid of a Grammar of Assent,* 1870, hg. C. F. Harrold, London 1947; dt. *Entwurf einer Zustimmungslehre,* Mainz 1961
Nielsen, K.: *Wittgensteinian Fideism*, Philosophy 42 (1967), abgedr. in Cahn und Shatz (1982)
Nielsen, K.: *Contemporary Critiques of Religion*, London 1971
Nietzsche, F.: *Sämtliche Werke,* 15 Bde., hg. G. Colli und M. Montinari, München, Berlin 1967–77 (W)
Nilsson, M. P.: *Geschichte der griechischen Religion*, Bd. 1, München 1941
Nowell-Smith, P.: *Miracles*, in Flew and MacIntyre (1955), S. 243–53
Ogden, C. K. und Richards, I. A.: *The Meaning of Meaning*, London [1]1923, [10]London 1949
Otto, R.: *Das Heilige*, [1]Breslau 1917, [2]1936, Nachdr. München 1979
Otto, W. F.: *Theophania – der Geist der altgriechischen Religion*, Reinbek b. Hamburg 1956
Paley, W.: *Natural Theology, or Evidences of the Existence and Attributes of the Deity Collected from the Appearances of Nature* (1802), Westmead 1970
Palmer, H.: *Analogy*, London 1973
Pascal, B.: *Pensées*,, in Oevres complètes, hg. L. Brunschvic und P. Boutroux, 14 Bde., Paris 1908–14 (W), Bd. 12–14.
Passmore, J.: *Christianity and Positivism*, The Australasian Journal of Philosophy 35 (1957), 125–36
Penelhum, T. (Hg.): *Immortality*, Belmont/Calif. 1973
Penelhum, T.: *God and Skepticism,* Dordrecht 1983

Phillips, D. Z.: *The Concept of Prayer*, London 1965
Phillips, D. Z. (Hg): *Religion and Understanding*, Oxford 1967
Phillips, D. Z.: *Faith and Philosophical Enquiry*, London 1970
Phillips, D. Z.: *Religion Without Explanation*, Oxford 1976
Pike, N. (Hg.): *God and Evil: Readings on the Theological Problem of Evil*, London 1964
Pike, N.: *Divine Omniscience and voluntary action*, The Philosophical Review 74 (1965), abgedr. in Cahn und Shatz (1982), S. 61–76
Pike, N.: *God and Timelessness*, London 1970
Pike, N.: *Divine foreknowledge, human freedom and possible worlds,* The Philosophical Review 86 (1977), 209–16
Pike, N.: *Plantinga on Free Will and Evil*, Religious Studies 15 (1979), 449–73
Plantinga, A.:*The free will defense*, in M. Black (Hg.): *Philosophy in America,* New York 1965, 204–20, abgedr. in Mitchell (1971)
Plantinga, A.: *God and Other Minds*, Ithaca/N. Y. 1967
Plantinga, A. (Hg.): *The Ontological Argument*, London 1968
Plantinga, A.: *The Nature of Necessity*, Oxford 1974
Plantinga, A.: *Rationality and religious belief,* in Cahn und Shatz (1982), 255–77
Price, H. H.: *Belief ,in' and belief ,that'*, Religious Studies 1 (1965), 5–28
Prior, A. N.: *The formalities of omniscience*, Philosophy 37 (1962), 114–29
Rachels, J.: *God and human attitudes*, Religious Studies 7 (1971), abgedr. in Cahn und Shatz (1982), 167–81
Ranke-Graves, R. v.: *Griechische Mythologie*, 2 Bde., Reinbek b. Hamburg 1960 (engl. Original 1955)
Reichenbach, B.: *Mavrodes on Omnipotence*, Philosophical Studies 37 (1980), 211–14
Rendtorff, R.: *Das Alte Testament*, Neukirchen 1983
Rescher, N.: *The Philosophy of Leibniz*, Eglewood Cliffs/N. J. 1967
Ross, J. F.: *Analogy as a rule of meaning for religious language*, International Philosophical Quarterly 1 (1961), 468- 502, abgedr. in Kenny (1969), 93–138
Rowe, W. L.: *The Cosmological Argument*, Princeton/N. J. 1975
Russell, B.: *Mysticism and Logic*, London 1918
Sambursky, S.: *Physics of the Stoics,* New York 1959
Schmidt, P. F.: *Is there religious knowledge?*, Journal of Philosophy 55 (1958), 529–38
Schleiermacher, F.: *Über die Religion – Reden an die Gebildeten unter ihren Verächtern*, Berlin [1]1799, hg. H. J. Rothart, Hamburg 1958
Seidl, H. (Hg.): *Thomas von Aquin – Die Gottesbeweise*, Hamburg 1982
Skinner, B. F.: *Beyond Freedom and Dignity*, Harmondsworth 1973
Smart, N.: *Reasons and Faiths*, London 1958

Smend, R.: *Die Entstehung des Alten Testaments*, Stuttgart [1]1978, [3]1984
Snell, B.: *Die Entdeckung des Geistes*, Göttingen [1]1955, [4]1975
Sobel, J. H.: *Gödels ontological proof,* in: J. J. Thomson (Hg.): *On Being and Saying, Essays for R. Cartwright,* Cambridge/ Mass. 1987, S. 241–61
Soskike, J. M.: *Metaphor and Religious Language,* Oxford 1985
Stace, W. T.: *Mysticism and Philosophy*, Philadelphia 1960
Stegmüller, W.: *Probleme und Resultate der Wissenschaftstheorie und Analytischen Philosophie,* Berlin: *Bd. I: Wissenschaftliche Erklärung und Begründung*, 1969
Bd. II: Theorie und Erfahrung, 3 Teilbände, Berlin 1970, 1973, 1986
Bd. IV: Personale und statistische Wahrscheinlichkeit, 1. Halbband 1973
Swinburne, R. G.: *The Argument from Design*, Philosophy 43 (1968), 199–212
Swinburne, R. G.: *The Concept of Miracle*, New York 1970
Swinburne, R. G.: *The Argument from Design — a Defence*, Religious Studies 8 (1972), 193–205
Swinburne, R. G.: *The Existence of God*, Oxford 1979
Swinburne, R. G.: *Faith and Reason*, Oxford 1981
Weber, M.: *Gesammelte Aufsätze zur Religionssoziologie*, Tübingen [1]1920, [5]1963
Weidlé, W.: *Gestalt und Sprache des Kunstwerks* (hg. K. Möseneder), Mittenwald 1981
Weinberg, S.: *Die ersten drei Minuten* (a. d. Engl.), München 1977
Werner, H.: *Einführung in die Entwicklungspsychologie*, München [4]1959
Widengren, G.: *Die Religionen Irans,* Stuttgart 1965
Widengren, G.: *Religionsphänomenologie* (a. d. Schwedischen), Berlin 1969
Wikenhauser, A.: *Einleitung in das Neue Testament,* Freiburg [1]1953, [5]1963
Wilson, R. M.: *The Gnostic Problem*, London 1958
Wittgenstein, L.:*Philosophische Untersuchungen*, hg. G. Anscombe und R. Rhees, Oxford 1953
Wittgenstein, L.: *Lectures and Conversations on Aesthetics, Psychology and Religious Belief*, hg. C. Barrett, Oxford 1966
Wittgenstein, L.: *Über Gewißheit*, hg. G. F. M. Anscombe und G. H. von Wright, Oxford 1974
Wuchterl, K.: *Philosophie und Religion*, Stuttgart 1982
Zaehner, R. C.: *Mysticism Sacred and Profane,* Oxford 1957
Zajonc, R. B.: *Feeling and thinking — Preferences need no inferences*, American Psychologist (1980), No. 35, 151–75
Zeller, E.: *Die Philosophie der Griechen in ihrer geschichtlichen Entwicklung*, 3 Teile, 4.-6. Aufl. Leipzig 1911ff.; Nachdr. Hildesheim 1963
Ziff, P.: *About ‚God',* in Hook (1961), 195–202
Zimmer, H.: *Philosophies of India,* dt. *Philosophie und Religion Indiens,* Frankfurt a. M. [3]1979
Zimmerli, W.: *Grundriß der alttestamentlichen Theologie*, Stuttgart [1]1972, [5]1985.

Namen

Stichwörter

FRANZ VON KUTSCHERA

Gottlob Frege

Eine Einführung in sein Werk

Oktav. X, 207 Seiten. 1989. Kartoniert DM 42,–
ISBN 3 11 012129 8 de Gruyter Studienbuch

Die Gedanken Freges zur Prädikatenlogik, Wertverlaufslogik, Begründung der Arithmetik, Geometrie, Sprachphilosophie, Ontologie und Erkenntnistheorie werden nach der zeitlichen Reihenfolge seiner Arbeiten dargestellt und erörtert.

Ästhetik

Oktav. VI, 583 Seiten. 1989. Kartoniert DM 48,–
ISBN 3 11 012194 8 de Gruyter Studienbuch
Ganzleinen DM 128,– ISBN 3 11 011416 X

Inhalt: Erleben und Ausdruck – Ästhetische Erfahrungen und Urteile – Kunst – Ausdruck der bildenden Kunst, der Dichtung und der Musik.

Grundfragen der Erkenntnistheorie

Oktav. XVIII, 546 Seiten. 1981. Ganzleinen DM 78,–
ISBN 3 11 008663 8 Kartoniert DM 48,– ISBN 3 11 008777 4

Aus dem Inhalt: Glauben und Wissen – Skepsis – Verstehen, Erklären und Begründen – Realismus und Idealismus – Phänomenalismus, Physikalismus und Dualismus – Subjekt und Objekt – Empirismus, Holismus und Relativismus.

Preisänderungen vorbehalten

Walter de Gruyter  **Berlin · New York**

W
DE
G